जो चाहें
वो कैसे पाएँ

बैस्टसेलर पुस्तकें

द पावर ऑफ फोकस
सक्सेस के वैज्ञानिक सूत्र
नेपोलियन हिल
नेपोलियन हिल
अपनी सोच से अमीर बनिए
मन में है विश्वास
नेपोलियन हिल
नेपोलियन हिल
सफलता के गुरुमंत्र
सुपर सक्सेस के GOLDEN रूल्स
नेपोलियन हिल
सुपर सक्सेस @ NLP
नेपोलियन हिल
अधिकतम सफलता
अवचेतन मन की शक्ति
नेपोलियन हिल
POSITIVE थिंकिंग
हर पथ विजय पथ
चिंता छोड़ो सुख से जियो
सुपर सफलता के 25 सुपर नियम
डेल कारनेगी
लोक व्यवहार
प्रभावशाली व्यक्तित्व की कला
विश्वास का जादू
कामयाबी UNLIMITED
आपके जीवन की उड़ान योजना
जेफरी आर्चर
मिलियन डॉलर की हेरा-फेरी
आपकी जीत
जिग जिगलर
अहंकार को करें बाय बाय
जैक कैनफील्ड
मनचाहे लक्ष्य प्राप्त करने की जादुई पुस्तक
MANIFESTATION सीक्रेट्स
द लॉ ऑफ Attraction
सफलता के लिए 13 सर्वश्रेष्ठ आदतें
अपार पैसा, स्वास्थ्य और खुशियाँ कैसे पाएँ
नेपोलियन हिल
सक्सेस LIMITLESS
नेपोलियन हिल

जो चाहें वो कैसे पाएँ

एस्थर • जेरी हिक्स

प्रभात पेपरबैक्स
www.prabhatbooks.com

प्रकाशक

प्रभात पेपरबैक्स

4/19 आसफ अली रोड, नई दिल्ली–110002

फोन : 23289777 • हेल्पलाइन नं. : 7827007777

इ–मेल : prabhatbooks@gmail.com ❖ वेब ठिकाना : www.prabhatbooks.com

संस्करण

प्रथम, 2020

अनुवाद

नितिन माथुर

अ.मा.पु.स. 978-93-89982-42-8

JO CHAHEN VO KAISE PAYEN

by Esther • Jerry Hicks

(Hindi translation of 'ASK AND IT IS GIVEN')

Published by **PRABHAT PAPERBACKS**

4/19 Asaf Ali Road, New Delhi-110002

by arrangement with Hay House Publishers (India) Pvt. Ltd.

ISBN 978-93-89982-42-8

अब्राहम की शिक्षाओं तथा 'जो चाहें वो कैसे पाएँ' हेतु प्रशंसा वाक्य

"यह मेरी अब तक पढ़ी गई सबसे सहज व सरल तथा सबसे प्रभावशाली पुस्तकों में से एक है। इसमें प्राप्त सामग्री किसी के भी पूरे जीवन को परिवर्तित कर सकती है। और यह बेहद प्रेमपूर्वक दी गई है। यह पुस्तक जीवन की बहुमूल्य निधि जैसी है।"

—नील डोनाल्ड वॉल्श,
'कन्वर्सेशंस विद गॉड' के लेखक

"मैं बीते दस वर्षों से अब्राहम की शिक्षाओं की बड़ी प्रशंसक रही हूँ। मुझे और मेरे परिवार को इनसे अत्यधिक मदद मिली है।"

—क्रिस्टीन नॉर्थरप, एम.डी.,
'वूमेंस बॉडीज, वूमेंस विज्डम' की लेखिका

"इस पुस्तक की सबसे खास बात यह है कि इसमें अब्राहम ने हमें ऐसी 22 भिन्न शक्तिशाली विधियाँ दी हैं, जिनके द्वारा हम अपना लक्ष्य हासिल कर सकते हैं। कोई फर्क नहीं पड़ता कि हम कहाँ पर हैं। इनमें से एक विधि है, जो हमारे जीवन को और बेहतर बना सकती है। मुझे यह पुस्तक अच्छी लगी और मुझे एस्थर एवं जेरी हिक्स भी अच्छे लगे।"

—लुइस एल. हे,
'यू कैन हील योर लाइफ' की लेखिका

"यह बहुत अच्छी पुस्तक है। मैं और मेरी पत्नी बीते कई वर्षों से अब्राहम की इन गहन व अत्यधिक व्यावहारिक शिक्षा का आनंद ले रहे हैं। हमें विश्वास है कि आपको भी इनसे लाभ होगा। हम अपने सभी दोस्तों को इसे पढ़ने की सलाह देते हैं।"

—जॉन ग्रे, पी-एच.डी.,
'मेन आर फ्रॉम मार्स, वूमेन आर फ्रॉम वीनस' के लेखक

"···प्रकाशन में मील का पत्थर···आपका सौभाग्य है कि आपको उन लोगों के विचार जानने का अवसर मिला है, जो स्थायी रूप से स्रोत ऊर्जा के संपर्क में हैं। इसके

अतिरिक्त, आत्मा के ये संदेश उस भाषा में हैं, जिन्हें आप समझते हैं और इन्हें तुरंत कार्यान्वित कर सकते हैं। इनसे आपको ऐसा ब्लूप्रिंट मिल जाता है, जिसे समझ और कार्यान्वित कर आप अपना भाग्य बना सकते हैं।"

—डॉ. वेन डब्ल्यू. डायर,
'द पावर ऑफ इंटेंशन' के लेखक

"अब्राहम-हिक्स की शिक्षाओं से मुझे स्पष्टता, आत्मविश्वास, उद्देश्य और उत्साह का नया स्तर पाने की प्रेरणा मिली है। मैं निरंतर इन विचारों को पढ़ती रहती हूँ और सभी से इनकी अनुशंसा करती हूँ। ये मेरे अब तक देखे सबसे शक्तिशाली और परिवर्तनकारी विचारों में से हैं। इन्हें जीवन में उतारें। इससे आपका जीवन बिल्कुल नया और अत्यधिक आनंदपूर्ण हो जाएगा।"

—एलन कोहेन,
'ए डीप ब्रेथ ऑफ लाइफ' के लेखक

"अब्राहम की इन अत्यधिक गंभीर, लेकिन सरल व व्यावहारिक शिक्षाओं से आप पुनः अपने आंतरिक मार्गदर्शन पर विश्वास करने लगेंगे और यह ऐसे मार्ग पर ले जाएगा, जो आपको सबसे कल्पनीय सुधारात्मक अभियान पर अग्रसर करेगा। 'जो चाहें वो कैसे पाएँ' आत्म-उत्थान और आनंदपूर्ण जीवन का रोडमैप है।"

—जैक कैनफील्ड,
'चिकन सूप फॉर द सोल' श्रृंखला के सह-लेखक

"यह प्रत्यक्षीकरण की उन बेहतरीन पुस्तकों में से एक है, जिन्हें मैंने पढ़ा है। मैं इस बात की सराहना करती हूँ कि इस पुस्तक में गहन सत्यों को किस साधारण ढंग से प्रस्तुत किया गया है। मैं अपने सभी परिचितों को 'जो चाहें वो कैसे पाएँ' की प्रति देती हूँ। मुझे यह पुस्तक बेहद पसंद आई और मैं इसकी अनुशंसा करती हूँ।"

—डोरीन वर्च्यू, पी-एच.डी.,
'एंजेल मेडिसिन' की बेस्ट सेलिंग लेखिका

यह पुस्तक समर्पित है
आप जैसे उन सभी लोगों को, जिन्होंने आत्मज्ञान तथा
सबके कल्याण की कामना से वे प्रश्न पूछे, जिनके उत्तर
इस पुस्तक में दिए गए हैं और हमारे बच्चों के उन तीन
आह्लादकारी बच्चों को, जो इस पुस्तक की शिक्षाओं की मिसाल हैं—
लॉरेल (5), केविन (3) और केट (2),
जो अभी इसलिए प्रश्न नहीं पूछ रहे, क्योंकि वे अभी इन्हें भूले नहीं हैं।

और ये शिक्षाएँ विशेष रूप से **लुइस एल. हे** को समर्पित हैं,
जिनकी पूछने और सीखने तथा सर्व-कल्याण के सिद्धांतों को
संपूर्ण पृथ्वी पर प्रसारित करने की इच्छा ने उन्हें
हमसे अब्राहम की शिक्षाओं पर
इस विस्तृत पुस्तक की रचना को
करने की प्रेरणा दी।

प्रस्तावना

डॉ. वेन डब्ल्यू. डायर

'द पावर ऑफ इंटेंशन' के बेस्ट सेलिंग लेखक

इस समय आपके हाथ में जो पुस्तक है, उसमें हमारे ग्रह पर आज मौजूद कुछ सबसे प्रभावशाली शिक्षाएँ मौजूद हैं। मुझे इस पुस्तक में प्रदत्त अब्राहम के तथा बीते अठारह वर्षों में एस्थर एवं जेरी हिक्स द्वारा दिए गए संदेशों ने गहराई तक छुआ और प्रभावित किया है; बल्कि मैं अपने को अत्यधिक गौरवान्वित महसूस कर रहा हूँ कि अब्राहम ने मुझे उस पुस्तक के लिए संक्षिप्त प्रस्तावना लिखने के लिए कहा, जिसे मैं प्रकाशन के क्षेत्र में मील का पत्थर मानता हूँ। प्रकाशन के क्षेत्र में यह विशिष्ट है—आप सौभाग्यशाली हैं, जो उन व्यक्तियों के विचार जान सके, जो स्थायी रूप से स्रोत ऊर्जा के संपर्क में रहते हैं। इसके अतिरिक्त, ये आत्माएँ उस भाषा में बात करती हैं, जिन्हें आप समझते हैं और जिन्हें तुरंत क्रिया रूप में परिवर्तित कर सकें। इससे आपको ऐसा ब्लूप्रिंट मिल जाता है, जिसे समझकर तथा कार्यान्वित कर आप अपना भाग्य बना सकते हैं।

मुझे पहला विचार यह आया कि यदि आप इस महान् ज्ञान को पढ़ने या कार्यान्वित करने के लिए तैयार नहीं हैं तो मेरा आपसे अनुरोध है कि आप इस पुस्तक को बस कुछ हफ्तों के लिए अपने पास रखें। इसकी ऊर्जा को अपने शरीर व मन में निहित किसी भी प्रतिरोध के पार हो जाना स्वीकार करें और इसे उस आंतरिक स्थान पर प्रतिध्वनित होने दें, जो आकारहीन व सीमाहीन और जिसे आप अकसर अपनी आत्मा कहते हैं; जबकि अब्राहम इसे आपका आपके स्रोत के साथ कांपनिक संबंध बताते हैं।

यह कंपनों का ब्रह्मांड है। जैसा आइंस्टाइन ने कहा था, "गति न हो तो कुछ नहीं होता।"—अर्थात् प्रत्येक वस्तु किसी विशेष परिमेय आवृत्ति पर कंपित होती है। इस ठोस जगत् को छोटे व सूक्ष्म टुकड़ों में तोड़ लीजिए और आप देखेंगे कि ठोस दिखनेवाली चीजों में भी नर्तन—कणों और रिक्त स्थान का नर्तन—मौजूद होता है। इन क्वांटम कणों

को छोटे-से-छोटा कर लीजिए और आप पाएँगे कि ये जिस स्रोत से उत्पन्न होते हैं, वहाँ इनका कंपन इतनी तीव्र है कि ये प्रारंभ व समापन के जगत् को पीछे छोड़ देता है। इसी उच्चतम/तीव्रतम ऊर्जा को 'स्रोत ऊर्जा' कहते हैं। आप तथा बाकी सब और सभी कुछ इस कंपन से उत्पन्न होकर वस्तुओं, शरीरों, मन एवं अहं के जगत् में जाते हैं। इस स्रोत ऊर्जा के अपने शरीर एवं मन से अलग होने के कारण हम अपने संपूर्ण जगत् को समस्याओं, रोगों, अभावों और भय की ओर ले जाते हैं।

अब्राहम की शिक्षाएँ मुख्य रूप से इस पर केंद्रित हैं कि वे आपको हर तरह से उस स्रोत की ओर लौटने में मदद कर सकें, जिससे सभी वस्तुएँ उत्पन्न हुई हैं और आखिरकार जिसमें उन्हें वापस लौट जाना है। यह वही स्रोत ऊर्जा है, जिसका जिक्र मैंने अपनी पुस्तक 'द पावर ऑफ इंटेंशन' में किया है। हालाँकि आपको यह बोधपूर्ण ज्ञान देते हुए अब्राहम 100 प्रतिशत उस स्रोत के संपर्क में हैं और उनके इस संपर्क पर संदेह नहीं किया जा सकता—और यही बात इस पुस्तक के प्रत्येक अनुच्छेद में दिखाई देती है। इसी कारण मैंने इसे 'प्रकाशन-क्षेत्र में मील का पत्थर' कहा है।

आप ईमानदार और व्यावहारिक प्राणियों के संवर्ग के सीधे संपर्क में हैं, जिनके मन में केवल आपका कल्याण है। ये आपको याद दिलाते हैं कि आप कल्याण के उस स्रोत से आए हैं, जिसे या तो आपको स्वयं इस उच्चतम कांपनिक ऊर्जा को अपनी ओर आह्वानित करके इसे अपने जीवन के प्रत्येक पहलू में अहर्निश प्रवाहित होना स्वीकार कर सकते हैं या इसका प्रतिरोध कर उससे अलग हो सकते हैं, जो सर्वदाता और सबसे प्रेम करनेवाला है।

यहाँ संदेश बेहद आश्चर्यजनक, लेकिन अत्यंत सरल है—आप प्रेम व कल्याण के स्रोत से आए हैं। जब आप प्रेम व शांति की उस ऊर्जा के समतुल्य हो जाते हैं, तब आप अपने स्रोत की शक्ति को पुन: प्राप्त कर लेते हैं, जो आपकी इच्छाओं के प्रत्यक्षीकरण का कारण बनती है, कल्याण को आह्वानित करती है और जहाँ पहले अभाव था, वहाँ समृद्धि को आकर्षित करती है तथा सही लोगों और सर्वथा उचित परिस्थितियों के रूप में दिव्य मार्गदर्शन प्रदान करती है। आपका स्रोत यह सब करता है। और चूँकि आप स्वयं उस स्रोत से उत्पन्न हुए हैं, अत: आप भी ऐसा कर सकते हैं।

मैंने अब्राहम के साथ एक पूरा दिन बिताया है, मैंने एस्थर एवं जेरी के साथ भोजन किया और अब्राहम की सैकड़ों रिकॉर्डिंग्स को सुना तो मेरा प्रत्यक्ष कहना है कि आप शीघ्र ही ऐसे दो लोगों के साथ अपनी जीवन परिवर्तन करनेवाली यात्रा आरंभ करने वाले हैं, जो मेरे अब तक देखे गए सबसे प्रामाणिक और आध्यात्मिक रूप से शुद्ध लोग हैं। जेरी एवं एस्थर हिक्स इन शिक्षाओं को आप तक पहुँचाने में अपनी भूमिका को लेकर इतने विस्मित थे, जितना मैं अब्राहम के लिए यह प्रस्तावना लिखते समय हूँ।

मैं आपको इन शब्दों को पूरा ध्यान लगाकर पढ़ने और तुरंत काम में लाने के लिए प्रोत्साहित करता हूँ। यह मेरी उस उक्ति का भी सार है, जो मैंने आज से कई साल पहली की थी—"जब आप चीजों को देखने का अपना तरीका बदल देते हैं तो आपको चीजें भी बदली हुई दिखाई देती हैं।" आप अपनी आँखों के सामने एक संपूर्ण नए जगत् को आकार लेता देखने और अनुभव करने वाले हैं। यह स्रोत ऊर्जा द्वारा निर्मित जगत् है, जो चाहता है कि आप पुनः इससे जुड़ जाएँ और आनंदपूर्ण कल्याण सहित जीवन व्यतीत करें।

अब्राहम, आपका धन्यवाद, जो आपने मुझे इस अत्यधिक कीमती पुस्तक में दो शब्द कहने का अवसर दिया।

मैं आपको—आप सभी को प्रेम करता हूँ।

—वेन

भूमिका

जेरी हिक्स

मेरे इस भूमिका को शुरू करते समय मालिबू तटरेखा पर सूर्य की किरणें बिखरने लगी हैं तथा सुबह के इस समय प्रशांत महासागर की गहरी नीली आभा मेरे उस गहन आनंद जैसी प्रतीत होती है, जो मुझे इस पुस्तक से आपको मिलनेवाले ज्ञान के महत्त्व की कल्पना कर महसूस हो रहा है।

निश्चित ही 'जो चाहें वो कैसे पाएँ' पुस्तक 'माँगने' पर सर्वज्ञ से प्राप्त होनेवाले उत्तरों से संबंधित है। लेकिन प्रमुख रूप से इसका उद्‌देश्य यह बताना है कि यह कैसे होता है कि हम जो भी माँगते हैं, वह हमें मिल जाता है। और साथ ही यह पहली पुस्तक है, जिसकी स्पष्ट शब्दावली हमें वह व्यावहारिक सूत्र प्रदान करती है कि उसे कैसे माँगा जाए और फिर कैसे प्राप्त किया जाए, जो कुछ भी हम बनना, करना या पाना चाहते हों।

दशकों पूर्व अपनी 'ये' सब क्या है, का संभावित उत्तर खोजने की अपनी अंतहीन तलाश के दौरान मैंने 'अकथ' (अर्थात्, 'जिसे शब्दों में नहीं कहा जा सकता') शब्द पाया। संयोग से अकथ वह निष्कर्ष था, जो मुझे इसके निकट प्रतीत हुआ। मैं इस निर्णय पर पहुँचा कि हम अभौतिक को जानने के जितना नजदीक पहुँचते जाते हैं, उसे स्पष्ट रूप से अभिव्यक्त करने के शब्द उतने ही कम होते जाते हैं। और इसलिए, इसे पूर्ण रूप से जानने की कोई भी अवस्था, आखिरकार, अकथ की अवस्था होती है। दूसरे शब्दों में, हमारी इस मौजूदा समय-अंतराल वास्तविकता में अभौतिक को भौतिक शब्दों द्वारा स्पष्ट रूप से कभी अभिव्यक्त नहीं किया जा सकता।

संपूर्ण भौतिक इतिहास में हम अरबों दार्शनिक, धार्मिक मान्यताओं एवं आस्थाओं द्वारा और उनके बीच विकसित हुए हैं। लेकिन फिर भी अरबों-अरब विचारकों की सोच, निष्कर्षों और उनका अपनी आस्थाओं को अगली पीढ़ी तक पहुँचाने पर भी हम अभी तक—कम-से-कम 'सर्व सहमत' शब्द तक—अभौतिक को अभिव्यक्त करने वाले भौतिक शब्द नहीं खोज पाए हैं।

लिखित इतिहास में कुछ दस्तावेजों में कुछ ऐसे भी लोग हैं, जिन्होंने अभौतिक बुद्धिमत्ता के साथ बोधपूर्ण संवाद किया है। कुछ को सम्मान मिला, जबकि कुछ को अन्य लोगों ने खारिज कर दिया। फिर भी, इनमें से अधिकांश लोगों, जो अशरीरियों के साथ अपने व्यक्तिगत संवाद से अभिज्ञ थे, ने इन रहस्योद्घाटनों के बारे में (संभवतः निंदा या संस्थागत रूप दिए जाने के डर से) किसी को भी न बताने का फैसला किया।

जॉन ऑफ आर्क, जोसेफ स्मिथ जैसे कुछ लोग, जो अंग्रेजी-भाषी विश्व में विख्यात हैं, इनमें से प्रत्येक ने अभौतिक बुद्धिमत्ता से प्राप्ति पर खुलकर कहा है। इनमें से अधिकांश के भौतिक शरीरों का असमय व भयानक अंत हुआ। और इस तरह, हालाँकि हम सभी किसी-न-किसी रूप में प्रत्यक्षतः अभौतिक मार्गदर्शन हासिल करते हैं, ऐसे लोग बहुत कम संख्या में हैं, जिन्हें अभौतिक विचारों के समूह प्राप्त हुए, जो इतने स्पष्ट थे कि वे उसे हमारे भौतिक शब्दों में परिवर्तित कर सके। और इन थोड़े से लोगों में से अपने अनुभवों को दूसरों को बतानेवालों की संख्या तो और भी कम है।

भूमिका के रूप में जानकारी प्रदान करते हुए मैं आपको याद दिला दूँ कि आप जो पढ़ने वाले हैं, वह मेरी पत्नी एस्थर ने बताया है, जो ऐसे विरले लोगों में से हैं, जो अपनी इच्छानुसार अपने चेतन मन को शांत कर अभौतिक उत्तरों की प्राप्ति को स्वीकार करती हैं, जो भी उनसे पूछे जाएँ। किसी तरह एस्थर इन विचारों के समूहों (न कि शब्द) को प्राप्त करती हैं और जिस तरह एक स्पेनिश-अंग्रेजी अनुवादक स्पेनिश भाषा में उच्चारित प्रस्तावित विचारों को सुनकर उन विचारों को अंग्रेजी शब्दों में अनुवाद करता है, बिल्कुल उसी तरह एस्थर फौरन इन अभौतिक विचारों को उनके निकटस्थ भौतिक अंग्रेजी समानार्थी शब्दों में अनुवादित कर देती हैं।

कृपया ध्यान रखें, चूँकि एस्थर को प्राप्त अभौतिक विचारों को शुद्ध रूप से अभिव्यक्त करने वाले भौतिक अंग्रेजी शब्द हमेशा मौजूद नहीं होते, इसलिए कई बार वह नए शब्द संयोजनों का सृजन करने के साथ ही मानक शब्दों को नए अर्थों में भी उपयोग करती हैं (उदाहरण के लिए, सामान्य नियमानुसार न होने पर भी बड़े शब्दाकार में लिखती हैं), जिससे जीवन को देखने का नया तरीका प्राप्त हो सके। यही कारण है कि हमने इस पुस्तक के अंत में एक संक्षिप्त शब्दावली दी है, जिसमें हमने अपने प्रयोग किए कुछ सामान्य शब्दों के असामान्य प्रयोग का स्पष्टीकरण दिया है। दूसरे शब्दों में, एक सामान्य शब्द है 'सुख', जिसका अर्थ आनंदपूर्ण, स्वस्थ या संपन्नता की अवस्था है। लेकिन अब्राहम के असाधारण दर्शन के आधार पर इसे हिंदी (अंग्रेजी) में कल्याण के रूप में अनुवादित किया गया है। यह व्यापक, सार्वभौमिक, अभौतिक कल्याण है, जो नैसर्गिक रूप से हम सबके भीतर प्रवाहित होता है, जब तक हम इसे अवरुद्ध करनेवाला कार्य न कर दें। (साथ ही, शुरुआत में हम पाठ में ऐसे गढ़े गए शब्दों पर उद्धरण चिह्न लगा देते

थे, जो आपको शब्दकोशों में नहीं मिलेंगे, लेकिन जिनका अर्थ स्पष्ट है—जैसे 'दुर्दमनीयता' या 'अंतता'।)

सन् 1986 से अब तक एस्थर और मैंने प्रति वर्ष लगभग 50 शहरों की यात्रा करते हुए कार्यशालाएँ आयोजित कीं, जिनमें भाग लेनेवाले जिस भी विषय पर बात करना चाहें, उससे संबंधित चर्चा या प्रश्न कर सकते हैं; इसमें किसी भी विषय पर रोक-टोक नहीं है। इसमें हजारों की संख्या में लोग शामिल हुए, जो विभिन्न जातीय समूहों, जीवन के विभिन्न क्षेत्रों और विभिन्न दार्शनिक पृष्ठभूमियों से थे···और जो सभी अपने जीवन में किसी-न-किसी प्रकार से अपने लिए प्रत्यक्ष रूप से या दूसरों की सहायता द्वारा अप्रत्यक्ष रूप से सुधार चाहते थे। और उनमें से वे हजारों लोग, जिन्होंने कुछ अधिक की माँग की, उन्हें उत्तर प्राप्त हुए, जो एस्थर के माध्यम से अभौतिक बुद्धिमत्ता ने दिए।

और इस तरह आपके जैसे अधिक जानने की इच्छा रखनेवाले लोगों द्वारा पूछे गए प्रश्नों की प्रतिक्रिया में यह कल्याण का दर्शन पुस्तक के रूप में विकसित हो सका।

इन शिक्षाओं का केंद्र ब्रह्मांड का सबसे प्रभावशाली नियम 'लॉ ऑफ अट्रेक्शन' (आकर्षण का नियम) है। बीते दशक में हमने अपनी त्रैमासिक पत्रिका 'द साइंस ऑफ डेलिब्रेट क्रिएशन' में अब्राहम की अधिकांश शिक्षाओं का प्रकाशन कर दिया है, जिसने उस नवीन दृष्टिकोण पर प्रकाश डाला, जिन्हें हमारी 'आर्ट ऑफ अलॉइंग वर्कशॉप्स' में शामिल होनेवालों द्वारा पूछे गए प्रश्नों में से लिया गया है। इस तरह, यह दर्शन निरंतर विकसित होता जा रहा है, क्योंकि आप जैसे अनेक लोग अपने नवीन प्रश्नों और दृष्टिकोणों द्वारा हमारा ध्यान उस ओर आकर्षित कर रहे हैं।

इस पुस्तक में आपको आध्यात्मिक व्यावहारिकता का प्रत्यक्ष अनुभव ज्ञात होगा। इसकी 'कैसे करें' की परिभाषा व्यापक अर्थों में है—अर्थात् वह कैसे बनें, करें या पाएँ, जो आपको अच्छा लगता है। यह पुस्तक आपको यह भी बताएगी कि कैसे वह न बनें, करें या पाएँ, जो आपका अच्छा नहीं लगता।

—जेरी

अब्राहम का परिचय

एस्थर हिक्स

मेरे मित्र ने कहा, "वह आत्माओं से बात करती है। वह अगले हफ्ते यहाँ होंगी। आप उनसे मिलने का समय तय कर लें और उनसे जो चाहें, वो पूछ सकते हैं।"

'यह धरती का वह आखिरी काम होगा, जो मैं करना चाहूँगी।' मैंने सोचा। लेकिन उसी समय मैंने अपने पति जेरी को कहते सुना, "हम उनसे अवश्य मिलना चाहेंगे। उसके लिए हमें क्या करना होगा?"

यह वर्ष 1984 था और बीते चार वर्षों के विवाहित जीवन में हम दोनों के बीच बहस तो क्या, कभी कहा-सुनी भी नहीं हुई थी। हम दो प्रसन्नचित्त लोग थे, जो एक-दूसरे के साथ खुशी-खुशी जीवन बिता रहे थे और हर मामले में हमारा तालमेल बहुत अच्छा था। मेरे लिए स्थिति केवल तब असहज हो जाती, जब जेरी अपने दोस्तों के मनोरंजन के लिए अपनी बीस साल पुरानी कहानियाँ सुनाते, जो उइजा बोर्ड से संबंधित थीं। जब हम किसी रेस्टोरेंट या सार्वजनिक स्थल पर होते और मुझे कहानियों के इस दौर की शुरुआत की अनुभूति होती तो मैं शिष्टतापूर्वक (कई बार अधिक शिष्ट न रहते हुए भी) वहाँ से हट जाती और महिलाओं के प्रसाधन कक्ष में चली जाती या बार में बैठ जाती या कार तक चहलकदमी करती, तब तक, जब तक मुझे इतना समय बीतने का एहसास नहीं हो जाता कि वह सब समाप्त हो चुका होगा। प्रसन्नता की बात यह हुई कि अचानक ही जेरी ने मेरी मौजूदगी में ऐसी कहानियाँ सुनानी बंद कर दीं।

मुझे धार्मिक तो नहीं कहा जा सकता, लेकिन मैं संडे स्कूल की कक्षाओं में इतना अवश्य गई हूँ कि मेरे भीतर बुराई और शैतान के प्रति अत्यधिक डर विकसित हो गया।

बीती बातों पर विचार करूँ तो मैं विश्वास से नहीं कह सकती कि हमारे संडे स्कूल के शिक्षकों ने सचमुच अपनी शिक्षण कक्षाओं का अधिकांश समय हमारे भीतर शैतान का भय उत्पन्न करने में लगाया था या यह सहज ही हमारे मन में घर कर गया। लेकिन मुझे उन वर्षों की सबसे बड़ी चीज यही याद आती है।

तो जैसा कि मुझे सिखाया गया था, मैं पूरी सावधानी के साथ ऐसी किसी भी चीज से बचकर रहती, जिसका शैतान के साथ किसी भी तरह का संबंध हो। किशोरावस्था में एक बार जब मैं 'ड्राइव-इन' थिएटर में थी और अचानक ही मेरी नजर कार के पिछले शीशे पर किसी और स्क्रीन पर चल रही फिल्म 'द एक्सोर्सिस्ट' (वह फिल्म, जिसे मैं जान-बूझकर देखने से बच रही थी) का दृश्य दिखाई दे गया। उसकी आवाज सुनाई न देने के बावजूद उसका मुझ पर ऐसा प्रभाव हुआ कि कई हफ्तों तक मुझे बुरे सपने आते रहे।

"उनका नाम शीला है।" हमारे मित्र ने जेरी को बताया, "मैं आपके लिए मिलने का समय तय करके आपको बताता हूँ।"

जेरी ने अगले कुछ दिन अपने प्रश्न लिखने में बिताए। उसका कहना था कि इनमें से कुछ तो उनके मन में तब से हैं, जब वह छोटा बच्चा थे। मैंने कोई सूची नहीं बनाई; बल्कि मैं तो वहाँ जाने के विचार से भी त्रस्त थी।

जब हम फीनिक्स, एरिजोना स्थित उस खूबसूरत मकान के ड्राइव-वे में दाखिल हो रहे थे तो मुझे याद है कि मैं सोच रही थी, मैंने अपने आपको कहाँ फँसा लिया है! हम पैदल चलकर मुख्य दरवाजे पर पहुँचे। वहाँ एक भद्र महिला ने हमारा स्वागत किया। वह हमें एक अत्यधिक रमणीय कक्ष में ले गई, जहाँ हमें अपना मिलने का समय आने तक प्रतीक्षा करनी थी।

वह मकान काफी बड़ा था। साज-सज्जा सादा, लेकिन बेहद खूबसूरत थी और वहाँ बहुत शांति थी। वहाँ मुझे वैसी श्रद्धा महसूस हो रही थी, जैसी किसी पूजाघर में होती है।

तभी एक बड़ा दरवाजा खुला और फ्रांसीसी शैली के चमकीले रंग के सूती ब्लाउज व स्कर्ट पहने दो आकर्षक महिलाएँ हमारे कक्ष में दाखिल हुईं। स्पष्टतया मध्याह्न भोजन के बाद हम सबसे पहले मिलने वाले थे। दोनों महिलाएँ बेहद खुश व आनंदित लग रही थीं। मेरा तनाव थोड़ा कम हुआ। शायद यह उतना अजीब न हो।

जल्दी ही हमें उस प्यारे शयनकक्ष में बुलाया गया, जिसमें बिस्तर के पायताने तीन कुरसियाँ रखी थीं। शीला बिस्तर के किनारे पर बैठी थीं और एक कुरसी पर उनकी सहायिका बैठी थी, जिसके पास रखी टेबल पर एक छोटा सा टेप रिकॉर्डर रखा था। मैं

और जेरी अन्य दो कुरसियों पर बैठ गए और मैंने अपने आपको वहाँ घटनेवाली घटना के लिए तैयार कर लिया।

सहायिका ने हमें बताया कि शीला अपनी चेतना को शांत व मुक्त करेंगी, जिसके बाद एक अशरीरी जीव थियो हमें संबोधित करेगा। ऐसा होने पर हम उनसे जो चाहें, उस बारे में बात करने के लिए स्वतंत्र होंगे।

जहाँ हम बैठे थे, वहाँ से शीला हमसे मात्र कुछ ही फीट दूर बिस्तर के किनारे पर लेटी थीं। वे गहरी साँसें भरने लगीं। तभी अचानक एक असाधारण ध्वनि वाली आवाज ने कहा, "तो शुरू करें? आपको कुछ प्रश्न पूछने हैं?"

मैंने इस आशा से जेरी की ओर देखा कि वे शुरू करने को तैयार हों, क्योंकि मैं जानती थी कि वह जो कोई भी बोल रहा था, मैं उससे बातचीत के लिए कतई तैयार नहीं थी। जेरी आगे को झुके। वह अपना पहला प्रश्न पूछने को उत्सुक थे।

मेरा तनाव उस समय बिल्कुल दूर हो गया, जब शीला के मुख से थियो के शब्द धीमे-धीमे निकलने लगे। और हालाँकि मुझे पता था कि जो आवाज हम सुन रहे हैं, वो शीला की थी, लेकिन किसी तरह मुझे यह भी पता था कि इन शानदार उत्तरों का स्रोत शीला से कहीं दूर स्थित था।

जेरी ने कहा कि उनके पास ये प्रश्न तब से हैं, जब वह पाँच साल के थे। उन्होंने प्रश्नों को इतनी तेजी से पूछा, जितना वह पूछ सकते थे। हमारे 30 मिनट बहुत जल्दी बीत गए; लेकिन इन दौरान किसी तरह मेरे एक भी शब्द बोले बिना इस अजीब अनुभव के प्रति मेरा भय मिट गया और मैं कल्याण की ऐसी भावना से भर गई, जो मेरे अब तक के सभी अनुभवों से उत्तम थी।

कार में वापस लौटने पर मैंने जेरी से कहा, "मुझे कल फिर आने में बहुत खुशी होगी। अब मेरे पास भी कुछ ऐसा है, जो मैं पूछना चाहती हूँ।" फिर से समय लेने की बात सुनकर जेरी बहुत खुश हुए, क्योंकि उनकी सूची में अभी और भी कई प्रश्न बाकी थे।

अगले दिन हमारा तय समय लगभग आधा बीतने के बाद जेरी ने अनिच्छापूर्वक बाकी बचे मिनट मेरे लिए छोड़ दिए। मैंने थियो से पूछा, "हम अपने लक्ष्यों को और अधिक प्रभावी ढंग से कैसे प्राप्त कर सकते हैं?"

उत्तर मिला, "ध्यान और प्रार्थना से।"

ध्यान करने का विचार मुझे पसंद नहीं आया और न ही मैं किसी ऐसे व्यक्ति को जानती थी, जो इसे करता हो; बल्कि इस शब्द पर विचार करने मात्र से मेरे मन में कीलों पर लेटे, गरम कोयले पर चलते और वर्षों तक एक ही पैर पर खड़े रहनेवाले या एयरपोर्ट पर दान की भीख माँगते लोगों की छवि उभर आई। तो मैंने पूछा, "ध्यान से आपका क्या मतलब है?"

उत्तर संक्षिप्त था, लेकिन मुझे ये शब्द सुनकर बहुत अच्छा लगा—"एक शांत कक्ष में बैठ जाएँ। आरामदेह वस्त्र पहनें और अपनी साँसों पर ध्यान केंद्रित करें। जब मन भटकने लगे और ऐसा होगा ही, तो विचारों को मुक्त छोड़ दें और अपनी साँसों पर ध्यान केंद्रित करें। यह अच्छा रहेगा कि आप इसे एक साथ करें। यह अधिक शक्तिशाली हो जाएगा।"

"क्या आप हमें कोई ऐसी प्रार्थना बता सकते हैं, जिसका प्रयोग हमारे लिए फायदेमंद हो?" हमने पूछा।

"मैं (अपना नाम बोलें), इस दिव्य प्रेम के माध्यम से उन्हें खोजता तथा अपनी ओर आकर्षित करता हूँ, जो जीव मेरी विधि के माध्यम से ज्ञान पाना चाहते हैं। यह सहयोग अब हम दोनों का उत्थान करे।"

शीला/थियो की ओर से प्रवाहित होते ही मुझे ये शब्द अपने अस्तित्व में गहरे प्रविष्ट होते महसूस हुए। प्रेम की अनुभूति मेरी ओर तथा मेरे भीतर ऐसे प्रवाहित हुई, जैसा मुझे इससे पहले कभी महसूस नहीं हुआ था। मेरा डर जा चुका था। जेरी और मुझे दोनों को बहुत अच्छा लग रहा था।

"क्या हम अपनी बेटी ट्रेसी को आपसे मिलवाने ला सकते हैं?" मैंने पूछा।

"यदि वह ऐसा चाहती हो तो; लेकिन यह जरूरी नहीं है, क्योंकि आप दोनों (जेरी एवं एस्थर) खुद माध्यम हैं।"

मेरे लिए इस बात का कोई मतलब नहीं था। मुझे विश्वास नहीं था कि अगर इसमें जरा भी सच्चाई है तो मेरी इतनी उम्र (मैं उम्र के तीसवें वर्ष में थी) होने पर भी मुझे इस बारे में कुछ पता नहीं होता।

तभी टेप रिकॉर्डर का खटका बज गया और हम दोनों थोड़े निराश हो गए कि हमारा यह असाधारण अनुभव समाप्त हो गया है। शीला की सहायिका ने हमसे पूछा कि क्या हम कोई अंतिम प्रश्न पूछना चाहते हैं?

"क्या आप अपने आध्यात्मिक मार्गदर्शक का नाम जानना चाहते हैं?" उसने पूछा।

मैं यह कभी नहीं पूछती, क्योंकि मैंने 'आध्यात्मिक मार्गदर्शक' शब्द कभी सुना ही नहीं था। इसलिए मैंने कहा, "जी हाँ, क्या आप मेरे आध्यात्मिक मार्गदर्शक का नाम बता सकती हैं?"

थियो ने कहा, "हमें बताया गया है कि यह आपको सीधे बताया जाएगा। आपको अतींद्रिय श्रवण अनुभव होगा और आप जान जाएँगी।"

अतींद्रिय श्रवण अनुभव क्या होता है? मैं हैरान थी। लेकिन इससे पहले कि मैं अपना प्रश्न पूछती, थियो ने समापन के लहजे में कहा, "ईश्वर के स्नेह पात्र बनें।" और शीला ने अपनी आँखें खोलीं और बैठ गईं। थियो के साथ हमारी विलक्षण बातचीत समाप्त हो गई।

उस घर से निकलने के बाद मैं और जेरी कार द्वारा फीनिक्स पर्वत के एक किनारे स्थित लुकआउट पॉइंट पर गए। हम कार का सहारा लेकर खड़े थे और थोड़ी दूर हो रहे सूर्यास्त को देख रहे थे। हमें उस दिन अपने भीतर हुए रूपांतरण की कोई जानकारी नहीं थी। हम सिर्फ यह जानते थे कि हमें बहुत अच्छा लग रहा था।

घर लौटने के बाद मेरी दो प्रबल आकांक्षाएँ थीं—मैं ध्यान करनेवाली थी, फिर चाहे इसका कुछ भी मतलब हो। और मैं अपने आध्यात्मिक मार्गदर्शक का नाम जानना चाहती थी।

अत: हमने अपने रोब (लबादा) पहने, बैठक के परदे डाले और दो बड़ी विंग बैक कुरसियों पर बैठ गए तथा अपने बीच एक शेल्फ रख लिया। हमें यह साथ करने को कहा गया था। लेकिन यह बहुत अजीब लग रहा था और शेल्फ रखने से वह किसी कारण उत्पन्न विचित्रता को ढाँपने में मदद मिली।

मुझे थियो के निर्देश याद थे—एक शांत कक्ष में बैठ जाएँ, आरामदेह वस्त्र पहनें और अपनी साँसों पर ध्यान केंद्रित करें। इसलिए मैंने 15 मिनट का टाइमर लगाया और अपनी आँखें बंद करके बोधपूर्वक साँस लेने लगी। मेरे मन में एक सवाल आया—'मेरे आध्यात्मिक मार्गदर्शक कौन हैं?' और तब मैं अपनी साँसें गिनने लगी—अंदर और बाहर, अंदर और बाहर। इसी बीच मेरा पूरा शरीर सुन्न हो गया। मैं अपनी नाक और पैर के पंजे के बीच फर्क नहीं कर पा रही थी। यह बेहद अजीब, लेकिन सुखद संवेदना थी और मुझे यह अच्छी लगी। मुझे ऐसा महसूस हुआ, जैसे मेरा शरीर धीरे-धीरे घूम रहा है, जबकि मुझे पता था कि मैं कुरसी पर बैठी हूँ। तभी टाइमर बजा और हम चौंक गए और मैंने कहा, "चलो, फिर से करते हैं।"

एक बार फिर मैंने अपनी आँखें बंद कीं और अपनी साँसें गिनने लगी और मुझे अपने सिर से पैर के पंजे तक संवेदन-शून्यता महसूस होने लगी। एक बार फिर टाइमर बजा और हम चौंक गए।

"चलो, फिर से करते हैं," मैंने कहा।

तो हमने टाइमर को एक बार फिर 15 मिनट के लिए सेट कर दिया और एक बार फिर मुझे अपने पूरे शरीर पर संवेदन-शून्यता हावी होती महसूस हो रही थी। लेकिन इस बार कोई चीज या किसी ने 'मेरे शरीर में साँस लेना' आरंभ कर दिया। अपनी अनुकूल अवस्थिति में ऐसा लग रहा था, जैसे मेरे शरीर के कहीं भीतर से उत्साहपूर्ण प्रेम बाहर की ओर गतिशील हो रहा है। कितनी शानदार संवेदना थी! जेरी ने मेरी आनंदपूर्ण नरम आवाजों को सुना और बाद में बताया कि उन्हें ऐसा लगा, जैसे मैं हर्षातिरेक में छटपटा रही हूँ।

जब टाइमर बजा और मैं ध्यान से बाहर आई तो मेरे दाँत इस तरह किटकिटा रहे थे, जैसा इससे पहले कभी नहीं हुआ। इस अनुभव के लिए 'गुंजार' अधिक बेहतर शब्द

है। मेरे अपनी सामान्य जाग्रत् अवस्था में शांत होने के प्रयास के दौरान लगभग एक घंटे तक मेरे दाँतों में यह गुंजार जारी रही।

उस समय मुझे एहसास नहीं हुआ कि क्या हुआ था, लेकिन आज मैं जानती हूँ कि वह अब्राहम के साथ मेरे पहले संपर्क का अनुभव था। हालाँकि मुझे यह नहीं पता कि क्या हुआ था, मुझे बस, यह पता था कि यह जो भी था, बहुत अच्छा था। और मैं चाहती थी कि ऐसा फिर से हो।

अत: मैंने और जेरी ने रोजाना 15 मिनट ध्यान करने का फैसला किया। मुझे नहीं लगता कि अगले नौ महीनों में हम एक दिन भी चूके हों। मुझे हर बार संवेदन-शून्यता की अनुभूति या विलगाव का एहसास हुआ; लेकिन हमारे ध्यान करने के दौरान इसके अलावा कुछ असाधारण नहीं घट रहा था। और सन् 1985 में थैंक्स गिविंग के ठीक पहले, ध्यान करते हुए, मेरा सिर धीरे-धीरे एक से दूसरी ओर हिलने लगा। अगले कुछ दिनों तक ध्यान के दौरान मेरा सिर इसी तरह धीरे-धीरे प्रवहमान गति से हिलता रहता। यह बहुत प्यारी संवेदना थी, जो कुछ हद तक उड़ने जैसी प्रतीत होती थी। और तब, इस नई गतिविधि के लगभग तीसरे दिन, ध्यान के दौरान, मुझे एहसास हुआ कि मेरा सिर बेतरतीब ढंग से नहीं हिल रहा, बल्कि ऐसा लग रहा था कि मेरी नाक हवा में कुछ अक्षर लिख रही थी। ऐसा लगा, जैसे यह 'एम-एन-ओ-पी' है।

"जेरी!" मैं चीखी, "मैं अपनी नाक से अक्षर लिख रही हूँ!" और इन शब्दों के साथ वही अत्यंत आह्लादजनक भावना पुनः लौट आई। जैसे ही मेरे शरीर में इस अभौतिक ऊर्जा की तरंगें उठीं, मेरे सिर से पैर तक रोंगटे खड़े हो गए।

जेरी ने फौरन अपनी नोटबुक निकाली और इन अक्षरों को लिखना शुरू कर दिया, जिन्हें मेरी नाक हवा में लिख रही थी—"मैं अब्राहम हूँ। मैं तुम्हारा आध्यात्मिक मार्गदर्शक हूँ।"

तब से अब्राहम हमें बता रहे हैं कि 'उनके' साथ वहाँ उनके जैसे और भी बहुत से हैं। वे अपने को बहुवचन में संदर्भित करते हैं, क्योंकि वे एक सामूहिक चेतना हैं। उन्होंने बताया कि शुरुआत में उन्होंने 'मैं अब्राहम हूँ' केवल इसलिए कहा, क्योंकि मुझे उम्मीद थी कि मेरा आध्यात्मिक मार्गदर्शक कोई एक व्यक्ति होगा। लेकिन वहाँ उनके साथ और भी बहुत थे, जो शब्द रूप में एक आवाज या विचारों के सामंजस्य सहित बोल रहे थे।

अब्राहम को उद्धृत करूँ तो—अब्राहम उस तरह की एकल चेतना नहीं है, जैसा आप अपने एकल शरीर में मानते हैं। अब्राहम सामूहिक चेतना है, चेतना की एक अभौतिक धारा है और जब आपमें से कोई प्रश्न पूछता है तो ऐसी अनंतानंत चेतनाएँ हैं, जो मिल-जुलकर एक व्यक्ति के दृष्टिकोण का रूप ले लेती हैं (क्योंकि इस मामले में एक मनुष्य, अर्थात् एस्थर हैं, जो इनकी व्याख्या और स्पष्ट वर्णन करती हैं), इसलिए आपको ये एकल

प्रतीत होती हैं। हम बहुआयामी और बहुमुखी तथा निश्चित रूप से बहु-चेतनापूर्ण भी हैं।

तब अब्राहम ने बताया कि वे मेरे कानों में फुसफुसाते हुए नहीं बोलेंगे, जिसे मुझे बाकी सबके सामने दोहराना होगा, बल्कि इसकी जगह वे रेडियो सिग्नल की भाँति विचारों का समूह प्रदान करेंगे, जो मुझे अवचेतन स्तर पर हासिल होंगे। तब मैं इन विचारों के समूहों को उनके समुचित भौतिक शब्दों में स्पष्ट करूँगी। मुझे वो शब्द ऐसे 'सुनाई' देंगे, जैसे वे मेरे माध्यम से बोले जा रहे हों; लेकिन ऐसा केवल स्पष्टीकरण प्रक्रिया के दौरान ही होगा। मुझे न तो इस बात की जानकारी होगी कि क्या बोला जा रहा है और न ही यह याद रहेगा कि क्या बोला गया है!

अब्राहम ने बताया कि वे कुछ समय से मुझे विचारों के ऐसे समूह प्रदान कर रहे हैं, लेकिन मैं थियो के निर्देश, जिसके अनुसार, "जब मन भटकने लगे और ऐसा होगा ही, तो विचारों को मुक्त छोड़ दें और अपनी साँसों पर ध्यान केंद्रित करें।" का इतनी कड़ाई से पालन करने का प्रयास कर रही थी कि जब भी इनमें से कोई विचार आरंभ होता तो मैं उसे जितनी जल्दी संभव हो, छोड़ देती और पुनः अपनी साँसों पर केंद्रित हो जाती। मुझे लगता है कि मुझसे पार पाने का उनके पास केवल यही रास्ता था कि वे मेरी नाक से हवा में अक्षर लिखें। अब्राहम ने बताया कि जब मुझे शब्द लिखे जाने का एहसास हुआ, उस दौरान मेरे शरीर में जो शानदार संवेदनाओं की तरंगें उठी थीं, वे वह आनंद था, जो मेरे अपने चेतन संबंधों को पहचान लेने पर उन्हें महसूस हुआ था।

अगले कुछ हफ्तों में हमारी संपर्क प्रक्रिया तेजी से विकसित हुई। मेरी नाक से हवा में अक्षर लिखने की प्रक्रिया काफी धीमी थी; लेकिन जेरी जानकारी के इस स्पष्ट और व्यवहार्य स्रोत को लेकर इतने उत्साहित थे कि वह अब्राहम से प्रश्न पूछने के लिए मुझे आधी रात को जगा दिया करते थे।

लेकिन तभी एक रात मुझे अपनी बाँहों, हाथों और उँगलियों में बेहद तीव्र संवेदना के गतिमान होने का एहसास हुआ और मेरे हाथ जेरी की छाती को थपथपाने लगे; क्योंकि उस समय हम दोनों बिस्तर पर साथ बैठे टी.वी. देख रहे थे। मेरे हाथ की थपथपाहट जारी रहने के साथ ही मुझे अपने आई.बी.एम. सिलेक्ट्रिव टाइपराइटर पर जाने के प्रबल आवेग की अनुभूति हुई और मैंने उसके की-बोर्ड के बटनों पर अपनी उँगलियाँ रख दीं। तभी मेरा हाथ उस पर तेजी से ऊपर-नीचे होने लगा, जैसे कोई शीघ्रातिशीघ्र से जानना चाहता हो कि यह टाइपराइटर क्या चीज है और इसमें किस अक्षर की कुंजी कहाँ पर है! और तब मेरे हाथों ने टाइप करना आरंभ कर दिया—प्रत्येक अक्षर, प्रत्येक संख्या, बार-बार और लगातार। और तब कागज पर शब्दों ने आकार लेना आरंभ कर दिया—'मैं अब्राहम हूँ। मैं तुम्हारा आध्यात्मिक मार्गदर्शक हूँ। मैं यहाँ तुम्हारे साथ मिलकर काम करने आया हूँ। मुझे तुमसे प्रेम है। हम साथ मिलकर एक पुस्तक की रचना करेंगे।'

हमने पाया कि मुझे सिर्फ अपने हाथ की-बोर्ड पर रखकर आराम से बैठना है। यह काफी कुछ वैसा ही था, जैसा मैंने ध्यान के दौरान किया था और तब अब्राहम (जिन्हें अब हम आगे 'वे' कहकर संबोधित करेंगे) उन सभी प्रश्नों का उत्तर देंगे, जो जेरी उनसे पूछेंगे। यह बहुत अद्‍भुत अनुभव था। वे बहुत बुद्धिमान, बेहद प्रेम करनेवाले और हर समय उपलब्ध रहते। किसी भी समय, चाहे दिन हो या रात, वे हमारे साथ हर उस चीज पर बात करने के लिए हमेशा तैयार रहते, जो हम चाहते थे।

तब, एक दोपहर, फीनिक्स फ्री-वे में कार चलाते समय मुझे अपने मुँह, ठोड़ी और गरदन में संवेदना का अनुभव हुआ, जो बिल्कुल वैसा एहसास था, जो जम्हाई लेने से पहले होता है। वह बहुत प्रबल आवेग था, इतना प्रबल कि मैं उसे दबा नहीं सकी। हमारी कार दो बड़े ट्रकों के बीच थी और ऐसा लग रहा था कि वो दोनों ही एक साथ लाइन पार करके हमारी लेन में आनेवाले हैं। एक क्षण को मुझे लगा कि वे दोनों ठीक हमारे ऊपर से निकल जाएँगे। और उसी क्षण अब्राहम ने मेरे मुख से जो पहला शब्द बोला, वह था, "अगले निकास से बाहर निकल जाओ!"

हम फ्री-वे से निकले और ओवरपास के नीचे स्थित पार्किंग लॉट में रुक गए और जेरी व अब्राहम में देर तक बातचीत होती रही। मेरी आँखें मजबूती से बंद थीं और जब अब्राहम जेरी के प्रश्न प्रवाह का उत्तर दे रहे थे, मेरा सिर लयबद्ध ढंग से ऊपर-नीचे हो रहा था।

यह अद्‍भुत चीज मेरे ही साथ क्यों हुई? कई बार जब मैं इस बारे में सोचती हूँ तो मुझे बहुत मुश्किल से विश्वास आता है कि यह सच है। यह कुछ ऐसा प्रतीत होता है, जैसा परी कथाओं में होता है—बिल्कुल ऐसा, जैसे अपनी इच्छा पूरी करने के लिए आपको जादुई चिराग रगड़ना हो। बाकी समय यह संसार का सबसे स्वाभाविक व तार्किक अनुभव प्रतीत होता है।

कई बार मुझे याद भी नहीं आता कि अब्राहम के हमारे जीवन में आने से पहले जीवन कैसा था। मैं आमतौर पर, कुछ एक मामलों को छोड़ दें तो, ऐसी रही हूँ, जिसे आप खुशमिजाज कह सकते हैं। मेरा बचपन बहुत शानदार बीता, कोई बड़े जख्म नहीं लगे और मैं अपनी दो बहनों के साथ बेहद अच्छे और प्यार करनेवाले माता-पिता के साथ रहती थी। जैसा मैंने पहले भी बताया है, जेरी और मेरा चार साल पहले आरंभ हुआ वैवाहिक जीवन काफी आनंदपूर्ण बीता है। और मैं हर तरह से पूर्णतः खुश थी। मैं अपने को अनुत्तरित प्रश्न से भरा नहीं कह सकती। और न ही मैंने किसी भी चीज के बारे में कोई ठोस राय बना रखी थी।

वहीं दूसरी ओर, जेरी भावपूर्ण प्रश्नों से भरे बैठे थे। वे खूब पढ़ते थे। वे हर समय उन साधनों व तकनीकों की तलाश में रहते, जिससे वे दूसरे के जीवन को अधिक आनंदपूर्ण बनाने में मदद कर सकें। आज तक मैंने ऐसा और कोई व्यक्ति नहीं देखा, जो दूसरों के जीवन को सफल जीवन बनाने में मदद की इतनी अधिक इच्छा रखता हो।

अब्राहम ने बताया कि इस काम को साथ करने के लिए मेरा और जेरी का मेल इसलिए आदर्श है, क्योंकि जेरी की प्रबल इच्छा ने अब्राहम का आह्वान किया, जबकि मेरी राय न होने या चिंता ने मुझे उस जानकारी को हासिल करनेवाला बेहतरीन रिसीवर बना दिया, जिसे जेरी ने आह्वानित किया था।

जेरी अब्राहम के साथ अपनी पहली बातचीत के बाद से ही इसे लेकर काफी उत्साहित थे; क्योंकि वे उनकी बुद्धिमत्ता और स्पष्टता की गहराई को समझ गए थे। और बीते वर्षों में अब्राहम के संदेशों के प्रति उनका उत्साह जरा भी कम नहीं हुआ है। कमरे में अब्राहम जो भी कहते हैं, उससे और कोई इतना आनंदित नहीं हो सकता, जितना जेरी होते हैं।

अब्राहम के साथ अपनी शुरुआती बातचीत में हमें वस्तुत: एहसास ही नहीं हुआ कि क्या हो रहा है और न ही हमारे पास इसे जानने का कोई तरीका था कि जेरी किसके साथ बातें कर रहे हैं। लेकिन इसके बावजूद यह बहुत रोमांचक और अद्‌भुत तथा आश्चर्यजनक था। ये इतना अजीब लगता था कि मुझे पूरा विश्वास था कि मेरे जाननेवाले अधिकांश लोग इसे समझ नहीं पाएँगे; शायद वे इसे समझना भी नहीं चाहेंगे। इसके परिणामस्वरूप मैंने जेरी से वादा लिया कि वह हमारे इस अद्‌भुत रहस्य के बारे में किसी को भी नहीं बताएँगे।

मेरे खयाल से, यह साफ ही है कि जेरी ने अपना वादा नहीं निभाया। लेकिन मुझे बुरा नहीं लगा। अब्राहम के साथ चर्चा के लिए एकत्र हुए लोगों की भीड़ भरे कमरे के अलावा ऐसा और कुछ नहीं है, जो हम दोनों में से कोई करना चाहता हो। हम अपनी पुस्तकों, वीडियो, ऑडियो श्रृंखला, कार्यशालाओं या वेबसाइट के माध्यम से अब्राहम से मिलनेवाले लोगों से अकसर सुनते हैं, "आपका धन्यवाद कि आपने मुझे वह सब याद दिलाया, जो मैं पहले से जानता था।" और "इससे मुझे सत्य के उन टुकड़ों को जोड़ने में मदद मिली, जो अब तक मुझे प्राप्त हुए थे। इससे मुझे हर चीज के मायने समझने में मदद मिली।"

अब्राहम भविष्य वक्ताओं की तरह हमारा भविष्य बताने में रुचि नहीं रखते। हालाँकि मेरा मानना है कि उन्हें हमेशा पता होता है कि हमारे भविष्य में क्या लिखा है! बल्कि वह ऐसे शिक्षक हैं, जो हमें, हम जहाँ पर भी हैं, वहाँ से जहाँ होना चाहते हैं, का मार्गदर्शन प्रदान करते हैं। उन्होंने हमसे कहा है कि यह निर्णय लेना उनका काम नहीं है कि हम

किस चीज की इच्छा रखें। लेकिन यह उनका काम है कि हम जिस भी चीज की इच्छा रखें, वे उसे पाने में हमारी सहायता करें। अब्राहम के शब्दों में—"अब्राहम का काम किसी को, किसी भी चीज की ओर या दूर जाने में मार्गदर्शन करना नहीं है। हम चाहते हैं कि आप अपने सभी निर्णय अपनी इच्छानुसार लें। आपके लिए हमारी केवल एक इच्छा है कि आप अपनी इच्छा को पूरा करने का रास्ता खोज सकें।"

अब्राहम के बारे में मेरी अब तक सुनी सबसे अच्छी बात एक किशोर लड़के ने कही थी। उसने सिर्फ एक रिकॉर्डिंग सुनी थी, जिसमें अब्राहम कुछ किशोरों द्वारा पूछे गए प्रश्नों के उत्तर दे रहे थे। लड़के ने कहा, "पहले तो मुझे विश्वास नहीं हुआ कि एस्थर सचमुच अब्राहम की ओर से बोल रही हैं। लेकिन जब मैंने टेप सुना और उसमें अब्राहम द्वारा इन प्रश्नों के दिए उत्तर सुने, तब मैं जान गया कि अब्राहम सचमुच हैं, क्योंकि उनमें कोई आलोचना नहीं थी। मुझे विश्वास नहीं हुआ कि कोई व्यक्ति इतना समझदार, इतना निष्पक्ष और गैर-धारणापूर्ण भी हो सकता है!"

मेरे लिए अब्राहम के साथ यह यात्रा इतनी आश्चर्यजनक रही कि इसकी व्याख्या के लिए मेरे पास शब्द नहीं हैं। मुझे कल्याण की यह भावना बहुत पसंद आई। मैंने उनसे जो कुछ भी सीखा, उससे हासिल भी किया। मुझे यह बहुत अच्छा लगा कि किस तरह उनके शांत मार्गदर्शन से मुझे हमेशा आत्म-सशक्तीकरण की अनुभूति प्राप्त हुई। मुझे अपने बहुत से प्यारे मित्रों (और नए मित्रों) को अब्राहम से उन्हें मिली सीख का उपयोग कर जीवन में सुधार करते देखना अच्छा लगा। मुझे अपने सिर में इन विद्वान् एवं प्यारे जीवों का मेरे किसी भी सवाल का जवाब देने के लिए प्रकट होना अच्छा लगता है। वे हमारे कुछ भी समझने में सहायता के लिए हर समय तैयार व इच्छुक रहते हैं।

(बल्कि कुछ साल पहले शीला और थियो से मिलने के बाद जेरी ने शब्दकोश में 'थियो' शब्द का अर्थ खोजा। उन्होंने मुझे उत्साहपूर्वक बताया, "थियो का अर्थ है—ईश्वर।" कितना सटीक! आज उस अद्भुत दिन को याद कर मेरे चेहरे पर मुसकराहट आ जाती है, जो हमारे लिए अनोखा मोड़ साबित हुआ। मैं उस समय शैतान से बातचीत को लेकर परेशान थी, जब वस्तुतः मेरी ईश्वर के साथ बातचीत आरंभ होने वाली थी।)

अब्राहम के साथ काम करने के शुरुआती दिनों में हमारे श्रोता चाहते थे कि हम अब्राहम के साथ अपने रिश्ते के बारे में बताएँ।

"आप कैसे मिले? आप में यह रिश्ता कैसे बना? उन्होंने आपको ही क्यों चुना? ऐसे गूढ़ ज्ञान का वक्ता बनकर कैसा लगता है?" तो मैं और जेरी अपने प्रत्येक बातचीत सत्र या रेडियो या टेलीविजन साक्षात्कार के दौरान शुरुआत के कुछ मिनट उनके प्रश्नों को संतुष्ट करने का भरसक प्रयास करते। लेकिन मैं अपने प्रदर्शन के इस भाग को लेकर सबसे अधिक धैर्यहीन रहती। मैं बस, शांत होना चाहती थी, जिससे अब्राहम का चेतना

प्रवाह आरंभ हो और वह शुरू हो सके, जो जेरी और मेरे अनुसार हमारे वहाँ खड़े होने का वास्तविक कारण था।

आखिरकार, हमने निःशुल्क 'इंट्रोडक्शन टू अब्राहम' रिकॉर्डिंग तैयार की, जिसे लोग फुरसत होने पर सुन सकते हैं। इसमें बताया गया है कि हमारा अब्राहम अनुभव किस तरह शुरू व विकसित हुआ (अब हमने इस 'हम कौन हैं' और 'अब्राहम से मिलने के पूर्व क्या किया करते' की चर्चा से संबंधित 74 मिनट की प्रस्तावना को निःशुल्क डाउनलोड हेतु अपनी इंटरेक्टिव (परस्पर संवादात्मक) वेबसाइट www.abraham-hicks.com पर पोस्ट कर दिया है। हम दोनों ने अब्राहम के संदेशों को ऐसा प्रारूप देने में, जिसे सभी लोग सुन व उपयोग कर सकें, की प्रक्रिया में अपनी भूमिका का भरपूर आनंद लिया। लेकिन हमारे लिए हमेशा से ही मुख्य प्रसंग अब्राहम का संदेश रहा है।

आज सुबह अब्राहम ने मुझसे कहा, "एस्थर, हम उन प्रश्नों से परिचित हैं, जो आपके ग्रह में विशद चेतना में प्रसारित हो रहे हैं और यहाँ हम आपके माध्यम से प्रसन्नतापूर्वक इसके उत्तर देना चाहते हैं। शांत हो और इस पुस्तक के सुखद खुलासों का आनंद लो।"

तो मैं यहाँ विश्राम लेती हूँ और अब्राहम को तुरंत आपके लिए इस पुस्तक की रचना आरंभ करने की अनुमति देती हूँ। मैं कल्पना करती हूँ कि वे आपको अपने दृष्टिकोण से बताएँगे कि वे कौन हैं? लेकिन इससे महत्त्वपूर्ण मेरा यह मानना है कि वे आपको यह समझने में मदद करेंगे कि आप कौन हैं? मेरी इच्छा है कि अब्राहम के साथ आपकी यह मुलाकात उतनी ही सार्थक रहे, जितनी हमारे लिए रही है।

प्रेम सहित,

—**एस्थर**

अनुक्रम

भाग-2
जो याद आ चुका है, उसे पाने की सहायक विधियाँ

भाग–1

बातें, जो हम जानते हैं,
जिन्हें आप संभवतः भूल गए हैं,
जिन्हें याद करना आपके लिए आवश्यक है

1

वर्तमान में अच्छा महसूस करने की शक्ति

हमें अब्राहम कहते हैं और हम आपके साथ एक अभौतिक आयाम से बात कर रहे हैं। निस्संदेह, आपको समझना होगा कि आप भी यहाँ अभौतिक आयाम से ही आए हैं। इसलिए हम में और आप में अधिक अंतर नहीं है। आपका भौतिक जगत् इसी अभौतिक की मानसिक कल्पना से निकला है; बल्कि आप और आपका भौतिक जगत् इसी अभौतिक स्रोत ऊर्जा का विस्तार है।

इस अभौतिक जगत् में हम शब्दों का उपयोग नहीं करते, इसलिए हमें भाषा की भी आवश्यकता नहीं होती। इसके साथ ही हमारे पास न तो बोलने के लिए जुबान है और न ही सुनने के लिए कान, फिर भी हम एक-दूसरे से पूर्ण बातचीत कर लेते हैं। एक तरंग हमारी अभौतिक भाषा है और उद्देश्य ही हमारा अभौतिक समुदाय या परिवार है। दूसरे शब्दों में, हम जो कुछ भी हैं, उसे कंपन के रूप में प्रसारित करते हैं और बाकी सबके समान विचार उसमें मिल जाते हैं। आपके भौतिक जगत् में भी ऐसा ही होता है, हालाँकि आप में से अधिकांश लोग यह भूल चुके हैं कि ऐसा होता है।

अब्राहम अभौतिक जीवों का परिवार हैं, जो आपको हमारा ही भौतिक विस्तार होना तथा सभी चीजों को नियंत्रित करने वाले ब्रह्मांड के नियमों की याद दिलाने के प्रबल उद्देश्य से सहज ही एकत्र हुए हैं। हमारा उद्देश्य आपको यह याद दिलाने में मदद करना है कि आप स्रोत ऊर्जा का विस्तार हैं; कि आप सौभाग्यशाली व प्यारे जीव हैं; और आप इस भौतिक समय-अंतराल-वास्तविकता में आनंदपूर्वक सृजन के लिए आए हैं।

भौतिकता पर केंद्रित रहनेवाले सभी जीवों के अभौतिक प्रतिरूप हैं। इसका कोई अपवाद नहीं है। जो भी भौतिकता पर केंद्रित है, उसकी उस व्यापक परिप्रेक्ष्य तक पहुँच है, जो अभौतिक है। इसका कोई अपवाद नहीं है। लेकिन अधिकांश भौतिक जीव आपके ग्रह की भौतिक प्रकृति से इतने विचलित हो जाते हैं कि आप में प्रतिरोध के शक्तिशाली पैटर्न विकसित होने लगते हैं, जिससे आप अपने खुद के स्रोत से स्पष्ट संबंध बनाने में

यह हमारी प्रबल इच्छा है कि आप फिलहाल जहाँ हैं, इस क्षण में, वहाँ खुश रहें, फिर आप चाहे कहीं भी हों। हम समझ सकते हैं कि आपको ये शब्द कितने अजीब लग रहे होंगे, यदि आप उस स्थान से बहुत दूर खड़े हैं, जहाँ आप जाना चाहते हैं। लेकिन हमारा आपसे पक्का वादा है, जब आप अभी अच्छा महसूस करने की शक्ति को समझ जाएँगे तो आपको वह कुंजी मिल जाएगी, जिससे आप जैसी चाहें, वैसी अवस्था, स्वास्थ्य, समृद्धि या जिस भी चीज की इच्छा रखते हों, उसे पा सकते हैं।

नाकाम हो जाते हैं। हमारा उद्देश्य उन लोगों की मदद करना है, जो इस संबंध को याद करने की माँग करें।

सभी भौतिक मनुष्य अभौतिक के साथ स्पष्ट संवाद कर सकते हैं। इसके बावजूद, अधिकांश लोगों में इसके प्रति सचेत जागरूकता नहीं होती। और अकसर यदि आपको इस संभावना की जानकारी भी हो, तो भी आप विचारों की आदत को रोक देते हैं, जो प्रतिरोध की तरह काम करते हुए आपकी सचेतन बातचीत की क्षमता में अवरोध बन जाती है।

फिर भी, कभी-कभी संवाद का स्पष्ट माध्यम खुल जाता है और हम अपने बोध को कंपन के रूप में किसी तक पहुँचाने में सक्षम हो जाते हैं, जो इसे स्पष्ट रूप से प्राप्त कर अनुवादित करता है। और यहाँ पर एस्थर के माध्यम से यही हो रहा है। हम अपने ज्ञान को कंपनों के रूप में प्रस्तावित करते हैं, बिल्कुल वैसे, जिसे आप रेडियो सिग्नल के तौर पर जानते हैं। एस्थर उन कंपनों को प्राप्त करती हैं और उन्हें उनके समानार्थी भौतिक शब्दों में अनुवादित कर देती हैं। हालाँकि इसमें अभी वे उचित भौतिक शब्द नहीं हैं, जो अपने ज्ञान को आप तक पहुँचाने से मिलनेवाले हमारे संतोष और आनंद को प्रकट कर सकें।

यह हमारी प्रबल इच्छा है कि आप फिलहाल जहाँ हैं, इस क्षण में, वहाँ खुश रहें, फिर आप चाहे कहीं भी हों। हम समझ सकते हैं कि आपको ये शब्द कितने अजीब लग रहे होंगे, यदि आप उस स्थान से बहुत दूर खड़े हैं, जहाँ आप जाना चाहते हैं। लेकिन हमारा आपसे पक्का वादा है, जब आप अभी अच्छा महसूस करने की शक्ति को समझ जाएँगे तो आपको वह कुंजी मिल जाएगी, जिससे आप जैसी चाहें, वैसी अवस्था, स्वास्थ्य, समृद्धि या जिस भी चीज की इच्छा रखते हों, उसे पा सकते हैं।

ये पृष्ठ विशेष रूप से लिखे गए हैं, जिससे आप अपने आपको तथा आपके आसपास के सभी लोगों को बेहतर ढंग से समझ सकें और जिनमें से कुछ आपको सहायक प्रतीत हों, लेकिन शब्द यह नहीं सिखा सकते। आपका सच्चा ज्ञान आपके अपने जीवन-अनुभवों से प्राप्त होगा। और जब आप अनुभव एवं ज्ञान के नित्य संग्रहकर्ता बन जाएँगे तो आपका

जीवन सिर्फ इसके लिए नहीं, बल्कि परिपूर्णता, संतोष और आनंद के लिए होगा। आपका जीवन उसकी निरंतर अभिव्यक्ति बन जाएगा, जो आप वास्तव में हैं।

आप केवल वही सुनते हैं, जिसे सुनने को तैयार होते हैं

हम आपके साथ आपकी चेतना के कई स्तरों पर बात करते हैं, सभी पर एक साथ; लेकिन आप केवल वही प्राप्त करते हैं, जिसे प्राप्त करने लायक होते हैं। सभी लोग इस पुस्तक से एक जैसी चीज प्राप्त नहीं कर सकते, लेकिन हर बार इस पुस्तक को पढ़ने पर आपको कुछ अधिक हासिल होगा। यह ऐसी पुस्तक है, जिसे इसकी शक्ति को समझनेवालों को बार-बार पढ़ना चाहिए। यह पुस्तक, जो भौतिक जीवों को ईश्वर के साथ उनके संबंधों और वे वास्तव में जो हैं, उसे समझने में मदद करेगी।

आप जानेंगे कि किस तरह आप अपने खुद के अनुभवों के सृजनकर्ता हैं और क्यों आपकी सभी शक्तियाँ आपके आज में हैं। और अंत में, यह पुस्तक आपको आपके भावात्मक मार्गदर्शन प्रणाली तथा आपके कांपनिक रुझान-बिंदु को समझने की ओर ले जाएगा।

यह पुस्तक आपको यह समझने में मदद करेगी, जो आप वास्तव में हैं—आप क्या बन गए हैं, कहाँ जा रहे हैं और आप जो बनते जा रहे हैं।

यह पुस्तक आपको यह समझने में मदद करेगी कि आपने ऐसा पहले कभी नहीं किया। यह आपको आपके इतिहास और आपके भविष्य के साथ रिश्तों को समझने में मदद करेगी। लेकिन सबसे महत्त्वपूर्ण, यह आपके भीतर आपकी आज की शक्ति की संभावना के प्रति जागरूकता लाएगी।

आप जानेंगे कि किस तरह आप अपने खुद के अनुभवों के सृजनकर्ता हैं और क्यों आपकी सभी शक्तियाँ आपके आज में हैं। और अंत में, यह पुस्तक आपको आपके भावात्मक मार्गदर्शन प्रणाली तथा आपके कांपनिक रुझान-बिंदु को समझने की ओर ले जाएगा।

यहाँ आपको विधियों की वह शृंखला मिलेगी, जो आपको आपके 'अभौतिक' अंश से पुनः संपर्क स्थापित करने में सहायक होगी। विधियाँ, जो आपको ऐसा कुछ भी पाने में मदद करेंगी, जिसकी आप इच्छा रखते हों। और जब आप इन विधियों का उपयोग करेंगे तथा जब आपकी स्मृति शक्तिशाली ब्रह्मांड के नियम के प्रति जागरूक हो जाएगी, तो जीवन के प्रति आपकी स्वाभाविक आनंदपूर्ण अभिरुचि पुनः लौट आएगी।

□

2

हम आपसे किया वादा निभा रहे हैं हम आपको याद दिला रहे हैं कि आप कौन हैं?

क्या आप जानते हैं कि आपको क्या चाहिए? क्या आप जानते हैं कि अपने अनुभवों के निर्माता आप स्वयं हैं? क्या आप अपनी इच्छाओं के विकसित होने का आनंद ले रहे हैं? क्या आप अपने भीतर नई इच्छाओं के पनपने की ताजगी को महसूस कर पा रहे हैं?

यदि आप उन विरले मनुष्यों में हैं, जिनका उत्तर है, "हाँ, मैं अपनी इच्छाओं के विकसित होने का आनंद ले रहा हूँ।" तो मुझे बहुत अच्छा लगेगा, क्योंकि मैं उस मुकाम पर खड़ा हूँ, जहाँ मेरी बहुत सी इच्छाएँ अभी पूरी नहीं हुई हैं।" तब आपको समझ आता है कि आप कौन हैं? यह भौतिक जीवन-अनुभव वास्तव में किसलिए है।

लेकिन यदि आप भी अधिकांश मनुष्यों की तरह अपनी अपूर्ण इच्छाओं को लेकर अप्रसन्नता का अनुभव करते हैं; यदि आपकी और अधिक धन पाने की इच्छा है, लेकिन आप अपने आपको निरंतर कमी की स्थिति में पाते हैं; यदि आप अपनी नौकरी के हालात से संतुष्ट नहीं हैं, बल्कि खुद को फँसा हुआ और सुधार की किसी गुंजाइश से रहित देखते हैं; यदि आपके संबंध संतोषप्रद नहीं हैं; या आपको अपने स्वप्नों में देखा वह संबंध, जिसकी आपको जब से याद है, तब से इच्छा थी, अभी भी पहुँच से बाहर दिखाई दे रहा है; यदि आपका शरीर वैसा महसूस नहीं होता या दिखाई नहीं देता, जैसा आप चाहते हैं...तो कुछ बेहद महत्त्वपूर्ण और बल्कि आसानी से समझ आनेवाली चीजें हैं, जो हम यहाँ पर आपको बताना चाहते हैं।

हम आपको यह जानकारी इसलिए देना चाहते हैं, क्योंकि हम चाहते हैं कि आप उन सभी चीजों को पाने का मार्ग खोज सकें, जिन्हें आप पाना चाहते हैं। लेकिन यह हमारे कारण का एक छोटा सा भाग है, क्योंकि हम जानते हैं कि चाहे आप अपनी

हमने इस पुस्तक को इसलिए लिखा है, जिससे आपके भीतर की शक्ति और अपरिहार्य सफलता की उस स्मृति को पुनः जाग्रत् कर सकें, जो आपके उस अंतर्भाग में कंपित होती है, जो आपका वास्तविक स्वरूप है। हमने इस पुस्तक को आपके आशावाद, सकारात्मक उम्मीद और विस्तारित आनंद के स्थल पर वापस लौटने और यह याद दिलाने के लिए लिखा है कि ऐसा कुछ नहीं है, जो आप बन, कर या पा नहीं सकते।

वर्तमान सूची में से अपनी इच्छित सभी चीजों को पा भी जाएँ? तो उसकी जगह एक और सूची ले लेगी, जो उससे भी अधिक लंबी और अधिक खर्चीली होगी। अतः इस पुस्तक को इसलिए नहीं लिखा गया है कि यह आपको अपनी सूची में शामिल सभी वस्तुओं को पाने में सहायता करेगी, क्योंकि हम इस प्रयास की असंभव प्रकृति को समझते हैं।

हमने इस पुस्तक को इसलिए लिखा है, जिससे आपके भीतर की शक्ति और अपरिहार्य सफलता की उस स्मृति को पुनः जाग्रत् कर सकें, जो आपके उस अंतर्भाग में कंपित होती है, जो आपका वास्तविक स्वरूप है। हमने इस पुस्तक को आपके आशावाद, सकारात्मक उम्मीद और विस्तारित आनंद के स्थल पर वापस लौटने और यह याद दिलाने के लिए लिखा है कि ऐसा कुछ नहीं है, जो आप बन, कर या पा नहीं सकते। हमने यह पुस्तक इसलिए लिखी है, क्योंकि हमने इसका आपसे वादा किया था। और अब, जब यह पुस्तक आपके हाथों में है, आप भी उस वादे को पूरा कर रहे हैं, जो आपने किया था।

आपने कहा था, 'मैं आनंदपूर्वक जीऊँगा!'

आपने कहा था, "मैं अन्य जीवों के बीच भौतिक समय-अंतराल-वास्तविकता में जाकर स्पष्ट व विशिष्ट दृष्टिकोण वाली पहचान बनाऊँगा। मैं अपने आपको उस तरह से देखना चाहता हूँ और मुझे उस तरह से देखे जाने में आनंद आएगा।"

आपने कहा था, "मैं अपने आसपास देखूँगा और देखी गई चीजों पर मेरी प्रतिक्रिया मेरी अपनी मूल्यवान् व्यक्तिगत प्राथमिकताओं के जन्म का कारण बनेगी।"

आपने कहा था, "मैं अपनी प्राथमिकताओं का महत्त्व समझता हूँ। मैं अपने दृष्टिकोण का महत्त्व समझता हूँ।"

और तब आपने कहा (और सब बातों में यह सबसे महत्त्वपूर्ण है), "मैं अपनी व्यक्तिगत दृष्टिकोण की शक्ति और महत्त्व को हमेशा अनुभव करूँगा, जिससे संसार का निर्माण करनेवाली अभौतिक ऊर्जा मेरे निर्णयों, मेरे उद्‌देश्यों और मेरे प्रत्येक विचार में

> ***आपने कहा था, "मुझे अपने आपको इस भौतिक समय-अंतराल-वास्तविकता के भौतिक शरीर में प्रवाहित करना अच्छा लगेगा; क्योंकि वह परिवेश मेरे भीतर की शक्तिशाली ऊर्जा को किसी विशिष्ट वस्तु पर केंद्रित होने का कारण बन सकता है। और उस केंद्र की विशिष्टता में आगे बढ़ने की शक्ति तथा आनंद प्राप्त होगा।"***

प्रवाहित हो सके, जिससे वह रचना हो सके, जिसे मैं अपने दृष्टिकोण से गतिशील कर सकूँ।"

तब, अपना भौतिक जन्म लेने से पहले आप जानते थे कि आप 'स्रोत ऊर्जा' हैं, जो विशेष रूप से इस भौतिक शरीर में केंद्रित है और आप जानते थे, भौतिक व्यक्ति बन जाने के बाद भी आप उससे अलग नहीं हो सकते, जहाँ से आप आए हैं। तब आप में स्रोत ऊर्जा के साथ अपने शाश्वत संबंधों का बोध था।

आपने कहा था, "मुझे अपने आपको इस भौतिक समय-अंतराल-वास्तविकता के भौतिक शरीर में प्रवाहित करना अच्छा लगेगा; क्योंकि वह परिवेश मेरे भीतर की शक्तिशाली ऊर्जा को किसी विशिष्ट वस्तु पर केंद्रित होने का कारण बन सकता है। और उस केंद्र की विशिष्टता में आगे बढ़ने की शक्ति तथा आनंद प्राप्त होगा।"

हम जानते हैं कि आप कौन हैं

इस तरह आप इस शानदार शरीर में आए, अपने आनंद व शक्तिशाली प्रकृति की स्मृति सहित यह जानते हुए कि आप उस स्रोत को कभी नहीं भूलेंगे, जिससे आप आए हैं और यह जानते हुए कि उस स्रोत से आपका संबंध कभी नहीं टूटेगा।

तो अब, हम यहाँ हैं—आपको यह याद दिलाने में मदद करते हुए कि इस समय आप चाहे जैसा भी अनुभव कर रहे हों, उस स्रोत से आपका संबंध कभी नहीं टूट सकता।

हम यहाँ आपको आपके अपने शक्तिशाली स्वरूप की याद दिलाने में मदद के लिए तथा आपको उसी आत्मविश्वास, आनंद, निरंतर किसी शानदार चीज को खोजनेवाले आपके ध्यान को उस ओर मोड़ने आए हैं, जो आप खुद हैं।

चूँकि हमें पता है कि आप कौन हैं, हम सहज ही आपको याद दिलाने में मदद कर सकते हैं कि आप कौन हैं।

चूँकि हम वहीं हैं, जहाँ से आप आए हैं, हम सहज ही आपको याद दिलाने में मदद कर सकते हैं कि आप कहाँ से आए हैं।

चूँकि हमें पता है कि आपकी इच्छा क्या है, हम सहज ही मार्गदर्शन द्वारा आपको वह पाने में मदद कर सकते हैं, जिसकी आपको इच्छा है।

ऐसा कुछ नहीं, जो आप बन, कर या पा नहीं सकते

हम आपको यह याद दिलाना चाहते हैं कि ऐसा कुछ भी नहीं है, जो आप बन, कर या पा नहीं सकते और हम उसे पाने में आपकी सहायता करना चाहते हैं। लेकिन आप जैसे हैं, हम आपको उसी स्थिति में प्रेम करते हैं, भले ही आप करें या न करें, क्योंकि हमें पता है कि आपकी यात्रा (आप जहाँ से आए हैं, से लेकर आप जहाँ जाना चाहते हैं) कितनी आनंदपूर्ण रही है!

हम आपको यह याद दिलाना चाहते हैं कि ऐसा कुछ भी नहीं है, जो आप बन, कर या पा नहीं सकते और हम उसे पाने में आपकी सहायता करना चाहते हैं। लेकिन आप जैसे हैं, हम आपको उसी स्थिति में प्रेम करते हैं, भले ही आप करें या न करें, क्योंकि हमें पता है कि आपकी यात्रा (आप जहाँ से आए हैं, से लेकर आप जहाँ जाना चाहते हैं) कितनी आनंदपूर्ण रही है!

हम उस दृष्टिकोण को पीछे छोड़ने में आपकी मदद करना चाहते हैं, जिसे आपने अपनी भौतिक यात्रा के दौरान प्राप्त किया है और जो आपके आनंद व शक्ति में बाधा है; और हम उस शक्तिशाली ज्ञान को पुनर्जाग्रत् करने में आपकी मदद करना चाहते हैं, जो आपके वास्तविक स्वरूप के मूल केंद्र में स्पंदित हो रहा है।

अत: विश्रांत हों और अपने वास्तविक स्वरूप की ओर इस मंद गति यात्रा का आनंद लें। हमारी इच्छा है कि जब तक आप इस पुस्तक के अंत तक पहुँचें, आप अपने को उसी तरह जान जाएँ, जैसे हम आपको जानते हैं; आप अपने को उसी तरह प्रेम करने लगें, जैसे हम करते हैं और आप अपने जीवन का उसी तरह आनंद लें, जैसे हम आपके जीवन का आनंद ले रहे हैं।

□

3

अपने सत्य की रचना आप स्वयं करते हैं

अभी अधिक समय नहीं हुआ है, जब हमारे मित्र जेरी एवं एस्थर का इस उक्ति से परिचय हुआ कि "अपने सत्य के रचनाकार आप स्वयं हैं।" (उन्हें यह जेन रॉबर्ट्स की श्रेष्ठ पुस्तकों में मिला) उनके लिए यह खोज रोमांचक और परेशान करनेवाली दोनों ही थी, क्योंकि हमारे बहुत से अन्य भौतिक मित्रों की तरह उनकी भी अपने अनुभवों पर रचनात्मक नियंत्रण पाने की इच्छा थी। लेकिन कुछ बुनियादी प्रश्न उन्हें परेशान कर रहे थे—"क्या वास्तव में हमारे लिए उस सत्य को चुनना उचित है, जिसे हमने स्वयं रचा है? और यदि हमारे लिए ऐसा करना उचित है तो फिर हम ऐसा कैसे कर सकेंगे?"

आपके जीवन का आधार पूर्ण स्वतंत्रता है

आप इस प्राकृतिक ज्ञान के साथ जन्म लेते हैं कि अपने सत्य की रचना आप स्वयं करते हैं। और बल्कि आपके भीतर इस ज्ञान की बुनियाद इतनी गहरी है कि जब कोई आपको रचना करने से रोकता है तो आप अपने भीतर तत्काल असहमति को अनुभूत करते हैं। आपको जन्म से ही ज्ञात है कि अपने सत्य के रचनाकार आप स्वयं हैं और अपने भीतर ऐसा करने की इच्छा के प्रबल रीति से कुलबुलाते रहने के बावजूद जब आप अपने समाज में संघटित होना आरंभ करने पर उस तसवीर को लगभग स्वीकार करने लगते हैं, जो दूसरों ने आपके जीवन को लेकर बनाई होती है। लेकिन फिर भी, आपके भीतर आज भी यह ज्ञान जीवित रहता है कि अपने जीवन-अनुभवों के निर्माता आप स्वयं हैं। पूर्ण स्वतंत्रता आपके वास्तविक अनुभवों के आधार रूप में बनी रहती है और अंततः आपके जीवन-अनुभवों का निर्माण पूर्णतः और केवल आप पर निर्भर है।

आपको यह कभी पसंद नहीं आता कि कोई दूसरा बताए कि आपको क्या करना है। आपको अपने प्रबल आवेगों को रोकना कभी पसंद नहीं आता। लेकिन समय के साथ अपने आसपास रहनेवाले उन लोगों के पर्याप्त दबाव के बाद, जो इस बात को लेकर सुनिश्चित प्रतीत होते हैं कि उनका मार्ग आपके मार्ग से अधिक वास्तविक है, धीरे-धीरे

आप अपने जीवन के मार्गदर्शन का संकल्प छोड़ने लगते हैं। आपको यह ज्यादा आसान लगता है कि आप, उनके आपके लिए सबसे बेहतर क्या है, के विचार को स्वीकार कर लें, बजाय इसके आप इसे खुद जानने का प्रयास करें। लेकिन इस समाज द्वारा आपको अपने अनुकूल बनाने को स्वीकार करने और खोज के प्रयासों की परेशानी से बचने के प्रयास में आप अनजाने में अपने सबसे बुनियादी आधार—रचना करने की अपनी कुल व संपूर्ण स्वतंत्रता को त्याग देते हैं।

आपको इस स्वतंत्रता को इतनी आसानी से नहीं छोड़ देना चाहिए; बल्कि वास्तव में आप इसे छोड़ भी नहीं पाते हैं, क्योंकि यह आपके अस्तित्व के सबसे बुनियादी जड़ सूत्र में मौजूद रहती है। फिर भी, सबके साथ चलने की मंशा के अपने प्रयास या अपने चुनने के शक्तिशाली अधिकार को छोड़ने के अलावा कोई चारा न होने की निराशाजनक निवृत्ति होने पर···आप अपने प्राकृतिक प्रवाह के भँवर में फँसते हुए अपनी मूल आत्मा के विपरीत चले जाते हैं।

आपको इस स्वतंत्रता को इतनी आसानी से नहीं छोड़ देना चाहिए; बल्कि वास्तव में आप इसे छोड़ भी नहीं पाते हैं, क्योंकि यह आपके अस्तित्व के सबसे बुनियादी जड़ सूत्र में मौजूद रहती है। फिर भी, सबके साथ चलने की मंशा के अपने प्रयास या अपने चुनने के शक्तिशाली अधिकार को छोड़ने के अलावा कोई चारा न होने की निराशाजनक निवृत्ति होने पर···आप अपने प्राकृतिक प्रवाह के भँवर में फँसते हुए अपनी मूल आत्मा के विपरीत चले जाते हैं।

कोई दूसरा आपके अनुभवों का निर्माण नहीं कर सकता

यह पुस्तक आपको स्रोत ऊर्जा के साथ पुनः संगठित करने के लिए है। यह आपको स्पष्टता, भलाई और उस शक्ति के प्रति पुनर्जाग्रत् करने के लिए है, जो आप वास्तव में हैं। इसे लिखने का कारण आपको इस ज्ञान की ओर पुनः लौटने में सहायता करना है कि आप स्वतंत्र हैं और हमेशा से स्वतंत्र रहे हैं तथा आगे भी चुनाव के लिए हमेशा स्वतंत्र रहेंगे। दूसरे का अपनी वास्तविकता रचने का प्रयास करने को स्वीकार करने में कोई संतुष्टि नहीं है; बल्कि किसी दूसरे के लिए आपकी वास्तविकता की रचना करना संभव ही नहीं है।

एक बार जब आपका तालमेल पुनः इन शाश्वत शक्तियों तथा सार्वभौमिक नियमों और उसके साथ बैठ जाता है, जो सचमुच आपका स्रोत है तो आपके लिए ऐसा आनंदपूर्ण सृजन प्रतीक्षा करता होगा, जो भौतिक वर्णन से परे होगा; क्योंकि अपने अनुभवों का निर्माण आप स्वयं करते हैं और अपने जीवन के संकल्पपूर्ण मार्गदर्शन में अत्यधिक संतुष्टि है।

आप भौतिक स्वरूप में शाश्वत पुरुष हैं

आप शाश्वत पुरुष हैं, जिसके इस विशिष्ट भौतिक जीवन-अनुभव को चुनने के बहुत से अद्‌भुत कारण हैं। पृथ्वी ग्रह की ये समय-अंतराल-वास्तविकता वह धरातल प्रदान करती है, जिसमें आप अपने दृष्टिकोण को विशिष्ट सृजन उद्‌देश्य पर केंद्रित रख सकते हैं।

आप शाश्वत चेतना हैं, जो इस शानदार भौतिक शरीर में विशिष्ट केंद्रण और सृजन का रोमांच व आनंद लेने आए हैं। आप जिस भौतिक जीव को 'मैं' के तौर पर संदर्भित करते हैं, वह अग्रणी विचारों पर केंद्रित है; जबकि चेतना, जो वास्तव में आपका स्रोत है, आपके माध्यम से प्रवाहित हो रही है। और अवर्णनीय प्रफुल्लता के इन क्षणों में ऐसा समय भी आएगा, जब आप पूरी तरह से खुल जाएँगे और अपने स्रोत को सही मायनों में अपने माध्यम से अभिव्यक्त होना स्वीकार कर लेंगे।

आप शाश्वत चेतना हैं, जो इस शानदार भौतिक शरीर में विशिष्ट केंद्रण और सृजन का रोमांच व आनंद लेने आए हैं। आप जिस भौतिक जीव को 'मैं' के तौर पर संदर्भित करते हैं, वह अग्रणी विचारों पर केंद्रित है; जबकि चेतना, जो वास्तव में आपका स्रोत है, आपके माध्यम से प्रवाहित हो रही है। और अवर्णनीय प्रफुल्लता के इन क्षणों में ऐसा समय भी आएगा, जब आप पूरी तरह से खुल जाएँगे और अपने स्रोत को सही मायनों में अपने माध्यम से अभिव्यक्त होना स्वीकार कर लेंगे।

कभी तो आप अपने अस्तित्व के सच्चे स्वभाव को अपने माध्यम से प्रवाहित होने को पूर्ण रूप से स्वीकार कर लेते हैं और कभी इसे प्रवाहित होने को स्वीकार नहीं करते। इस पुस्तक को लिखने का कारण आपको यह समझने में सहायता देना है कि आप में वह क्षमता है कि आप अपने सच्चे स्वभाव को अपने माध्यम से प्रवाहित होना हमेशा स्वीकार कर सकें। और जब आप अपने स्रोत के साथ अपने पूर्ण संबंधों को बोधपूर्वक स्वीकार करना सीख लेंगे, तब आपको परमानंद का अनुभव होगा। अपने विचारों की दिशा का बोधपूर्वक चयन करने से आप अपनी स्रोत ऊर्जा, ईश्वर और आनंद तथा वे सभी चीजें, जिन्हें आप अच्छा मानते हैं, के साथ सतत संपर्क में रह सकते हैं।

परम कल्याण आपके ब्रह्मांड का आधार है

कल्याण इस ब्रह्मांड का आधार है। कल्याण सभी चीजों का आधार है। यह आपकी ओर तथा आप में से प्रवाहित होता है। आपको बस, इसे स्वीकार करना होता है। जैसे

आपके श्वास में वायु; आपको उसे सिर्फ भरना, रोकना और अपने अस्तित्व में छोड़ देना होता है।

यह पुस्तक कल्याणकारी प्रवाह के साथ अपने स्वाभाविक संबंधों को बोधपूर्ण स्वीकार्यता देने के बारे में है। यह आपको याद दिलाती है कि वास्तव में आप कौन हैं, जिससे आप अपने लिए वैसे ही जीवन-अनुभव सृजित कर सकें, जिनकी इस भौतिक शरीर में आने के पूर्व आपने कल्पना की थी और इन शानदार अग्रणी अनुभवों में आप अपनी कल्पनाओं को मुक्त रूप से अंतहीन, आनंदपूर्ण व सह-रचनात्मक ढंग से अभिव्यक्त कर सकें।

क्या आप जानते हैं कि कल्याण किस मात्रा में आपकी ओर प्रवाहित हो रहा है? क्या आप जानते हैं कि आपके लिए परिस्थितियों और घटनाओं के कितने आयोजन उपलब्ध हैं? क्या आप जानते हैं कि आप कितना पसंद किए जाते हैं? क्या आप जानते हैं कि इस ग्रह और ब्रह्मांड की रचनाओं को इसलिए अनुकूलित किया गया है कि आपको पूर्ण अनुभव प्राप्त हो सके?

क्या आप जानते हैं कि कल्याण किस मात्रा में आपकी ओर प्रवाहित हो रहा है? क्या आप जानते हैं कि आपके लिए परिस्थितियों और घटनाओं के कितने आयोजन उपलब्ध हैं? क्या आप जानते हैं कि आप कितना पसंद किए जाते हैं? क्या आप जानते हैं कि इस ग्रह और ब्रह्मांड की रचनाओं को इसलिए अनुकूलित किया गया है कि आपको पूर्ण अनुभव प्राप्त हो सके?

क्या आप जानते हैं कि आप कितने प्रिय हैं, कितने सौभाग्यशाली हैं, कितने पसंद किए जाते हैं और इस रचनात्मक प्रक्रिया का कितना अनिवार्य हिस्सा हैं? हम आपको बताना चाहते हैं। हम चाहते हैं कि आप अपने अस्तित्व की सौभाग्यशाली प्रकृति को समझने लगें। और हम चाहते हैं कि आप इसके प्रमाणों की खोज करें, क्योंकि हम इसे आपको यह हर उस क्षण में दरशाते हैं, जिसमें आप इसे देखना स्वीकार करते हैं—प्रेमियों का मिलन, धन, परिपूर्ण अनुभव तथा वे खूबसूरत चीजें, जो आप देखते हैं; परिस्थितियों व घटनाओं का सिलसिला तथा अद्भुत सह-सृजित अनुभवों के वे सिलसिले, जहाँ आप एक-दूसरे के साथ किसी और कारण से नहीं, बल्कि केवल इस कारण से जुड़ जाते हैं, जिसका आश्चर्यजनक रूप से महत्त्वपूर्ण कारण परिपूर्णता, संतुष्टि एवं आपको अच्छा लगना और अपने आपको उस क्षण का आनंद देना है।

आपका आगे बढ़ना अपरिहार्य है; ऐसा होना ही चाहिए। आप इसमें कुछ नहीं कर सकते, बस बढ़ते रहते हैं। लेकिन आप यहाँ आगे बढ़ने की खोज हेतु नहीं हैं; आप यहाँ बेहिसाब आनंद का अनुभव लेने के लिए हैं। यही आपके यहाँ होने का कारण है।

□

4

मैं वहाँ से यहाँ कैसे आया ?

हमें अपने शरीरी मित्रों से संभवतः यही प्रश्न सबसे अधिक सुनने को मिलता है कि मैं जो पाना चाहता हूँ, उसे पाने में इतना लंबा समय क्यों लग रहा है ?

इसका कारण यह नहीं कि आप में यथेष्ट इच्छा नहीं है।

इसका कारण यह नहीं कि आप यथेष्ट बुद्धिमान नहीं हैं।

इसका कारण यह नहीं कि आप इसकी पात्रता नहीं रखते।

इसका कारण यह नहीं कि भाग्य आपके विरोध में है।

इसका कारण यह नहीं कि आपका उपहार पहले ही कोई और ले गया है।

आपको आपकी इच्छित वस्तु अब न मिल पाने का कारण है कि आप अपने को उस कांपनिक पैटर्न में पकड़े हुए हैं, जो आपकी इच्छा के कंपन के अनुरूप नहीं है। हमेशा—केवल यही एक कारण होता है! आपको एक और महत्त्वपूर्ण बात जाननी होगी कि जब आप इस पर रुककर विचार करते हैं या उससे भी महत्त्वपूर्ण, रुककर इसे अनुभूत करते हैं तो आप अपनी इस मूल विसंगति को पहचान लेंगे।

तो अब, आपको केवल यह करना है कि आप सावधानी सहित धीरे-धीरे अपने उन प्रतिरोधी विचारों का त्याग करें, जो इसकी अस्वीकृति का एकमात्र कारण है। आपको अधिक राहत मिलना इस बात का सूचक होगा कि आप प्रतिरोध को त्याग रहे हैं, बिल्कुल उसी तरह जैसे तनाव, क्रोध, निराशा आदि का बढ़ना इस बात का सूचक होता है कि आप अपनी प्रतिरोध की मात्रा बढ़ाते जा रहे हैं।

कल्याण आपके द्वार पर कतारबद्ध है

हम चाहते हैं कि आप अपनी उस मूल प्रतिज्ञा को फिर से याद करें, किसी भी ऐसी बात से पहले समझा जाना आवश्यक है, जो आपके लिए मायने रखती हो—कल्याण प्रवहमान है, वह कल्याण आपको चाहता है, कल्याण आपके द्वार पर कतारबद्ध है। आपने जब कभी कोई इच्छा की, वह कही हो या अनकही, सब आपके द्वारा कांपनिक

रूप में प्रसारित हो जाती हैं। स्रोत उसे सुनता व समझता है और उनका उत्तर भी देता है और तब आप अपने भीतर उसे प्राप्त करने को स्वीकार करना महसूस करते हैं, एक बार में एक अनुभूति।

आप स्रोत ऊर्जा का भौतिक विस्तार हैं

आप स्रोत ऊर्जा का विस्तार हैं। आप विचारों में अग्रणी हैं। आपकी समय-अंतराल-वास्तविकता आपके विचारों की शक्ति द्वारा बहुत पहले उसी समय गतिशील हो चुकी होती है, जिसे आप वर्तमान में भौतिक रूप में प्रत्यक्ष होता देखते हैं। *आपके भौतिक परिवेश की सभी वस्तुओं की रचना अभौतिक दृष्टिकोण द्वारा वह करता है, जिसे आप 'स्रोत' कहकर पुकारते हैं। और जिस तरह स्रोत ने आपके जगत् को रचा है, उसी तरह आप अपने एकाग्र विचारों की शक्ति के माध्यम से अपनी दुनिया को इस समय-स्थान-वास्तविकता के अग्रणी स्थान से रचते रहते हैं।*

आप तथा जिसे आप स्रोत कहते हैं, एक ही है।
आपको स्रोत से पृथक् नहीं किया जा सकता।
स्रोत को आपसे पृथक् नहीं किया जा सकता।
आपके बारे में विचार करना, स्रोत के बारे में विचार करना है।
स्रोत के बारे में विचार करना, आपके बारे में विचार करना है।
स्रोत ऐसा कोई विचार नहीं देता, जो उसे आपसे पृथक् करता हो।

आप ऐसा कोई विचार नहीं दे सकते, जो आपको पूर्ण रूप से पृथक् कर दे (वास्तव में 'पृथक्' बहुत भारी शब्द है); लेकिन आप ऐसे विचार प्रस्तावित कर सकते हैं, जो कांपनिक स्वभाव में काफी अलग होते हुए भी स्रोत के साथ आपके स्वाभाविक संबंधों को बाधित करते हैं। इसी परिस्थिति को हम प्रतिरोध करते हैं।

प्रतिरोध का वह एकमात्र स्वरूप या स्रोत के साथ आपके संबंधों की बाधा आपके भौतिक दृष्टिकोण से प्रस्तावित होती है। स्रोत आपके लिए पूर्ण रूप से सदैव उपलब्ध रहता है और निरंतर आपका कल्याण करता रहता है और अधिकांशतः आप इस कल्याण को स्वीकार कर लेते हैं; लेकिन कई बार आप ऐसा नहीं भी करते। हम स्रोत को ज्यादा-से-ज्यादा बार बोधपूर्वक स्वीकार्यता देने

स्रोत आपके लिए पूर्ण रूप से सदैव उपलब्ध रहता है और निरंतर आपका कल्याण करता रहता है और अधिकांशतः आप इस कल्याण को स्वीकार कर लेते हैं; लेकिन कई बार आप ऐसा नहीं भी करते। हम स्रोत को ज्यादा-से-ज्यादा बार बोधपूर्वक स्वीकार्यता देने में आपका सहयोग करना चाहते हैं।

में आपका सहयोग करना चाहते हैं।

अभौतिक ऊर्जा का विस्तार होने के कारण आप विचारों को उसके पार ले जा सकते हैं, जहाँ वे पहले कभी गए होंगे—और विषमताओं के द्वारा आप निष्कर्षों व निर्णयों पर पहुँचते हैं। एक बार जब आपका आपकी इच्छा के साथ तालमेल बन जाता है, तब जगत् की रचना करनेवाली अभौतिक ऊर्जा आपके माध्यम से प्रवाहित होने लगेगी, जिसका अर्थ उत्साह, उमंग और सफलता हुआ। यही आपकी नियति है।

आप अभौतिक से अपना सृजन करने के बाद इस भौतिक द्वारा सृजन करना जारी रखते हैं। हम सबकी कोई-न-कोई ध्यानार्थ वस्तु होती है—ऐसी इच्छाएँ, जो हम में आकांक्षाएँ जगाती हैं, जिनसे हम उसकी पूर्णता अनुभूत कर सकें, जिसे हम अपने माध्यम से सर्व-कल्याणकर्ता को जारी रखने के लिए प्रवाहित करते हैं। यह इच्छा ही है, जो शाश्वत में शाश्वतता उत्पन्न करती है।

आपकी निजी प्राथमिकताओं का विकासवादी मूल्य

अपनी प्राथमिकताओं को कम न आँकें, क्योंकि आपके ग्रह का विकास आप में से उन लोगों पर निर्भर है, जो निरंतर अपने अग्रणी विचारों द्वारा आपकी इच्छाओं को संशोधित करते रहते हैं तथा उस विषमता या विविधता पर, जिसमें आप मौजूद हैं, जो आपकी निजी प्राथमिकताओं के निर्माण हेतु आदर्श परिवेश प्रदान करती हैं। इन विषमताओं के बीच होने के कारण आप में से नई इच्छाएँ कांपनिक सिग्नलों के रूप में निरंतर प्रसारित होती रहती हैं, जिन्हें स्रोत प्राप्त करता व उत्तर देता है—और उस क्षण में, ब्रह्मांड का विस्तार हो जाता है।

यह पुस्तक, विस्तार लेते ब्रह्मांड, या स्रोत का आपके प्रत्येक अनुरोध का उत्तर देना, या आपको दी गई प्रत्येक वस्तु के लिए पात्रता पर नहीं है। यह पुस्तक आपको ऐसी कांपनिक अवस्था तक पहुँचाने के लिए है, जहाँ आप जो कुछ भी माँगें, उसे प्राप्त कर सकें।

> ***हम आपकी उन चीजों की सोद्‌देश्य-प्राप्ति में सहायता करना चाहते हैं, जिन्हें आपके परिवेश ने आपको भीतर से प्रेरित किया है, क्योंकि हम चाहते हैं कि अपनी वास्तविकता का सृजन करते समय आप आनंदपूर्वक, बोधपूर्वक उल्लास का अनुभव कर सकें। अपनी वास्तविकता का सृजन आप स्वयं करते हैं, कोई दूसरा नहीं। और आप अपनी वास्तविकता का सृजन कर लेते हैं, भले ही आपको पता न चले कि यह आपने किया है।***

सोद्‌देश्य सृजन का विज्ञान

हम आपकी उन चीजों की सोद्‌देश्य-प्राप्ति में सहायता करना चाहते हैं, जिन्हें आपके परिवेश ने आपको भीतर से प्रेरित किया है, क्योंकि हम चाहते हैं कि अपनी वास्तविकता का सृजन करते समय आप आनंदपूर्वक, बोधपूर्वक उल्लास का अनुभव कर सकें। अपनी वास्तविकता का सृजन आप स्वयं करते हैं, कोई दूसरा नहीं। और आप अपनी वास्तविकता का सृजन कर लेते हैं, भले ही आपको पता न चले कि यह आपने किया है। यही कारण है कि आप ऐसा अकसर स्वत: कर देते हैं। जब आप अपने विचारों को लेकर बोधपूर्ण जागरूक होंगे और आप इसे सोद्‌देश्यपूर्वक प्रस्तावित कर रहे होंगे तो अपनी वास्तविकता के सोद्‌देश्य सृजनकर्ता आप स्वयं होंगे—और यही वह इच्छा थी, जिसके चलते आपने इस शरीर में आने का निर्णय लिया था।

आपकी इच्छाएँ और मान्यताएँ विचार मात्र हैं—'जो चाहें वो कैसे पाएँ'। आप ध्यान देकर अपनी चाहत के द्वारा और अपनी इच्छा के माध्यम में माँगते हैं—यह माँगना है (फिर चाहे आपकी इच्छा इसके होने की हो या इसके न होने की हो, आप माँग रहे हैं…)। आपको शब्दों का प्रयोग करने की जरूरत नहीं है। आपको बस, यह महसूस होना चाहिए। मैं यह चाहता हूँ। मुझे यह पसंद आया। मुझे यह अच्छा लगा आदि। यही इच्छा सभी तरह के आकर्षणों की शुरुआत है।

> ***हमारी इच्छा है कि आप ऐसे व्यक्ति बनें, जो उसमें खुश रहें, जो वह है और उसके पास जो कुछ भी है—जबकि इसके साथ-ही-साथ और अधिक की चाह रखता हो। यही इष्टतम सृजनात्मक अनुकूल अवस्थिति होगी, जहाँ आनेवाले की प्रतीक्षा हो, आतुरता का एहसास हो, आशावादी प्रत्याशा हो; लेकिन उस अधैर्य, संदेह या अपात्रता का एहसास न हो, जो उसकी प्राप्ति में बाधा बन सके। यही सोद्‌देश्य सृजन के विज्ञान का सर्वोत्तम रूप है।***

आप विस्तार या सृजन से कभी नहीं थकते, क्योंकि इच्छाओं के नए विचारों का प्रवाह कभी कम नहीं होता। प्रत्येक नए विचार के साथ आप कुछ अनुभव करना, पाना या जानना चाहते हैं। उसका वास्तविकीकरण या प्रत्यक्षीकरण हो जाता है—और इस प्रत्यक्षीकरण के साथ ही आपको एक नया दृष्टिकोण मिलता है, जिससे आप पुन: इच्छा करते हैं। यह विषमता या विविधता कभी समाप्त नहीं होती, अत: नई इच्छाओं का अंकुरण कभी समाप्त नहीं होता। और चूँकि यह 'माँगना' कभी समाप्त नहीं होता, इसलिए 'उत्तर' प्रवाहित होना कभी नहीं रुकता। और इस तरह, आपको हमेशा नए दृष्टिकोण प्राप्त होते रहते हैं। आपके समक्ष नई विषमताएँ और नई व प्रेरक इच्छाएँ एवं दृष्टिकोणों की रूपरेखाएँ सदैव बनती रहती हैं।

एक बार इस विचार के साथ सहज हो जाने

के बाद आप कभी नहीं रुकेंगे। आपके भीतर नित-नई इच्छाएँ निरंतर जन्म लेती रहेंगी। स्रोत आपकी इच्छाओं का उत्तर देना कभी बंद नहीं करेगा और इस तरह आपका विस्तार चलता रहेगा, वहीं यदि आप इस क्षण में शांत होने लगेंगे तो आपकी कोई ऐसी भी इच्छा हो सकती है, जो पूरी न हो सके।

हमारी इच्छा है कि आप ऐसे व्यक्ति बनें, जो उसमें खुश रहें, जो वह है और उसके पास जो कुछ भी है—जबकि इसके साथ-ही-साथ और अधिक की चाह रखता हो। यही इष्टतम सृजनात्मक अनुकूल अवस्थिति होगी, जहाँ आनेवाले की प्रतीक्षा हो, आतुरता का एहसास हो, आशावादी प्रत्याशा हो; लेकिन उस अधैर्य, संदेह या अपात्रता का एहसास न हो, जो उसकी प्राप्ति में बाधा बन सके। यही सोद्देश्य सृजन के विज्ञान का सर्वोत्तम रूप है।

□

5

बोध का यह सरल आधार सब स्पष्ट कर देगा

एक करंट है, जो सभी चीजों से प्रवाहित होता है। यह संपूर्ण ब्रह्मांड में उपस्थित है और संपूर्ण सर्व-कल्याणकर्ता में उपस्थित है। यह ब्रह्मांड का आधार है और यही आपके भौतिक जगत् का आधार है। कुछ लोग इस ऊर्जा से परिचित हैं; लेकिन अधिकांश मनुष्य इसके बारे में कुछ नहीं जानते। हालाँकि सभी लोग इससे प्रभावित हैं।

जब आप इस जगत् के आधार को समझने लगते हैं और जब आप अपनी उस जागरूकता के स्रोत को तलाशने या कहना चाहिए, महसूस करने लगते हैं, जो हर चीज का आधार है, तब आप अपने अनुभव में आनेवाली सभी चीजों को समझने लगते हैं। आप अपने आसपास के लोगों के अनुभवों को भी और अधिक स्पष्टता के साथ समझने लगते हैं।

अपरिवर्तनशील सूत्रों से अपरिवर्तनशील परिणाम मिलेंगे

जैसे गणित के आधार को समझने के बाद उसके उपयोग से सही परिणाम पाए जाते हैं, अब आपके पास अपने जगत् को समझने का सूत्र मौजूद है, जो हमेशा से अपरिवर्तनशील रहा है और जिससे आपको अपरिवर्तनशील परिणाम प्राप्त होंगे। ये इतने अपरिवर्तनशील होते हैं कि आप अपने भावी अनुभवों की पूरी शुद्धता सहित भविष्यवाणी कर सकते हैं। आप अपने बीते अनुभवों को इस बोध के साथ समझ सकेंगे, जो आपको इससे पहले ज्ञात नहीं था।

आप अतीत या भविष्य में कभी भी खुद को अपने जीवन-अनुभव में अवांछित चीजों के विचारों के आने से इनका शिकार बनता महसूस नहीं करेंगे। आप आखिरकार उस परम रचनात्मक नियंत्रण को समझ जाएँगे, जो आपको अपने जीवन-अनुभवों पर हासिल है। और तब, आप में वह क्षमता होगी कि आप अपना ध्यान अपनी सृजनात्मक शक्ति की तरफ मोड़ सकें। और यह देखकर आप उस पूर्ण आनंद को अनुभव करेंगे कि

किस तरह सभी वस्तुएँ आपकी विशिष्ट इच्छाओं की पूर्ति में सहायता के लिए निकट आती जा रही हैं। यह संभावना सभी में मौजूद है और कुछ इसे महसूस भी करते हैं।

अपनी उन इच्छाओं को पहचानना, जो जीवन की उन विषमताओं से उदित होती हैं, जिनमें आप जी रहे हैं और ये जानना कि इनमें से प्रत्येक इच्छा पूरी होगी, बेहद संतोषजनक अनुभव है। विश्वास और बोध की इस अवस्था का मूल सदा अपरिवर्तनशील रहता है—अब आप अपनी इच्छा से संबंधित विचारों के सूत्रपात और इनके पूर्ण व सुनिश्चित प्रत्यक्षीकरण के बीच का समय घटा सकते हैं।

आपको पता चल जाएगा कि आप जिन भी चीजों की इच्छा रखते हैं, वो बेहद सरलता व तेजी से आपके अनुभव में शामिल हो सकती हैं।

आप कांपनिक परिवेश में कांपनिक जीव हैं

आप 'महसूस' कर सकते हैं कि स्रोत ऊर्जा से अपने संबंध को आप पूर्णत: स्वीकार कर रहे हैं या नहीं। दूसरे शब्दों में, आप जितना बेहतर महसूस करेंगे, उतना ही इस संबंध को स्वीकार कर रहे हैं; जितना बुरा महसूस करेंगे, अपने संबंध को उतना ही कम स्वीकार कर रहे हैं। बेहतर महसूस करने का अर्थ संबंधों को स्वीकार करना है; वहीं बुरा महसूस होना संबंधों को स्वीकार न करना है। बुरा महसूस करने का अर्थ स्रोत के साथ अपने संबंधों का प्रतिरोध करना है।

आप 'महसूस' कर सकते हैं कि स्रोत ऊर्जा से अपने संबंध को आप पूर्णत: स्वीकार कर रहे हैं या नहीं। दूसरे शब्दों में, आप जितना बेहतर महसूस करेंगे, उतना ही इस संबंध को स्वीकार कर रहे हैं; जितना बुरा महसूस करेंगे, अपने संबंध को उतना ही कम स्वीकार कर रहे हैं। बेहतर महसूस करने का अर्थ संबंधों को स्वीकार करना है; वहीं बुरा महसूस होना संबंधों को स्वीकार न करना है। बुरा महसूस करने का अर्थ स्रोत के साथ अपने संबंधों का प्रतिरोध करना है।

आप अपने मांस, रक्त व हड्डियोंवाले भौतिक शरीर के बावजूद 'कांपनिक जीव' हैं और अपने इस भौतिक परिवेश में आप जो कुछ भी अनुभव करते हैं, वह सब कांपनिक है। और यह केवल आपकी अपने कंपनों को परिवर्तित करने की क्षमता ही है, जिससे आप अपने भौतिक जगत् को समझ पाते हैं। दूसरे शब्दों में, आप अपनी आँखों द्वारा कंपनों को उनमें परिवर्तित करते हैं, जिन्हें आप देख सकते हैं। अपने कानों का उपयोग कर आप कंपनों को उस ध्वनि में परिवर्तित कर देते हैं, जिसे आप सुन सकते हैं; बल्कि आपकी नाक, जीभ और उँगलियों के पोर भी कंपनों को उन गंधों, स्वादों और स्पर्शों में परिवर्तित कर देते हैं, जिनसे

आपको अपने जगत् को समझने में मदद मिलती है। लेकिन आपका अब तक का सबसे परिष्कृत कांपनिक व्याख्याकार आपकी भावनाएँ हैं।

कांपनिक व्याख्याकार के रूप में आपकी भावनाएँ

अपनी भावनाओं के संकेतों पर ध्यान देकर आप पूरी शुद्धता सहित उन सब चीजों को समझ सकते हैं, जिन्हें आप जी रहे हैं या कभी जिया था। और फिर, इस शुद्धता और सहजता द्वारा, जिसे आपने संभवतः पहले कभी अनुभव नहीं किया होगा, अपनी भावनाओं के इस नवीन बोध द्वारा आप अपने भावी अनुभवों की ऐसी योजना बना सकते हैं, जो आपको हर तरह से आनंदित करे।

अपनी अनुभूतियों पर ध्यान देकर आप अपने यहाँ होने की वजह को पूरा कर सकते हैं और अपने अभीष्ट विस्तार को उसी आनंदपूर्ण रीति से जारी रख सकते हैं, जैसा आपने सोचा था। अपने वास्तविक रूप के साथ अपने भावात्मक संबंधों को समझने से आप न केवल अपने जगत् की घटनाओं व उनके कारणों को, बल्कि अपने संपर्क में आनेवाले सभी प्राणियों को भी समझ सकते हैं। इसके बाद आपके मन में अपने जगत् से संबंधित कोई भी प्रश्न अनुत्तरित नहीं रहेगा। आप अपने व्यापक अभौतिक दृष्टिकोण और अपने व्यक्तिगत भौतिक अनुभव द्वारा—आप कौन थे, क्या बन गए हैं और क्या बनने वाले हैं, इसे अत्यंत गहन स्तर पर समझ सकेंगे।

□

6

आकर्षण का नियम ब्रह्मांड का सबसे प्रभावशाली नियम

प्रत्येक विचार कंपित होता है, प्रत्येक विचार संकेत प्रसारित करता है और प्रत्येक विचार अनुकूल संकेतों को पुन: आकर्षित करता है। हम इस प्रक्रिया को 'आकर्षण का नियम' (लॉ ऑफ अट्रेक्शन) कहते हैं।

'आकर्षण के नियम' के अनुसार—जो एक जैसे होंगे, उनमें आकर्षण होगा। और इसलिए आप आकर्षण के शक्तिशाली नियम को सार्वभौमिक नियंत्रक के रूप में देख सकते हैं, जो इस बात का ध्यान रखता है कि सभी एक जैसे विचार एक-दूसरे से जुड़े रहें।

आप इस सिद्धांत को तब समझते हैं, जब आप अपना रेडियो चलाने पर उसके रिसीवर को सोद्‍देश्यपूर्वक प्रसारण टॉवर के सिग्नल से ट्यून करते हैं। आप यह उम्मीद नहीं करते कि 101 एफ.एम. की रेडियो फ्रीक्वेंसी पर प्रसारित संगीत आप तब सुन सकें, जब आपका ट्यूनर 98.6 एफ.एम. पर सेट हो। आप जानते हैं रेडियो की कांपनिक आवृत्तियों का अनुकूल होना आवश्यक है और 'आकर्षण का नियम' आपसे सहमत है।

अत:, जब आपके अनुभव आपकी इच्छाओं के कांपनिक रॉकेट का प्रक्षेपण करने वाले हों, तब आपको ऐसे तरीके खोजने चाहिए, जिससे आपका कांपनिक सामंजस्य निरंतर उन इच्छाओं के साथ बना रहे, जिन्हें आप प्रत्यक्ष करना चाहते हैं।

आपका ध्यान किस पर केंद्रित है ?

आप जिस भी चीज पर ध्यान देंगे, आप में से वैसे ही कंपन उत्पन्न होंगे और आप जैसे कंपन प्रस्तावित करेंगे, वैसी ही माँग करेंगे, जो आपका आकर्षण-बिंदु बनेगी।

यदि आप किसी ऐसी वस्तु की इच्छा करते हैं, जो फिलहाल आपके पास नहीं है तो आपको सिर्फ उस पर अपना ध्यान बनाए रखना होगा और 'आकर्षण के नियम' द्वारा वह आप तक पहुँच जाएगी। क्योंकि अपनी इस इच्छित वस्तु या अनुभव के बारे में सोचने

पर आप एक कंपन प्रस्तावित करते हैं और तब, नियम द्वारा उस वस्तु या अनुभव को आप तक आना ही होगा।

हालाँकि जब आप किसी ऐसी चीज की इच्छा करते हैं, जो आपके पास नहीं है और फिर अपना ध्यान अपनी वर्तमान स्थिति, उसके न होने पर केंद्रित रखते हैं तो 'आकर्षण का नियम' इन 'न होने' के कंपनों को अनुकूलित करने लगता है। अत: आप अपनी इच्छित वस्तु को प्राप्त नहीं कर पाते हैं। यही नियम है।

यदि आप किसी ऐसी वस्तु की इच्छा करते हैं, जो फिलहाल आपके पास नहीं है तो आपको सिर्फ उस पर अपना ध्यान बनाए रखना होगा और 'आकर्षण के नियम' द्वारा वह आप तक पहुँच जाएगी। क्योंकि अपनी इस इच्छित वस्तु या अनुभव के बारे में सोचने पर आप एक कंपन प्रस्तावित करते हैं और तब, नियम द्वारा उस वस्तु या अनुभव को आप तक आना ही होगा।

मुझे कैसे पता चलेगा कि मैं किसे आकर्षित कर रहा हूँ?

किसी वस्तु को अपने अनुभव में लाने की कुंजी इसमें है कि आपकी इच्छा को आपकी इच्छा के साथ कांपनिक सामंजस्य बनाना होगा। और कांपनिक सामंजस्य बनाने का सबसे आसान तरीका है कि आप अपने विचारों को उस अनुभव से प्राप्त आनंद की तरफ प्रवाहित करें। और जब आप इस विचार का अभ्यास करेंगे तथा निरंतर यही कंपन प्रस्तावित करते रहेंगे, तब आप ऐसी स्थिति में आ जाएँगे, जहाँ उसे अपने अनुभव में स्वीकार कर सकें।

अब, अपनी अनुभूतियों पर ध्यान देने पर आप आसानी से जान जाएँगे कि आप अपनी इच्छित वस्तु पर केंद्रित हैं या अपनी इच्छित वस्तु की अनुपस्थिति पर केंद्रित हैं। जब आपके विचारों का आपकी इच्छा के साथ कांपनिक तालमेल बन जाएगा, आपको अच्छा महसूस होने लगेगा—आपकी भावात्मक श्रेणी संतोष से, उम्मीद से, आतुरता से आनंद तक पहुँच जाएगी। लेकिन यदि आप अपनी इच्छा की कमी या अनुपस्थिति पर केंद्रित हैं तो आपकी भावात्मक श्रेणी निराशावाद से, चिंता से, उत्साह भंग से, क्रोध से, असुरक्षा से अवसाद तक महसूस हो सकती है।

और चूँकि आप अपनी भावनाओं को लेकर बोधपूर्वक जागरूक होंगे, आप हमेशा जानते होंगे कि अपनी सृजनात्मक प्रक्रिया के स्वीकार्यता वाले हिस्से से क्या कर रहे हैं। और तब आप फिर कभी इसे समझने में गलती नहीं करेंगे कि चीजें वैसे क्यों नहीं हो रहीं, जैसा उन्हें होना चाहिए। आपकी भावनाएँ आपको एक शानदार मार्गदर्शन प्रणाली प्रदान करती हैं और यदि आप इस पर ध्यान देते हैं तो आप अपने को किसी भी इच्छित दिशा में निर्देशित कर सकेंगे।

आप जिस पर विचार करेंगे, आपको मिल जाएगा, फिर आप उसे चाहते हों या नहीं

शक्तिशाली आकर्षण के सार्वभौम नियम के अनुसार आप प्रमुख रूप से जिस पर भी विचार करेंगे, उसी तत्त्व को अपनी ओर आकर्षित कर लेंगे। इसलिए, यदि आप अपनी इच्छित वस्तुओं पर विचार करेंगे तो वही वस्तुएँ आपके जीवन-अनुभवों में प्रतिबिंबित होंगी। इसी प्रकार, यदि आप प्रमुख रूप से उन वस्तुओं पर विचार करेंगे, जिन्हें आप नहीं चाहते तो आपके जीवन-अनुभवों में वही वस्तुएँ प्रतिबिंबित होंगी।

आप जो भी सोचते हैं, वह आगामी घटनाओं की योजना बनाने जैसा है। आपका प्रशंसा करना योजना बनाना है। आपका चिंता करना योजना बनाना है। (चिंता करने का अर्थ अपनी कल्पना का ऐसी चीज के निर्माण में उपयोग करना है, जिसे आप नहीं चाहते।)

प्रत्येक विचार, प्रत्येक अवधारणा, प्रत्येक अस्तित्व, बल्कि सभी कुछ कांपनिक है। अतः जब आप किसी वस्तु पर अपना ध्यान केंद्रित करते हैं, भले ही थोड़े समय के लिए, तो आपके अस्तित्व का कंपन उन्हीं कंपनों को प्रतिबिंबित करने लगता है, जिन पर आपका ध्यान केंद्रित है। आप इस बारे में जितना अधिक सोचते हैं, उतना अधिक कंपन उत्पन्न करते हैं। आप ऐसे जितने अधिक कंपन उत्पन्न करते हैं, उस जैसी उतनी ही अधिक चीजों को अपनी ओर आकर्षित करते हैं। आकर्षण की यह प्रवृत्ति तब तक निरंतर बढ़ती रहती है, जब तक आप कोई अलग तरह का कंपन प्रस्तावित नहीं कर देते। और जब यह अलग कंपन प्रस्तावित होता है, तब आपके द्वारा उसी कंपन के जैसी वस्तुएँ आकर्षित की जाने लगती हैं।

> ***शक्तिशाली आकर्षण के सार्वभौम नियम के अनुसार आप प्रमुख रूप से जिस पर भी विचार करेंगे, उसी तत्त्व को अपनी ओर आकर्षित कर लेंगे। इसलिए, यदि आप अपनी इच्छित वस्तुओं पर विचार करेंगे तो वही वस्तुएँ आपके जीवन-अनुभवों में प्रतिबिंबित होंगी। इसी प्रकार, यदि आप प्रमुख रूप से उन वस्तुओं पर विचार करेंगे, जिन्हें आप नहीं चाहते तो आपके जीवन-अनुभवों में वही वस्तुएँ प्रतिबिंबित होंगी।***

आकर्षण के नियम को समझ लेने के बाद आप स्वयं को होनेवाले अनुभवों को लेकर हैरान नहीं होते; क्योंकि आप जानते हैं, इसमें प्रत्येक कण को आपने स्वयं अपने खुद के विचारों के माध्यम से आमंत्रित किया है। आपके जीवन-अनुभवों में ऐसा कुछ नहीं घट सकता, जिसे आपने अपने विचारों के माध्यम से आमंत्रित न किया हो।

चूँकि शक्तिशाली 'आकर्षण के नियम' का कोई अपवाद नहीं है, इसलिए इसके बारे में सबकुछ जानना बहुत आसान होता है। और एक बार जब आप यह समझ जाते हैं कि आपको वही

मिलता है, जिसके बारे में आप सोचते हैं और यह भी महत्त्वपूर्ण है कि जब आप यह समझ जाते हैं कि आप क्या सोच रहे हैं, तब आप अपने अनुभवों के संपूर्ण नियंत्रण के प्रयोग की स्थिति में होते हैं।

आपका कांपनिक अंतर कितना बड़ा है?

यहाँ कुछ उदाहरण देते हैं। आपके अपने जीवनसाथी के प्रति सराहना के विचारों और अपने जीवनसाथी में क्या अलग देखना चाहते हैं, संबंधी विचारों में काफी बड़ा कांपनिक अंतर होता है। और निरपवाद रूप से अपने जीवनसाथी के साथ आपके संबंधों में आपके ये प्रबल विचार प्रतिबिंबित होते हैं। भले ही आपने ऐसा जानबूझकर न किया हो, लेकिन आपने वस्तुतः अपने रिश्ते के ऐसा होने का विचार किया है।

यहाँ कुछ उदाहरण देते हैं। आपके अपने जीवनसाथी के प्रति सराहना के विचारों और अपने जीवनसाथी में क्या अलग देखना चाहते हैं, संबंधी विचारों में काफी बड़ा कांपनिक अंतर होता है। और निरपवाद रूप से अपने जीवनसाथी के साथ आपके संबंधों में आपके ये प्रबल विचार प्रतिबिंबित होते हैं। भले ही आपने ऐसा जानबूझकर न किया हो, लेकिन आपने वस्तुतः अपने रिश्ते के ऐसा होने का विचार किया है।

वित्तीय स्थिति में सुधार की आपकी इच्छा तब तक पूरी नहीं हो सकती, जब तक आप अपने पड़ोसियों के सौभाग्य से ईर्ष्या करना बंद नहीं कर देते; क्योंकि आपकी इच्छा और ईर्ष्यापूर्ण भावनाएँ दोनों के कंपन भिन्न हैं।

अपनी कांपनिक प्रकृति को समझ लेने पर आपके लिए अपनी खुद की वास्तविकता का सोद्देश्य सृजन आसान हो जाता है। समय व अभ्यास के साथ ही आप जान जाते हैं कि आप अपनी सभी इच्छाओं को आसानी से पूरा कर सकते हैं; क्योंकि ऐसा कुछ भी नहीं है, जो आप बन, कर या पा नहीं सकते।

आप ही हैं कांपनिक ऊर्जा को पुकारनेवाले

आप चेतना हैं
आप ऊर्जा हैं
आप कंपन हैं
आप विद्युत् हैं
आप स्रोत ऊर्जा हैं
आप सृजनकर्ता हैं
आप विचारों में अग्रणी हैं।

एक बार जब आप बोधपूर्वक सार्वभौमिक नियमों के साथ एकाकार हो जाते हैं और यह समझने लगते हैं कि चीजें जिस तरह प्रतिक्रिया देती हैं, उसका क्या कारण है तो सभी रहस्य एवं भ्रम स्पष्टता और समझ में परिवर्तित हो जाते हैं। संदेह व भय की जगह ज्ञान और विश्वास ले लेते हैं, अनिश्चितता की जगह निश्चितता ले लेती है—और आनंद आपके अनुभव की बुनियाद के तौर पर पुनः लौट आता है।

आप सबसे विशिष्ट, सबसे सक्रिय आह्वानकर्ता और उस ऊर्जा के उपयोगकर्ता हैं, जिससे संसार का सृजन होता है। यह इस सदा विकसित हो रहे शाश्वत जगत् में हर जगह उपस्थित है।

आप इस अग्रणी समय-स्थान-वास्तविकता में अभिव्यक्त रचनात्मक प्रतिभा हैं, जिसका उद्‌देश्य विचारों को उसके पार ले जाना है, जहाँ वे पहले कभी गए हैं।

भले ही पहले-पहल आपको यह अजीब लगे, लेकिन इससे आपको स्वयं को कांपनिक जीव के तौर पर स्वीकार करने में मदद मिलेगी। चूँकि यह एक कांपनिक जगत् है, जहाँ आप रह रहे हैं, अतः इस ब्रह्मांड पर शासन करनेवाला नियम कंपन आधारित है।

एक बार जब आप बोधपूर्वक सार्वभौमिक नियमों के साथ एकाकार हो जाते हैं और यह समझने लगते हैं कि चीजें जिस तरह प्रतिक्रिया देती हैं, उसका क्या कारण है तो सभी रहस्य एवं भ्रम स्पष्टता और समझ में परिवर्तित हो जाते हैं। संदेह व भय की जगह ज्ञान और विश्वास ले लेते हैं, अनिश्चितता की जगह निश्चितता ले लेती है—और आनंद आपके अनुभव की बुनियाद के तौर पर पुनः लौट आता है।

जब आपकी इच्छाओं और विश्वासों में कांपनिक तालमेल हो

एक जैसे एक-दूसरे के प्रति आकर्षित होते हैं, अतः अपनी इच्छाओं को पूरी तरह हासिल करने के लिए आपके कंपनों का आपकी इच्छाओं के कंपनों के साथ तालमेल होना आवश्यक है। आप किसी चीज की इच्छा और उसे पाने की आशा तब तक नहीं रख सकते, जब तक आप प्रमुख रूप से उसकी अनुपस्थिति पर केंद्रित रहते हैं; क्योंकि इस अनुपस्थिति की कांपनिक आवृत्ति और इसकी उपस्थिति की कांपनिक आवृत्ति में बहुत अंतर है। इसे इस तरह भी कह सकते हैं कि आप जिस वस्तु की इच्छा रखते हैं, उसे पाने के लिए आपकी इच्छाओं और आपके विश्वास में कांपनिक तालमेल होना आवश्यक है।

अब एक बड़ी तसवीर का नजारा करते हैं। आप यहाँ उन अनुभवों को प्राप्त

कर रहे हैं, जिनसे आप जाने-अनजाने व अपने दिव्य व विशिष्ट दृष्टिकोण को, अपनी व्यक्तिगत प्राथमिकता को पहचान सकें। अब जब ऐसा होता है, तब स्रोत, जो आपको सुनता है और आपसे प्रेम करता है, वह आपके कांपनिक व विद्युतीय अनुरोधों का तुरंत उत्तर देता है, फिर चाहे आप उसे बोधपूर्ण मौखिक शब्दों में व्यक्त कर सके हों या नहीं।

इसलिए आपने चाहे कुछ भी माँगा हो—आपने इसे शब्दों द्वारा माँगा हो या अपनी इच्छाओं के सूक्ष्म विचारों द्वारा—हर बार आपका अनुरोध सुना जाएगा और इसका उत्तर भी मिलेगा, इसमें कोई अपवाद नहीं है। आप जब भी माँगेंगे, यह हमेशा दिया जाएगा।

आपका अस्तित्व सर्व-कल्याण स्रोत के लिए लाभप्रद है

आपको होनेवाले विशिष्ट अनुभव, जिनसे आपके भीतर विशिष्ट इच्छाएँ उत्पन्न होती हैं और चूँकि स्रोत आपके अनुरोधों को सुनता और उत्तर देता है—इससे हम जिस ब्रह्मांड में रहते हैं, का विस्तार करता है। कितनी शानदार बात है!

आपकी तत्कालीन समय-अंतराल-वास्तविकता, आपकी तत्कालीन संस्कृति, आपका चीजों को देखने का तत्कालीन तरीका—वे सभी चीजें, जिनसे आपके दृष्टिकोण का निर्माण हुआ है—असंख्य पीढ़ियों में विकसित हुआ है, बल्कि उन सभी इच्छाओं, निष्कर्षों और दृष्टिकोणों को पुनः खोजना संभव ही नहीं है, जिसका परिणाम आपका यहाँ व अभी का विशिष्ट दृष्टिकोण है। लेकिन हम आपको यह बताना चाहते हैं कि आपका यह विशिष्ट दृष्टिकोण चाहे किसी भी कारण बना हो, इसे पूरा होना होगा। आप मौजूद हैं; आप सोच रहे हैं; आप अनुभव करते हैं; आप माँगते हैं—और आपको उत्तर दिया जाता है। आपके अस्तित्व और दृष्टिकोण से सब लाभान्वित हो रहे हैं।

अतः आपके महत्त्व पर कोई सवाल नहीं है, हमारे लिए तो कतई नहीं। हम आपकी अपरिमित

आपकी तत्कालीन समय-अंतराल-वास्तविकता, आपकी तत्कालीन संस्कृति, आपका चीजों को देखने का तत्कालीन तरीका—वे सभी चीजें, जिनसे आपके दृष्टिकोण का निर्माण हुआ है—असंख्य पीढ़ियों में विकसित हुआ है, बल्कि उन सभी इच्छाओं, निष्कर्षों और दृष्टिकोणों को पुनः खोजना संभव ही नहीं है, जिसका परिणाम आपका यहाँ व अभी का विशिष्ट दृष्टिकोण है। लेकिन हम आपको यह बताना चाहते हैं कि आपका यह विशिष्ट दृष्टिकोण चाहे किसी भी कारण बना हो, इसे पूरा होना होगा।

महत्ता पूर्णतः समझते हैं। आपकी पात्रता पर कोई सवाल नहीं है, हमारे लिए तो कतई नहीं। हमें मालूम है कि आप उस ऊर्जा के पात्र हैं, जो आपकी प्रत्येक इच्छा पर प्रतिक्रिया देनेवाले जगत् का निर्माण करती है—और हमें यह भी मालूम है कि ऐसा होता है; लेकिन आप में से बहुत से लोग, कई कारणों से, अपने आपको उन चीजों को हासिल करने से दूर रखते हैं, जिन्हें आप माँग रहे हैं।

अपने स्वाभाविक कल्याण हेतु स्वीकृति की कला को पुनः पाएँ

हम चाहते हैं कि आप अपनी उस प्राकृतिक क्षमता को फिर प्राप्त कर सकें, जिससे आप इस ब्रह्मांड के कल्याण को अपने अनुभव की ओर स्थिर व अबाधित रूप से प्रवाहित होना स्वीकार कर सकें और इस शास्त्र को हम स्वीकृति की कला कहते हैं। आप जहाँ पर हैं तथा जहाँ से आए हैं, वहाँ के प्रत्येक कण को इसी कल्याण को स्वीकृति की कला ने बनाया है, जो जब तक आप ऐसा करते रहते हैं, आपके माध्यम से निरंतर प्रवाहित होती रहती है। स्वीकृति की कला वह कला है, जो उस कल्याण से प्रतिरोध को समाप्त करती है, जिसके आप पात्र हैं; वह कल्याण जो स्वाभाविक है; वह कल्याण, जो आपकी विरासत है, आपका स्रोत और आपका मूल अस्तित्व है।

यहाँ जो कुछ भी प्रस्तुत किया जाने वाला है, उसे समझने के लिए आपको कोई प्राथमिक कोर्स करने की आवश्यकता नहीं है। यह पुस्तक लिखी ही इसलिए गई है कि आपको वहीं से महत्त्व मिलने लगे, जहाँ पर आप अभी हैं। आप इस जानकारी के लिए पूर्णतः तैयार हैं, बिल्कुल अभी और यह जानकारी भी आपके लिए पूरी तरह से तैयार है।

□

7

आप अग्रणी विचारों के पायदान पर हैं

आप जिस स्थिति में हैं, हम उसे अग्रणी विचारों के पायदान पर होने के तौर पर संदर्भित करते हैं, क्योंकि आप अपने भौतिक शरीर से, भौतिक परिवेश में जो भौतिक अनुभव ले रहे हैं, उस कारण आप हमसे आगे का विस्तार हैं।

इससे पहले जो कुछ भी हुआ है, आपका आज उसी का फल है। और आपने अपने जन्म से लेकर अब तक अपने भौतिक शरीर में जिस तरह के अनुभव प्राप्त किए, उन्हीं के फलस्वरूप आप आज जैसे हैं, वैसे बने हैं। सर्व-कल्याण-स्रोत ने आज तक जो कुछ भी अनुभव किया है, उन सबका नतीजा वह सबकुछ है, जो पृथ्वी ग्रह पर भौतिक जीवन-अनुभवों में अनुभव किया जाता है।

आपके ग्रह पर प्रत्येक व्यक्ति को होनेवाले अनुभव उसमें इच्छाओं के जन्म का कारण बनते हैं। इनसे एक ऐसा सामूहिक आह्वान प्रस्तावित होता है, जो वस्तुत: आपके ग्रह के विकास के समान है। और इसलिए, आप आपस में जितना अधिक संवाद करते हैं, आपकी निजी प्राथमिकताएँ, जितनी अधिक पहचानी व प्रसारित होंगी...और आपकी ये प्राथमिकताएँ जितनी अधिक प्रसारित होंगी, उनके उतने ही अधिक उत्तर दिए जाएँगे। इस तरह, आपके समक्ष स्रोत ऊर्जा की इतनी शक्तिशाली धारा मौजूद है, जिसमें से आप अपनी निजी प्राथमिकताओं को हासिल करते हैं।

दूसरे शब्दों में, इतनी अधिक संख्या में लोगों ने जो जिया है और जी रहे हैं; और इतनी अधिक इच्छाओं की आह्वान शक्ति के कारण आपके भावी अनुभवों के कल्याण की जमीन तैयार है। इसी तरह, आपकी तत्कालीन इच्छाएँ, बदले में आगामी पीढ़ियों के लाभ हेतु ऊर्जा की धारा छोड़ जाएँगी।

आप इच्छा करेंगे तो ब्रह्मांड उत्पन्न करेगा

यदि अपने समय-अंतराल-वास्तविकता से आपका जुड़ाव आप में किसी गंभीर इच्छा को प्रेरित करता है तो ब्रह्मांड के पास वे साधन मौजूद हैं, जिनसे वह आपको वैसे

परिणाम दे सकता है, जैसा आप चाहते हैं। चूँकि अपनी प्रत्येक उपलब्धि के साथ आपकी अधिक विस्तार करने की क्षमता बढ़ जाती है, यह विस्तार उन लोगों को अविश्वसनीय लग सकता है, जो अभी इस शक्ति को हाल ही में समझ सके हैं। लेकिन यह उन लोगों के लिए सर्वथा सामान्य होगा, जो इसे पहले ही समझ चुके हैं और कल्याण को निरंतर अपने अनुभवों में प्रवाहित होने की आशा करते हैं। कल्याण की यह धारा तब भी प्रवाहित होती रहती है, जब आपको इसके बारे में पता न हो। लेकिन जब आप इसके साथ बोधपूर्वक तालमेल बना लेते हैं, तब आपके रचनात्मक प्रयास इतने अधिक संतोषप्रद हो जाते हैं कि आपको ज्ञात होता है कि ऐसा कुछ नहीं हैं, जिसकी आप इच्छा रखते हों, लेकिन उसे हासिल न कर पाएँ।

यह काम करता है, आपको पता चले या नहीं

यह जरूरी नहीं है कि इस नित्य विस्तारित होते परिवेश के अस्तित्व का लाभ उठाने के लिए आपको इसकी जटिलताओं को पूरी तरह समझना होगा। लेकिन आपको वह मार्ग अवश्य खोजना होगा, जिससे आप उस कल्याण के साथ बह सकें, जो आपके समक्ष प्रसारित है। अतः इस प्रयास हेतु हम ये शब्द प्रस्तावित करते हैं—"कल्याण की धारा निरंतर बह रही है। आप इसे स्वीकार करें या प्रतिरोध करें, यह इसी तरह प्रवाहित होती रहेगी।"

> ***यह जरूरी नहीं है कि इस नित्य विस्तारित होते परिवेश के अस्तित्व का लाभ उठाने के लिए आपको इसकी जटिलताओं को पूरी तरह समझना होगा। लेकिन आपको वह मार्ग अवश्य खोजना होगा, जिससे आप उस कल्याण के साथ बह सकें, जो आपके समक्ष प्रसारित है। अतः इस प्रयास हेतु हम ये शब्द प्रस्तावित करते हैं—"कल्याण की धारा निरंतर बह रही है। आप इसे स्वीकार करें या प्रतिरोध करें, यह इसी तरह प्रवाहित होती रहेगी।"***

आप तेज प्रकाश से भरे कक्ष में प्रवेश कर 'अँधेरे का स्विच' नहीं खोज सकते। दूसरे शब्दों में, आप ऐसे स्विच की आशा नहीं कर सकते, जो प्रकाश से चमकते कक्ष को गहरे काले अँधेरे से भर दे। आपको ऐसा स्विच अवश्य मिल सकता है, जो प्रकाश का प्रतिरोध करे, क्योंकि प्रकाश न होने पर हर ओर अँधेरा छा जाता है। इसी तरह से 'बुराई' का कोई स्रोत नहीं होता, बल्कि ये उसका विरोध होता है, जिसे आप अच्छा मानते हैं; उसी तरह जैसे बीमारी का स्रोत नहीं होता, लेकिन स्वाभाविक स्वास्थ्य-लाभ का प्रतिरोध संभव होता है।

आपको बिना माँगे उत्तर नहीं मिलेगा

कई बार लोग एस्थर की प्रशंसा करते हैं कि

उन्होंने अब्राहम का ज्ञान प्राप्त कर और उसे लिखित व बोले गए शब्दों में जाहिर किया, जिससे दूसरे भी उससे अनुभव या लाभ ले सकें और हम भी इसमें अपनी सराहना जोड़ देते हैं। लेकिन साथ ही हम ये भी कहना चाहते हैं कि एस्थर का हमारे कंपनों को हासिल करना और अनुवादित करना इस समीकरण का केवल एक भाग है। बिना इसे आगे बढ़ानेवाली माँग किए, इसका कोई उत्तर प्राप्त नहीं होगा।

आपके समय के लोग प्रभावशाली रूप से उन अनुभवों से लाभान्वित हो रहे हैं, जो उन्हें आपकी पिछली पीढ़ियों से मिले हैं। वे अनुभव, जिनसे वे लोग गुजरे थे। उन्होंने अपने भीतर जिन इच्छाओं को पैदा किया, उसी से आह्वान का आरंभ हुआ। और आज आप उन अग्रणी लाभों को काट रहे हैं, जो बीती पीढ़ियों ने माँगा था; इसके साथ ही, आप भी निरंतर माँगते रहे और आप आज भी आह्वान कर रहे हैं… और यह जारी रहेगा। तो आप देख सकते हैं कि यदि आप इसे स्वीकार करने का मार्ग खोज लेते हैं तो आपके एक इशारे पर कल्याण की बाढ़ आ जाएगी, जिसका आप आनंद ले सकते हैं—बशर्ते आपका इसके साथ कांपनिक तालमेल हो। (क्या आप देख सकते हैं कि चूँकि ऊपर कभी भीड़-भाड़ नहीं होती—तो आपको ऐसे अधिक लोग नहीं मिलेंगे, जिनके साथ आप इस बारे में बात कर सकें?)

आजकल के दिनों में बहुत से लोग अत्यधिक परेशानियों और दुःखों का अनुभव कर रहे हैं। और चूँकि आजकल वे जिस तरह जी रहे हैं, उनकी माँगें उच्चतम व गहनतम स्थिति में होती हैं। और इस अनुरोध की गहनता के कारण स्रोत ऐसी ही प्रतिक्रिया देता है। और हालाँकि जो व्यक्ति यह माँग कर रहा है, वह आमतौर पर अपने दुःखों में इतना डूबा होता है कि वह अपनी इन माँगों का लाभ व्यक्तिगत रूप से खुद नहीं ले पाता। भावी पीढ़ियाँ—बल्कि तत्कालीन पीढ़ियाँ, जो फिलहाल अस्वीकार नहीं कर रहीं—उन्हें इस माँग से लाभ प्राप्त होता है।

आजकल के दिनों में बहुत से लोग अत्यधिक परेशानियों और दुःखों का अनुभव कर रहे हैं। और चूँकि आजकल वे जिस तरह जी रहे हैं, उनकी माँगें उच्चतम व गहनतम स्थिति में होती हैं। और इस अनुरोध की गहनता के कारण स्रोत ऐसी ही प्रतिक्रिया देता है। और हालाँकि जो व्यक्ति यह माँग कर रहा है, वह आमतौर पर अपने दुःखों में इतना डूबा होता है कि वह अपनी इन माँगों का लाभ व्यक्तिगत रूप से खुद नहीं ले पाता। भावी पीढ़ियाँ—बल्कि तत्कालीन पीढ़ियाँ, जो फिलहाल अस्वीकार नहीं कर रहीं—उन्हें इस माँग से लाभ प्राप्त होता है।

हम आपको यह इसलिए दे रहे हैं, जिससे आपको यह समझने में मदद मिले कि आपके लिए

कल्याण की धारा और हर प्रकार की वस्तुएँ प्रचुर मात्रा में हमेशा मौजूद हैं, लेकिन उन्हें पाने के लिए आपका उनके साथ तालमेल होना आवश्यक है। आप उनका प्रतिरोध करते हुए उन्हें प्राप्त नहीं कर सकते हैं।

जल द्वार खोलें और अपने कल्याण को भीतर प्रवाहित होने दें

अपने आपको, आप अभी जहाँ भी हैं, वहीं कल्याण की धारा का लाभ ले सकते हैं। कल्पना करने का प्रयास करें कि आप इस शक्तिशाली धारा-प्रवाह का आनंद ले रहे हैं। प्रयास करें कि आप स्वयं को इस अनंत धारा के अग्रणी लाभार्थी होना महसूस कर सकें और मुसकराएँ और यह मानने का प्रयास करें कि आप इसकी पात्रता रखते हैं।

कल्याण की शक्तिशाली धारा के प्रति अपनी पात्रता की क्षमता को महसूस करना निश्चित रूप से इस पर निर्भर करता है कि फिलहाल आपके जीवन में क्या चल रहा है? कुछ परिस्थितियों में आप अपने को पूर्णत: सौभाग्यशाली समझते हैं, वहीं अन्य परिस्थितियों में आप अपने को उतना सौभाग्यशाली महसूस नहीं करते। और हमारी इच्छा है कि इस पुस्तक को पढ़ने के बाद आप यह समझ जाएँ कि किस हद तक अपने आपको सौभाग्यशाली तथा अच्छी चीजों का आपकी ओर प्रवाहित होना महसूस कर सकते हैं और ये आपकी स्वीकार्यता की स्थिति की स्वीकार्यता का सूचक है। और जब आप अच्छी चीजों का आपनी ओर प्रवाहित होना महसूस न करें तो यह आपके प्रतिरोध के स्तर का सूचक है। और हमारी इच्छा है कि जब आप इसे पढ़ना जारी रखेंगे तो ऐसी क्षमता महसूस करेंगे कि आपको ऐसा विचार करने की किसी भी आदत को छोड़ने की क्षमता महसूस होगी, जिसका परिणाम इस धारा को अस्वीकार करना हो।

> ***आप (और आप जैसा महसूस करते हैं) इस बात के लिए जिम्मेदार है कि आप अपनी कल्याण की विरासत को प्रवेश करने देते हैं या नहीं। और जहाँ कमोबेश आपके आसपास वाले इस धारा को स्वीकार करने या न करने को प्रभावित करते हैं, आखिर में यह आप पर ही निर्भर होता है। आप जल द्वार को खोलकर अपने कल्याण को प्रवेश करने दें या आप ऐसे विचारों को चुन सकते हैं, जो आपको उससे दूर कर सकता है, जो आपका अपना है।***

हम आपको समझाना चाहते हैं कि यदि अपने भौतिक प्रारूप में आपने ऐसे प्रतिरोधी विचारों को नहीं चुना, जिनका आपकी कल्याण की धारा के साथ तालमेल नहीं है तो आप, अभी से, उस धारा के पूर्ण प्राप्तकर्ता होंगे; क्योंकि आप वस्तुत: उसी का विस्तार हैं।

आप (और आप जैसा महसूस करते हैं) इस बात के लिए जिम्मेदार है कि आप अपनी

कल्याण की विरासत को प्रवेश करने देते हैं या नहीं। और जहाँ कमोबेश आपके आसपास वाले इस धारा को स्वीकार करने या न करने को प्रभावित करते हैं, आखिर में यह आप पर ही निर्भर होता है। आप जल द्वार को खोलकर अपने कल्याण को प्रवेश करने दें या आप ऐसे विचारों को चुन सकते हैं, जो आपको उससे दूर कर सकता है, जो आपका अपना है। लेकिन आप चाहे इसे स्वीकार करें या प्रतिरोध करें, यह धारा निरंतर आपकी ओर प्रवाहित हो रही है। यह कभी समाप्त नहीं होती, कभी नहीं थकती और आपके पुनः विचार के लिए हमेशा मौजूद रहती है।

आप वहाँ से यहाँ पाने की आदर्श स्थिति में हैं

कल्याण की धारा के साथ अपने संबंधों को सोद्‌देश्यपूर्वक स्वीकार करना आरंभ करने के लिए आपको अपने पर्यावरण या परिस्थितियों में से कुछ नहीं बदलना होता। आप जेल में हो सकते हैं, आप किसी आवधिक रोग से ग्रसित हो सकते हैं, आप वित्तीय रूप से दिवालिया हो सकते हैं या आप तलाक की प्रक्रिया में भी हो सकते हैं। इसके बावजूद, आप फिलहाल शुरुआत करने की आदर्श स्थिति में हैं। और साथ ही हम आपको यह भी समझाना चाहते हैं कि इसमें अधिक समय नहीं लगेगा। इसके लिए आपको सिर्फ सार्वभौमिक नियमों की साधारण समझ तथा स्वीकार्यता की स्थिति की ओर बढ़ने की दृढ़ता होनी चाहिए।

अपने वाहन को एक जगह से दूसरी जगह ले जाते समय आपको इसके आरंभिक स्थल के साथ ही जहाँ आपको पहुँचना है, उस स्थान की भी जानकारी होती है। आप स्वीकार करते हैं कि आप वहाँ क्षण भर में नहीं पहुँच सकते। आप स्वीकार करते हैं, आपको उतनी दूरी की यात्रा करनी होगी और इतने समय के भीतर आप अपने गंतव्य तक पहुँच जाएँगे। भले ही आपको वहाँ पहुँचने की बेचैनी हो या आप यात्रा से थक जाएँ, लेकिन आप इस हद तक निराश नहीं होते कि बीच में से मुड़कर वापस अपने शुरुआती स्थल पर पहुँच जाएँ। आप अपने शुरुआती बिंदु से मध्य मार्ग तक जाते-लौटते रहते हुए अंततः इस अंतहीन यात्रा से हार नहीं मान सकते।

आप अपनी यात्रा पूरी न कर पाने की अक्षमता की घोषणा नहीं करते। आप अपने शुरुआती बिंदु से इच्छित बिंदु के बीच की दूरी को स्वीकार करते हैं—और अपने गंतव्य की दिशा में चल पड़ते हैं। आप जानते हैं कि आपको क्या करना है—और आप वही करते हैं। और हम आपको यह समझाना चाहते हैं कि हर मामले में आप जहाँ हैं, वहाँ से जहाँ जाना चाहते हैं, वहाँ तक की यात्रा को इतनी ही आसानी से समझा जा सकता है।

□

8

आप एक कांपनिक ट्रांसमीटर और रिसीवर हैं

अब आप नियंत्रण, सृजन और अपने भौतिक जीवन के अनुभवों का आनंद लेने के सबसे महत्त्वपूर्ण हिस्से को समझने के लिए तैयार हैं।

आप अपने अस्तित्व को जितना भौतिक मानते हैं, उससे अधिक आपका 'कांपनिक अस्तित्व' है। आपसे संबोधित होते हुए, वे आपको अपनी आँखों से देखते हैं, आपको अपने कानों से सुनते हैं; लेकिन आप अपने आपको उनके व ब्रह्मांड के समक्ष उससे कहीं अधिक प्रभावी ढंग से पेश करते हैं, जिसे देखा या सुना जा सके—"आप एक कांपनिक ट्रांसमीटर हैं और आप अपने अस्तित्व के हर क्षण में सिग्नल प्रसारित कर रहे हैं।"

अपने इस भौतिक शरीर पर केंद्रित रहते हुए जब आप जाग्रत् अवस्था में होने पर निरंतर बेहद विशिष्ट और आसानी से पहचाने जानेवाले ऐसे सिग्नल प्रस्तुत करते हैं, जिन्हें तुरंत ही प्राप्त किया, समझा और उत्तर दिया जाता है। तुरंत ही आपकी मौजूदा व आगामी परिस्थितियाँ उस सिग्नल की प्रतिक्रियास्वरूप परिवर्तित होने लगती हैं, जिन्हें आपने अभी प्रस्तावित किया है। और इस तरह, संपूर्ण ब्रह्मांड, बिल्कुल अभी, उससे प्रभावित हो जाता है, जिसे आपने प्रस्तावित किया है।

आप वर्तमान पर केंद्रित शाश्वत व्यक्तित्व हैं

आपका संसार, वर्तमान और भविष्य, उन सिग्नलों से प्रत्यक्ष व विशेष रूप से प्रभावित होता है, जिन्हें आप प्रसारित करते हैं। आपके वास्तविक स्वरूप का व्यक्तित्व वस्तुत: शाश्वत व्यक्तित्व है; लेकिन आप इस समय जो हैं और आप इस समय जो सोच रहे हैं, वह ऊर्जा को उस जगह केंद्रित करने का कारण बनता है, जो बेहद शक्तिशाली है। आप अभी जिस ऊर्जा पर केंद्रित हैं, यह वही ऊर्जा है, जिसने संसारों की रचना की है और इस क्षण में आप अपने संसार की रचना कर रहे हैं।

आपके भीतर एक अंतर्निहित व सुबोध मार्गदर्शन प्रणाली मौजूद है, जिसमें ऐसे

संकेत हैं, जो आपको अपने सिग्नलों के साथ-ही-साथ आपकी केंद्रित दिशा के शक्ति व बल को समझने में मदद करते हैं। और सबसे महत्त्वपूर्ण, यह वही मार्गदर्शन प्रणाली है, जो आपको अपने चयनित विचार के स्वयं ऊर्जा धारा के साथ तालमेल को समझने में मदद करती है।

आपकी भावनाएँ आपकी मार्गदर्शन प्रणाली का प्रतिनिधित्व करती हैं। दूसरे शब्दों में, आप जैसा महसूस करते हैं, वह स्रोत के साथ और आपके जन्म से पहले के तथा वर्तमान उद्देश्यों के साथ आपके तालमेल का वास्तविक सूचक है।

आपके प्रबल विश्वास पहले सहज विचार थे

आपके द्वारा विचार किया गया प्रत्येक विचार आज भी मौजूद है और जब कभी आप किसी विचार पर केंद्रित होते हैं, आप अपने भीतर के इस विचार के कंपन को सक्रिय कर देते हैं। अतः अभी आप जिस पर भी विचार कर रहे हैं, वह सक्रिय हुआ विचार है। लेकिन जब आप अपने अवधान को उस विचार से दूर ले जाते हैं तो वह सुषुप्त हो जाता है या सक्रिय नहीं रहता। किसी विचार को बोधपूर्वक निष्क्रिय करने का एकमात्र तरीका किसी दूसरे विचार को सक्रिय करना है। दूसरे शब्दों में, किसी विचार से अपने ध्यान को सोद्देश्य हटाने का एकमात्र तरीका अपने ध्यान को किसी और चीज पर लगाना है।

आपके भीतर एक अंतर्निहित व सुबोध मार्गदर्शन प्रणाली मौजूद है, जिसमें ऐसे संकेत हैं, जो आपको अपने सिग्नलों के साथ-ही-साथ आपकी केंद्रित दिशा के शक्ति व बल को समझने में मदद करते हैं। और सबसे महत्त्वपूर्ण, यह वही मार्गदर्शन प्रणाली है, जो आपको अपने चयनित विचार के स्वयं ऊर्जा धारा के साथ तालमेल को समझने में मदद करती है।

आपके किसी चीज पर ध्यान केंद्रित करने पर शुरुआत में कंपन बहुत प्रबल नहीं होते। लेकिन यदि आप लगातार उसके बारे में सोचते रहें या बात करते रहें तो वह कंपन प्रबल होता जाएगा। तो, किसी भी विषय पर पर्याप्त ध्यान से वह प्रमुख विचार बन जाता है। जब आप किसी विचार पर अधिक-से-अधिक ध्यान देते हैं, जब आप उस पर केंद्रित रहते हुए कंपन का अभ्यास करते हैं—तो वह विचार आपके कंपन का सबसे बड़ा भाग बन जाता है। अब आप इस अभ्यस्त विचार को 'विश्वास' भी कह सकते हैं।

विचार पर जितना विचार करेंगे, वह उतना सबल होगा

आपके विचारों के विस्तार के पीछे 'आकर्षण का नियम' होने से किसी वस्तु के साथ किसी स्तर का तालमेल बनाए बिना उस पर अपना ध्यान केंद्रित करना संभव नहीं है। अत: आप इस विचार पर जितना अधिक चिंतन करेंगे और जितना अधिक वह विचार आता रहेगा, उसके साथ आपका कांपनिक तालमेल उतना ही प्रबल होता जाएगा।

किसी भी विचार के साथ प्रबल तालमेल बना लेने पर आप ऐसी भावनाओं को महसूस करने लगेंगे, जो आपके अपने स्रोत के साथ तालमेल बढ़ने या घटने की सूचना देंगी। दूसरे शब्दों में, जब आप किसी विषय पर अधिक ध्यान लगाएँगे तो अपने वास्तविक स्वरूप के साथ आपका सामंजस्य या असामंजस्य उतना ही प्रबल होता जाएगा। यदि आपके ध्यानार्थ विषय का आपके अस्तित्व के स्रोत के साथ अच्छा तालमेल होगा तो आपको अपने विचारों का यह सामंजस्य अच्छी अनुभूतियों के रूप में महसूस होगा।

किसी भी विचार के साथ प्रबल तालमेल बना लेने पर आप ऐसी भावनाओं को महसूस करने लगेंगे, जो आपके अपने स्रोत के साथ तालमेल बढ़ने या घटने की सूचना देंगी। दूसरे शब्दों में, जब आप किसी विषय पर अधिक ध्यान लगाएँगे तो अपने वास्तविक स्वरूप के साथ आपका सामंजस्य या असामंजस्य उतना ही प्रबल होता जाएगा। यदि आपके ध्यानार्थ विषय का आपके अस्तित्व के स्रोत के साथ अच्छा तालमेल होगा तो आपको अपने विचारों का यह सामंजस्य अच्छी अनुभूतियों के रूप में महसूस होगा। वहीं यदि आपके ध्यानार्थ विषय का आपके स्रोत की जानकारी से तालमेल नहीं होगा तो आपको बुरी अनुभूतियों के रूप में अपने विचारों में असामंजस्य की अनुभूति होगी।

इस पर ध्यान देना, इसे आमंत्रित करना है

आप अपने जिस भी विचार पर ध्यान केंद्रित करते हैं, वह विस्तारित होकर आपके कांपनिक मिश्रण का बड़ा हिस्सा बन जाता है। फिर चाहे वह विचार किसी ऐसी वस्तु का हो, जो आपको चाहिए या ऐसी वस्तु का, जो आपको नहीं चाहिए, आपका उस पर ध्यान होना, उसे आपका अनुभव बनने के लिए आमंत्रित करेगा।

यह ब्रह्मांड आकर्षण-आधारित है, इसलिए इसमें अपवर्जित कुछ नहीं होता। हर चीज समाविष्ट होती है। अत: जब आप कुछ ऐसा देखते हैं, जिसका अनुभव लेना चाहते हों और आप उस पर केंद्रित रहें तो उसके लिए 'हाँ' कहते हुए चिल्लाने से

आप उसे अपने अनुभव में शामिल कर सकते हैं। लेकिन जब आप कुछ ऐसा देखते हैं, जिसे अपने अनुभव में शामिल नहीं करना चाहते और फिर भी उस पर केंद्रित होते हैं तो उसके लिए 'नहीं' कहकर चिल्लाएँ, अन्यथा आप इसे भी अनुभव में शामिल कर लेंगे। आप इसे अपने 'हाँ' द्वारा आमंत्रित और 'न' द्वारा अपवर्जित नहीं करते, क्योंकि इस आकर्षण-आधारित ब्रह्मांड में कुछ भी अपवर्जित नहीं है। आपका उस पर केंद्रित होना आमंत्रण है। आपका उस पर ध्यान देना आमंत्रण है।

और इस तरह जो लोग प्रमुखत: पर्यवेक्षक हैं, वे अच्छे समय में तो फलते-फूलते हैं, लेकिन बुरे समय में कष्ट उठाते हैं; क्योंकि वे जिन्हें देख रहे हैं, वह पहले ही कंपित हो चुका है और चूँकि वे जो देख रहे हैं, वह पहले से ही कंपित हो रहा है और जब वे उसे देखते हैं, वे इसे अपनी कांपनिक चेष्टाओं में शामिल कर लेते हैं, और चूँकि उन्होंने इन्हें शामिल किया है तो ब्रह्मांड इसे उनके आकर्षण-बिंदु के तौर पर स्वीकार कर लेता है—और इसे और अधिक सारभूत बनाने लगता है। अत: इन पर्यवेक्षकों के लिए यह जितना बेहतर होता है, उतना ही और बेहतर होता जाता है तथा जितना बदतर होता है, उतना ही और बदतर हो जाता है। जबकि एक द्रष्टा हर समय फलता-फूलता है।

आपके किसी विषय पर ध्यान केंद्रित करने से, 'आकर्षण का नियम' वैसी ही परिस्थितियाँ, घटनाएँ, अनुभव, लोग और अन्य वस्तुएँ प्रदान करने लगता है, जो आपके मूल प्रधान कंपन के जैसे हों।

आपके किसी विषय पर ध्यान केंद्रित करने से, 'आकर्षण का नियम' वैसी ही परिस्थितियाँ, घटनाएँ, अनुभव, लोग और अन्य वस्तुएँ प्रदान करने लगता है, जो आपके मूल प्रधान कंपन के जैसे हों। और जब आपके आसपास वे चीजें प्रत्यक्ष होने लगती हैं, जिनके बारे में आप विचार कर रहे थे, तब आप एक नई अधिक शक्तिशाली कांपनिक आदत या रुझान विकसित कर लेते हैं। और इस तरह, आपका एक समय का छोटा व नगण्य-सा विचार विकसित होकर प्रबल विश्वास बन जाता है—और आपका प्रबल विश्वास हमेशा आपके अनुभव का हिस्सा बनता है।

□

9

आपकी भावात्मक प्रतिक्रियाओं के पीछे का अदृष्ट महत्त्व

आपकी देखने की शक्ति सुनने की शक्ति से काफी अलग होती है तथा आपकी सूँघने की शक्ति आपकी स्पर्श की शक्ति से अलग है। लेकिन अलग होने के बावजूद ये सभी कांपनिक व्याख्याएँ हैं। दूसरे शब्दों में, जब आप किसी गरम स्टोव के पास पहुँचते हैं तो संभवत: आपकी देखने की शक्ति नहीं बता सकती कि स्टोव गरम है। आमतौर पर सुनने की शक्ति और स्वाद या सूँघने की शक्ति के पास भी ऐसा कोई तरीका नहीं होता, जिससे आप गरम स्टोव को पहचान सकें। लेकिन जब आप स्टोव के निकट पहुँचेंगे, आपकी त्वचा की संवेदनाएँ आपको बता देंगी कि वह स्टोव गरम है।

आप में जन्म से ही संवेदनशील, विकासशील और सुविज्ञ अनुवादक कंपन मौजूद हैं, जो आपको आपके अनुभवों को समझने तथा परिभाषित करने में मदद करते हैं। और जिस तरह आप अपनी पाँचों इंद्रियों का उपयोग कर अपने भौतिक जीवन-अनुभवों की व्याख्या करते हैं, आप में जन्म से ही भावनाओं के रूप में ऐसे सेंसर होते हैं, जो आगे चलकर ऐसे कांपनिक व्याख्याकार बन जाते हैं, जो आपको उसी क्षण उन अनुभवों को समझने में मदद करते हैं, जिन्हें आप जी रहे होते हैं।

भावनाएँ आपके आकर्षण-बिंदु की सूचक हैं

आपकी भावनाएँ हर एक क्षण आपके अस्तित्व के कांपनिक विषयों की सूचना देती हैं। और इस तरह जब आप स्वयं को महसूस होनेवाली भावनाओं के प्रति जागरूक हो जाते हैं तो आप अपने कांपनिक प्रस्तावों के प्रति भी जागरूक हो जाते हैं। और एक बार जब आप अपने 'आकर्षण के नियम' के ज्ञान को अपने प्रस्तावित तत्कालीन कंपनों के प्रति जागरूकता से जोड़ देते हैं, तब आपका अपने खुद के आकर्षण-बिंदु पर पूर्ण नियंत्रण स्थापित हो जाता है। अब आप इस ज्ञान के द्वारा अपने जीवन-अनुभवों को अपनी चुनी गई दिशा की ओर निर्देशित कर सकते हैं।

आपकी भावनाएँ, विशुद्ध रूप से केवल स्रोत के साथ आपके रिश्तों से संबंधित हैं। और चूँकि आपकी भावनाएँ आपको वह सब बताती हैं, जो आपको स्रोत के साथ अपने रिश्तों के बारे में जाननी चाहिए या जिनकी आवश्यकता है, हम अकसर आपकी इन भावनाओं को आपकी 'भावात्मक मार्गदर्शन प्रणाली' के रूप में संदर्भित करते हैं।

जब आपने इस भौतिक शरीर में आने का निर्णय लिया था, तब आप स्रोत के साथ अपने शाश्वत संबंधों को पूरी तरह समझते थे और आप जानते थे कि आपकी भावनाएँ सतत सूचक हैं, जो आपको प्रतिक्षण, स्रोत ऊर्जा के साथ आपके मौजूदा रिश्तों के बारे में बताती रहती हैं। अतः जब आप उस शक्तिशाली मार्गदर्शक को जान जाते हैं, जिस तक आपकी शाश्वत पहुँच है तो आपको जोखिम या भ्रम का एहसास नहीं, केवल अपूर्व अनुभव और सच्चे आनंद की अनुभूति होती है।

जब आपने इस भौतिक शरीर में आने का निर्णय लिया था, तब आप स्रोत के साथ अपने शाश्वत संबंधों को पूरी तरह समझते थे और आप जानते थे कि आपकी भावनाएँ सतत सूचक हैं, जो आपको प्रतिक्षण, स्रोत ऊर्जा के साथ आपके मौजूदा रिश्तों के बारे में बताती रहती हैं। अतः जब आप उस शक्तिशाली मार्गदर्शक को जान जाते हैं, जिस तक आपकी शाश्वत पहुँच है तो आपको जोखिम या भ्रम का एहसास नहीं, केवल अपूर्व अनुभव और सच्चे आनंद की अनुभूति होती है।

भावनाएँ स्रोत ऊर्जा के साथ आपके तालमेल की सूचक हैं

आपकी भावनाएँ स्रोत ऊर्जा के साथ आपके तालमेल के स्तर की सूचक हैं। हालाँकि स्रोत के साथ आपका तालमेल इतना नहीं बिगड़ सकता कि आप उससे पूरी तरह कट जाएँ। आप जिन विचारों पर केंद्रित करने का चयन करते हैं, उससे आपको उस अभौतिक ऊर्जा से तालमेल बनाने या बिगाड़ने की पर्याप्त सीमा मिल जाती है, जो आपका वास्तविक स्वरूप है। और इस तरह, समयव अभ्यास के साथ ही आप, हर क्षण, अपने वास्तविक स्वरूप के साथ तालमेल के स्तर को जानने लगते हैं; क्योंकि जब आप अपनी स्रोत ऊर्जा को पूर्णतः स्वीकार कर लेते हैं तो आप समृद्ध होते हैं और आप जिस स्तर तक इस तालमेल को स्वीकार नहीं करते, आपकी समृद्धि में उतनी ही कमी रहती है।

'आप सशक्त जीव हैं; आप सृजन के लिए पूर्णतः स्वतंत्र हैं।' जब आप इसे समझ जाते हैं और उन चीजों पर केंद्रित रहते हैं, जो इसके साथ कांपनिक सामंजस्य में रहती हैं तो आपको परमानंद की अनुभूति होती है। लेकिन जब आप उन विचारों पर विचार करते

हैं, जो सत्य के विरुद्ध हैं तो आपको गैर–सशक्तीकरण और बंधन की विपरीत अनुभूतियाँ होती हैं। और सभी भावनाएँ आनंद से गैर–सशक्तीकरण की श्रेणी में आ जाती हैं।

अपनी भावनाओं का उपयोग कर कल्याण तक लौटना महसूस करें

जब आप ऐसे विचार पर विचार करते हैं, जो आपके वास्तविक स्वरूप को सच्चा लगे तो आपको अपने भौतिक शरीर में सामंजस्य का प्रवाह महसूस होता है। आनंद, प्रेम और मुक्ति का एहसास इस तालमेल के उदाहरण हैं। और जब आप उन विचारों पर विचार करेंगे, जो आपके वास्तविक स्वरूप को सच्चे नहीं लगेंगे तो आपको अपने भौतिक शरीर में असामंजस्य महसूस होगा। निराशा, भय और बंधन का एहसास इस तालमेल की कमी के उदाहरण हैं।

यह कुछ वैसा ही है, जैसे एक मूर्तिकार मिट्टी को गढ़कर अपनी मनपसंद रचना करता है। आप ऊर्जा को गढ़कर सृजन करते हैं। आप इसे अपनी केंद्रित होने की शक्ति से गढ़ते हैं—चीजों पर विचार करके, चीजों को याद कर और चीजों के बारे में कल्पना करते हुए। आप बोलते, लिखते, सुनते, मौन में या याद करते और कल्पना करते हुए इसी ऊर्जा पर केंद्रित रहते हैं। आप अपने विचारों से विक्षेप द्वारा इस पर केंद्रित रहते हैं।

यह कुछ वैसा ही है, जैसे एक मूर्तिकार मिट्टी को गढ़कर अपनी मनपसंद रचना करता है। आप ऊर्जा को गढ़कर सृजन करते हैं। आप इसे अपनी केंद्रित होने की शक्ति से गढ़ते हैं—चीजों पर विचार करके, चीजों को याद कर और चीजों के बारे में कल्पना करते हुए। आप बोलते, लिखते, सुनते, मौन में या याद करते और कल्पना करते हुए इसी ऊर्जा पर केंद्रित रहते हैं। आप अपने विचारों से विक्षेप द्वारा इस पर केंद्रित रहते हैं।

जो भी लोग मूर्तिकारों की भाँति समय और अभ्यास के साथ मिट्टी को विशिष्ट इच्छित रचनाओं में गढ़ना सीख लेते हैं, 'तो आप उस ऊर्जा को भी गढ़ना सीख सकते हैं, जो आपके अपने मन के केंद्रण द्वारा संसारों की रचना करते हैं।' और जिस तरह मूर्तिकार अपने हाथों के माध्यम से अपनी कल्पना की पुनः रचना के दौरान उसे अनुभूत करते हैं, उसी तरह आप भी अपनी भावनाओं का उपयोग कर अपने कल्याण के मार्ग को अनुभूत कर सकते हैं।

□

10

आप जो भी बनना, करना या पाना चाहते हैं, उसके तीन चरण

धारणात्मक रूप से रचनात्मक प्रक्रिया अत्यधिक सरल है। इसमें केवल तीन चरण होते हैं—

- पहला चरण (आपका काम) : आप माँग करते हैं।
- दूसरा चरण (आपका काम नहीं) : ब्रह्मांड द्वारा उत्तर दिया जाएगा।
- तीसरा चरण (आपका काम) : दिए गए उत्तर को अवश्य प्राप्त करना तथा अनुमति देना (आपको इसे आने देना होगा)।

पहला चरण : आप माँग करते हैं

आप जिस शानदार व विविधतापूर्ण परिवेश में केंद्रित हैं, उस कारण पहला चरण बेहद आसान व स्वत: होता है, जो आपकी नैसर्गिक प्राथमिकता किस तरह जन्म लेती है, इस पर निर्भर है। आपकी सूक्ष्म या बल्कि अवचेतन से लेकर स्पष्ट, सटीक, विविध इच्छाओं तक—सभी आपके दैनिक जीवन के विरोधाभासी अनुभवों का परिणाम हैं। इच्छाएँ (या माँगें) आपके इस शानदार विविधता व विरोधाभासी परिवेश में संपर्क का प्राकृतिक उपोत्पादन हैं। अत: पहला चरण अपने आप आता है।

दूसरा चरण : ब्रह्मांड उत्तर देता है

आपके लिए दूसरा चरण बेहद आसान है। इसमें आपको कुछ नहीं करना है। दूसरा चरण अभौतिक का, ईश्वरीय शक्ति का काम है। आप बड़ी-छोटी, जो भी चीजें माँगते हो, उन्हें निरपवाद रूप से तुरंत समझा और पूर्णत: दिया जाता है। चेतना के प्रत्येक बिंदु के पास माँगने का अधिकार एवं क्षमता है। और चेतना के सभी बिंदु सम्मानित हैं, जिन पर तुरंत प्रतिक्रिया दी जाती है। आप जब भी माँगेंगे, आपको दिया जाएगा—हर बार।

कई बार आपको शब्द बोलकर 'माँगना' पड़ता है; लेकिन अधिकांशत: यह आपकी

कई बार आपको शब्द बोलकर 'माँगना' पड़ता है; लेकिन अधिकांशतः यह आपकी निजी प्राथमिकताओं की निरंतर धारा से कंपन के रूप में उत्पन्न होता है, जिनमें से प्रत्येक पिछले पर आधारित होता है और इनमें से प्रत्येक को सम्मानित किया तथा उत्तर दिया जाता है।

निजी प्राथमिकताओं की निरंतर धारा से कंपन के रूप में उत्पन्न होता है, जिनमें से प्रत्येक पिछले पर आधारित होता है और इनमें से प्रत्येक को सम्मानित किया तथा उत्तर दिया जाता है।

हर प्रश्न का उत्तर दिया जाता है। हर इच्छा पूरी की जाती है। हर प्रार्थना सुनी जाती है। हर मनोरथ पूरा होता है। लेकिन बहुत से लोग अपने जीवन की अपूर्ण इच्छाओं का हवाला देते हुए इस सत्य पर तर्क करते हैं। ऐसा इसलिए, क्योंकि वे इसकी सबसे महत्त्वपूर्ण बात को अभी पूरी तरह समझ नहीं सके हैं। तीसरा चरण—इस चरण को पूरा किए बिना पहले और दूसरे चरण अदृष्ट रह जाते हैं।

तीसरा चरण : आप इसे स्वीकृति देते हैं

तीसरा चरण 'स्वीकृति की कला' को लागू करना है। आपकी मार्गदर्शन प्रणाली की मौजूदगी का यही वास्तविक कारण है। इस चरण में आप अपने अस्तित्व की कांपनिक आवृत्ति और अपनी इच्छा की कांपनिक आवृत्ति के बीच तालमेल बैठाते हैं। बिल्कुल उसी तरह, जैसे आपके रेडियो ट्यूनर की फ्रीक्वेंसी का आप जिसे सुनना चाहते हैं, उस ब्रॉडकास्ट स्टेशन की फ्रीक्वेंसी के अनुरूप सेट होना आवश्यक है। इसी तरह आपके अस्तित्व की कांपनिक आवृत्ति का आपकी इच्छा के साथ तालमेल होना आवश्यक है। और इसी को हम 'स्वीकृति की कला' कहते हैं—अर्थात् उसे स्वीकृति देना, जिसे आपने माँगा था। जब तक आप प्राप्त करने की स्थिति में नहीं आते, तब तक आपके प्रश्न, भले ही उनका उत्तर दिया जा चुका हो, आपको अनुत्तरित ही प्रतीत होंगे। ऐसा लगेगा कि आपकी प्रार्थनाएँ अनुत्तरित और इच्छाएँ अपूर्ण रह गई हैं। इसका कारण यह नहीं कि आपकी कामनाओं को अनसुना कर दिया गया है, बल्कि चूँकि आपके कंपनों का तालमेल ठीक नहीं है, इसलिए आप उन्हें पूर्णतः प्राप्त नहीं कर पा रहे।

प्रत्येक विषय में दो विषय : वांछित और अवांछित

वास्तव में प्रत्येक विषय में दो विषय होते हैं—पहली इच्छा होना और दूसरी, जिसकी इच्छा नहीं होती। "अकसर जब आप यह मान रहे होते हैं कि आप किसी ऐसी चीज के बारे में सोच रहे हैं, जिसकी आपको इच्छा है—वास्तव में आप अपनी इच्छा के ठीक विपरीत स्थिति के बारे में सोच रहे होते हैं।" दूसरे शब्दों में, "मैं स्वस्थ रहना

चाहता हूँ; मैं बीमार नहीं होना चाहता।" "मैं वित्तीय सुरक्षा चाहता हूँ; मैं पैसों की तंगी अनुभव करना नहीं चाहता।" "मैं चाहता हूँ कि मेरे सभी रिश्ते आदर्श स्थिति में रहें; मैं अकेला नहीं होना चाहता।"

आप जो सोचते हैं और आपको जो मिलता है, उसके बीच आदर्श कांपनिक तालमेल होता है। इसलिए आप जो सोच रहे हैं और आपके जीवन में जो घट रहा है, उनके बीच बोधपूर्ण सह-संबंध बनाना अत्यधिक सहायक रहेगा। यह उस समय और भी अधिक सहायक होगा, यदि आप कहीं पहुँचने के पूर्व ही यह देख सकें कि आप किस ओर बढ़ रहे हैं! एक बार जब आप अपनी भावनाओं और दिए जा रहे महत्त्वपूर्ण संदेशों को समझने लगते हैं, जब लेते हैं, तब आपको यह समझने के लिए कि आपका कांपनिक प्रस्ताव आपको क्या देने वाला है, इसके लिए घटनाओं के अनुभव में आने की प्रतीक्षा नहीं करनी पड़ती। आप अपनी अनुभूतियों को देखकर बता सकते हैं कि आप ठीक-ठीक किस दिशा में बढ़ रहे हैं!

> ***"अकसर जब आप यह मान रहे होते हैं कि आप किसी ऐसी चीज के बारे में सोच रहे हैं, जिसकी आपको इच्छा है—वास्तव में आप अपनी इच्छा के ठीक विपरीत स्थिति के बारे में सोच रहे होते हैं।" दूसरे शब्दों में, "मैं स्वस्थ रहना चाहता हूँ; मैं बीमार नहीं होना चाहता।" "मैं वित्तीय सुरक्षा चाहता हूँ; मैं पैसों की तंगी अनुभव करना नहीं चाहता।" "मैं चाहता हूँ कि मेरे सभी रिश्ते आदर्श स्थिति में रहें; मैं अकेला नहीं होना चाहता।"***

अपना ध्यान इसे पाने पर रखें, न कि अनुपस्थिति पर

सृजनात्मक प्रक्रिया घट ही जाती है, फिर भले ही आप उसके प्रति बोधपूर्वक जागरूक हों या न हों। आपको अनुभव होनेवाली विविधता और विषमता के कारण निरंतर नई प्राथमिकताएँ आपके भीतर जन्म लेती रहती हैं। और आप अनजाने में ही उन्हें अनुरोधों के तौर पर प्रसारित करते रहते हैं। जिस क्षण आप अपनी प्राथमिकता प्रसारित करते हैं, स्रोत ऊर्जा आपके कांपनिक अनुरोध को प्राप्त करती है और 'आकर्षण के नियम' द्वारा उस पर तुरंत प्रतिक्रिया देती है, जिसके साथ आपका तब कांपनिक जुड़ाव होना आवश्यक है।

आप अपनी इच्छाओं का उत्तर दिए जाने के प्रति हमेशा इसलिए जागरूक नहीं रह पाते, क्योंकि अकसर आपके माँगने (पहला चरण) और स्वीकार करने (तीसरा चरण) के बीच की समयावधि काफी अधिक होती है। भले ही विषमता पर ध्यान देने के परिणामस्वरूप उत्पन्न आपकी इच्छा स्पष्ट होने पर भी आप अपने विचारों को अकसर

आपका वाहन पुराना हो गया है और इसे मरम्मत की जरूरत है। जब आप इसके गिरते सौंदर्य पर ध्यान देना आरंभ करते हैं, तब आपके मन में नई कार की इच्छा जाग्रत् होती है। और चूँकि आप में अधिक भरोसेमंद नई कार की इच्छा हेतु विश्वास की अनुभूति बढ़ जाती है, तब इच्छा का एक कांपनिक रॉकेट तैयार होता है।

विशुद्ध रूप से इच्छा पर केंद्रित रखने के बजाय उस विषम परिस्थिति पर केंद्रित रखते हैं, जिनसे इस इच्छा का जन्म हुआ है। और ऐसा करने पर आपका कंपन आपकी इच्छा की जगह उस इच्छा को उत्पन्न करने वाले कारण पर अधिक रहता है।

उदाहरण के लिए, आपका वाहन पुराना हो गया है और इसे मरम्मत की जरूरत है। जब आप इसके गिरते सौंदर्य पर ध्यान देना आरंभ करते हैं, तब आपके मन में नई कार की इच्छा जाग्रत् होती है। और चूँकि आप में अधिक भरोसेमंद नई कार की इच्छा हेतु विश्वास की अनुभूति बढ़ जाती है, तब इच्छा का एक कांपनिक रॉकेट तैयार होता है। और स्रोत इसे पूर्णत: प्राप्त करते हुए इसपर लगभग तुरंत प्रतिक्रिया देता है।

लेकिन चूँकि आप में ब्रह्मांड के नियमों और सृजन की तीन चरण प्रक्रिया के प्रति बोधपूर्ण जागरूकता नहीं है, इसलिए आपके लिए यह नवीन और आनंदप्रद अनुभूति बहुत कम समय की होती है। अत: अपने अवधान को तुरंत ही किसी नई इच्छा की ओर मोड़ने और इस नए वाहन के मधुर विचार पर सोचने (और इस तरह अपने इस नए विचार के साथ कांपनिक सामंजस्य बना लेने) की जगह उसी वाहन पर केंद्रित रहते हैं, जो फिलहाल आपके पास है और अपनी नई कार की इच्छा के कारण बताते रहते हैं—"मुझे यह पुरानी कार पसंद नहीं है।" आप निष्कर्ष देते हैं। आपको एहसास भी नहीं होता कि उस नापसंद कार के बारे में बात करके, आप अपने कंपनों को पुन: उसी की ओर मोड़ देते हैं, न कि उन्हें अपनी इच्छित नई कार की ओर बढ़ाते हैं। "मुझे सचमुच नई कार की जरूरत है।" और आप पुराने वाहन पर पड़े डेंट्स, खरोंचें और उसके गैर-भरोसेमंद प्रदर्शन के बारे में बात करने लगते हैं।

नई कार की आवश्यकता को न्यायोचित ठहरानेवाले प्रत्येक बयान के साथ ही आप अनजाने में ही अपने मौजूदा नापसंदगी के कंपनों को प्रबल बना देते हैं। ऐसा करके आप स्वयं को अपनी नई इच्छा के साथ कांपनिक तालमेल बनाने से दूर करते देते हैं और अपने को उस प्राप्ति मोड से बाहर कर देते हैं, जिसे आप माँग रहे थे।

जब तक आप इस वर्तमान स्थिति में जो नहीं चाहते, उसके प्रति अधिक जागरूक रहेंगे तो आप जो चाहते हैं, वह आप तक नहीं पहुँच पाएगा। दूसरे शब्दों में, यदि आप मुख्य रूप से अपनी नई खूबसूरत कार के बारे में सोचते रहेंगे तो यह तेजी से आपकी

ओर आती रहेगी। लेकिन यदि आप मुख्य रूप से अपनी गैर-भरोसेमंद मौजूदा कार के बारे में सोचते रहेंगे तो आपकी भरोसेमंद नई कार आपकी दिशा में नहीं बढ़ पाएगी।

देखने में, वास्तव में अपनी नई कार के बारे में सोचना और पुरानी कार के बारे में बात करते रहना कठिन दिखाई देता है; लेकिन जब आप अपनी भावात्मक मार्गदर्शन प्रणाली के प्रति जागरूक हो जाते हैं तो आपके लिए ऐसा करना बेहद आसान हो जाएगा।

अब आपके पास है अपनी हर इच्छा-पूर्ति की कुंजी

एक बार जब आप समझ जाएँगे कि आपके विचार आपके आकर्षण-बिंदु के समान हैं और आप जैसा महसूस करते हैं, वह आपकी स्वीकृति या प्रतिरोध के स्तर का संकेत देता है, इसलिए अब आपके पास वह कुंजी है, जिससे आप जिस भी चीज की इच्छा रखते हैं, उसका सृजन कर सकते हैं।

आपके लिए संभव नहीं कि किसी चीज पर निरंतर सकारात्मक भावों को महसूस करते रहें और वह बुरी निकले। बिल्कुल उसी तरह, जैसे आप किसी चीज के बारे में निरंतर बुरा महसूस करते रहें और वह सही निकले। आप जैसा महसूस करेंगे, उससे आपको ज्ञात हो जाएगा कि आप अपने स्वाभाविक कल्याण को स्वीकार कर रहे हैं या नहीं।

> ***आपके लिए संभव नहीं कि किसी चीज पर निरंतर सकारात्मक भावों को महसूस करते रहें और वह बुरी निकले। बिल्कुल उसी तरह, जैसे आप किसी चीज के बारे में निरंतर बुरा महसूस करते रहें और वह सही निकले। आप जैसा महसूस करेंगे, उससे आपको ज्ञात हो जाएगा कि आप अपने स्वाभाविक कल्याण को स्वीकार कर रहे हैं या नहीं।***

हालाँकि बीमारी का कोई स्रोत नहीं, फिर भी आप ऐसे विचार प्रस्तावित कर सकते हैं, जो स्वास्थ्य के स्वाभाविक प्रवाह को अस्वीकार करते हों—बिल्कुल उसी तरह, जैसे आप ऐसे विचार भी प्रस्तावित कर सकते हैं, जो आपकी समृद्धि के स्वाभाविक प्रवाह को अस्वीकार करते हों, जबकि गरीबी का कोई स्रोत मौजूद नहीं है। कल्याण निरंतर आपकी तरफ आ रहा है और यदि आप ऐसे विचार नहीं सीखेंगे, जो इसे धीमा या सीमित कर देते हों, तो आप इसे अपने जीवन के सभी क्षेत्रों में अनुभव कर सकेंगे।

इस बात से कोई फर्क नहीं पड़ता कि अपनी इच्छाओं के मामले में फिलहाल आप कहाँ खड़े हैं? अपनी अनुभूतियों पर ध्यान देकर और अपने बेहतर महसूस होनेवाले विचारों को निर्देशित कर आप कल्याण के साथ पुनः ऐसा कांपनिक सामंजस्य बना सकते हैं, जो आपके लिए स्वाभाविक है।

याद रखिए, विशुद्ध सकारात्मक अभौतिक ऊर्जा का विस्तार होने के कारण आपका अपने वास्तविक स्वरूप के साथ जितना अधिक कांपनिक सामंजस्य होगा, आप उतना ही बेहतर महसूस करेंगे। उदाहरण के लिए, जब आप किसी की प्रशंसा करते हैं तो आप अपने वास्तविक स्वरूप के साथ कांपनिक तालमेल में होते हैं। जब आप किसी को या अपने आपसे प्रेम करते हैं, आप अपने वास्तविक स्वरूप के साथ कांपनिक तालमेल में होते हैं। लेकिन जब आप खुद में या किसी दूसरे में खामियाँ निकालते हैं, तब आप उस पल में ऐसे कंपन प्रस्तावित कर रहे होते हैं, जो आपके वास्तविक स्वरूप से मेल नहीं खाते तथा आप जो नकारात्मक भावनाएँ महसूस कर रहे हैं, वे इस बात की सूचक हैं कि आपने प्रतिरोध उत्पन्न किया है और अब आप अपने भौतिक-अभौतिक स्वरूपों के बीच के विशुद्ध संबंधों को स्वीकार करने की स्थिति में नहीं हैं।

हम अकसर आपके अभौतिक हिस्से का आपके आंतरिक अस्तित्व या आपके स्रोत के रूप में उल्लेख करते हैं। यह महत्त्वपूर्ण नहीं है कि आप ऊर्जा के इस स्रोत या जीवन-शक्ति को क्या कहते हैं! महत्त्वपूर्ण यह है कि आप में बोधपूर्ण जागरूकता रहे कि आप कब इसके साथ अपने पूर्ण संबंधों को स्वीकारते हैं और कब इन्हें किसी-न-किसी तरह बाधित कर रहे हैं—और आपकी भावनाएँ इसकी सतत संकेतक हैं कि आप इन संबंधों को किस हद तक स्वीकार या बाधित कर रहे हैं।

□

11

अभ्यास से बन सकेंगे आनंदपूर्ण, सोद्‍देश्य सृजनकर्ता

आप अपनी अनुभूतियों में जितना अधिक बोधपूर्वक ध्यान देंगे, अपनी स्रोत ऊर्जा के निर्देशन में उतने ही बेहतर होते जाएँगे और आप एक अनुशासित व आनंदपूर्ण सोद्‍देश्य सृजनकर्ता बन सकेंगे। अभ्यास द्वारा आप इस रचनात्मक ऊर्जा पर केंद्रित नियंत्रण पाने योग्य हो जाएँगे। आप किसी कुशल मूर्तिकार की भाँति इस संसारों की रचना करनेवाली ऊर्जा को गढ़ने में आनंद लेने लगेंगे और इसे अपने व्यक्तिगत सृजनात्मक प्रयासों की ओर निर्देशित कर देंगे।

इस रचनात्मक ऊर्जा पर केंद्रित होने के लिए दो घटकों का ध्यान रखना होगा—पहला, ऊर्जा की प्रबलता एवं गति तथा दूसरा, इसके प्रति आपकी स्वीकार्यता या प्रतिरोध का स्तर। पहला घटक इस पर आधारित है कि आप अपनी इच्छा पर ध्यान देने में कितना समय लगाते हैं और आप इसके प्रति किस स्तर तक सुनिश्चित रहते हैं? दूसरे शब्दों में, जब आप किसी वस्तु को लंबे समय से पाना चाहते हैं तो इसका आह्वान करने की आपकी शक्ति उससे कहीं अधिक होगी, जिस पर आपने आज पहली बार विचार किया है। साथ ही, जब आप इस पर कुछ समय तक विचार कर चुके हों और इसके विषम विचारों की मदद से इसके प्रति और सुनिश्चित हो गए हों तो आपकी इच्छा इसका और अधिक प्रबल ढंग से आह्वान करेगी। एक बार जब कोई इच्छा इस स्तर की शक्ति या गति हासिल कर लेती है तो आपके लिए दूसरे घटक—समीकरण के स्वीकार्यता या प्रतिरोधवाले भाग को महसूस करना आसान हो जाता है।

जब आप किसी ऐसी वस्तु पर विचार करते हैं, जिसे आप काफी समय से पाना चाहते थे और इस क्षण में आपको लगता है कि यह नहीं हो रहा है तो आपके भीतर एक प्रबल नकारात्मक भावना मौजूद होती है; क्योंकि आप एक ऐसी चीज के बारे में सोच रहे हैं, जो बेहद प्रबल ऊर्जा है, जिसके साथ आपका कांपनिक तालमेल नहीं है। वहीं, जब आप किसी ऐसी चीज के बारे में सोचते हैं, जिसे आप काफी समय से पाना चाहते

थे और आप उसके होने की कल्पना करते हैं तो आपको जो भावनाएँ अनुभूत होंगी, वे अपेक्षा या आतुरता होंगी।

और इस तरह, आप अपनी अनुभूति को महसूस कर बता सकते हैं कि इस क्षण आपका तालमेल अपनी इच्छा के साथ है या उसकी अनुपस्थिति के साथ; आप अपनी इच्छा को स्वीकार कर रहे हैं या प्रतिरोध, या इस क्षण में आप मदद दे रहे हैं या बाधा।

यह विचार-नियंत्रण नहीं, विचार-निर्देशन है

अपने तकनीकी रूप से विकसित समाज में जहाँ आपको अपने ग्रह में घट रही लगभग प्रत्येक घटना तक तुरंत पहुँच हासिल है, आप पर विचार और अवधारणाओं की बरसात हो रही है, कई बार आपको ये काफी आक्रामक महसूस होती होंगी। और इस तरह अपने विचारों के नियंत्रण की अवधारणा, वह भी तब, जब इतने सारे विचार आ रहे हों, असंभव प्रतीत होती है; बल्कि इसकी बजाय यह ज्यादा ठीक लगेगा कि जो कुछ भी आपके सामने है, उस पर ध्यान बनाए रखा जाए।

जब आप किसी ऐसी वस्तु पर विचार करते हैं, जिसे आप काफी समय से पाना चाहते थे और इस क्षण में आपको लगता है कि यह नहीं हो रहा है तो आपके भीतर एक प्रबल नकारात्मक भावना मौजूद होती है; क्योंकि आप एक ऐसी चीज के बारे में सोच रहे हैं, जो बेहद प्रबल ऊर्जा है, जिसके साथ आपका कांपनिक तालमेल नहीं है। वहीं, जब आप किसी ऐसी चीज के बारे में सोचते हैं, जिसे आप काफी समय से पाना चाहते थे और आप उसके होने की कल्पना करते हैं तो आपको जो भावनाएँ अनुभूत होंगी, वे अपेक्षा या आतुरता होंगी।

हम आपको अपने विचारों को नियंत्रित करने का प्रयास करने के लिए प्रेरित नहीं कर रहे, बल्कि इसकी बजाय कमोबेश अपने विचारों को निर्देशित करने का प्रयास करने के लिए कह रहे हैं। और ये अपने विचारों को महसूस करने की हद तक निर्देशित करना भी नहीं है; क्योंकि आप जैसा महसूस करना चाहते हैं, उस तक पहुँचने का एक आसान रास्ता अपने विचारों का उसके साथ कांपनिक तालमेल बनाए रखना है, जिसे आप अच्छा मानते हों।

'आकर्षण का नियम' पहले से ही चुंबकीय ढंग से आपके विचारों का आकर्षण और प्रबंधन कर रहा है। अतः इसे समझते हुए 'आकर्षण के नियम' के साथ सोद्‍देश्यपूर्वक काम करना अपने विचारों को निर्देशित करने का एक अत्यधिक सहायक प्रयास होगा।

याद रखिए, जब भी आप अपने किसी विचार पर केंद्रित होते हैं, वह विचार उसी

क्षण आपके भीतर सक्रिय हो जाता है और 'आकर्षण का नियम' इस पर तुरंत प्रतिक्रिया देता है, जिसका अर्थ हुआ कि जिन विचारों का आपके हाल ही में सक्रिय किए गए विचारों के साथ कांपनिक सामंजस्य होता है, वे आपके द्वारा सक्रिय किए विचारों में शामिल हो जाते हैं, जिससे वे और अधिक प्रबल, शक्तिशाली एवं आकर्षक विचार हो जाते हैं। और जब आप अपनी एकाग्रता बनाए रखते हैं तथा जब आपके विचार विस्तारित हो जाते हैं, वे शक्तिशाली विचार, जिन्हें आपने हाल ही में सक्रिय किया है, अपने जैसे और विचारों को जोड़ लेते हैं—और यही होता रहता है।

जब अभ्यासित विचार बन जाए प्रधान विचार

जब भी आप किसी एक विषय पर लगातार केंद्रित रहते हैं तो आपके भीतर एक सतत कांपनिक सक्रियण होता है और यही अभ्यासित या प्रबल विचार बनता है। एक बार जब ऐसा हो जाए, तब वैसी ही चीजें प्रत्यक्ष होने लगती हैं, जो आपके प्रबल विचार जैसी हों। बिल्कुल उसी तरह, जैसे आपके पिछले विचार के साथ उसी के जैसे और विचार जुड़ गए थे—अब पत्रिकाओं के लेखों, मित्रों के साथ बातचीत, व्यक्तिगत अवलोकन आदि में वे चीजें दिखाई देने लगेंगी, जो आपके प्रधान विचार के समान हों। आकर्षण की प्रक्रिया प्रत्यक्ष दिखाई देने लगती है। *एक बार जब आपका केंद्रित ध्यान आपके भीतर किसी भी—वांछित या अवांछित—चीज से संबंधित किसी प्रधान कंपन का यथोचित सक्रियण कर देता है तो वह आपके निजी अनुभव में शामिल होने लगता है। यही नियम है।*

> ***याद रखिए, जब भी आप अपने किसी विचार पर केंद्रित होते हैं, वह विचार उसी क्षण आपके भीतर सक्रिय हो जाता है और 'आकर्षण का नियम' इस पर तुरंत प्रतिक्रिया देता है, जिसका अर्थ हुआ कि जिन विचारों का आपके हाल ही में सक्रिय किए गए विचारों के साथ कांपनिक सामंजस्य होता है, वे आपके द्वारा सक्रिय किए विचारों में शामिल हो जाते हैं, जिससे वे और अधिक प्रबल, शक्तिशाली एवं आकर्षक विचार हो जाते हैं।***

प्रभावी सोद्‌देश्य सृजनकर्ता कैसे बनें

याद रखिए, इससे पहले कि आपको अपनी भावनाओं पर ध्यान देने का प्रभावशाली ढंग से लाभ मिले, उससे पहले आपको यह स्वीकार करना होगा कि कल्याण वह एकमात्र धारा है, जो प्रवाहित हो रही है। आप इस धारा को स्वीकार या अस्वीकार कर सकते हैं। लेकिन जब आप इसे स्वीकार करते हैं, आप ठीक रहते हैं और जब इसे अस्वीकार करते

हैं तो परेशान हो जाते हैं। दूसरे शब्दों में, केवल एक कल्याणकारी धारा है, जिसे या तो आप स्वीकार कर सकते हैं या इसे बाधित कर सकते हैं और जैसा महसूस कर रहे हैं, उससे बता सकते हैं कि आप इनमें से क्या कर रहे हैं।

आपके फलने-फूलने की उम्मीद की जाती है। आपके अच्छा महसूस करने की उम्मीद की जाती है। आप अच्छे हैं। आपको प्यार किया जाता है और कल्याण निरंतर आपकी ओर प्रवाहित होता रहता है और यदि आप इसे स्वीकार करते हैं तो यह हर तरह से आपके अनुभवों में प्रत्यक्ष होने लगता है।

आप जिस भी चीज पर ध्यान केंद्रित करते हैं, वह पहले से ही एक ऊर्जा कंपन को स्पंदित कर रही होती है। जब आप इस पर अपना ध्यान केंद्रित करते हैं तो आप इसे कंपित करने लगते हैं, जो कि पहले से ही कंपित हो रही थी। हर बार आप जब भी इस पर केंद्रित होते हैं और हर बार जब आप कंपन को प्रस्तावित करते हैं, आपके लिए अगली बार ऐसा करना आसान हो जाता है। तब तक, समय के साथ, आप एक तरह की कांपनिक प्रवृत्ति विकसित कर लेते हैं। ये किसी भी और चीज के अभ्यास जैसा है, जो धीरे-धीरे आसान होता जाता है। और इस विचार पर यथोचित केंद्रण और तत्पश्चात् इस कंपन का अभ्यास करने से आप वह निर्मित कर लेते हैं, जिसे आप 'विश्वास' कह सकते हैं।

> ***आप जिस भी चीज पर ध्यान केंद्रित करते हैं, वह पहले से ही एक ऊर्जा कंपन को स्पंदित कर रही होती है। जब आप इस पर अपना ध्यान केंद्रित करते हैं तो आप इसे कंपित करने लगते हैं, जो कि पहले से ही कंपित हो रही थी। हर बार आप जब भी इस पर केंद्रित होते हैं और हर बार जब आप कंपन को प्रस्तावित करते हैं, आपके लिए अगली बार ऐसा करना आसान हो जाता है। तब तक, समय के साथ, आप एक तरह की कांपनिक प्रवृत्ति विकसित कर लेते हैं।***

'विश्वास' सिर्फ एक अभ्यासित कंपन है। दूसरे शब्दों में, एक बार जब आप किसी विचार पर लंबे समय तक अभ्यास कर लेते हैं, तब आप जब भी उस विचारित विषय के बारे में सोचते हैं, तब 'आकर्षण का नियम' आपको आसानी से आपके विश्वास के पूर्ण कंपन तक ले जाता है। अत: अब 'आकर्षण का नियम' उस विश्वास को आपके आकर्षण-बिंदु के तौर पर स्वीकार कर लेता है और उन चीजों को आपके पास लाता है, जो उस कंपन के अनुकूल हों। और इस तरह आपको जीवन में वे अनुभव मिलते हैं, जो उन विचारों के समान होते हैं, जिन्हें आप सोच रहे थे। और आप निष्कर्ष निकालते हैं, 'हाँ, यह सच है।' और हालाँकि इसे 'सत्य' भी कहा जा सकता है, फिर भी हम इसे 'आकर्षण या सृजन' कहना पसंद करते हैं।

आप जिस भी चीज पर ध्यान लगाएँगे, वह आपका 'सत्य' बन जाएगी। 'आकर्षण का नियम' इसे आवश्यक बताता है। आपका और बाकी सबका जीवन भी आपके प्रमुख विचारों का प्रतिबिंब है। इसका कोई अपवाद नहीं है।

क्या आपने अपने विचार-निर्देशन का निर्णय लिया है ?

अपने अनुभवों का सोद्देश्य सृजनकर्ता बनने के लिए अपने विचारों के निर्देशन का निर्णय आपको स्वयं लेना होगा, क्योंकि जब आप अपने विचारों की दिशा को सोद्देश्यपूर्वक चुनते हैं, केवल तभी आप अपने आकर्षण-बिंदु को सोद्देश्यपूर्वक प्रभावित कर सकते हैं।

आप चीजों पर हमेशा की तरह चर्चा, अवलोकन और विश्वास करना जारी रखते हुए अपने आकर्षण-बिंदु को परिवर्तित नहीं कर सकते। जैसे (जैसा हमने पहले बताया है) आप अपने रेडियो के डायल को 630 एफ.एम. पर सेट कर 101 एफ.एम. का ब्रॉडकास्ट प्राप्त नहीं कर सकते। आपकी कांपनिक आवृत्तियों में तालमेल होना आवश्यक है।

आप जिस भी भावना को महसूस करते हैं, उसका संबंध आपके स्रोत के साथ तालमेल होने या न होने से है। आपकी भावनाएँ आपके भौतिक अस्तित्व और आंतरिक अस्तित्व के बीच कांपनिक द्वंद्व की सूचक हैं। जब आप इन भावनाओं पर ध्यान देते हैं और अच्छा महसूस होनेवाले विचारों पर केंद्रित होने का प्रयास करते हैं, तब आप अपनी भावात्मक मार्गदर्शन प्रणाली को इस तरह उपयोग कर रहे होते हैं, जैसा आपने उस समय सोचा था, जब आपने इस भौतिक शरीर में आने का निर्णय लिया था।

आपकी भावात्मक मार्गदर्शन प्रणाली आपको यह समझाने में मदद देनेवाली कुंजी है कि आपकी कांपनिक विषयवस्तु क्या है और वास्तव में आपका मौजूदा आकर्षण-बिंदु क्या है। *कई बार आप जो चाहते हैं, उसके वास्तविक विचार की तुलना में उसकी अनुपस्थिति के विचार में अंतर*

> ***आपकी भावात्मक मार्गदर्शन प्रणाली आपको यह समझाने में मदद देनेवाली कुंजी है कि आपकी कांपनिक विषयवस्तु क्या है और वास्तव में आपका मौजूदा आकर्षण-बिंदु क्या है। कई बार आप जो चाहते हैं, उसके वास्तविक विचार की तुलना में उसकी अनुपस्थिति के विचार में अंतर करना बहुत मुश्किल हो जाता है। लेकिन अपनी इच्छा संबंधी विचारों के प्रति आपकी भावात्मक प्रतिक्रिया तथा अपनी इच्छा की अनुपस्थिति संबंधी विचारों के प्रति आपकी भावात्मक प्रतिक्रिया के बीच अंतर करना बहुत आसान काम है।***

करना बहुत मुश्किल हो जाता है। लेकिन अपनी इच्छा संबंधी विचारों के प्रति आपकी भावात्मक प्रतिक्रिया तथा अपनी इच्छा की अनुपस्थिति संबंधी विचारों के प्रति आपकी भावात्मक प्रतिक्रिया के बीच अंतर करना बहुत आसान काम है। क्योंकि, जब आप अपनी इच्छा पर पूर्णतः केंद्रित होते हैं (और आपके कांपनिक प्रस्ताव इसे पूर्णतः प्रतिबिंबित करते हैं) तो आपको बहुत अच्छा महसूस होता है। और जब आप किसी ऐसी वस्तु की अनुपस्थिति पर केंद्रित होते हैं, जो आपको सचमुच चाहिए तो आपको बुरा महसूस होता है। आपकी भावनाएँ हमेशा आपको बता देती हैं कि आप अपने कंपनों के साथ क्या कर रहे हैं; आपकी भावनाएँ हमेशा आपको ठीक-ठीक बता देती हैं कि आपका आकर्षण-बिंदु क्या है और इस तरह अपनी भावनाओं पर ध्यान केंद्रण द्वारा और आप जैसा महसूस कर रहे हैं, उसे प्रभावित करने वाले विचारों को सोद्‌देश्यपूर्वक प्रस्तावित करके आप बोधपूर्वक अपने आपको ऐसी कांपनिक आवृत्ति की ओर निर्देशित कर सकते हैं, जो आपकी उस इच्छा को पूरा कर सकती है, जो आपके मन में है।

क्या आप खुद के कांपनिक अस्तित्व को मान सकते हैं ?

हमारे ज्यादातर शरीरी मित्र अपने जीवन को कंपनों के तौर पर देखने के अभ्यस्त नहीं होते। और निश्चित ही वे अपने आपको रेडियो ट्रांसमीटर व रिसीवर के तौर पर भी नहीं सोच पाते। लेकिन आप एक कांपनिक ब्रह्मांड में रहते हैं और आप उससे अधिक ऊर्जा, कंपन या विद्युत् हैं, जितना समझते हैं। एक बार जब आप इन नए दिशा-निर्देशों को स्वीकार करते हुए खुद को ऐसा कांपनिक अस्तित्व मान लेते हैं, जो सभी चीजों को आपकी ओर आकर्षित करता है, तब आप सोद्‌देश्य सृजन की रसपूर्ण यात्रा की शुरुआत कर देते हैं। एक बार जब आप जो सोच रहे हैं, जो महसूस कर रहे हैं और जो प्राप्त कर रहे हैं, के बीच के संबंधों को समझने लगते हैं, तब आपको यह प्राप्त हो जाता है। अब आपके पास वे सारी कुंजियाँ हैं, जो हर विषय में, आप जहाँ हैं, से आप जो चाहते हैं, तक के लिए आवश्यक हैं।

□

12

आपके भावात्मक रुझान-बिंदु आपके नियंत्रण में होंगे

अधिकांश लोग इस पर विश्वास नहीं करते कि उन्हें जिस पर विश्वास है, वे उनके नियंत्रण में है। वे अपने आसपास घटनाएँ घटते देखते हैं और उनका आकलन करते हैं। लेकिन आमतौर वे यही मानते हैं कि उनके भीतर जो भी विश्वास पनप रहा है, उस पर उनका कोई नियंत्रण नहीं है। वे अपने जीवन की घटनाओं को अच्छे व बुरे, वांछित या अवांछित, सही या गलत में श्रेणीबद्ध करने में गुजार देते हैं; लेकिन वे शायद ही कभी समझ पाते हैं कि उनमें वह क्षमता है कि वे इन घटनाओं के साथ अपने संबंधों को नियंत्रित कर सकते हैं।

दूसरों के बनाए हालात का नियंत्रण असंभव है

किसी के बनाए हालात से कुछ लोग सहमत हो सकते हैं, लेकिन अन्य लोग उनसे असहमत भी हो सकते हैं और वे उन हालात को नियंत्रित करने के असंभव मिशन में जुट जाते हैं। अपने व्यक्तिगत बल या शक्ति, समूह के रूप में एकजुट होकर अधिक शक्ति या नियंत्रण को अनुभव करके वे अपने कल्याण को ऐसे किसी भी हालात से बचाना चाहते हैं, जिन्हें वे खतरा मानते हैं। लेकिन इस आकर्षण-आधारित ब्रह्मांड में, जहाँ अपवाद जैसी कोई चीज नहीं है, वे अवांछित चीजों को जितना अधिक दूर धकेलने का प्रयास करते हैं, उन अवांछित चीजों के साथ उनका कांपनिक तालमेल उतना ही बढ़ जाता है—ऐसा करके वे और अधिक अवांछित अनुभवों को अपने अनुभव के लिए आमंत्रित कर बैठते हैं। और चूँकि अब उनके अनुभवों में अवांछित चीजें अधिक प्रत्यक्ष हो रही हैं, इससे उनका विश्वास मजबूत हो जाता है (वे इसे खुद को साबित कर देते हैं) कि वे कितने सही थे कि ये अवांछित चीजें कितनी बुरी और आक्रामक होती हैं। दूसरे शब्दों में, आप अपने विश्वासों का जितना अधिक बचाव करेंगे, 'आकर्षण का नियम' आपको उनके साथ बने रहने में उतनी ही मदद करेगा।

"लेकिन किसका 'सत्य' वास्तविक सत्य है ?"

किसी भी वस्तु पर पर्याप्त ध्यान देने से अंततः आप जिस पर विचार कर रहे होते हैं, सार रूप में उसी का भौतिक प्रत्यक्षीकरण हो जाता है। और जब दूसरे लोग आपके इस भौतिक प्रत्यक्षीकरण को देखते हैं तो उनके ध्यान देने से इसे विस्तारित होने में मदद मिलती है। और समय के साथ यही प्रत्यक्षीकरण, फिर चाहे वह वांछित हो या नहीं, 'सत्य' बन जाता है।

किसी भी वस्तु पर पर्याप्त ध्यान देने से अंततः आप जिस पर विचार कर रहे होते हैं, सार रूप में उसी का भौतिक प्रत्यक्षीकरण हो जाता है। और जब दूसरे लोग आपके इस भौतिक प्रत्यक्षीकरण को देखते हैं तो उनके ध्यान देने से इसे विस्तारित होने में मदद मिलती है। और समय के साथ यही प्रत्यक्षीकरण, फिर चाहे वह वांछित हो या नहीं, 'सत्य' बन जाता है।

हम चाहते हैं कि आपको याद रहे कि आपके पास उन 'सत्यों' को चुनने का पूरा अधिकार है, जिन्हें आप अपने अनुभवों के लिए सृजित करते हैं। एक बार जब आप समझ जाते हैं कि व्यक्ति जिस भी चीज को अनुभव करता है, उसका एकमात्र कारण यह है कि उसने उस विषय पर ध्यान दिया है, तब आपके लिए यह देखना आसान हो जाएगा कि 'सत्य' केवल इसीलिए अस्तित्वगत है, क्योंकि किसी ने इस पर ध्यान दिया था। इसलिए जब आप कहते हैं, "मुझे इस या उस चीज पर ध्यान केंद्रित करना चाहिए, क्योंकि यह सत्य है।" यह कहना बिल्कुल वैसा ही है, जैसे—"दूसरे व्यक्ति ने उस चीज पर ध्यान केंद्रित किया है, जो नहीं चाहिए; लेकिन इस पर ध्यान लगाकर उसने इसे अपने अनुभव के लिए आमंत्रित कर लिया है। और चूँकि उसने किसी अवांछित को अपने अनुभव में आमंत्रित कर लिया है, इसलिए मुझे भी यही करना चाहिए।"

ऐसी बहुत सी शानदार चीजें हैं, जिन्हें आप अपना सत्य बना लेते हैं और ऐसी बहुत सी कम शानदार चीजें भी हैं, जिन्हें आप अपना सत्य बना लेते हैं—सोद्देश्य सृजन उन अनुभवों का सोद्देश्यपूर्वक चयन है, जिन्हें आप अपना सत्य बनाते हैं।

प्रभावित हो सकता है आपका आकर्षण-बिंदु

जब आपके द्वारा सक्रिय किए गए विचार सामान्य और अधिक केंद्रित नहीं होते तो ये शुरुआती कंपन काफी छोटे होते हैं और इनमें आकर्षण शक्ति या खिंचाव की शक्ति कहने को भी नहीं होती और इस तरह, इन शुरुआती चरणों में, आपको संभवतः विषय के प्रति अपने आकर्षण के प्रत्यक्ष होने के प्रमाण नहीं मिलते। लेकिन भले ही आप अभी इन प्रमाणों को नहीं देख पा रहे हैं, उन्होंने ऐसे अन्य विचारों को आकर्षित

करना आरंभ कर दिया है, जिनके कंपन उन्हीं के समान हैं। दूसरे शब्दों में, ये विचार प्रबल होते जाते हैं, उनकी खिंचाव शक्ति प्रबल होती जाती है और वैसे ही अन्य विचार कंपन उनके साथ जुड़ने लगते हैं। जब ये विचार बलवान् होने लगते हैं, तब आप इनका भावात्मक अध्ययन आरंभ कर सकते हैं कि ये विकसित होते विचार-कंपन आपकी स्रोत ऊर्जा से कितना मेल खाते हैं। यदि ये आपके वास्तविक स्वरूप से मेल खाते होंगे, तो आपको अच्छा अनुभव होनेवाली भावनाएँ इसका संकेत दे देंगी और यदि ये आपके वास्तविक स्वरूप से मेल नहीं खाते होंगे तो आपकी बुरा अनुभव होनेवाली भावनाएँ इसका संकेत दे देंगी।

> ***जब आपके द्वारा सक्रिय किए गए विचार सामान्य और अधिक केंद्रित नहीं होते तो ये शुरुआती कंपन काफी छोटे होते हैं और इनमें आकर्षण शक्ति या खिंचाव की शक्ति कहने को भी नहीं होती और इस तरह, इन शुरुआती चरणों में, आपको संभवतः विषय के प्रति अपने आकर्षण के प्रत्यक्ष होने के प्रमाण नहीं मिलते। लेकिन भले ही आप अभी इन प्रमाणों को नहीं देख पा रहे हैं, उन्होंने ऐसे अन्य विचारों को आकर्षित करना आरंभ कर दिया है, जिनके कंपन उन्हीं के समान हैं।***

उदाहरण के लिए, जब आप छोटे थे, आपकी दादी ने आपसे कहा होगा, "तुम बहुत अच्छे बच्चे हो। मैं तुमसे बहुत प्यार करती हूँ। खूब फलो-फूलो और एक खुशनुमा जीवन बिताओ। तुम में बहुत सी खूबियाँ हैं और संसार को तुम्हारे यहाँ होने से बहुत फायदा होगा।" इन शब्दों को सुनकर आपको अच्छा लगेगा, क्योंकि आपके मूल तत्त्व के साथ इनका कांपनिक तालमेल है। लेकिन जब कोई आपसे कहता है, "तुम बहुत बुरे हो। तुम्हें खुद पर शर्म आनी चाहिए। तुमने मुझे नाराज कर दिया। तुम किसी काम के नहीं हो।" तो ये शब्द आपको बुरे लगेंगे, क्योंकि इन पर ध्यान देने के कारण आप कांपनिक रूप से उससे भिन्न हो गए हैं, जो आप वास्तव में हैं और जो आप सचमुच जानते हैं।

आप जैसा महसूस करते हैं, वह आपकी स्रोत ऊर्जा के साथ आपके तालमेल होने या न होने का स्पष्ट व सटीक सूचक है। दूसरे शब्दों में, अपनी भावनाओं से आपको पता चल जाएगा कि आप स्रोत के साथ अपने संबंधों को स्वीकार कर रहे हैं या फिलहाल उनके विरोध की स्थिति में हैं।

मनोदशा : आपके भावात्मक रुझान-बिंदु का सूचक

जब आप किसी विचार पर केंद्रित रहते हैं तो उस पर केंद्रित रहना आसान होता

आपकी मनोदशा आपको भलीभाँति दरशा देती है कि आप अपने अनुभव में किसे आमंत्रित कर रहे हैं? आपकी मनोदशा या किसी वस्तु के प्रति आपकी स्वाभाविक अनुभूति आपके द्वारा अभ्यासित कंपन का स्पष्ट सूचक होती है। दूसरे शब्दों में, जब भी अपने परिवेश से संपर्क के माध्यम से आप में कोई विषय सक्रिय होता है तो आपका कंपन, छलाँग लगाकर तुरंत आपके सबसे अधिक अभ्यासित कांपनिक स्थान या रुझान-बिंदु पर पहुँच जाता है।

जाता है, क्योंकि 'आकर्षण का नियम' इन जैसे और विचारों को आपके लिए उपलब्ध करवा देता है। इस तरह, भावात्मक रूप से कहें तो आप एक मनोदशा या दृष्टिकोण विकसित करने लगते हैं। कांपनिक रूप से कहा जाए तो एक अभ्यासिक कांपनिक खाँचा या कह सकते हैं कि एक रुझान-बिंदु तय कर रहे होते हैं।

आपकी मनोदशा आपको भलीभाँति दरशा देती है कि आप अपने अनुभव में किसे आमंत्रित कर रहे हैं? आपकी मनोदशा या किसी वस्तु के प्रति आपकी स्वाभाविक अनुभूति आपके द्वारा अभ्यासित कंपन का स्पष्ट सूचक होती है। दूसरे शब्दों में, जब भी अपने परिवेश से संपर्क के माध्यम से आप में कोई विषय सक्रिय होता है तो आपका कंपन, छलाँग लगाकर तुरंत आपके सबसे अधिक अभ्यासित कांपनिक स्थान या रुझान-बिंदु पर पहुँच जाता है।

उदाहरण के लिए, मान लेते हैं, जब आप छोटे थे, एक बार आपके माता-पिता को गंभीर वित्तीय संकट का अनुभव हुआ। इस कारण आपके घर में चिंता व भय की भावनाओं के साथ पैसों की कमी और इच्छित वस्तुओं को खरीदने में अक्षमता पर अकसर चर्चा होती रहती थी। अकसर आपके कुछ माँगने पर आपसे कहा जाता, "पैसे पेड़ पर नहीं उगते।" और "तुम्हें चाहिए सिर्फ इसलिए, तुम्हें यह नहीं मिल जाएगा।" और "तुम्हें भी परिवार के अन्य लोगों की तरह इसके बिना काम चलाना सीखना चाहिए। यह जैसा है, वैसा ही रहेगा।" वर्ष तक इन 'कमी' के विचारों के संपर्क में रहने के कारण धन विषयक आपकी वैचारिक आदत—आपके भावात्मक रुझान-बिंदु—में वित्तीय सफलता की आशा सबसे कम हो जाती है। अतः जब भी आप धन या समृद्धि पर बात करते हैं, आपके मन में आपकी मनोदशा या दृष्टिकोण तुरंत ही निराशा, चिंता या क्रोध की ओर स्थानांतरित हो जाता है।

या जब आप छोटे थे और आपके किसी मित्र की माता का सड़क दुर्घटना में निधन हो गया, या आपका किसी ऐसे व्यक्ति के साथ निकट संबंध होना, जिसने बचपन में ऐसी दुःखद घटना को अनुभव किया हो, आपको भी अपने माता-पिता के कल्याण के प्रति भयभीत कर सकता है। वे जब भी वाहन से कहीं जाते हैं, उनके वापस लौटने तक आप

भयभीत रहते हैं। और इस तरह धीरे-धीरे अपने प्रियजनों के कल्याण के प्रति चिंतित रहना आपकी आदत बन जाता है। यह असुरक्षा आपका 'भावात्मक रुझान-बिंदु' बन जाती है।

या जब आप किशोर थे तो शायद आपकी दादी का अचानक हृदयाघात से निधन हुआ होगा तथा उनकी मौत के बाद वाले वर्षों में आप अकसर अपनी माँ को उनके व अपने बच्चों (आपके समेत) के साथ यही होने की अत्यधिक आशंका की चिंता जताते सुना होगा। लगभग हर बार, जब कभी आपकी दादी के बारे में बात हुई, उनका असामयिक हृदयाघात बातचीत का भावात्मक—और भय उत्पादक—हिस्सा रहा होगा। यद्यपि आपका शरीर मजबूत हो और आप शारीरिक तौर पर अच्छा महसूस करते हों, आपके मन में अपनी शारीरिक कमजोरी के प्रति एक चिंता पैठ बना लेती है। इस तरह, समय के साथ ही आप स्वास्थ्य की कमजोरी को 'भावात्मक रुझान-बिंदु' बना बैठेंगे।

अधिकांश लोग सोद्देश्यपूर्वक विचार नहीं करते, बल्कि वे इसकी जगह अपने विचारों को अपने आसपास की चीजों के प्रति आकृष्ट होने देते हैं—कुछ घटता है। वे उसे देखते हैं। उसे देखने पर उनमें उसकी प्रतिक्रियास्वरूप भावात्मक अनुभूति होती है। और चूँकि आमतौर पर वे जो कुछ भी देख रहे होते हैं, उसे नियंत्रित करने में स्वयं को अक्षम महसूस करते हैं, इसलिए वे इस निष्कर्ष पर पहुँचते हैं कि वे जो कुछ भी देख रहे हैं, उसके प्रति अपनी भावात्मक प्रतिक्रिया पर उनका कोई नियंत्रण नहीं है।

बदल सकते हैं आपके भावात्मक रुझान-बिंदु

जिस तरह आपके भावात्मक रुझान-बिंदुओं को मूल रूप से अच्छा और सुरक्षित से बुरा और असुरक्षित महसूस करने में बदला जा सकता है, उसी तरह आपके रुझान-बिंदुओं को अच्छा महसूस न होनेवालों से अच्छा महसूस होनेवालों में बदला जा सकता है; क्योंकि आपके रुझान-बिंदु मात्र विषय को आकर्षित करके और आपके अभ्यासित विचारों के माध्यम से हासिल किए जाते हैं।

अधिकांश लोग सोद्देश्यपूर्वक विचार नहीं करते, बल्कि वे इसकी जगह अपने विचारों को अपने आसपास की चीजों के प्रति आकृष्ट होने देते हैं—कुछ घटता है। वे उसे देखते हैं। उसे देखने पर उनमें उसकी प्रतिक्रियास्वरूप भावात्मक अनुभूति होती है। और चूँकि आमतौर पर वे जो कुछ भी देख रहे होते हैं, उसे नियंत्रित करने में स्वयं को अक्षम महसूस करते हैं, इसलिए वे इस निष्कर्ष पर पहुँचते हैं कि वे जो कुछ भी देख रहे हैं, उसके प्रति अपनी भावात्मक प्रतिक्रिया पर उनका कोई नियंत्रण नहीं है।

हम आपको समझाना चाहते हैं कि आपका अपने उन रुझान-बिंदुओं पर पूरा नियंत्रण है, जिन्हें आपने हासिल किया है। और हम आपको अपने रुझान-बिंदुओं को सोद्देश्यपूर्वक तय करने के अत्यधिक महत्त्व को समझाना चाहते हैं। क्योंकि, जब आप किसी चीज की उम्मीद करते हैं तो वह मिल जाती है। संभव है, इसे पाने का विवरण कुछ अलग हो; लेकिन इसका कांपनिक सार हमेशा इसके समान ही होता है।

□

13

अपनी अनुभूतियों को अपना मार्गदर्शक स्वीकार करें

एक और आधार वाक्य, जो याद रखने योग्य है कि आप स्रोत ऊर्जा का भौतिक विस्तार हैं और स्रोत ऊर्जा की शाश्वत धारा आपकी ओर तथा आप में से बहती रहती है, जो स्वयं आप हैं। यह धारा उस भौतिक अस्तित्व के सामने बहती है, जिससे आप स्वयं के रूप में जन्म से परिचित हैं और यह धारा तब तक बहती रहती है, जब तक आप जिसे भौतिक अस्तित्व के रूप में पहचानते हैं, वह उस अनुभव को नहीं जान लेता, जिसे आप 'मृत्यु' कहते हैं।

प्रत्येक जीवित प्राणी, पशु, मनुष्य या वनस्पति को वह अनुभव होता है, जिसे 'मृत्यु' कहते हैं। इसका कोई अपवाद नहीं है। हमारा वास्तविक स्वरूप आत्मा शाश्वत है। इसलिए मृत्यु अवश्य उस शाश्वत आत्मा का दृष्टिकोण-परिवर्तन है। यदि आप अपने भौतिक शरीर में रहते हुए अपनी आत्मा के साथ बोधपूर्वक जुड़ सकें तो आप भी शाश्वत प्रकृति के हो जाएँगे और तब आपको किसी 'अंतता' से डरने की आवश्यकता नहीं है; क्योंकि उस दृष्टिकोण के लिए ऐसा कुछ नहीं होता। (आपका अस्तित्व कभी समाप्त नहीं होता, क्योंकि आप शाश्वत चेतना हैं।)

आपकी भावनाएँ आपको बता देंगी कि इस क्षण में इच्छाओं के सद्गुणों द्वारा आप कितनी स्रोत ऊर्जा का आह्वान कर रहे हैं। ये आपको यह भी बता देंगी कि उस विषय पर आपके विचारों की प्रबलता आपकी इच्छा से मेल खाती है या आपकी इच्छा की अनुपस्थिति से मेल खाती है। उदाहरण के लिए, उत्तेजना या उत्साह का भाव इस बात का सूचक है कि इस क्षण आप बेहद प्रबल इच्छा पर केंद्रित हैं; रोष और प्रतिशोध का एहसास भी इसी बात के सूचक हैं कि यह इच्छा बेहद प्रबल है। वहीं आलस्य या ऊब का एहसास इस बात का सूचक है कि इस क्षण इच्छा पर ध्यान बेहद कम है।

जब आप सचमुच कुछ चाहते हैं और आप अपनी इच्छा के बारे में सोचते हैं तथा आपको इस विचार से आनंद की अनुभूति हो तो आपके विचार कंपन का आपकी

जब भावनाएँ अच्छी महसूस हों—फिर चाहे वे प्रबल हों या कमजोर—आप अपनी इच्छाओं के पूरा होने को स्वीकार कर रहे हैं।
जब भावनाएँ बुरी महसूस हों—फिर चाहे वे प्रबल हों या कमजोर—आप अपनी इच्छाओं के पूरा होने को अस्वीकार करने की स्थिति में हैं।
आपकी भावनाएँ आपके कांपनिक विषयवस्तु की पूर्ण सूचक हैं। अतः यह आपके वर्तमान आकर्षण-बिंदु का निर्दोष प्रतिबिंब है। इनसे आपको यह जानने में मदद मिलती है कि किसी भी क्षण आप फिलहाल अपनी इच्छा-पूर्ति को स्वीकार कर रहे हैं या नहीं।

इच्छा के साथ तालमेल बना हुआ है—और आपके स्रोत की ओर से प्रवाह आपके माध्यम से आपकी अभिप्रेत इच्छा की ओर बिना किसी बाधा या प्रतिरोध के प्रवाहित हो रहा है। हम इसे स्वीकार्यता कहते हैं। लेकिन जब आप सचमुच कुछ चाहते हों और क्रोध या भय या निराशा को महसूस करें तो इसका अर्थ हुआ कि आप अपनी इच्छा की विपरीत स्थिति पर केंद्रित हैं। तो ऐसा करके आप इस मिश्रण में तालमेल-विहीन कंपन की शुरुआत कर रहे हैं—और फिलहाल आप जिस स्तर की नकारात्मक भावना को अनुभव कर रहे हैं, वह आपके अपनी इच्छा को प्राप्त करने में प्रतिरोध के स्तर की परिचायक है।

अपनी भावनाओं पर ध्यान देना सीखें

जब भावनाएँ प्रबल होंगी—फिर चाहे वे अच्छी महसूस हों या बुरी—आपकी इच्छा भी प्रबल होगी। जब भावनाएँ कमजोर होंगी तो आपकी इच्छाएँ भी अधिक प्रबल नहीं होंगी।

जब भावनाएँ अच्छी महसूस हों—फिर चाहे वे प्रबल हों या कमजोर—आप अपनी इच्छाओं के पूरा होने को स्वीकार कर रहे हैं।

जब भावनाएँ बुरी महसूस हों—फिर चाहे वे प्रबल हों या कमजोर—आप अपनी इच्छाओं के पूरा होने को अस्वीकार करने की स्थिति में हैं।

आपकी भावनाएँ आपके कांपनिक विषयवस्तु की पूर्ण सूचक हैं। अतः यह आपके वर्तमान आकर्षण-बिंदु का निर्दोष प्रतिबिंब है। इनसे आपको यह जानने में मदद मिलती है कि किसी भी क्षण आप फिलहाल अपनी इच्छा-पूर्ति को स्वीकार कर रहे हैं या नहीं।

आप मान सकते हैं कि आप अपनी भावनाओं को नियंत्रित नहीं कर सकते या आप यह भी मान सकते हैं कि आपको अपनी भावनाओं को नियंत्रित करना चाहिए। लेकिन हम चाहते हैं कि आप अपनी भावनाओं को अलग तरह से लें। हमारा कहना है कि आप इस बात पर ध्यान दें कि आप कैसा महसूस कर रहे हैं और अपनी भावनाओं का वह महत्त्वपूर्ण सूचक बनना स्वीकार करें, जो वे हैं।

रिक्तता की अनुभूति, आपके लिए महत्त्वपूर्ण संदेश

जब आपके वाहन का फ्यूल गेज बताता है कि टैंक खाली है तो इसके लिए आप इंडीकेटर की आलोचना नहीं करते। आप उससे वह सूचना प्राप्त करते हैं, जो वह आपको प्रस्तावित करता है। और तब आप टैंक में अधिक ईंधन डालने के लिए कुछ करते हैं। इसी तरह, नकारात्मक अनुभूति आपके मौजूदा चयनित विचारों के कंपन की सूचक है, जो स्रोत ऊर्जा से इतने अधिक असामंजस्यपूर्ण हैं कि फिलहाल आप ऊर्जा स्रोत के साथ अपने पूर्ण संबंधों को स्वीकार नहीं कर रहे। (आप यह भी कह सकते हैं कि आपका टैंक खाली हो रहा है।)

आपकी भावनाएँ सृजन नहीं करतीं, लेकिन वे इस बात की सूचना अवश्य देती हैं कि फिलहाल आप किसे आकर्षित कर रहे हैं। यदि आपकी भावनाएँ आपको यह बताने में सहायता करें कि आपके चयनित विचार आपको उस दिशा में नहीं ले जा रहे, जहाँ आप जाना चाहते हैं तो आपको इस बारे में कुछ करना चाहिए। अच्छा महसूस होनेवाले विचारों का चयन कर अपने संपर्क की पुनः पूर्ति करें।

अपने परमानंद तक स्थायी पहुँच बनाने के लिए आपको अपनी स्रोत ऊर्जा के साथ निश्चित रूप से तालबद्ध होना चाहिए। यह तालमेल निरंतर बना रहे तो आपका कल्याण निश्चित है। लेकिन जब आप अपने आपको ऐसे हालात में फँसा पाएँ, जिनके कारण आप ऐसे कंपन प्रस्तावित करें, जो परमानंद से बहुत दूर हों; तो परमानंद तक पहुँच पाना असंभव चीज है, क्योंकि 'आकर्षण का नियम' आपको तब तक छलाँग नहीं लगाने देगा, जब तक आप 630 एफ.एम. पर चल रहे गीत को सुनने के लिए अपने रेडियो रिसीवर को 101 एफ.एम. पर बनाए रखेंगे।

अपने परमानंद का अनुसरण करें, यह सकारात्मक विचार है या नहीं?

जैसा हमने पहले बताया, सकारात्मक विचारों की शक्ति के बारे में बहुत कुछ लिखा जा चुका है। और निश्चित ही हम इसके समर्थकों में से हैं। अपने शरीरी मित्रों को इससे अच्छा मार्गदर्शन नहीं दिया जा सकता कि अपने 'परमानंद का अनुसरण करें'। अपने परमानंद तक स्थायी पहुँच बनाने के लिए आपको अपनी स्रोत ऊर्जा के साथ निश्चित रूप से तालबद्ध होना चाहिए। यह तालमेल निरंतर बना रहे तो आपका कल्याण निश्चित है। लेकिन जब आप अपने आपको ऐसे हालात में फँसा पाएँ, जिनके कारण आप ऐसे कंपन प्रस्तावित करें, जो परमानंद से बहुत दूर हों; तो परमानंद तक पहुँच पाना असंभव चीज है, क्योंकि 'आकर्षण का नियम' आपको तब तक छलाँग नहीं लगाने देगा, जब

तक आप 630 एफ.एम. पर चल रहे गीत को सुनने के लिए अपने रेडियो रिसीवर को 101 एफ.एम. पर बनाए रखेंगे।

आप अपने विचार-निर्देशन में सक्षम हैं

आप में अपने विचारों को निर्देशित करने की क्षमता है। आपके पास विकल्प हैं कि आप चीजों को वैसा देखें, जैसी वे हैं, या उनके वैसा होने की कल्पना करें, जैसा आप चाहते हैं। आप इनमें से जिस भी विकल्प को चुनें, भले ही आप कल्पना करें या देखें, यह समान रूप से शक्तिशाली होता है। आपके पास विकल्प है कि आप किसी को उस रूप में याद करें, जैसा वह था, या वह कल्पना करें, जैसा आपको पसंद हो। आपके पास विकल्प है कि किसी को उस रूप में याद करें, जैसा आपको पसंद है; या उस रूप में याद करें, जो आपको पसंद नहीं है। आपके पास विकल्प है कि आप किसी ऐसी चीज का पूर्वानुमान लगाएँ, जो आपको चाहिए या ऐसी चीज का पूर्वानुमान लगाएँ, जो आपको नहीं चाहिए। दोनों ही मामलों में आपके विचार आपके भीतर एक कंपन उत्पादित करेंगे, जो आपके आकर्षण-बिंदु जैसा ही होगा। और तब ऐसे हालात एवं घटनाओं का क्रम आरंभ होगा, जो आपके द्वारा प्रस्तावित कंपनों के समान होगा।

जब आपको कोई ऐसा अनुभव होता है, जिससे आपको यह समझने में मदद मिलती है कि आपको क्या नहीं चाहिए। साथ ही आप यह भी समझ जाते हैं कि आपको क्या चाहिए। लेकिन जब आप क्या नहीं चाहते, इसकी दर्दनाक जागरूकता होती है, उस दौरान आप जो चाहते हैं, उससे आपका तालमेल नहीं रहता। जब आप किसी ऐसी चीज की इच्छा करते हैं, जिसके संभव होने पर आपको विश्वास न हो तो आपका उसके साथ तालमेल नहीं होता।

आप में वह क्षमता है कि आप अपने ध्यान को जहाँ आप चाहें, वहाँ केंद्रित कर सकें। अत: यह संभव है कि आप स्वयं को अवांछित पर केंद्रित न करते हुए पूरा ध्यान उस वस्तु पर लगाएँ, जिसे आप पाना चाहते हैं। लेकिन जब आपके भीतर ऐसा कंपन हो, जिस पर आपने काफी अधिक अभ्यास किया हो तो ऐसा रुख बन जाता है, जो कंपन को निरंतर वही प्रस्ताव भेजता है, जिसका आप अभ्यास कर रहे थे, फिर चाहे आप इसे पाने की जरा भी मंशा न रखते हों।

अपने कंपन का पैटर्न बदलना कोई कठिन काम नहीं है। विशेष रूप से तब, जब आप जानते हों कि आप थोड़े ही समय में ऐसा कर सकते हैं। एक बार जब आपको यह समझ आ गया कि कंपन किस तरह काम करते हैं, वे किस तरह आपके अनुभवों को प्रभावित करते हैं और सबसे

महत्त्वपूर्ण—आपकी भावनाएँ आपसे आपके कंपनों के बारे में क्या कहती हैं, तब आप अपनी किसी भी इच्छित वस्तु को पाने की दिशा में स्थिर और तेज प्रगति कर सकते हैं।

यदि आपकी जगह हम होते

किसी चीज का होना आपके हाथ में नहीं है। यह कार्य सार्वभौमिक बलों का है। आपका काम सिर्फ यह तय करना है कि आप क्या चाहते हैं? आप अपनी पसंद की स्थिर सूची को रोक नहीं सकते। अतः आपका जीवन-अनुभव आपको, दोनों चेतन और अवचेतन स्तर पर ये तय करने में मदद करता है कि आपको क्या पसंद है और किस तरह जीवन आपके निजी और महत्त्वपूर्ण दृष्टिकोण द्वारा और बेहतर हो सकता है। स्रोत से आपको अपने सभी चेतन और अवचेतन प्रस्तावों (या माँगों) का उत्तर मिलता है।

जब आपको कोई ऐसा अनुभव होता है, जिससे आपको यह समझने में मदद मिलती है कि आपको क्या नहीं चाहिए। साथ ही आप यह भी समझ जाते हैं कि आपको क्या चाहिए। लेकिन जब आप क्या नहीं चाहते, इसकी दर्दनाक जागरूकता होती है, उस दौरान आप जो चाहते हैं, उससे आपका तालमेल नहीं रहता। जब आप किसी ऐसी चीज की इच्छा करते हैं, जिसके संभव होने पर आपको विश्वास न हो तो आपका उसके साथ तालमेल नहीं होता। जब कुछ ऐसा होता है, जिसे आप पाना चाहते हैं और उसके अपने पास न होने को लेकर अप्रसन्न रहते हैं तो आपका तालमेल नहीं होता। जब आप किसी ऐसे व्यक्ति को देखते हैं, जिसके पास वह वस्तु हो, जो आपको चाहिए तो आप ईर्ष्या का अनुभव करते हैं। तब भी आपका तालमेल नहीं होता।

यदि आपकी जगह हम होते तो हम अपना ध्यान उस वस्तु के साथ तालमेल बनाने में लगाते, जो हमारी अपनी इच्छा या पसंद की हो। हम पूरे बोधपूर्वक इस तालमेल का अनुभव करते।

आपकी स्वाभाविक इच्छाओं को रोका नहीं जा सकता

आप में स्वाभाविक रूप से और निरंतर उत्पन्न होनेवाली सभी इच्छाएँ, अभिलाषाएँ या पसंद आपके ब्रह्मांड में अग्रणी होने के कारण हैं। इसलिए आप इन इच्छाओं को रोक नहीं सकते। इस ब्रह्मांड का शाश्वत स्वभाव आपकी इच्छाओं को उत्पन्न होने पर जोर देता है।

यह इस सनातन विस्तारित होते ब्रह्मांड का सहज आधार है—

- विविधता विचार का कारण बनती है।
- विचार से पसंद उत्पन्न होती है।

- पसंद, अर्थात् माँगना।
- और माँग का हमेशा उत्तर मिलता है।

आपका अपने जीवन-अनुभव का निर्माण करने के संबंध में एक प्रश्न पूछना काफी अहम है—'मैं अपने अनुभवों द्वारा उत्पन्न इच्छाओं के साथ कांपनिक तालमेल कैसे स्थापित कर सकता हूँ?'

और इसका उत्तर बहुत सरल है—'अपनी अनुभूतियों पर ध्यान दीजिए और सोद्देश्यपूर्वक किसी भी चीज से संबंधित उन विचारों को चुनें, जिन पर विचार करते हुए आपको अच्छा महसूस हो।'

□

14

कुछ बातें, जो आपको आने से पहले ज्ञात थीं

यह याद रखना सहायक रहेगा कि आप वह सृजनकर्ता हैं, जो इस अग्रणी समय-अंतराल-वास्तविकता में स्रोत ऊर्जा को अपने भौतिक जीवन-अनुभवों में विशिष्ट रूप से निर्देशित करने के आनंद का अनुभव लेने आए हैं।

जब आपने इस शरीर में आने का निर्णय लिया, तब आप जानते थे कि आप सृजनकर्ता हैं और पृथ्वी का परिवेश आपको विशिष्ट सृजन के लिए प्रेरणा देगा। आप यह भी जानते थे कि आप जो भी माँगेंगे, वह दिया जाएगा। आप अपनी विशिष्ट इच्छाओं को हासिल करने के लिए प्रेरणा पाने की संभावना को लेकर उत्साहित थे। आप जानते थे कि इन इच्छाओं को पूरा करने हेतु स्रोत आपके माध्यम से प्रवाहित होगा।

आप निम्नलिखित बातें भी जानते थे—

- हर बार आनंद की अनुभूति या कल्याण तक पहुँचने का अर्थ है कि आप हमेशा उस चीज की ओर आगे बढ़ रहे हैं, जिसकी आपको इच्छा है।
- अपनी इच्छाओं की दिशा में आगे बढ़ते हुए आपको आनंद का अनुभव होता है।
- पृथ्वी के परिवेश में आपको अपने कंपनों को आनंदपूर्ण स्थिति में गढ़ने के लिए पर्याप्त गुंजाइश है, जिससे आपको शानदार जीवन-अनुभव मिल सकें।
- चूँकि इस शानदार ब्रह्मांड का आधार कल्याण है, अत: इसमें आपके लिए निरंतर विचार प्रस्तावना द्वारा अपने विचारों को आनंददायक जीवन-अनुभवों में गढ़ने के पर्याप्त अवसर मिलेंगे।
- कल्याण सुलभ है। इसलिए आप जिस विरोधाभासी परिवेश में जा रहे हैं, आपको कोई जोखिम या चिंता महसूस नहीं होगी।
- विविधता आपको अपना विशिष्ट जीवन चुनने में मदद करेगी।
- आपका काम अपने विचारों को निर्देशित करना है और ऐसा करते हुए

आपका जीवन प्रकट होता जाएगा।

- आप स्रोत ऊर्जा का शाश्वत विस्तार हैं और इस आधार पर आप अच्छे हैं।
- अपने मूल स्वरूप में आप कल्याण को सहज ही स्वीकार करने में सक्षम हैं, जिससे स्रोत आपके भीतर निरंतर प्रवाहित होगा।
- आप कभी भी अपने स्रोत से दूर नहीं जा सकते और न ही आप अपने आपको उससे पूरी तरह अलग कर सकते हैं।
- अपनी मौजूदा भावनाओं के अनुभव की मदद से आपको अपने विचारों की दिशा जानने में मदद मिलेगी और आपकी भावनाएँ तुरंत ही आपको बता देंगी कि आप कहाँ पर हैं—किसी भी क्षण, आप अपनी इच्छा की तरफ बढ़ रहे हैं या उससे दूर जा रहे हैं।
- आप क्षण–प्रतिक्षण अपनी अनुभूतियों को महसूस कर जान सकते हैं कि आप कल्याण की धारा के साथ अपने संबंधों को किस हद तक स्वीकार कर रहे हैं। और इस तरह, एक शानदार जीवन की उत्कट प्रत्याशा में आप इस पृथ्वी के अनुभव में उत्पन्न हुए।
- और आप यह भी जानते थे कि किसी भी विचार का तुरंत प्रत्यक्षीकरण नहीं हो जाता। इसलिए आपके पास इसे गढ़ने, आँकने, निर्णय लेने और इस सृजन–प्रक्रिया का आनंद लेने का पूरा अवसर होगा।

हम आप में विचार प्रस्तावित होने से लेकर उसके भौतिक प्रत्यक्षीकरण के बीच के समय को 'मध्यवर्ती काल' कहते हैं। इस शानदार काल में आप विचार प्रस्तावित करते हैं, उसकी अनुभूतियों पर ध्यान देते हैं, बेहतर अनुभूति प्राप्त करने के लिए विचारों को समायोजित करते हैं और तब पूर्ण आशावादी दृष्टिकोण में आप हर उस चीज को सहज व स्थिर रूप से प्रकट होता देखते हैं, जिसे आपने अपनी इच्छा माना था।

"यदि मैं इतना जानता हूँ तो सफल क्यों नहीं हुआ?"

ऐसा कोई कारण नहीं है कि आप जिस चीज की इच्छा रखते हों, वह आपको न मिले। न ही कोई ऐसा कारण है कि आप कुछ ऐसा अनुभव करें, जिसकी आपने इच्छा नहीं की थी, क्योंकि आपके अनुभव पूर्ण रूप से आपके नियंत्रण में हैं।

कई बार हमारे शरीरी मित्र इस प्रभावशाली बयान से सहमत नहीं होते; क्योंकि उन्होंने अकसर अपने को ऐसी चीजों के बीच महसूस किया है, जिसकी उन्होंने कभी इच्छा नहीं की थी या कुछ ऐसा, जिसकी उन्हें कभी इच्छा नहीं थी। इसलिए वे तर्क करते हैं कि वे अपने अनुभवों के सृजनकर्ता कतई नहीं हो सकते, क्योंकि वे अपने

साथ ऐसा कभी नहीं करेंगे। यदि नियंत्रण सचमुच उनके हाथ में होता तो हालात कुछ अलग होते।

हम आपको बताना चाहते हैं कि अपने जीवन–अनुभवों को नियंत्रित करने की शक्ति हमेशा से आपके पास है। आपको अपनी इच्छा से अलग अनुभव प्राप्त होने का केवल यह कारण है, क्योंकि आप अपना ज्यादातर ध्यान अपनी इच्छाओं से अलग चीजों पर केंद्रित रखते हैं।

"क्या मैं 'आकर्षण के नियम' पर भरोसा कर सकता हूँ?"

'आकर्षण का नियम' हमेशा आपके विचारों की शेष सार वस्तु प्रदान करता है। इसका कोई अपवाद नहीं है। आपको वही मिलेगा, जिसके बारे में सोच रहे होंगे, फिर आपने उसकी इच्छा की हो या नहीं। कुछ ही समय में अभ्यास द्वारा आपको याद आ जाएगा कि 'आकर्षण का नियम' सदा अटल रहता है। यह आपको कभी नहीं ठगेगा। यह आपको कभी धोखा नहीं देगा। यह आपको कभी भ्रमित नहीं करेगा; क्योंकि 'आकर्षण का नियम' बिल्कुल उन्हीं कंपनों पर प्रतिक्रिया देता है, जो आप उसे प्रस्तावित करते हैं। लेकिन कई लोग इसलिए भ्रमित हो जाते हैं, क्योंकि वे वह कंपन प्रदान नहीं करते, जिन्हें वे प्रस्तावित करते हैं। वे जानते हैं कि उनकी इच्छा किसी निश्चित दिशा में है। और वे यह भी जानते हैं कि अभी उनकी यह इच्छा पूरी नहीं हुई है। लेकिन उन्हें यह एहसास नहीं होता कि उनकी अधिकांश विचार प्रस्तावना उनकी इच्छा के विपरीत है।

> ***ऐसा कोई कारण नहीं है कि आप जिस चीज की इच्छा रखते हों, वह आपको न मिले। न ही कोई ऐसा कारण है कि आप कुछ ऐसा अनुभव करें, जिसकी आपने इच्छा नहीं की थी, क्योंकि आपके अनुभव पूर्ण रूप से आपके नियंत्रण में हैं। कई बार हमारे शरीरी मित्र इस प्रभावशाली बयान से सहमत नहीं होते; क्योंकि उन्होंने अकसर अपने को ऐसी चीजों के बीच महसूस किया है, जिसकी उन्होंने कभी इच्छा नहीं की थी या कुछ ऐसा, जिसकी उन्हें कभी इच्छा नहीं थी।***

एक बार जब आप अपनी भावात्मक मार्गदर्शन प्रणाली को समझ जाते हैं तो आप फिर कभी अपने कंपनों को अज्ञानतापूर्वक प्रस्तावित नहीं करेंगे। कुछ ही समय में आप अपनी मूल्यवान् भावनाओं के प्रति इतनी उत्कट जागरूकता हासिल कर लेंगे कि हर क्षण आपको यह भान रहेगा कि फिलहाल आप जिस विचार पर केंद्रित हैं, यह आपको आपकी इच्छित वस्तु की ओर ले जा रहा है या उससे दूर। आप यह

सीख जाएँगे कि वस्तुतः किसी भी विषय से संबंधित अपनी इच्छित चीजों को पाने के लिए किस तरह अनुभूत किया जाए।

आपके जगत् का आधार कल्याण है। आप इसे स्वीकार करें या न करें, इसका आधार कल्याण ही है। 'आकर्षण का नियम' कहता है, "जो एक जैसे होंगे, उनमें आकर्षण होगा। और आप जिस पर भी ध्यान देंगे, उसी की सार वस्तु आपके अनुभव में प्रकट होगी। इसलिए ऐसा कुछ नहीं है, जो आप बन, कर या पा नहीं सकते। यही नियम है।"

"लेकिन मैं फीनिक्स से सैन डिएगो तो नहीं जा सकता!"

अगर ये सब सच है (और हमारा आपसे यह पक्का वादा है कि यह सच है) तो इतने सारे लोगों को, इतने सारे ऐसे अनुभव क्यों हो रहे हैं, जिन्हें वे चाहते नहीं थे?

इस प्रश्न पर विचार करें—"यदि मैं फीनिक्स, एरिजोना में हूँ और सैन डिएगो, कैलिफोर्निया जाना चाहता हूँ, तो सैन डिएगो से कैसे निकलूँ?" आपके प्रश्न का उत्तर देना बहुत आसान है—'आप यात्रा के लिए विमान, कार या पैदल, चाहे जिस भी साधन का उपयोग करें और सैन डिएगो की ओर बढ़ते रहें, तो निश्चित ही आप सैन डिएगो पहुँच जाएँगे।'

हम आपको यह समझाना चाहते हैं कि आप जहाँ की भी यात्रा करना चाहें, किसी भी कारण और जो इच्छा रखते हैं, उसे हासिल करना उतना ही आसान है, जितना फीनिक्स से सैन डिएगो की यात्रा करना—बस, यह समझना होगा कि यह कैसे पता चले कि रास्ते में आप कहाँ हैं?

यदि सैन डिएगो की तरफ बढ़ते हैं और आपको दिशा-भ्रम हो जाए और आप वापस फीनिक्स की दिशा में बढ़ने लगें और फिर वापस मुड़ें और एक बार फिर सैन डिएगो की ओर चल दें और एक बार फिर भ्रमित हो जाएँ और पुनः फीनिक्स की ओर बढ़ने लगें···तो संभवतः बाकी सारे जीवन आप बढ़ते-मुड़ते रहने का अनुभव करेंगे और निश्चित रूप से आप कभी सैन डिएगो नहीं पहुँच पाएँगे। लेकिन अपने दिशा ज्ञान तथा मार्ग चिह्नों और अन्य यात्रियों का यही नियम है। कोई कारण नहीं कि आप सदा के लिए एरिजोना के मरुस्थल में भटकते रहें और सैन डिएगो का रास्ता न खोज पाएँ। इन दोनों शहरों के बीच 400 मील के सफर को समझना आसान होगा और इस यात्रा का विचार पूर्णतः विश्वसनीय होगा। और यदि आप यह यात्रा करने की इच्छा रखेंगे तो ऐसा करने का कोई रास्ता भी अवश्य खोज लेंगे।

हम आपको यह समझाना चाहते हैं कि आप जहाँ की भी यात्रा करना चाहें,

किसी भी कारण और जो इच्छा रखते हैं, उसे हासिल करना उतना ही आसान है, जितना फीनिक्स से सैन डिएगो की यात्रा करना—बस, यह समझना होगा कि यह कैसे पता चले कि रास्ते में आप कहाँ हैं?

उदाहरण के लिए, वित्तीय दिवालियापन से वित्तीय प्रचुरता की यात्रा को यह बात अधिक कठिन बना देती है कि आपको यह नहीं पता होता कि किस समय आप वापस मुड़ गए और विपरीत दिशा में आगे बढ़ने लगे! और वह एकमात्र कारण, जिससे आप संपर्कहीनता से अपने इच्छित आदर्श, परिपूर्ण और प्रतिफल संबंधों की यात्रा नहीं आरंभ कर पा रहे, क्योंकि आप अपने उन विचारों और शब्दों को नहीं पहचान पा रहे, जो आपको वापस फीनिक्स ले जा रहे हैं। आपने अपने आपको फीनिक्स से सैन डिएगो ले जानेवाले सभी घटकों को शामिल कर लिया है। लेकिन अभी आप रोगों से शानदार स्वास्थ्य, संपर्कहीनता से आपके इच्छित परिपूर्ण शानदार रिश्तों या मात्र वित्तीय रद्दी की जगह उन कार्यों को करने की स्वतंत्रता, जो आप करना चाहते हैं, में शामिल घटकों को नहीं समझ पाए हैं।

एक बार जब आप अपनी भावनाओं द्वारा दी जानेवाली स्पष्टता को समझने लगेंगे तो आप कभी भी इस बात से अनजान नहीं रहेंगे कि आप अपने मौजूदा विचारों द्वारा क्या कर रहे हैं! आपको इस पर हमेशा जागरूक रहना चाहिए कि इस क्षण में आप अपने लक्षित उद्देश्य या इच्छा की ओर बढ़ रहे हैं या इससे दूर जा रहे हैं! अपने तरीके के प्रति जागरूक होने से आपको वह स्पष्टता मिलेगी, जिसे आप खोज रहे थे। इसके बाद आप फिर कभी मरुभूमि में रास्ता नहीं भटकेंगे। एक बार जब आपको ज्ञात हो जाएगा कि आप अपनी इच्छा की दिशा में बढ़ रहे हैं, आप कुछ हद तक तनाव रहित होकर इस शानदार यात्रा का आनंद लेने लगेंगे।

□

15

आप पूर्ण, किंतु विस्तृत होते ब्रह्मांड के; पूर्ण, किंतु विस्तृत होते जगत् के; पूर्ण, किंतु विस्तृत होता अस्तित्व हैं

आपके लिए ये बातें जानना जरूरी है—

- आप स्रोत ऊर्जा का भौतिक विस्तार हैं।
- आप जिस भौतिक जगत् में रह रहे हैं, वह सृजन के लिए आदर्श परिवेश प्रदान करता है।
- इसमें मौजूद विविधता से आपको अपनी निजी इच्छाओं तथा पसंद पर केंद्रित होने में मदद मिलेगी।
- जब आपके भीतर कोई इच्छा घर करती है तो रचनात्मक जीवन बल पुकारते ही तुरंत आपकी इच्छा की दिशा में प्रवाहित होना आरंभ कर देता है। इससे ब्रह्मांड का विस्तार होता है—और यह अच्छा है।
- रचनात्मक प्रक्रिया को जारी रखने के लिए उसके प्रति आपकी बोधपूर्ण अनुभूति होना आवश्यक नहीं है।
- आप भौतिक रूप से जिस अग्रणी परिवेश पर केंद्रित हैं, वह इसमें भागीदार सभी लोगों में नई भावनाएँ उत्प्रेरित करता रहता है।
- प्रत्येक इच्छा या पसंद, भले ही वह आपको कितनी भी बड़ी या छोटी दिखाई देती हो, उसे सर्व-कल्याण का स्रोत समझता व उत्तर देता है।
- प्रत्येक अनुभूतिकर्ता की प्रत्येक इच्छा का उत्तर दिए जाने से ब्रह्मांड का विस्तार होता है।
- ब्रह्मांड के विस्तृत होने से विविधता बढ़ती है।
- विविधता बढ़ने से आपके अनुभव बढ़ते हैं।
- आपके अनुभव बढ़ने से आपकी इच्छाएँ बढ़ती हैं।

- आपकी इच्छाएँ बढ़ने से आपको इच्छाओं के उत्तर विस्तृत होते हैं।
- और ब्रह्मांड का विस्तार लेना—अच्छा है, बल्कि बिल्कुल सही है।
- आप सदैव विस्तारित परिमंडल में रहते हैं, जो आपके भीतर उन निरंतर नई केंद्रित इच्छाओं का कारण बनता है, जिसका स्रोत तुरंत और हमेशा उत्तर देता है।
- माँगी गई हर चीज को प्राप्त करने के बाद आपको एक नवीन अनुकूल अवस्थिति प्राप्त होती है, जिससे आप स्वेच्छापूर्वक पुनः माँग सकते हैं।
- इस तरह ब्रह्मांड का विस्तार और आपका अपना विस्तार हमेशा इस प्रकार से होता है—
    - ❖ आप विस्तारित होते ब्रह्मांड में रहते हैं।
    - ❖ आप विस्तारित होते भौतिक जगत् में रहते हैं।
    - ❖ आप एक विस्तारित होते जीव हैं।
    - ❖ अब मूल बात यह है कि आप इसे बोधपूर्वक समझ पाते हैं या नहीं।
    - ❖ ब्रह्मांड सदैव विस्तारित हो रहा है और आप भी।
    - ❖ और यह अच्छा है।

अपने सुखद विस्तार के बोधपूर्ण भागीदार बनें

हम अपने दृष्टिकोण को आपके साथ इतनी उत्सुकतापूर्वक सिर्फ इसलिए बाँट रहे हैं, जिससे आप अपने सुखद विस्तार के बोधपूर्वक भागीदार बन सकें। आपका विस्तार हो रहा है; आपके समय-अंतराल-वास्तविकता का विस्तार हो रहा है और इस ब्रह्मांड का भी विस्तार हो रहा है। आपके लिए बोधपूर्वक व सोद्‍देश्यपूर्वक अपने स्वयं के विस्तार की भागीदारी से अत्यधिक संतोष प्राप्त होगा।

□

16

आप इस भव्य विविधतापूर्ण ब्रह्मांड में सह-निर्माण कर रहे हैं

यदि आप में इसकी कल्पना की क्षमता है या इस बारे में आप सोच सकते हैं तो ब्रह्मांड के पास इसे आपको देने की क्षमता और साधन है। यह ब्रह्मांड एक भरी-पूरी रसोई के जैसा है, जिसमें प्रत्येक कल्पनीय सामग्री आपके उपयोग के लिए मौजूद है। इस ब्रह्मांड के प्रत्येक कण में ऐसा कुछ है, जिसकी इच्छा की जा रही हो और जिसकी कमी है। प्रचुरता का यह दृष्टिकोण और इसकी कमी वह परिवेश है, जिसमें केंद्रित होना संभव होता है—और यही केंद्रित होना 'आकर्षण के नियम' को सक्रिय कर देता है।

यदि आप में यह जानने की क्षमता नहीं है कि आप क्या चाहते हैं, आपके पास यह क्षमता नहीं है कि आप क्या नहीं चाहते हैं और यदि आपके पास यह जानने की क्षमता नहीं है कि आप क्या नहीं चाहते तो आप यह भी नहीं जान सकते कि आप क्या चाहते हैं। इसलिए, जीवन के अनुभवों के प्रति आपके संपर्क द्वारा आपकी स्वाभाविक पसंद का जन्म होता है; बल्कि यह पसंद प्रतिदिन, हर क्षण आप में आपके अस्तित्व के कई स्तरों से रिसती रहती है। यहाँ तक कि आपके सुदृढ़ शरीर की कोशिकाएँ भी अपने स्वयं के अनुभव ले रही हैं और उनकी भी अपनी पसंद है। और स्रोत प्रत्येक पसंद को पहचानता है और बिना किसी अपवाद के तुरंत उत्तर देता है।

वांछित को पाने के लिए अवांछित को भी स्वीकार करें

कई बार हमारे शरीरी मित्र कम विविधतावाले ब्रह्मांड की इच्छा जताते हैं। वे ऐसे स्थान की आकांक्षा करते हैं, जहाँ इतनी सारी अवांछित वस्तुएँ न हों; एक स्थान, जहाँ कुछ अधिक चीजें बिल्कुल वैसी हों, जैसा वे पसंद करते हैं। और हम उन्हें बताते हैं कि आप इस भौतिक अनुभव में इसलिए नहीं आए हैं कि यहाँ मौजूद अनुभव लें और उनमें कटौती कर उन्हें इतने थोड़े से अच्छे विचारों में बदल दें, जिस पर आप सभी सहमत हों। ऐसा होने पर यह अंतता की ओर ले जाएगा, जो अपेक्षित नहीं है। यह विस्तृत होता ब्रह्मांड

है, जिसमें सभी चीजों को स्वीकार करना होगा। दूसरे शब्दों में, अपनी इच्छा को समझने तथा अनुभव करने के लिए, आपके लिए यह समझना आवश्यक है कि आप किसकी इच्छा नहीं रखते हैं; क्योंकि चुनने और केंद्रित होने की क्षमता पाने के लिए आपके लिए इसमें शामिल होना और इसे समझना दोनों ही आवश्यक है।

आप यहाँ बिगड़ी दुनिया को ठीक करने नहीं आए हैं

जैसे गैर–भौतिक स्रोत ऊर्जा आपके अपने भौतिक अनुभवों द्वारा अभिव्यक्त होती है, वास्तव में आपके भौतिक अनुभव अग्रणी विचार हैं। और जैसे आप अपने रचनात्मक अनुभवों को ठीक करते हैं तो इस तरह आप विचारों को उसके पार ले जाते हैं, जहाँ वे पहले कभी गए हों।

जब आपने उत्साहपूर्वक इस भौतिक शरीर में आने का निर्णय लिया और इसे यह रूप दिया, तब अपनी अनुकूल अवस्थिति में आप जानते थे—भौतिक जगत् न तो बिगड़ा है और न ही इसे सुधार की आवश्यकता है—और न ही आप यहाँ इसे ठीक करने आए थे।

आपने इस भौतिक जगत् के सृजनात्मक परिवेश को देखा, जिसमें आप और बाकी सब भी अपने आपको रचनात्मक रूप में अभिव्यक्त कर सकते थे। आप यहाँ इसलिए नहीं आए कि लोगों को, जो वे कर रहे हैं, उसे करने से रोकें तथा कुछ और करवाने का प्रयास करें। यहाँ आते समय आप विरोधाभास के महत्त्व तथा विविधता में संतुलन को समझते थे।

आपने इस भौतिक जगत् के सृजनात्मक परिवेश को देखा, जिसमें आप और बाकी सब भी अपने आपको रचनात्मक रूप में अभिव्यक्त कर सकते थे। आप यहाँ इसलिए नहीं आए कि लोगों को, जो वे कर रहे हैं, उसे करने से रोकें तथा कुछ और करवाने का प्रयास करें। यहाँ आते समय आप विरोधाभास के महत्त्व तथा विविधता में संतुलन को समझते थे।

इस ग्रह का प्रत्येक जीवन सह–सृजन में आपका भागीदार है। यदि आप इसे स्वीकार कर लेते हैं और विश्वासों व इच्छाओं में विविधता की सराहना करते हैं तो आप सभी और अधिक व्यापक, संतुष्ट एवं संतोषप्रद अनुभव प्राप्त कर सकते हैं।

उस अवांछित सामग्री को घर न करने दें

कल्पना कीजिए कि आप सामग्री से भरपूर ऐसी रसोई के खानसामा हैं, जिसमें हर संभाव्य पाक सामग्री मौजूद है। मान लेते हैं कि खाने के लिए क्या बनाना है, यह आपके दिमाग में स्पष्ट है। आप जानते हैं कि अपनी इच्छा को पूरी करने के लिए इस आसानी से

उपलब्ध पाक सामग्री से किस तरह का मिश्रण तैयार करना है। जब आप कार्य आरंभ करते हैं तो ऐसी और भी पाक सामग्री हो सकती है, जो आपके सृजन के लिए उपयुक्त 'न' हो। आप उनका उपयोग नहीं करते। लेकिन उनके वहाँ होने से आपको कोई असुविधा नहीं होती। आप बस, उस पाक सामग्री का उपयोग करते हैं, जिससे आपका सृजन और बेहतर हो जाए। आप खीर बनाने के लिए अनुपयुक्त बाकी सामग्री को यों ही छोड़ देते हैं।

विविधता आपको डराती नहीं, बल्कि प्रेरणा देती है; क्योंकि आप जानते हैं कि आपमें से प्रत्येक अपने अनुभवों का सृजनकर्ता स्वयं है। और आप जानते हैं कि विरोधाभास आपके भीतर आपकी विशिष्ट दिशा को प्रेरित करता है। और बाकी लोगों का अलग चीजों को चुनना, आपको सही और उन्हें गलत या आपको गलत और उन्हें सही साबित नहीं करता। आप विविधता के महत्त्व को समझते हैं।

इस भरी-पूरी रसोई की कुछ पाक सामग्री का आपके सृजन सहित सामंजस्य है और कुछ का नहीं। इसमें से कुछ पाक सामग्री तो ऐसी है कि जिनका अपने सृजन में उपयोग करना आपकी खीर को पूरी तरह बिगाड़ देगा। लेकिन इसके बावजूद आपको इन पाक सामग्रियों को निकाल बाहर करने या रसोई में प्रतिबंधित करने की जरूरत महसूस नहीं होती; क्योंकि आप जानते हैं कि इनमें से कोई भी पाक सामग्री आपकी खीर तक तब तक नहीं पहुँच सकती, जब तक आप इन्हें इसमें नहीं डाल देते। लेकिन चूँकि आप स्पष्ट रूप से जानते हैं कि किन सामग्रियों से आपका सृजन और बेहतर होगा और किनसे इसमें कोई बेहतरी नहीं होगी, इसलिए आपको वहाँ मौजूद इतनी विविधतापूर्ण पाक सामग्री की कोई चिंता नहीं होती।

हर भिन्न विचार व अनुभव के लिए पर्याप्त स्थान है

आपके गैर-भौतिक दृष्टिकोण से अपने जगत् के लोगों को मिलनेवाले अनुभवों, विश्वासों और इच्छाओं में से किसी को भी हटाने या कुछ को नियंत्रित करने की जरूरत महसूस नहीं होती। आप जानते हैं कि इस व्यापक ब्रह्मांड में हर तरह के विचार और अनुभव के लिए पर्याप्त स्थान है। आपका पूर्ण उद्‌देश्य है कि अपने जीवन-अनुभवों और अपने सृजन पर आपका अपना सोद्‌देश्य सृजनात्मक नियंत्रण हो। लेकिन आपका दूसरों के सृजन को नियंत्रित करने का कोई उद्‌देश्य नहीं है।

विविधता आपको डराती नहीं, बल्कि प्रेरणा देती है; क्योंकि आप जानते हैं कि आपमें से प्रत्येक अपने अनुभवों का सृजनकर्ता स्वयं है। और आप जानते हैं कि विरोधाभास आपके भीतर आपकी विशिष्ट दिशा को प्रेरित करता है। और बाकी लोगों का अलग

चीजों को चुनना, आपको सही और उन्हें गलत या आपको गलत और उन्हें सही साबित नहीं करता। आप विविधता के महत्त्व को समझते हैं।

इस प्रक्रिया से होता है ब्रह्मांड का विस्तार

तो इस विविधता या विरोधाभास से आपकी अपनी पसंद या इच्छाओं का जन्म होता है। और जिस क्षण आपकी पसंद अस्तित्व में आना आरंभ करती है, वह 'आकर्षण के नियम' के माध्यम से अपनी ही जैसी चीजों की सार वस्तु को आकर्षित करने लगती है। इसी के साथ तुरंत विस्तार आरंभ हो जाता है।

जब आप अपनी अनुभूतियों पर ध्यान देते हैं और अपनी नवजात पसंद से संबंधित अच्छा महसूस होनेवाले विचारों को चुनने लगते हैं तो इससे आपका उसके साथ तालमेल बन जाता है और अब वह सहज व सरल रूप से आपके अनुभवों में आने लगती है—और अब आपने अपनी इच्छा का सृजन कर लिया है। लेकिन अपनी इच्छा के इस नव-प्राप्य भौतिक प्रत्यक्षीकरण से आपको एक विकसित दृष्टिकोण हासिल होता है। और तब, आपकी और आपसे संबंधित हर चीज की कांपनिक विशेषताएँ किसी दूसरी चीज पर केंद्रित हो जाती हैं। आप एक नए प्रकार की विरोधाभासी परिस्थितियों में प्रवेश कर जाते हैं, जो अपने भीतर पुनः नई पसंद को जन्म देती है। और अब आपके भीतर इच्छाओं के नए रॉकेट उत्पन्न होने लगते हैं।

जिस क्षण यह नई इच्छा अस्तित्वमान होती है, यह कंपनों द्वारा खुद को अभिव्यक्त करना आरंभ कर देती है और ये भी व्यापक हो जाती है। इसलिए, जब आप अपनी अनुभूतियों पर ध्यान देने लगेंगे और आप इस नवजात पसंद के संबंध में अच्छे महसूस होनेवाले विचारों को चुनने लगेंगे, तो कांपनिक रूप से आपका इनसे तालमेल बन जाएगा। और इस तरह से सहज व सरल रूप से ये आपके अनुभवों में प्रकट होने लगेंगे। और पुनः आपने एक और इच्छा का सृजन कर लिया। और पुनः अपने आसपास के नए किस्म के विरोधाभासी घटकों द्वारा आपने पूरी स्पष्टता सहित एक और प्रभावशाली स्थान बना लिया, जो एक बार फिर इच्छाओं के नए रॉकेट के जन्म का कारण बनेगा।...

ब्रह्मांड इसी तरह विस्तार लेता है और यही कारण है कि आप विस्तार में अग्रणी हैं। महत्त्वपूर्ण विरोधाभास नई अनंत इच्छाओं के जन्म का कारण बनता रहेगा और जैसे प्रत्येक इच्छा का जन्म होता है, स्रोत प्रत्येक इच्छा पर प्रतिक्रिया देगा। यह कभी न समाप्त होनेवाला, सतत प्रवाहित, विशुद्ध, सकारात्मक ऊर्जा विस्तार है।

आप वहाँ कभी नहीं पहुँच सकते, इसलिए यात्रा का आनंद लें

जब आप अपने सृजनात्मक दृष्टिकोण से बोधपूर्वक अवलोकन कर लेंगे कि प्रत्येक

जब आप अपने सृजनात्मक दृष्टिकोण से बोधपूर्वक अवलोकन कर लेंगे कि प्रत्येक उपलब्धि एक और नई इच्छा की ओर अग्रसर करती है तो इस ब्रह्मांड के विस्तार में अपनी भागीदारी को स्वयं समझने लगेंगे। एक समय आएगा, जब आपको याद आ जाएगा कि आप इसे कभी पूरा नहीं कर सकेंगे; क्योंकि आप विरोधाभास के प्रति अपनी उस जागरूकता को कभी नहीं रोक सकेंगे, जिनसे हमेशा नई अभिलाषाओं और इच्छाओं का जन्म होता है। पूरा ब्रह्मांड इसी तरह स्थापित है।

उपलब्धि एक और नई इच्छा की ओर अग्रसर करती है तो इस ब्रह्मांड के विस्तार में अपनी भागीदारी को स्वयं समझने लगेंगे। एक समय आएगा, जब आपको याद आ जाएगा कि आप इसे कभी पूरा नहीं कर सकेंगे; क्योंकि आप विरोधाभास के प्रति अपनी उस जागरूकता को कभी नहीं रोक सकेंगे, जिनसे हमेशा नई अभिलाषाओं और इच्छाओं का जन्म होता है। पूरा ब्रह्मांड इसी तरह स्थापित है। और जब आप इस विचार के साथ सहज होने लगते हैं कि आप शाश्वत जीव हैं, तब आपकी इच्छाएँ प्रवाहित होने से कभी नहीं रुकेंगी। और जन्म लेनेवाली प्रत्येक इच्छा में अपने आप में इतना बल होता है कि वह अपने को पूरा करने और विस्तारित करने के लिए सभी आवश्यक वस्तुओं को आकर्षित (आकर्षण के नियम द्वारा) कर सके। तब आपको उस विशाल कल्याण की याद आती है, जिस पर ब्रह्मांड टिका हुआ है। और तब शायद आप अपने अस्तित्व के शाश्वत स्वभाव में स्थिर हो सकें और तभी आप अपनी यात्रा का आनंद लेना आरंभ करेंगे।

यदि आपका लक्ष्य अंततः हमेशा के लिए अपनी सभी इच्छाओं को पूरा करना है तो आप अपना यह लक्ष्य कभी पूरा नहीं कर सकेंगे; क्योंकि इस ब्रह्मांड का विस्तारवादी स्वभाव इस विचार को खारिज कर देता है। *आप ऐसा कभी नहीं कर सकते, क्योंकि आप ऐसा करने को रोक नहीं सकते और न ही आप अपनी जागरूकता को विराम दे सकते हैं। फिर भी, आपकी प्रत्येक जागरूकता से एक और माँग जन्म लेगी और प्रत्येक माँग सर्वदा एक और उत्तर को आमंत्रित करेगी।*

आपका शाश्वत स्वभाव एक तरह का विस्तार है और इस विस्तार में अवर्णनीय आनंद की संभावना मौजूद है।

अपने परिवेश के संतुलन और पूर्णता को महसूस करें

अतः यह विरोधाभास आपके भीतर नई इच्छाओं के जन्म का कारण बनता है। ये नई इच्छाएँ आप में से प्रसारित होती हैं। और जब आप अपनी नई इच्छाओं के कंपन को

प्रस्तावित करते हैं तो इच्छाओं पर उत्तर मिलते हैं। हर बार, जब भी आप माँगेंगे तो दिया जाएगा।

अब इस प्रक्रिया की पूर्णता पर विचार करें— *आपके भीतर से अपने अनुभवों में सुधार के लिए निरंतर नए विचार उत्पन्न होते रहते हैं, जिसके निरंतर उत्तर दिए जाते हैं।*

इस ब्रह्मांडीय परिवेश की पूर्णता पर विचार करें— *चेतना का प्रत्येक बिंदु अपने अस्तित्व की स्थिति में उसी तरह सुधार कर रहा है, जैसे आप करते हैं; जिसकी प्रत्येक इच्छा को समझा व उत्तर दिया जाता है और प्रत्येक दृष्टिकोण का सम्मान होता है तथा इस पर प्रतिक्रिया दी जाती है।*

अपने परिवेश के संतुलन और पूर्णता को महसूस करें— *चेतना का प्रत्येक बिंदु, बल्कि आपके शरीर की प्रत्येक कोशिका की चेतना भी उन्नत अस्तित्व अवस्था का अनुरोध कर सकती है—और इसे वह मिल जाएगी।*

इस ब्रह्मांडीय परिवेश की पूर्णता पर विचार करें— चेतना का प्रत्येक बिंदु अपने अस्तित्व की स्थिति में उसी तरह सुधार कर रहा है, जैसे आप करते हैं; जिसकी प्रत्येक इच्छा को समझा व उत्तर दिया जाता है और प्रत्येक दृष्टिकोण का सम्मान होता है तथा इस पर प्रतिक्रिया दी जाती है। अपने परिवेश के संतुलन और पूर्णता को महसूस करें— चेतना का प्रत्येक बिंदु, बल्कि आपके शरीर की प्रत्येक कोशिका की चेतना भी उन्नत अस्तित्व अवस्था का अनुरोध कर सकती है—और इसे वह मिल जाएगी।

सबकी इच्छाएँ पूरी होंगी, इसलिए कोई प्रतिस्पर्धा नहीं है

प्रत्येक दृष्टिकोण महत्त्वपूर्ण है, प्रत्येक अनुरोध स्वीकार है और जब यह अद्‍भुत ब्रह्मांड बिना चूके विस्तार लेता है, तब भी ब्रह्मांड के इन अनुरोधों को पूरा करने के संसाधन समाप्त नहीं होते। साथ ही प्रश्नों के अनंत प्रवाह के उत्तरों का भी कोई अंत नहीं है। और इसी कारण इसमें कोई प्रतिस्पर्धा नहीं है।

यह संभव नहीं है कि किसी और को वे संसाधन मिल जाएँ, जो आपके लिए हों। और न ही आप स्वार्थपूर्वक उन संसाधनों का अपव्यय कर सकते हैं, जो किसी दूसरे के लिए हों। सभी इच्छाओं के उत्तर मिलते हैं, सभी अनुरोध स्वीकार किए जाते हैं और कोई भी अनुत्तरित, प्रेमहीन या अतृप्त नहीं रहता। अपने ऊर्जा प्रवाह से तालमेल बनाए रखने पर आप हमेशा जीतते हैं। और आपकी इस जीत के लिए किसी और को नहीं हारना पड़ता। यह सदा पर्याप्त होता है।

कई बार हमारे शरीरी मित्रों के लिए इस सत्य को याद रखना कठिन हो जाता है,

क्योंकि उन्हें प्राप्त बहुत से अनुभवों में कुछ अनुभव कमी के भी रहते हैं या उन्होंने दूसरे को ऐसे अनुभव होते देखे हैं। लेकिन वे जो देख रहे हैं, वह अभाव का प्रमाण या संसाधनों की कमी नहीं होता, बल्कि इसकी बजाय अनुरोध किए गए और उत्तर मिले संसाधनों की प्राप्ति की अस्वीकार्यता होता है। पहले चरण में—माँगा जाता है, दूसरे चरण में—उत्तर मिलता है; लेकिन तीसरे चरण में—स्वीकार नहीं किया जाता।

यदि व्यक्ति को वह नहीं मिल रहा, जो उसने माँगा है तो इसका यह कारण नहीं कि उसके लिए संसाधनों की कमी है। यह बस, ऐसा है कि इच्छा रखनेवाले व्यक्ति का अपने अनुरोध के साथ तालमेल नहीं है। यहाँ कमी नहीं है। यहाँ अभाव नहीं है। यहाँ संसाधनों को लेकर प्रतिस्पर्धा नहीं है। यहाँ केवल आपने जो कुछ भी माँगा है, उसके प्रति स्वीकार्यता या अस्वीकार्यता है।

□

17

आप कहाँ हैं और कहाँ होना चाहते हैं ?

आपने आजकल वाहनों में उपलब्ध ग्लोबल पोजिशनिंग नेविगेशनल (जी.पी.एस.) सिस्टम्स देखा है ? आपके वाहन की छत पर लगा एंटीना आकाश में मौजूद सैटेलाइट को सिग्नल भेजता है, जिससे उसे आपकी मौजूदा स्थिति ज्ञात होती है। एक बार जब आप कीपैड द्वारा अपना इच्छित गंतव्य दर्ज कर देते हैं तो कंप्यूटर आप जहाँ हैं, वहाँ से लेकर आप जहाँ जाना चाहते हैं, वहाँ तक के मार्ग की गणना कर लेता है। मॉनिटर पर आपको कितनी दूरी तय करनी है और इसके लिए सबसे अच्छे मार्ग संबंधी जानकारी प्रदर्शित हो जाती है। और जब आप चलते हैं तो यह प्रणाली आपको विशिष्ट निर्देश देती है (बोलकर या लिखित शब्दों द्वारा), जिससे आप अपने नए गंतव्य तक पहुँच सकें।

यह मार्ग निर्देशन प्रणाली कभी नहीं पूछती, "आप कहाँ थे ?" यह कभी नहीं पूछती, "आप वहाँ इतने समय तक क्यों रहे ?" इसका केवल एक ही मिशन होता है कि आप जहाँ हैं, वहाँ से आप जहाँ जाना चाहते हैं, वहाँ पहुँचने में आपकी सहायता करना। आपकी भावनाएँ आपको ऐसी ही मार्गदर्शन प्रणाली प्रदान करती हैं। उनका प्रमुख कार्य भी आप जहाँ हैं, वहाँ से, जहाँ आप जाना चाहते हैं, वहाँ तक की यात्रा में आपकी सहायता करना है।

आपका यह जानना बहुत महत्त्वपूर्ण है कि किसी रिश्ते में आप कहाँ खड़े हैं और अपनी इच्छित वस्तु के प्रभावी ढंग से निकट जाने के लिए आपको कहाँ पर होना होगा। यदि आप अपनी यात्रा में सोद्‌देश्य निर्णय लेना चाहते हैं तो आप कहाँ हैं और कहाँ जाना चाहते हैं, इन दोनों का बोध होना आवश्यक है।

अपने भौतिक परिवेश में आप कई तरह के प्रभावों से घिरे हुए हैं। अकसर दूसरे लोग आपसे अलग तरह से व्यवहार करने को कहते हैं और जोर देते हैं, जिससे उनके अनुभवों पर सकारात्मक प्रभाव पड़ सके। आप दूसरों द्वारा आप पर लागू कानूनों, नियमों एवं उम्मीदों से पिघल जाते हैं और लगभग हर व्यक्ति की इस मामले में अपनी राय होती

है कि आपको किस तरह का व्यवहार करना चाहिए। लेकिन जब आप जहाँ पर हैं, वहाँ से जहाँ पहुँचना चाहते हैं, के बीच मार्गदर्शन हेतु इस तरह के बाहरी प्रभावों का उपयोग करेंगे तो आपके लिए पटरी पर रहना संभव नहीं होगा।

आपको अकसर इस तरह से खींच लिया जाता है और दूसरों को खुश करने के प्रयास में, जिसका सिर्फ यह परिणाम होता है कि आप चाहे जितना भी प्रयास करें, आप निरंतर अपनी रुचिकर दिशा में नहीं बढ़ सकते। इस तरह, न आप उन्हें खुश कर पाएँगे और न ही खुद खुश रह सकेंगे। और चूँकि आप इतनी सारी दिशाओं में खींचे जा रहे होंगे, इस प्रक्रिया में वह मार्ग खो जाता है, जो आपकी इच्छित दिशा में जाता है।

आपका दिया सबसे महानतम उपहार आपका आनंद है

आप किसी दूसरे को जो सबसे महानतम उपहार दे सकते हैं, वह आपका अपना आनंद है; क्योंकि जब आप प्रसन्नता, आनंद या प्रशंसा के भाव में होते हैं, तब आप विशुद्ध और सकारात्मक स्रोत ऊर्जा की धारा के साथ पूर्णतः संपर्कित होते हैं, जो आपका वास्तविक स्वरूप है। और जब आप संपर्क की उस स्थिति में होते हैं, आपने अपना ध्यान जिस भी वस्तु पर केंद्रित किया होगा, उसे आपके ध्यान से लाभ होगा।

आप किसी दूसरे को जो सबसे महानतम उपहार दे सकते हैं, वह आपका अपना आनंद है; क्योंकि जब आप प्रसन्नता, आनंद या प्रशंसा के भाव में होते हैं, तब आप विशुद्ध और सकारात्मक स्रोत ऊर्जा की धारा के साथ पूर्णतः संपर्कित होते हैं, जो आपका वास्तविक स्वरूप है। और जब आप संपर्क की उस स्थिति में होते हैं, आपने अपना ध्यान जिस भी वस्तु पर केंद्रित किया होगा, उसे आपके ध्यान से लाभ होगा।

कोई भी आपको उनके लिए ऐसी चीजें करने के लिए नहीं कहेगा, जिससे उनके काम बन सकें; क्योंकि उन सबकी भी उस कल्याण धारा तक वैसी ही पहुँच है, जैसी आपकी है। दूसरे लोग (जो इस धारा तक अपनी पहुँच के बारे में नहीं जानते) अकसर अपने आपको अच्छा महसूस करवानेवाली स्थिति में न रख पाने के कारण दुःख उठाते हैं। वे आपसे उस तरह व्यवहार करने को कहते हैं, जिससे उनके अनुसार उन्हें बेहतर महसूस हो सकता है। लेकिन इस तरह वे आपको असुविधाजनक स्थिति में डाल देते हैं, क्योंकि वे अपने आनंद के लिए आपको जिम्मेदार ठहराने का प्रयास करते हैं और साथ ही अपने को भी गुलामी की स्थिति में ले आते हैं, क्योंकि वे दूसरों के व्यवहार को नियंत्रित नहीं कर पाते और यदि यह नियंत्रण उनके आनंद के लिए आवश्यक है तो वे सचमुच मुसीबत में हैं।

आपकी खुशी दूसरे क्या करते हैं, इस पर निर्भर नहीं

आपकी खुशी दूसरे क्या करते हैं, इस पर नहीं, बल्कि केवल आपके अपने कांपनिक संतुलन पर निर्भर है। और दूसरों की खुशियाँ आप पर नहीं, बल्कि उनके अपने कांपनिक संतुलन पर निर्भर हैं। किसी भी क्षण व्यक्ति कैसा महसूस करता है, यह सिर्फ उसके अपने ऊर्जाओं के मिश्रण से अनुभूत होता है। आप जैसा महसूस करते हैं, यह सिर्फ, स्पष्ट रूप से और हमेशा इस बात का सूचक है कि आपकी इच्छाओं और कांपनिक प्रस्तावों के बीच कांपनिक संतुलन कैसा है, जिसे अपनी अनुकूलन अवस्थिति से आपने आरंभ किया है।

पूरे ब्रह्मांड में किसी के लिए भी इसे समझने से अधिक महत्त्वपूर्ण और कुछ नहीं है कि किस तरह उसके द्वारा प्रस्तावित कंपनों का तालमेल उसकी इच्छाओं के कंपन से है। और आप जैसा महसूस करते हैं, यह उस बात का सूचक है कि आप स्रोत के साथ अपने संबंधों को स्वीकार कर रहे हैं या नहीं। प्रत्येक अच्छा एहसास, प्रत्येक सकारात्मक सृजन, आपकी संपूर्ण समृद्धि, स्पष्टता, स्वास्थ्य, जीवन-शक्ति और कल्याण—और वे सभी चीजें, जिन्हें आप अच्छा मानते हैं, इस पर निर्भर हैं कि वर्तमान में आप कैसा महसूस कर रहे हैं तथा इन अनुभूति-कंपनों के आपके वास्तविक स्वरूप और आप वास्तव में क्या चाहते हैं, के बीच कैसा रिश्ता होना चाहिए?

आप जैसा महसूस करते हैं, यह उस बात का सूचक है कि आप स्रोत के साथ अपने संबंधों को स्वीकार कर रहे हैं या नहीं। प्रत्येक अच्छा एहसास, प्रत्येक सकारात्मक सृजन, आपकी संपूर्ण समृद्धि, स्पष्टता, स्वास्थ्य, जीवन-शक्ति और कल्याण—और वे सभी चीजें, जिन्हें आप अच्छा मानते हैं, इस पर निर्भर हैं कि वर्तमान में आप कैसा महसूस कर रहे हैं तथा इन अनुभूति-कंपनों के आपके वास्तविक स्वरूप और आप वास्तव में क्या चाहते हैं, के बीच कैसा रिश्ता होना चाहिए?

प्रत्येक विचार आपको सैन डिएगो के निकट लाएगा या दूर करेगा

जितना आसान आपके लिए फीनिक्स से सैन डिएगो की सफल यात्रा का विचार करना है, आपके लिए वित्तीय असुरक्षा से वित्तीय सुरक्षा, बीमारी से स्वास्थ्य, भ्रम से स्पष्टता तक की सफल यात्रा करना भी उतना ही आसान है। फीनिक्स से सैन डिएगो की अपनी यात्रा के दौरान अधिक चीजें अज्ञात नहीं हैं; क्योंकि आप दोनों शहरों के बीच की दूरी जानते हैं। आप जानते हैं कि आप मार्ग पर कहाँ हैं और आप यह भी जानते हैं कि गलत दिशा में यात्रा करने का आपकी सफलता के लिए क्या अर्थ है! एक बार जब आप

अपनी भावात्मक मार्गदर्शन प्रणाली को समझ लेते हैं तो आप इस बात को लेकर कभी भ्रमित नहीं होंगे कि एक रिश्ते में आप कहाँ पर हैं और कहाँ पहुँचना चाहते हैं। साथ ही, अपने प्रत्येक प्रस्तावित विचार से आपको यह भी एहसास होगा कि आप अपने इच्छित परिणामों के निकट जा रहे हैं या दूर हो रहे हैं।

यदि आपने किसी दूसरे प्रभाव को अपना मार्गदर्शक स्रोत बनाया तो आप रास्ता भूलकर पटरी से उतर सकते हैं; क्योंकि कोई और व्यक्ति आप जहाँ हैं और आप जहाँ जाना चाहते हैं, के बीच की दूरी को उस तरह नहीं समझ सकता, जैसे आप समझ सकते हैं। आपकी इच्छा को विशुद्ध रूप से न समझने के बावजूद वे निरंतर अपनी इच्छाओं को मिश्रित करते रहेंगे। इसलिए जब आप अपनी अनुभूतियों पर ध्यान केंद्रित करेंगे, तभी आप अपने आपको स्थिरतापूर्वक अपने लक्ष्य की ओर ले जा सकेंगे।

इसे 'न' कहने का मतलब 'हाँ' क्यों हो जाता है?

आपके कांपनिक ब्रह्मांड का आधार 'आकर्षण का नियम' है। इसका अर्थ हुआ कि आपका ब्रह्मांड समावेशन के लिए है। जब आप किसी ऐसी चीज पर ध्यान केंद्रित करते हैं, जो आपको चाहिए और इसके लिए 'हाँ' कहते हैं तो आप इसे अपने कंपन में शामिल कर लेते हैं। लेकिन जब आप किसी ऐसी चीज को देखते हैं, जिसे आप नहीं चाहते तो इसके लिए 'न' कहते हैं, तब भी आप उसे अपने कंपन में शामिल कर लेते हैं। जब आप इस पर कोई ध्यान नहीं देते, तब आप इसे शामिल भी नहीं करते। लेकिन आप किसी भी ऐसी चीज से अलग नहीं हो सकते, जिस पर आपने ध्यान दिया हो, क्योंकि आपका इस पर ध्यान देना इसे आपके कंपन में शामिल कर देता है। ऐसा निरपवाद रूप से हर बार होता है।

□

18

आप अपनी कांपनिक आवृत्ति में क्रमशः परिवर्तन कर सकते हैं

आपके अलग विचार को खोजने का निर्णय लेने पर यह जरूरी नहीं कि आप एकदम से, सीधे उस विचार पर पहुँच जाएँगे, क्योंकि आप जहाँ हैं, वहाँ से जिन विचारों तक पहुँच सकते हैं, उस बारे में 'आकर्षण के नियम' को भी कुछ कहना है। निश्चित ही, ऐसा कोई विचार नहीं है, जिसे आप अंततोगत्वा प्राप्त नहीं कर सकते; जैसे ऐसा कोई स्थान नहीं है, जहाँ आप अंततोगत्वा पहुँच नहीं सकते। लेकिन आप किसी ऐसे विचार पर एकदम से नहीं कूद सकते, जिसकी कांपनिक आवृत्ति आपके सोच वाले मौजूदा विचारों से बिल्कुल अलग हो।

कई बार आपका कोई मित्र, जो फिलहाल आपसे कहीं बेहतर स्थिति में है, वह संभवतः आपको इतना नकारात्मक न सोचने और सकारात्मक विचारों को चुनने के लिए कह सकता है। लेकिन चूँकि आपका मित्र अच्छी स्थिति में है, इसका यह मतलब नहीं हुआ कि आपका मित्र आपको भी वहाँ ले जा सकता है। 'आकर्षण का नियम' आपका ऐसी कांपनिक आवृत्ति खोजना स्वीकार नहीं करेगा, जो आपकी फिलहाल निर्मित आवृत्ति से काफी दूर हो। और भले ही आप बेहतर महसूस करना चाहते हैं, इसके बावजूद आपको ऐसा महसूस नहीं होगा कि आप ऐसा आनंदपूर्ण विचार खोज सकें, जो आपका मित्र आपसे खोजने को कह रहा है। हम आपको समझाना चाह रहे हैं कि अंततः आप ऐसा विचार खोज सकते हैं। वह भी तब, जब आप सोद्देश्यपूर्वक और क्रमशः अपनी कांपनिक आवृत्ति में परिवर्तन लाएँ। आप उस अधिक सकारात्मक स्थिति तक तभी पहुँच सकते हैं, जब ऐसा करने में सफल हो सकें।

जैसा कि आपने पाया कि आप अपने अस्तित्व की कांपनिक विषय-वस्तु से हमेशा से परिचित थे, इसलिए आप इस पर भी हमेशा से जागरूक होंगे कि आपका आकर्षण-बिंदु क्या है? तब आप अपने स्वयं के अनुभवों पर बोधपूर्ण सृजनात्मक नियंत्रण हासिल कर सकेंगे। और जब एक बार आप यह समझ जाएँगे कि आपकी भावनाएँ आपको

आपकी कांपनिक विषयवस्तु से संबंधित विशिष्ट जानकारी दे रही हैं, तब आप अपने कंपनों की सोद्‌देश्यपूर्वक और क्रमिक समायोजन की दिशा में बढ़ सकेंगे।

सबसे संभावित सुखद एहसास तक अपनी पहुँच बनाएँ

अलग विचारों को चुनना सदैव अलग भावात्मक प्रतिक्रियाओं को उत्पन्न करता है। अतः आप कह सकते हैं, "मैंने अपने विचारों को सोद्‌देश्यपूर्वक चुना है, जिससे मैं बेहतर महसूस कर सकूँ।" आपके लिए यह निर्णय लेना उचित रहेगा। इससे बेहतर बल्कि ज्यादा आसान निर्णय यह रहेगा, "मैं अच्छा महसूस करना चाहता हूँ, इसलिए अच्छा महसूस करने के प्रयास में मैं ऐसे विचार को चुन रहा हूँ, जो अच्छा महसूस हो।"

अलग विचारों को चुनना सदैव अलग भावात्मक प्रतिक्रियाओं को उत्पन्न करता है। अतः आप कह सकते हैं, "मैंने अपने विचारों को सोद्‌देश्यपूर्वक चुना है, जिससे मैं बेहतर महसूस कर सकूँ।" आपके लिए यह निर्णय लेना उचित रहेगा। इससे बेहतर बल्कि ज्यादा आसान निर्णय यह रहेगा, "मैं अच्छा महसूस करना चाहता हूँ, इसलिए अच्छा महसूस करने के प्रयास में मैं ऐसे विचार को चुन रहा हूँ, जो अच्छा महसूस हो।"

यदि आपका निर्णय 'अपने परमानंद का पालन करना' है और आप ऐसी जीवन परिस्थितियों पर केंद्रित हों, जिनमें परमानंद का नामोनिशान न हो, तो आपका अपने परमानंद का पालन करने का निर्णय असफल रहेगा; क्योंकि 'आकर्षण का नियम' ऐसे विचार को कभी जगह नहीं देगा, जिसके नाटकीय कंपन इतने अलग हों। लेकिन यदि आपका निर्णय सबसे संभव बेहतर महसूस होनेवाले विचार तक पहुँचना होगा तो इस निर्णय का पालन आसानी से हो सकेगा।

कांपनिक भावात्मक पैमाने को बढ़ाने की कुंजी, आप जैसा महसूस कर रहे हैं, उस हलकी सी संवेदना के प्रति भी बोधपूर्ण जागरूकता होना है; क्योंकि यदि आप में यह जागरूकता नहीं होगी कि आप कैसा महसूस कर रहे हैं, तो आप यह कभी समझ नहीं सकेंगे कि आप पैमाने पर किस दिशा में बढ़ रहे हैं? (हो सकता है कि आप वापस मुड़कर फीनिक्स की ओर चल दिए हों और आपको पता भी न लगे)।

लेकिन आप कुछ समय लगाकर अपनी फिलहाल अनुभव हो रही भावनाओं को बोधपूर्वक पहचान सकेंगे। तत्पश्चात् आपकी अनुभूतियों में किसी भी सुधार का अर्थ है कि आप अपने लक्ष्य की ओर प्रगति कर रहे हैं। वहीं नकारात्मक भावनाओं के गहरे हो जाने का अर्थ है कि आप गलत दिशा में जा रहे हैं।

अतः इस कांपनिक भावात्मक पैमाने पर बढ़ने के लिए आपको और अधिक संतोष की अनुभूति करनी होगी। यह आपको तब मिलेगी, जब आप अपने प्रतिरोधी विचारों का अधिक-से-अधिक त्याग करेंगे और उन्हें अधिक स्वीकृत विचारों में परिवर्तित करेंगे। कल्याण की धारा आपके भीतर निरंतर प्रवाहित हो रही है। आप इसे जितना अधिक स्वीकार करेंगे, आपको उतना ही बेहतर महसूस होगा। आप इसका जितना अधिक प्रतिरोध करेंगे, आपको उतना ही बुरा महसूस होगा।

□

19

केवल आप समझ सकते हैं अपने प्रति अपने एहसास

जब आप किसी चीज की उम्मीद लगाते हैं, वह आपकी ओर आने लगती है। जब आप किसी चीज में विश्वास करते हैं, वह आपकी ओर आने लगती है। जब आप किसी चीज से डरते हैं, वह आपकी ओर आने लगती है।

आपका दृष्टिकोण या मनोदशा हमेशा इस ओर इशारा करती है कि आपको क्या मिलने वाला है; लेकिन आप अपने मौजूदा आकर्षण–बिंदु के साथ चिपके नहीं रह सकते। सिर्फ इसलिए कि अपनी भौतिक राह पर चलते हुए आपने इन विचारों, धारणाओं, दृष्टिकोणों या मनोदशाओं को चुना है। इसका यह मतलब नहीं होता कि आपको उन पर हमेशा प्रतिक्रिया देते रहना होगा। अपने अनुभवों पर आपका सर्जनात्मक नियंत्रण है। और अपनी भावात्मक मार्गदर्शन प्रणाली पर ध्यान देकर आप अपने आकर्षण–बिंदु को परिवर्तित कर सकते हैं।

यदि आपके अनुभव में कुछ ऐसी चीजें हैं, जिन्हें आप अनुभव में नहीं रखना चाहते तो आपको अपनी धारणा बदलनी होगी।

यदि आपके अनुभव में कुछ ऐसी चीजें हैं, जो आपके अनुभव में नहीं हैं, लेकिन आप उन्हें अपने अनुभव में लाना चाहते हैं तो आपको अपनी धारणा बदलनी होगी।

कोई स्थिति इतनी गंभीर नहीं होती, जिसे आप भिन्न विचारों का चुनाव कर पलट न सकें। हालाँकि भिन्न विचारों को चुनने के लिए ध्यान केंद्रित करने व अभ्यास की जरूरत होती है। यदि आप जो है, उसी पर केंद्रित रहते हैं, उसी के बारे में सोचते रहते हैं और उसी पर विश्वास करते हैं तो आपके अनुभवों में कोई बदलाव नहीं होने वाला।

जीवन सदा गतिमान रहता है, इसलिए आप 'अटक' नहीं सकते

कई बार हमारे शरीरी मित्र कहते हैं कि "मैं अटक गया हूँ। मैं इस जगह पर लंबे समय से हूँ और इससे बाहर नहीं निकल पा रहा। मैं अटक गया हूँ।"

और हम हर बार यही समझाते हैं कि जड़ होने या अटकने की संभावना इसलिए नहीं है, क्योंकि ऊर्जा—और इसी कारण जीवन भी—हमेशा गतिमान रहता है। चीजें सदा परिवर्तित होती रहती हैं।

लेकिन आपको अपने अटक जाने की अनुभूति इसलिए होती है, क्योंकि जब आप निरंतर एक जैसे विचारों पर सोचते रहें, जहाँ चीजें बदलती तो हैं, लेकिन हर बार वे उसी चीज में बदल जाती हैं।

यदि आप चीजों को किसी भिन्न वस्तु में बदलना चाहते हैं तो आपको भिन्न विचारों पर विचार करना होगा। और इसके लिए परिचित विषयों तक पहुँचने के लिए अपरिचित रास्तों को खोजने की आवश्यकता होगी।

यदि आप चीजों को किसी भिन्न वस्तु में बदलना चाहते हैं तो आपको भिन्न विचारों पर विचार करना होगा। और इसके लिए परिचित विषयों तक पहुँचने के लिए अपरिचित रास्तों को खोजने की आवश्यकता होगी।

दूसरे लोग आपकी इच्छाओं और एहसासों को कभी नहीं समझ सकते

दूसरे लोग अकसर आपके मार्गदर्शन को उत्सुक रहते हैं। ऐसे लोग अनंत हैं, जिनकी अनंत राय, नियम, अपेक्षाएँ और सलाहें हैं कि आपको अपना जीवन कैसे जीना चाहिए! लेकिन इनमें से कोई भी उस चीज पर ध्यान नहीं देता, जो आपको अपनी इच्छा पूरी करने के लिए चाहिए। दूसरे लोग आपकी इच्छाओं की कांपनिक विषय-वस्तु को कभी नहीं समझ सकते और न ही वे आप कहाँ हैं, इस कांपनिक विषय-वस्तु को समझ सकते हैं। अतः वे किसी भी तरह से आपका मार्गदर्शन करने योग्य तैयार नहीं हैं। उनकी मंशा चाहे कितनी भी अच्छी हो और वे आपका पूर्ण कल्याण क्यों न चाहते हों, वे आपको समझ नहीं सकते। और भले ही उनमें से कई स्वार्थहीनता का दिखावा करें, लेकिन उनके लिए यह संभव नहीं कि वे आपके लिए अपनी इच्छाओं के चलते खुद की इच्छाओं को तिलांजलि दे दें।

दूसरा कभी नहीं जान सकता कि आपके लिए क्या उचित है

जब आपको याद रहेगा कि जब भी कोई माँगेगा, उसे हमेशा दिया जाएगा, तब आप ऐसे परिवेश की पूर्णता को महसूस नहीं कर सकते, जहाँ प्रत्येक विशिष्ट दृष्टिकोण को चुना जा सके।

कल्पना कीजिए कि आपको 'अब्राहम-हिक्स आर्ट ऑफ अलाउइंग वर्कशॉप' में शामिल होना है। आप जानते हैं कि यह कब और कहाँ होनी है। और आपने इसमें

शामिल होने के लिए समय निकाल लिया है। अतः आप बेहद आसानी के साथ वे सभी निर्णय ले सकेंगे, जो आपके लिए सही हैं।

आप अगले वर्ष भर में होनेवाले लगभग 50 सेमिनारों की सूची पर नजर डालते हैं और अपनी पसंद का समय व स्थान चुन लेते हैं। आप देखते हैं कि एक सेमिनार आपके ही शहर में होना है, लेकिन उसकी तारीख वही है, जिस दिन आपने कुछ और करना तय कर रखा है। अतः आप दूसरा विकल्प देखते हैं। आप ऐसी तारीख खोजने लगते हैं, जो आपके समय से मेल खाती हो। आप उसी समय-सीमा के बीच की तारीख खोजने लगते हैं। आखिर आपको वह मिल जाती है। और यह उसी शहर में है, जहाँ आप हमेशा से जाना चाहते थे। अतः आप 'अब्राहम-हिक्स पब्लिकेशंस' को फोन करके सेमिनार में अपनी सीट बुक करवा लेते हैं।

चूँकि आप उस शहर में नहीं रहते, जहाँ सेमिनार होना है, अतः आपको वहाँ रहने के लिए कमरे और यात्रा के लिए वाहन की आवश्यकता महसूस होती है। इसलिए अपनी विशिष्ट इच्छाओं और आवश्यकताओं को देखते हुए आप कुछ योजनाएँ बनाते हैं। आप विमान से यात्रा करने का फैसला करते हैं, जिससे समय बचे। आप उस होटल को चुनते हैं, जो सेमिनार स्थल से कुछ ही ब्लॉक दूर हो; क्योंकि आप उनके 'रीवार्ड प्रोग्राम' के सदस्य हैं और ऐसा करके आपको बेहतर रेटिंग मिल सकेगी। (आप उस होटल श्रृंखला द्वारा प्रस्तावित विशेष प्रकार का बिस्तर भी चुन सकते हैं)।

सेमिनारवाले शहर में आने के बाद आप वहाँ मौजूद ढेर सारी कार किराया कंपनियों में से अपनी पसंदीदा कंपनी से कार किराए पर लेते हैं और होटल जाते समय आप रास्ते में उस रेस्टोरेंट पर रुकते हैं, जहाँ आपको उचित कीमत पर मनपसंद खाना मिल सके। आप अपनी खूब देखभाल करते हैं; बल्कि आप बेहद शानदार समय गुजारते हैं।

सेमिनारवाले शहर में आने के बाद आप वहाँ मौजूद ढेर सारी कार किराया कंपनियों में से अपनी पसंदीदा कंपनी से कार किराए पर लेते हैं और होटल जाते समय आप रास्ते में उस रेस्टोरेंट पर रुकते हैं, जहाँ आपको उचित कीमत पर मनपसंद खाना मिल सके। आप अपनी खूब देखभाल करते हैं; बल्कि आप बेहद शानदार समय गुजारते हैं।

लेकिन क्या हो, अगर 'अब्राहम-हिक्स पब्लिकेशन' यह निर्णय ले कि सेमिनार करने के अपने व्यापक अनुभव के चलते वे आपके लिए अच्छी योजना बना सके हैं। अतः उनके सेमिनार में शामिल होने आए हजारों लोगों से सुनी बातों के आधार

पर वे आपके लिए सारा आयोजन करने का निर्णय लेते हैं।

आपके पते के आधार पर वे मान लेते हैं, आप अपने शहर में सेमिनार होने को प्राथमिकता देंगे और वे आपके लिए उसी में सीट बुक कर देते हैं। लेकिन फिर आप उन्हें बताते हैं कि आप उस दिन व्यस्त हैं। अत: वे अपने फैसले पर पुनर्विचार करते हैं और आपको आपके मनचाहे शहर के सेमिनार का टिकट भेज देते हैं।

इसी तरह, वे यह फैसला भी करते हैं कि आपके लिए कौन सी विमान सेवा, किराए पर लेने के लिए कौन सी कार-किराया एजेंसी, कौन सा होटल, कौन सा खाना लेना सबसे बेहतर रहेगा। उनके चयन आपको खुश नहीं कर पाएँगे। अपने लिए निर्णय लेने के सबसे उपयुक्त साधन खुद आपके पास हैं।

जब आपको याद रहे कि कोई भी जो कुछ भी माँगेगा, उसे मिल जाएगा तो यह कितना शानदार और प्रशंसनीय रहेगा कि अपने लिए फैसले खुद आप ही लें; क्योंकि ब्रह्मांड उस समय अधिक कुशलता से कार्य करता है, जब आपके स्थान पर कोई मध्यस्थ दखलंदाजी न कर रहा हो। आपके अलावा कोई दूसरा कभी नहीं जान सकता कि आपके लिए क्या उचित है? हर क्षण आपको पूरी तरह पता होता है कि आपके लिए सबसे बेहतर क्या है।

□

20

दूसरों की स्वतंत्रता में बाधा बनने की कीमत अपनी स्वतंत्रता खोना

जी हाँ, जब आप माँगते हैं तो हमेशा दिया जाता है। लेकिन जो आप माँग रहे हैं, उसे अपने अनुभव में लाने के लिए आपका उसके साथ कांपनिक सामंजस्य होना आवश्यक है। अधिकांश लोग यह याद नहीं रख पाते या इस पर विश्वास नहीं करते कि उनकी माँग का उत्तर मिलेगा; क्योंकि वे इस बात को लेकर बोधपूर्वक जागरूक नहीं होते कि बतौर कंपन वे क्या कर रहे हैं। वे अपने विचारों और उन विचारों के समान जाग्रत् होनेवाली अनुभूतियों तथा आगामी प्रत्यक्षीकरण के बीच बोधपूर्वक संबंध नहीं बनाते। और बोधपूर्ण संबंधों के बिना आपको यह कभी पता नहीं चलता कि अपनी इच्छा के संबंध में आप कहाँ तक पहुँचे हैं।

जब आप जानते हैं कि आपको कुछ चाहिए और आप ध्यान देते हैं कि वह आपके पास नहीं है तो आप अनुमान लगाते हैं कि कोई बाहरी ताकत है, जो उसे आपसे दूर रख रही है। लेकिन यह सच नहीं है। केवल एक चीज है, जो आपको आपकी इच्छित वस्तु मिलने से रोक सकती है और वह है—आपकी इच्छा के विपरीत विचार करने की आदत।

एक बार जब आप विचारों की अपनी शक्ति और इच्छित वस्तुओं की अपनी स्वीकृति की क्षमता के प्रति जागरूक हो जाते हैं तो आपका अपने अनुभवों पर सृजनात्मक नियंत्रण हो जाता है। लेकिन जब आप अपने विचारों की अनुभूति करने की बजाय प्रमुख रूप से अपने केंद्रित विचारों के परिणामों पर केंद्रित रहते हैं तो आप आसानी से मार्ग भटक सकते हैं।

प्रत्येक 'वास्तविकता' किसी अस्तित्व का केंद्रण है

कई बार लोग तर्क करते हैं, "लेकिन अब्राहम, मैं आपको असलियत बता रहा हूँ। इन हालात की वास्तविकता को सिर्फ मैं झेल रहा हूँ।" और हम कहते हैं कि आपको आप वास्तविकता का सृजन कर रहे हैं, पता लगने के पहले से ही वास्तविकता का सामना

करना सिखाया जा रहा है। कोई भी 'वास्तविकता' केवल तभी अस्तित्वगत हो सकती है, जब कोई उसके अस्तित्वगत होने पर केंद्रित हो।

कोई कह सकता है, "लेकिन यह सत्य है, इसलिए मेरा ध्यान देना लाजमी है।" और हम कहते हैं कि आप जिस भी चीज को अपना सत्य मानकर ध्यान देते हैं, उसी का निर्माण कर देते हैं। अत: आपके लिए यह अत्यधिक लाभकारी होगा कि आप प्रमुख रूप से इस पर केंद्रित रहें कि आप कैसा अनुभव कर रहे हैं? साथ ही उसके प्रकट होने के दौरान उस पर अल्प ध्यान दें, क्योंकि जब भी आप चीजों के उस रूप पर प्रमुख रूप से ध्यान देने लगते हैं, जैसी वे जो हो सकती हैं, उसके विस्तार को बाधित कर देते हैं।

आपके व दूसरों से प्राप्त सभी के अनुभवों के आँकड़े केवल इससे संबंधित हैं कि किस तरह व्यक्ति पहले ही ऊर्जा को प्रवाहित कर चुका है। वे अभी की किसी दृढ़ वास्तविकता से संबंधित नहीं हैं।

आपके व दूसरों से प्राप्त सभी के अनुभवों के आँकड़े केवल इससे संबंधित हैं कि किस तरह व्यक्ति पहले ही ऊर्जा को प्रवाहित कर चुका है। वे अभी की किसी दृढ़ वास्तविकता से संबंधित नहीं हैं।

आपके मौजूदा समाज में ऐसे बहुत से लोग हैं, जो मानवीय अनुभवों संबंधी आँकड़ों को एकत्रित करते हैं। वे अनुभवों की तुलना करने और उन्हें उचित व अनुचित, गलत व सही में वर्गीकृत करने में अपना पूरा जीवन गुजार देते हैं।

आपके मौजूदा समाज में ऐसे बहुत से लोग हैं, जो मानवीय अनुभवों संबंधी आँकड़ों को एकत्रित करते हैं। वे अनुभवों की तुलना करने और उन्हें उचित व अनुचित, गलत व सही में वर्गीकृत करने में अपना पूरा जीवन गुजार देते हैं। वे विषय-दर-विषय लाभ व हानि तथा जमा और घटा करते जाते हैं। लेकिन उन्हें शायद ही कभी एहसास होता है कि उनके कांपनिक प्रस्ताव उनके लिए काम नहीं कर रहे। उन्हें अपनी शक्ति का कभी ज्ञान नहीं होता, क्योंकि वे अपनी ऊर्जा को विपरीत दिशा में प्रवाहित कर रहे होते हैं। उनका काम अपने जीवन में सृजन करने की बजाय उनके साथ इस ग्रह पर रहनेवाले के व्यवहारों और अनुभवों की लेबलिंग करना अधिक होता है।

अत: वे उस समय अपने आपको बेहद असहज स्थिति में पाते हैं, जब उन्हें इस बात पर विश्वास होता है कि उनकी खुशियाँ या कल्याण दूसरे के व्यवहार पर निर्भर है। वे लोगों के व्यवहार या धारणाओं पर टिप्पणी करते हुए उन्हें गलत बताते रहते हैं, उनसे इनकार करते रहते हैं तथा उन्हें जरा भी एहसास नहीं होता कि वे अपने जीवन में उन अनुभवों के कंपनों को शामिल करते जा रहे हैं, जिन्हें वे पसंद नहीं करते। और यह ज्ञान

हुए बिना कि किस तरह उनके लिए अवांछित चीजों ने उनके अनुभवों तक का रास्ता बना लिया, वे अत्यधिक सतर्क और भयभीत रहने लगते हैं।

अवांछित वस्तुएँ बिना आमंत्रण आपका अनुभव नहीं बन सकतीं

अवांछित अनुभवों के भय से मुक्ति तब तक संभव नहीं है, जब तक आप इसे दूसरों के व्यवहार व इच्छाओं को नियंत्रित करने के प्रयास द्वारा हासिल करना चाहेंगे। आपकी स्वतंत्रता केवल आपके अपने कांपनिक आकर्षण-बिंदु के समायोजन को स्वीकृति द्वारा संभव है।

'आकर्षण के नियम' के ज्ञान बिना और आप अपने कांपनिक आकर्षण-बिंदु के साथ क्या कर रहे हैं, इसकी बोधपूर्ण जागरूकता न होने पर यह समझा जा सकता है कि आप अपने आसपास के हालात को नियंत्रित करने का प्रयास क्यों कर रहे हैं। लेकिन आप अपने आसपास के सभी हालातों को नियंत्रित नहीं कर सकते। लेकिन जब आप 'आकर्षण के नियम' के बारे में सीख जाते हैं और जब आप अपने विचारों की अनुभूतियों को लेकर जागरूक हो जाते हैं तो फिर आपको कभी भी अवांछित चीजों के आपके अनुभव में शामिल होने को लेकर डर की अनुभूति नहीं होगी। आप समझ जाएँगे कि कुछ भी बिना आपके आमंत्रित किए अनायास ही आपके अनुभव का हिस्सा नहीं बन सकता। चूँकि इस आकर्षण आधारित ब्रह्मांड में किसी चीज का तब तक दावा नहीं किया जा सकता। यदि उसके साथ आपका कांपनिक सामंजस्य नहीं होता तो वह आपको नहीं मिल सकती। और जब तक आप उसके साथ कांपनिक सामंजस्य नहीं बना लेते, तब तक वह आपको नहीं मिल सकती।

यहाँ तक आप में सबसे छोटे, आपके शिशु भी, वैसी ही कंपन प्रस्तावित करते हैं, जो इस ब्रह्मांड से मेल खाते हों। और आपकी तरह आपके बच्चे भी उन कंपनों से सबसे ज्यादा प्रभावित होते

> ***हम अपने शरीरी मित्रों से सबसे अधिक प्रश्न अभौतिक के साथ उनके संबंधों और वे यहाँ कैसे आए तथा कैसे जी व सृजन कर रहे हैं, के बारे में सुनते हैं— "लेकिन यह कैसे संभव है कि एक छोटा सा बच्चा, जिसने हमारे भौतिक जगत् के बारे में शायद बहुत थोड़ा ही जाना है, अपने खुद के जीवन-अनुभवों के सृजन के लिए जिम्मेदार हो सकता है ?" हम आपको बताना चाहते हैं कि यह छोटा बच्चा आपके परिवेश में जीवन बिताने के लिए पूरी तरह से तैयार है; क्योंकि आपकी तरह इसने भी अपना रास्ता खोजने में मदद करनेवाली भावात्मक मार्गदर्शन प्रणाली के साथ जन्म लिया है।***

हैं, जो उनके आसपास हों। लेकिन फिर भी, वे अपनी वास्तविकता का खुद सृजन करते हैं। वे आपकी तरह, इस शरीर में आने के बाद सृजन का कार्य आरंभ नहीं करते; बल्कि अपने भौतिक शरीर के जन्म से काफी पहले से उन्होंने इन जीवन-अनुभवों को गतिमान कर दिया था, जिसे वे अब जी रहे हैं।

हम अपने शरीरी मित्रों से सबसे अधिक प्रश्न अभौतिक के साथ उनके संबंधों और वे यहाँ कैसे आए तथा कैसे जी व सृजन कर रहे हैं, के बारे में सुनते हैं—"लेकिन यह कैसे संभव है कि एक छोटा सा बच्चा, जिसने हमारे भौतिक जगत् के बारे में शायद बहुत थोड़ा ही जाना है, अपने खुद के जीवन-अनुभवों के सृजन के लिए जिम्मेदार हो सकता है ?" हम आपको बताना चाहते हैं कि यह छोटा बच्चा आपके परिवेश में जीवन बिताने के लिए पूरी तरह से तैयार है; क्योंकि आपकी तरह इसने भी अपना रास्ता खोजने में मदद करनेवाली भावात्मक मार्गदर्शन प्रणाली के साथ जन्म लिया है।

ये शिशु, आपकी ही तरह, किसी चुलबुलाते हुए आनंदपूर्वक आपके समय-अंतराल-वास्तविकता में आए हैं; वे भी निरंतर नए निर्णय लेने के अवसर और अपनी स्रोत ऊर्जा के साथ तालमेल के उत्साह सहित आए हैं। इसलिए उनकी या किसी की भी चिंता न करें। कल्याण इस ब्रह्मांड की व्यवस्था है, फिर चाहे आपकी मौजूदा अनुकूल अवस्थिति कुछ भी क्यों न प्रतीत हो।

याद रखिए, आपकी भावनाएँ आपको वह सब बताती हैं, जो स्रोत ऊर्जा के साथ आपके संबंधों के लिए आपका जानना जरूरी है। वे आपको बताती हैं कि अपनी केंद्रित इच्छा की प्रतिक्रियास्वरूप आप कितनी स्रोत ऊर्जा को आमंत्रित कर रहे हैं; साथ ही वे आपको यह भी बताती हैं कि इस क्षण में आपके विचारों और भावनाओं का आपकी इच्छाओं के साथ कांपनिक तालमेल कैसा है।

इसका कारण आपकी गति है या पेड़ ?

यदि आप अपना वाहन 100 मील प्रति घंटे की रफ्तार से चला रहे हों और किसी पेड़ से टकरा जाएँ, तो आपको बेहद बड़ी टक्कर का एहसास होगा। वहीं यदि आप उसी पेड़ से तब टकराएँ, जब आपका वाहन मात्र 5 मील प्रति घंटा की रफ्तार से चल रहा हो तो इसके परिणाम काफी अलग होंगे। अपने वाहन की गति को अपनी इच्छा-शक्ति समझें। दूसरे शब्दों में, आप किसी चीज को जितना अधिक चाहेंगे या आप अपनी इच्छा पर जितना लंबे समय तक केंद्रित रहेंगे, वह ऊर्जा उतनी ही तेजी से गति करेगी। हमारे उदाहरण में पेड़ वहाँ मौजूद प्रतिरोध या विरोधाभासी विचारों का प्रतीक है।

पेड़ से टकराने में कोई आनंद नहीं है और इसी तरह इसमें भी कोई आनंद नहीं कि शक्तिशाली विचारों को अत्यधिक प्रतिरोध के बीच रखा जाए। कुछ इस असंतुलन के

आपकी इच्छा उस विरोधाभास का स्वाभाविक परिणाम है, जिस पर आप केंद्रित रहते हैं। संपूर्ण ब्रह्मांड का अस्तित्व आपकी अगली नई इच्छा को प्रेरित करना है। और इसलिए, यदि आप अपनी इच्छा से बचने का प्रयास करेंगे तो इसका मतलब ब्रह्मांडीय बल के विरोध में जाना है; बल्कि यदि आप कभी-न-कभी इच्छाओं को दबाने में सक्षम भी रहे हों, तब भी आपके भीतर और अधिक इच्छाएँ निरंतर उभरती रहेंगी।

उपाय हेतु वाहन को धीरे कर लेते हैं। दूसरे शब्दों में, वे अपनी इच्छाओं से इनकार करने लगते हैं या वे उनसे मुक्त होने का प्रयास करते हैं। और कई बार अत्यधिक प्रयासों द्वारा वे अपनी इच्छाओं को कुछ हद तक छिन्न-भिन्न करने में सफल भी हो जाते हैं। लेकिन इसका अब तक का सबसे अच्छा उपाय अपने प्रतिरोध के स्तर को कम करना है।

आपकी इच्छा उस विरोधाभास का स्वाभाविक परिणाम है, जिस पर आप केंद्रित रहते हैं। संपूर्ण ब्रह्मांड का अस्तित्व आपकी अगली नई इच्छा को प्रेरित करना है। और इसलिए, यदि आप अपनी इच्छा से बचने का प्रयास करेंगे तो इसका मतलब ब्रह्मांडीय बल के विरोध में जाना है; बल्कि यदि आप कभी-न-कभी इच्छाओं को दबाने में सक्षम भी रहे हों, तब भी आपके भीतर और अधिक इच्छाएँ निरंतर उभरती रहेंगी; क्योंकि आप इस शरीर और इस शानदार विरोधाभासी परिवेश में इस मंशा के साथ आए थे कि उस ऊर्जा पर केंद्रित रहेंगे, जो आपके दृष्टिकोण के शक्तिशाली केंद्रित लेंस द्वारा संसारों का सृजन करती है। इस तरह, इस ब्रह्मांड में आपके निरंतर इच्छा करने से अधिक स्वाभाविक और कुछ भी नहीं है।

हर इच्छा के पीछे अच्छा महसूस करने की इच्छा होती है

व्यक्ति ऐसी किसी इच्छा को नहीं रोक सकता, जिसके संबंध में उसका यह मानना हो कि उसे हासिल करने पर वह अच्छा महसूस कर सकेगा। फिर चाहे वह भौतिक वस्तु हो, भौतिक अस्तित्व की अवस्था हो, रिश्ता हो, हालात हों या परिस्थितियाँ हों। प्रत्येक इच्छा के हृदय में अच्छा महसूस करने की इच्छा होती है। और इसलिए जीवन में सफलता का मानक चीजें या पैसा नहीं है। सफलता का मानक पूर्ण रूप से आनंद की वह मात्रा है, जिसे आप अनुभूत करते हैं।

जीवन का आधार स्वतंत्रता है और जीवन का परिणाम विस्तार है। लेकिन आपके जीवन का उद्देश्य आनंद है। और यही कारण है कि प्रत्यक्षीकरण कभी प्रमुख घटना नहीं होता। यह हमेशा वह अनुभूति होती है, जो आप इस क्षण महसूस कर रहे हैं। दूसरे शब्दों

में, विरोधाभास के इस भौतिक जगत् में आने की आपकी वांछित मंशा क्या है, उस ऊर्जा से जुड़ना, जो संसारों का सृजन करती है और इसका आपकी ध्यानार्थ वस्तु की ओर प्रवाहित होने को परिभाषित करना था। इसलिए नहीं कि ध्यानार्थ वस्तु महत्त्वपूर्ण है, बल्कि इसलिए, क्योंकि ऊर्जा के प्रवाहित होने की क्रिया जीवन के लिए बेहद जरूरी है।

प्रशंसा के दौरान आप प्रतिरोध नहीं करते

याद रखिए, आप स्रोत ऊर्जा का विस्तार हैं। और जब आप स्रोत के साथ अपने पूर्ण संबंधों को स्वीकार करेंगे तो आपको अच्छा महसूस होगा। और आप जिस सीमा तक इस संबंध को अस्वीकार करेंगे, आपको उतना की कम अच्छा महसूस होगा। आप शुद्ध व सकारात्मक ऊर्जा हैं। आप प्रेम हैं। आप अच्छी चीजों की आशा रखते हैं। आप अपना सम्मान व खुद से प्रेम करते हैं। आप दूसरों का सम्मान व उनसे प्रेम करते हैं। और जन्म से ही स्वाभाविक रूप से प्रशंसक हैं।

प्रशंसा और आत्म-प्रेम वे सबसे महत्त्वपूर्ण पहलू हैं, जिन्हें आपको पोषित करना होगा। दूसरों की प्रशंसा और अपनी प्रशंसा का उस स्रोत ऊर्जा के साथ निकटस्थ कांपनिक तालमेल है, जिसे हमने इस ब्रह्मांड में कहीं पर भी देखा होगा।

जब भी आप किसी ऐसी चीज पर केंद्रित रहते हैं, जिसकी प्रशंसा करते हैं, तब उन विचारों का चुनाव स्रोत ऊर्जा के रूप में आपके वास्तविक स्वरूप जैसा ही होता है। वहाँ आपकी ऊर्जा में कोई अंतर्विरोध नहीं होता। प्रशंसा के क्षणों में आप अपने वास्तविक स्वरूप का प्रतिरोध नहीं करते। इससे आपका भावात्मक सूचक परिणाम प्रेम, आनंद और प्रशंसा की अनुभूति के समान होता है। आप बहुत अच्छा महसूस करते हैं।

> ***जब भी आप किसी ऐसी चीज पर केंद्रित रहते हैं, जिसकी प्रशंसा करते हैं, तब उन विचारों का चुनाव स्रोत ऊर्जा के रूप में आपके वास्तविक स्वरूप जैसा ही होता है। वहाँ आपकी ऊर्जा में कोई अंतर्विरोध नहीं होता। प्रशंसा के क्षणों में आप अपने वास्तविक स्वरूप का प्रतिरोध नहीं करते। इससे आपका भावात्मक सूचक परिणाम प्रेम, आनंद और प्रशंसा की अनुभूति के समान होता है। आप बहुत अच्छा महसूस करते हैं।***

लेकिन जब आप किसी की आलोचना करते हैं या खुद अपनी गलती निकालते हैं, आपका भावात्मक सूचक परिणाम अच्छा महसूस नहीं होता; क्योंकि इस आलोचना के विचार का कंपन आपके अपने स्रोत से बिल्कुल अलग होता है। दूसरे शब्दों में, चूँकि आपने एक ऐसे विचार का चयन किया है, जो आपके वास्तविक स्वरूप से मेल नहीं खाता, इसलिए इस क्षण में आप अपनी

भावनाओं के माध्यम से अपने चयन में असहमति को अनुभूत करेंगे।

यदि आपकी दादी, जो आपको अत्यधिक प्रेम व आपकी प्रशंसा करती हैं और आपको बताती हैं कि आप कितने शानदार हैं! आपको ये शब्द अच्छे लगने का यह कारण है कि चूँकि यह आपको उस तरह से केंद्रित करती है, जिससे आप अपने वास्तविक स्वरूप से जुड़ सकें। लेकिन यदि कोई शिक्षक या परिचित आपके किए किसी काम के लिए आपको दंड देता है तो आपको बुरा महसूस होता है; क्योंकि अब आप ऐसे विचार के प्रभाव में हैं, जो आपके वास्तविक स्वरूप से मेल नहीं खाता।

आपकी भावनाएँ प्रति क्षण आपको बताती रहती हैं कि आप अपने वास्तविक स्वरूप के साथ संबंधों को स्वीकार कर रहे हैं या नहीं। जब आप इस संबंध को स्वीकार करते हैं तो आगे बढ़ते हैं। जब आप अपने संबंधों को स्वीकार नहीं करते तो आगे नहीं बढ़ पाते।

कल्याण से सामंजस्य हेतु आपको पर्याप्त स्वार्थी होना होगा

अकसर कुछ लोग हम पर स्वार्थीपन सिखाने का आरोप लगाते हैं। हम इससे सहमत हैं। निश्चित ही हम स्वार्थीपन सिखाते हैं; क्योंकि यदि आप अपनी स्रोत ऊर्जा के साथ सोद्‌देश्य तालमेल लायक पर्याप्त स्वार्थी नहीं होंगे तो वैसे भी आपको कुछ हासिल नहीं होगा।

> ***आप नहीं कहते, "मैं अपना स्वास्थ्य इतना अच्छा होने को लेकर दोषी महसूस करता हूँ। अतः मैंने फैसला किया है कि आनेवाले कुछ वर्षों तक मैं बीमार रहूँगा, जिससे किसी बीमार को मेरे हिस्से का स्वास्थ्य-लाभ मिले और वह स्वयं को स्वस्थ महसूस कर सके।" क्योंकि आप जानते हैं कि स्वस्थ रहकर आप किसी दूसरे को स्वस्थ रहने के अनुभव से वंचित नहीं कर रहे।***

कुछ लोग चिंता जताते हैं, "यदि मैं स्वार्थपूर्ण होकर जो चाहता हूँ, उसे हासिल कर लूँ तो क्या यह दूसरों से गलत तरीके से लेना नहीं होगा?" लेकिन यह चिंता इस गलतफहमी पर आधारित है कि चीजें सीमित मात्रा में उपलब्ध हैं। वे चिंता जताते हैं कि यदि वे अधिक खीर ले लेंगे तो अन्य लोगों के लिए कुछ नहीं बचेगा। जबकि वास्तविकता यह है कि खीर की मात्रा आप सभी के कांपनिक अनुरोधों के अनुपात में बढ़ती जाती है।

आप नहीं कहते, "मैं अपना स्वास्थ्य इतना अच्छा होने को लेकर दोषी महसूस करता हूँ। अतः मैंने फैसला किया है कि आनेवाले कुछ वर्षों तक मैं बीमार रहूँगा, जिससे किसी बीमार को मेरे हिस्से का स्वास्थ्य-लाभ मिले और वह स्वयं को स्वस्थ महसूस कर सके।" क्योंकि आप जानते हैं कि

स्वस्थ रहकर आप किसी दूसरे को स्वस्थ रहने के अनुभव से वंचित नहीं कर रहे।

कुछ ऐसे भी लोग हैं, जो इस बात को लेकर भयभीत रहते हैं कि स्वार्थी व्यक्ति सोद्देश्यपूर्वक दूसरों को नुकसान पहुँचा सकते हैं। लेकिन स्रोत ऊर्जा से जुड़े किसी व्यक्ति के लिए दूसरे को नुकसान पहुँचाने की कामना रखना संभव नहीं है। उनके कंपनों का इससे तालमेल नहीं होता।

कुछ लोग कहते हैं, "मैंने एक सामूहिक हत्यारे की तसवीर देखी है। वह बेहद प्रसन्न लग रहा था। उसे कोई पश्चात्ताप नहीं था। उसने कहा कि उसे यह करने में मजा आया।" लेकिन आपके पास इसे सटीक रूप से जानने का कोई तरीका नहीं है कि वह कैसा अनुभूत कर रहा था? आपने अपनी इच्छा और विषय के बारे में अपनी मौजूदा विचार स्थिति के चलते अपनी खुद की भावनाओं को अनुभव किया। लेकिन आप किसी भी तरह उसकी वास्तविक भावनाओं को अनुभूत नहीं कर सकते। हमारा आपसे पक्का वादा है कि स्रोत ऊर्जा से जुड़ा कोई भी व्यक्ति कभी किसी को नुकसान नहीं पहुँचा सकता। वह ऐसा अपने बचाव या असंतुष्टता की स्थिति में अचानक प्रहार कर देता है, लेकिन अपनी चेतन अवस्था में वह ऐसा कभी नहीं करेगा। आपको समझना होगा कि स्वार्थीपन का परम कार्य अपने आपसे जुड़ना है। जब आप ऐसा करते हैं तो आप इस भौतिक शरीर में शुद्ध व सकारात्मक ऊर्जा पर केंद्रित होते हैं।

यदि आपके ग्रह का प्रत्येक व्यक्ति अपनी स्रोत ऊर्जा से जुड़ जाए तो कोई हमले न होंगे; कोई ईर्ष्या, असुरक्षा या प्रतिस्पर्धा की असहज अनुभूति नहीं होगी। यदि सब लोग अपने अस्तित्व की शक्ति को समझ लें तो वे दूसरों को नियंत्रित करने का प्रयास नहीं करेंगे। असुरक्षा या घृणा की प्रत्येक अनुभूति आपके अपने वास्तविक स्वरूप से अलगाव का परिणाम है। कल्याण के साथ आपके (स्वार्थपूर्ण) संपर्क से केवल कल्याण ही आएगा।

यदि आपके ग्रह का प्रत्येक व्यक्ति अपनी स्रोत ऊर्जा से जुड़ जाए तो कोई हमले न होंगे; कोई ईर्ष्या, असुरक्षा या प्रतिस्पर्धा की असहज अनुभूति नहीं होगी। यदि सब लोग अपने अस्तित्व की शक्ति को समझ लें तो वे दूसरों को नियंत्रित करने का प्रयास नहीं करेंगे। असुरक्षा या घृणा की प्रत्येक अनुभूति आपके अपने वास्तविक स्वरूप से अलगाव का परिणाम है। कल्याण के साथ आपके (स्वार्थपूर्ण) संपर्क से केवल कल्याण ही आएगा।

और सबसे महत्त्वपूर्ण, हम आपको यह समझाना चाहते हैं कि यह जरूरी नहीं कि बाकी सब (या इस मामले में और कोई) भी उन बातों को समझ सकें, जिन्हें आप यहाँ अपने जीवन को शानदार अनुभव बनाने के लिए सीख रहे हैं। एक बार जब आपको याद

आ जाएगा कि आप कौन हैं और जब आप सोद्देश्यपूर्वक अपने उन विचारों तक पहुँच सकेंगे, जो आपका आपके वास्तविक स्वरूप के साथ कांपनिक तालमेल बनाते हैं तो आपका जगत् भी तालमेल बना लेगा—और आपको अपने जीवन के सभी जीवन-अनुभवों में कल्याण दिखाई देने लगेगा।

उम्मीद न रखना, स्वीकार न करना है

याद रखिए, प्रत्येक भावना इस बात की सूचक है कि आप अपनी इच्छा के कारण कितनी ऊर्जा का आह्वान कर रहे हैं? और आप अपनी इच्छा से संबंधित वर्तमान में मौजूद कितने प्रबल विचारों और विश्वासों द्वारा आह्वानित ऊर्जा में से कितनी को स्वीकार कर रहे हैं? यदि आप प्रबल भावनाओं को अनुभव कर रहे हैं, फिर चाहे वह सकारात्मक हों या नकारात्मक, तो इसका अर्थ हुआ कि आपकी इच्छा प्रभावपूर्वक केंद्रित है। और आप अपनी इच्छा की ओर बड़ी मात्रा में स्रोत ऊर्जा को आह्वान कर रहे हो। जब आपकी प्रबल भावनाएँ बुरी महसूस हों, जैसे—निराशा, भय या क्रोध—तो इसका अर्थ हुआ कि अपनी इच्छाओं का आप खुद प्रतिरोध कर रहे हैं। जब आपकी प्रबल भावनाएँ अच्छी महसूस हों, जैसे—उत्साहपूर्ण, उमंगपूर्ण, आशावान या प्रेमपूर्ण हों—तो इसका अर्थ हुआ कि आप अपनी इच्छा का प्रतिरोध नहीं कर रहे। अत: आपने अपनी इच्छा द्वारा जिस स्रोत ऊर्जा का आह्वान किया है, उसे कांपनिक रूप से आप चुनौती नहीं दे रहे—और वर्तमान में आप अपनी इच्छाओं को प्रकट होने की स्वीकृति दे रहे हैं।

तो अब यह स्पष्ट है कि आदर्श रचनात्मक परिस्थिति वह है, जिसमें आप वास्तव में कुछ ऐसा पाना चाहते हों, जिसे आप सचमुच संभावना मानते हों। और जब इच्छाओं और विश्वासों का यह मिश्रण आप में मौजूद होता है तो चीजें आपके अनुभव में जल्दी व आसानी से प्रकट होती हैं। लेकिन जब आप कुछ चाहते हों और उसके संभव होने पर विश्वास न करें तो इस कमजोर विश्वास पर एक पर्याप्त प्रबल इच्छा हावी हो सकती है। तब वह आसानी से प्रकट नहीं होगी, क्योंकि आप उसे अपने वर्तमान अनुभव के लिए स्वीकार नहीं कर रहे।

विशुद्ध इच्छा का एहसास अच्छा महसूस होता है

दुर्भाग्यवश, बहुत से लोग सोचते हैं कि किसी वस्तु को पाने की असुविधाजनक भावना ही इच्छा की अनुभूति है। वे विशुद्ध इच्छा की उस अनुभूति को भूल चुके हैं, जिससे वे ताजगी, उत्साह, उम्मीद की अनुभूति के तौर पर बचपन में परिचित थे। विशुद्ध इच्छा की अनुभूति हमेशा मधुर होती है, क्योंकि यह उन कंपनों का प्रतिनिधित्व करती है, जो आपके अनदेखे भविष्य में, 'आकर्षण के नियम' द्वारा आपकी ओर से चीजों के अनुकूल करने की तैयारी में प्रकट होती है।

वस्तुत: अपनी भावनाओं को पहचानना और फिर बेहतर अनुभूत होनेवाली भावनाओं के सोद्देश्य निर्माण हेतु अपने विचारों पर बोधपूर्वक कार्य करने का महत्त्व ही सोद्देश्य सृजन है। साथ ही यही स्वीकार्यता की कला भी है।

वे विशुद्ध इच्छा की उस अनुभूति को भूल चुके हैं, जिससे वे ताजगी, उत्साह, उम्मीद की अनुभूति के तौर पर बचपन में परिचित थे। विशुद्ध इच्छा की अनुभूति हमेशा मधुर होती है, क्योंकि यह उन कंपनों का प्रतिनिधित्व करती है, जो आपके अनदेखे भविष्य में, 'आकर्षण के नियम' द्वारा आपकी ओर से चीजों के अनुकूल करने की तैयारी में प्रकट होती है।

आप वहाँ क्यों जाना चाहते हैं ?

कई बार कोई व्यक्ति कहता है, "यहाँ मेरी जो स्थिति है, उसमें मैं खुश नहीं हूँ। इससे तो मुझे वहाँ होना चाहिए था। वहाँ, जहाँ मेरा शरीर बीमार न पड़े, या वहाँ मेरा वजन अधिक न हो, या वहाँ जहाँ मेरे पास अधिक पैसा या रिश्ते बेहतर होते।"

जब हम उनसे पूछते हैं कि "आप वहाँ क्यों जाना चाहते हैं?" तो अकसर उत्तर होता है, "क्योंकि मैं यहाँ अपनी स्थिति से खुश नहीं हूँ।"

तब हम उन्हें कहते हैं, "यह जरूरी है कि वे उस बारे में बात करें, जिसके वे 'वहाँ' होने पर विश्वास करते हैं और वहाँ से संबंधित अनुभूति-स्थान तलाशने का प्रयास करते हैं। जब तक व्यक्ति 'यहाँ' की चीजों के बारे में बातें करता या महसूस करता रहेगा, तब तक उसके लिए 'वहाँ' पहुँचना संभव नहीं होगा।"

यदि आप उस बारे में सोचने या बात करने के अभ्यस्त होंगे, जहाँ आप अभी खड़े हैं तो आपके लिए अपने कंपनों में अचानक परिवर्तन करना और किसी बिल्कुल अलग तरह की चीज के बारे में सोचना या महसूस करना आसान नहीं होगा; बल्कि 'आकर्षण का नियम' कहता है कि आपकी पहुँच उन विचारों या अनुभूतियों तक नहीं हो सकती, जो उनसे बहुत दूर हों, जिन पर आप अभी कंपित हो रहे हैं। लेकिन थोड़े प्रयासों से ही आप अन्य विचारों को खोज सकते हैं। अच्छा महसूस करने के प्रति दृढ़ संकल्प होने पर आप विषय बदल सकते हैं और इस तरह आप बेहतर महसूस होनेवाले अन्य विचार खोज सकते हैं। लेकिन कांपनिक परिवर्तन अकसर एक क्रमिक प्रक्रिया होती है।

बल्कि 'आकर्षण के नियम' को चुनौती देने की चेष्टा और कांपनिक श्रेणी में बड़े परिवर्तन का प्रयास उस निराशा के अनुभव का प्रमुख कारक है, जो अंतत: लोगों के इस निष्कर्ष का कारण बनती है कि वास्तव में उनका अपने जीवन-अनुभवों पर कोई नियंत्रण नहीं है।

□

21

आप 68 सेकंड की पूर्णता से सिर्फ 17 सेकंड दूर हैं

केवल कुछ सेकंड के लिए अपना ध्यान किसी विषय पर केंद्रित कर आप अपने भीतर उस विषय से संबंधित कंपनों को सक्रिय कर सकते हैं। 'आकर्षण का नियम' तुरंत ही इस सक्रियण पर प्रतिक्रिया देने लगता है। आप जितने अधिक समय तक अपना ध्यान किसी वस्तु पर केंद्रित रखेंगे, आपके लिए उस पर केंद्रित रहना उतना ही सरल होता जाएगा; क्योंकि आप 'आकर्षण के नियम' के माध्यम से अन्य विचारों और कंपनों को आकर्षित कर रहे हैं, जो उन विचारों की सार वस्तु है, जिनसे आपने शुरुआत की थी।

किसी चीज पर 17 सेकंड तक ध्यान केंद्रित करने पर उससे अनुकूल कंपन सक्रिय हो जाते हैं। और अब, जैसे-जैसे ध्यान प्रबल और कंपन स्पष्ट होता जाएगा, 'आकर्षण का नियम' वैसे ही अन्य विचारों को आप तक पहुँचाने लगेगा। इस समय तक कंपनों में अधिक आकर्षण शक्ति नहीं होती। लेकिन यदि आपने अपना ध्यान लंबे समय तक बनाए रखा तो कंपन की शक्ति और दूर तक पहुँचने लगेगी। और यदि आप किसी विचार पर मात्र 68 सेकंड तक भी पूर्ण रूप से केंद्रित रह सके तो वह कंपन इतना शक्तिशाली हो जाएगा कि उसका प्रत्यक्षीकरण आरंभ हो सके।

जब आप किसी विशुद्ध विचार पर बारंबार लौटते हैं और उस पर कम-से-कम 68 सेकंड तक बने रहते हैं तो थोड़े ही समय में (कुछ मामलों में घंटे तो कुछ में दिन) ये विचार सबसे प्रबल विचार बन जाएँगे। जब एक बार कोई विचार प्रबल बन जाए तो आपको इस अनुभव के समान प्रत्यक्षीकरण तब तक होते रहेंगे, जब तक आप इन्हें बदल नहीं देते।

याद रखें—

- आप उन्हीं विचारों पर विचार करते हैं, जो आपके आकर्षण-बिंदु के समान हों।
- आप जिसके भी बारे में सोचते हैं, वही पाते हैं, फिर आप उसे चाहें या न चाहें।
- आपके विचार कंपनों के बराबर हैं और फिर 'आकर्षण का नियम' इन कंपनों का उत्तर देता है।

- जब आपके कंपन विस्तारित होकर अधिक प्रबल हो जाते हैं तो अंततोगत्वा इतने प्रबल हो जाते हैं कि प्रत्यक्ष हो सकें।
- दूसरे शब्दों में, आप जो भी कुछ सोचते हैं (वही अनुभूत करते हैं) और आपके अनुभवों में जो भी प्रत्यक्ष होता है, उनके बीच हमेशा कांपनिक तालमेल होता है।

अपने अनियंत्रित विचारों से डरने की आवश्यकता नहीं

एक बार जब 'आकर्षण के नियम' को समझ व स्वीकार कर लेने पर (जिसमें आमतौर पर अधिक समय नहीं लगता, क्योंकि आपके परिवेश में इसका खंडन करने का लेशमात्र भी प्रमाण नहीं मिलता) बहुत से लोग शुरुआत में खुद अपने विचारों को लेकर असहज हो जाते हैं। एक बार जब वे 'आकर्षण के नियम' की शक्ति को समझ लेते हैं और वे अपने मन की विषयवस्तु की पड़ताल आरंभ कर देते हैं तो कई बार वे इस संभावना को लेकर चिंतित हो जाते हैं कि वे अब अपने अनियंत्रित विचारों के माध्यम से किसे आकर्षित कर सकते हैं? लेकिन अपने विचारों की चिंता करने की कोई आवश्यकता नहीं है, क्योंकि वे भरी हुई पिस्तौल जैसे नहीं, जो प्रबल व तत्क्षण तबाही बरपा सकें। 'आकर्षण का नियम' शक्तिशाली होने के बावजूद आपके कल्याण के अनुभव पर आधारित होता है। आपके विचार चुंबकीय होते हैं तथा आपके ध्यान देने से विस्तारित भी हो जाते हैं, लेकिन फिर भी, आपके पास पूरा समय होता है कि जैसे ही आपको किसी भी नकारात्मक एहसास की जानकारी हो, आप किसी दूसरे कम प्रतिरोधक विचार पर विचार करना आरंभ करते हुए अधिक इच्छित परिणाम को चुन सकते हैं।

'आकर्षण का नियम' शक्तिशाली होने के बावजूद आपके कल्याण के अनुभव पर आधारित होता है। आपके विचार चुंबकीय होते हैं तथा आपके ध्यान देने से विस्तारित भी हो जाते हैं, लेकिन फिर भी, आपके पास पूरा समय होता है कि जैसे ही आपको किसी भी नकारात्मक एहसास की जानकारी हो, आप किसी दूसरे कम प्रतिरोधक विचार पर विचार करना आरंभ करते हुए अधिक इच्छित परिणाम को चुन सकते हैं।

याद रखिए, आप इनका स्वीकार या प्रतिरोध विभिन्न स्तरों पर कर सकते हैं। लेकिन कल्याण की धारा सदा प्रवाहित होती रहेगी। इसलिए अच्छा महसूस होनेवाले विचार को चुनने के लिए किए गए छोटे से प्रयास से भी आप स्पष्ट परिणाम पा सकते हैं। एक बार जब आपने यह कदम उठा लिया और आपको वह अच्छा महसूस होनेवाला

विचार मिल गया, आपने अपने आपको किसी भी विषय पर, आप जहाँ हैं, वहाँ से आप ने जहाँ जाना चाहते हैं, वहाँ जाने की बोधपूर्ण स्वतंत्रता प्रदान कर दी है। एक बार जब आपने सोद्‌देश्यपूर्वक विचार को चुन लिया और बोधपूर्वक अपने एहसासों की अनुभूतियों में सुधार अनुभूत करने लगे, अपनी मार्गदर्शन प्रणाली को सफलतापूर्वक उपयोग कर लिया तो अब आप अपनी उस स्वतंत्रता के मार्ग पर चल सकेंगे, जिसके आप इच्छित और पात्र हों; क्योंकि ऐसा कुछ नहीं है, जो आप बन, कर या पा नहीं सकते।

□

22

आपके भावात्मक मार्गदर्शन पैमाने के विभिन्न स्तर

आप कह सकते हैं कि विभिन्न भावनाओं की कांपनिक आवृत्ति भिन्न होती हैं। लेकिन इसे कहने का और बेहतर तरीका यह है कि आपकी भावनाएँ आपकी कांपनिक आवृत्ति की सूचक हैं। जब आपको याद आ जाता है कि आपकी भावनाएँ स्रोत ऊर्जा के साथ आपके तालमेल के स्तर की सूचक हैं और आप जितना बेहतर महसूस करेंगे, उतना ही अपनी इच्छित वस्तुओं के साथ तालमेल को स्वीकार करेंगे, तो यह समझना आसान हो जाता है कि अपनी भावनाओं के प्रति कैसी प्रतिक्रिया दें!

अपनी स्रोत ऊर्जा के साथ पूर्ण तालमेल का अर्थ है कि आप निम्न बातों से परिचित होंगे—

- आप स्वतंत्र हैं।
- आप शक्तिशाली हैं।
- आप अच्छे हैं।
- आप प्रेम हैं।
- आपका महत्त्व है।
- आपका उद्‌देश्य है।
- सब ठीक है।

जिस भी समय आप उन विचारों पर विचार कर रहे हों, जो आपको आपके वास्तविक स्वभाव को जानने का कारण बनें, आप अपने वास्तविक स्वरूप के साथ तालमेल में हैं, क्योंकि यह पूर्ण तालमेल की स्थिति है। और वे विचार जैसे महसूस होते हों, उनका भावनाओं के साथ पूर्ण संबंध है। यदि आपकी सोच किसी वाहन के फ्यूल गेज के जैसी है तो तालमेल की यह स्थिति पूरे भरे टैंक के समान है।

दूसरे शब्दों में, एक ऐसे गेज या पैमाने की कल्पना करें, जिसमें ग्रेडेशन या डिग्री हों, जो स्रोत ऊर्जा के साथ आपके संबंधों की स्वीकार्यता की स्थिति (पूर्णता) से लेकर

स्रोत ऊर्जा के साथ आपके तालमेल की सबसे प्रतिरोधी अस्वीकार्यता (रिक्तता) की सूचक हों।

आपकी भावनाओं का पैमाना कुछ इस तरह का दिखाई देगा—

1. आनंद/ज्ञान/सशक्तीकरण/स्वतंत्रता/प्रेम/सराहना
2. जोश
3. उत्साह/आतुरता/ खुशी
4. सकारात्मक प्रत्याशा/ विश्वास
5. आशावाद
6. आशापूर्णता
7. संतोष
8. ऊब
9. निराशावाद
10. कुंठा/संताप/अधैर्य
11. व्यग्रता
12. मायूसी
13. संदेह
14. चिंता
15. दोषारोपण
16. निराशा
17. क्रोध
18. प्रतिशोध
19. घृणा/रोष
20. ईर्ष्या
21. असुरक्षा/ग्लानि/अनुपयुक्तता
22. भय/दुःख/अवसाद/ आशाहीनता/शक्तिहीनता।

विभिन्न चीजों के लिए एक ही शब्द उपयोग होता है और एक ही चीज के लिए विभिन्न शब्द उपयोग किए जाते हैं, इसलिए आपकी भावनाओं के लिए यह शब्द लेबल हर व्यक्ति द्वारा अनुभूत की जानेवाली भावनाओं के लिए बिल्कुल सटीक नहीं होंगे; बल्कि भावनाओं को शब्द लेबल देना भावात्मक मार्गदर्शन पैमाने के वास्तविक उद्देश्य में आपके भ्रम और विचलन का कारण बन सकता है।

आपके लिए सबसे महत्त्वपूर्ण यह है कि आप बोधपूर्वक ऐसे एहसास तक पहुँच रहे हैं, जो सुधरा हुआ है। अनुभूतियों के शब्द महत्त्वपूर्ण नहीं होते।

अपने भावात्मक मार्गदर्शक पैमाने को बोधपूर्वक आगे बढ़ाने का उदाहरण

तो आपके अनुभव में कुछ ऐसा घटता है, जो आपको बहुत बुरा महसूस हुआ है। कुछ भी ठीक नहीं लग रहा, कुछ ठीक महसूस नहीं हो रहा। ऐसा लग रहा है, जैसे आप घुट रहे हैं और प्रत्येक विचार उतना ही कष्टकारी है। आपकी भावात्मक स्थिति को बयान करनेवाला निकटतम शब्द है 'अवसाद'।

यदि आप स्वयं को कुछ करने के लिए प्रेरित कर सकें तो शायद कुछ अच्छा महसूस हो। जो चीज आपको परेशान कर रही है, यदि आप उसे अपने दिमाग से निकालने के साथ ही अपने काम पर ध्यान लगा सकें तो आप कुछ अच्छा महसूस कर सकते हैं। ऐसे बहुत से विचार हैं, जिनसे आप अपने आपको अवसाद से बाहर निकाल सकते हैं। हालाँकि कांपनिक रूप से आप फिलहाल उनमें से ज्यादातर तक नहीं पहुँच पा रहे। लेकिन जब आपकी मंशा किसी विचार को खोजने की होती है। कोई ऐसा विचार, जो अच्छा महसूस हो और आप बोधपूर्वक जागरूक रहते हैं कि वह विचार कैसा अनुभूत होता है तो आप भावात्मक मार्गदर्शन पैमाने को तुरंत आगे बढ़ाने लगते हैं। वास्तव में, यह एक विचार, किसी भी विचार पर विचार करने की प्रक्रिया है। और तब बोधपूर्वक आकलन करना होता है कि इस नए विचार से आपको इस विचार से पहले की तुलना में राहत का एहसास हो रहा है। आप सोचते हैं और महसूस करते हैं, सोचते हैं और महसूस करते हैं, सिर्फ एक मंशा के साथ कि राहत की थोड़ी भी मात्रा का एहसास हो सके।

यदि आप स्वयं को कुछ करने के लिए प्रेरित कर सकें तो शायद कुछ अच्छा महसूस हो। जो चीज आपको परेशान कर रही है, यदि आप उसे अपने दिमाग से निकालने के साथ ही अपने काम पर ध्यान लगा सकें तो आप कुछ अच्छा महसूस कर सकते हैं। ऐसे बहुत से विचार हैं, जिनसे आप अपने आपको अवसाद से बाहर निकाल सकते हैं। हालाँकि कांपनिक रूप से आप फिलहाल उनमें से ज्यादातर तक नहीं पहुँच पा रहे। लेकिन जब आपकी मंशा किसी विचार को खोजने की होती है।

चलिए, मान लेते हैं कि किसी ने आपको कुछ ऐसा कहा है, जिससे आप क्रोधित हैं या किसी ने अपना वादा नहीं निभाया है। इस क्रोध विषय पर केंद्रित रहते हुए आप देखेंगे कि आपको अपने अवसाद से थोड़ी राहत मिल रही है। दूसरे शब्दों में, इस क्रोधपूर्ण विचार के बीच आपको साँस लेने में कोई दिक्कत नहीं हो रही। क्लॉस्ट्रफोबिया (एकांतमयता) का एहसास चला गया है और आपको थोड़ा अच्छा महसूस हो रहा है।

अब यह अपनी 'भावात्मक मार्गदर्शन प्रणाली' को प्रभावी ढंग से उपयोग करने का सबसे महत्त्वपूर्ण कदम है—रुकें और बोधपूर्वक स्वीकार करें कि आपके द्वारा चयनित

क्रोध का विचार, जिसने घुटन भरे अवसाद को बदल दिया है, अच्छा महसूस हो रहा है। और अपने इस सुधरे हुए कंपन की बोधपूर्वक पहचान से आपका शक्तिहीनता का एहसास नरम पड़ जाएगा और अब आप अपने भावात्मक मार्गदर्शन पैमाने पर आगे बढ़ गए हैं और आपका संबंध पुनः अपने वास्तविक स्वरूप से हो गया है।

कोई भी मेरे अच्छा महसूस होनेवाले क्रोध को हतोत्साहित क्यों करेगा ?

जब आप बोधपूर्वक जागरूक हो जाते हैं कि आप किस स्थिति में हैं और यह भी समझ जाते हैं कि आपको कहाँ पहुँचना है तथा आपके पास यह समझने का साधन भी होता है कि आप जहाँ पहुँचना चाहते हैं, उसी दिशा में बढ़ रहे हैं या नहीं… तो कोई भी आपको रोक नहीं सकता। अपने जीवन-अनुभवों में नियंत्रण की कमी अधिकांशतः इसलिए दिखाई देती है, क्योंकि आपको पता ही नहीं होता कि आप किस दिशा में बढ़ रहे हैं।

अकसर किसी अत्यधिक प्रतिरोधी कंपन, जैसे अवसाद या भय, में आप पहले ही, सहज-प्रेरणा से, बिना प्रयास किए, कष्ट-निवारक क्रोध के एहसास को खोज लेते हैं। लेकिन ऐसे बहुत से लोग हैं, जो आपको यह यकीन दिलाएँगे कि क्रोध करना अनुचित है। लेकिन निश्चय ही वे आपके भीतर की बात नहीं जानते, इसलिए उन्हें उस सुधार का एहसास नहीं होगा, जो इस क्रोधपूर्ण विचार से आप में हुआ है। इसलिए वे अकसर आपको क्रोध न करने की सलाह देते हैं, जिससे आप अपनी अवसाद की पुरानी स्थिति में लौट जाते हैं। लेकिन जब आप बोधपूर्वक जानते हैं कि आपने क्रोधपूर्ण विचार का चुनाव इसलिए किया है, क्योंकि इससे आपको राहत मिली है तो आप बोधपूर्वक यह भी समझ सकेंगे कि आप थोड़े प्रतिरोध के बाद क्रोधपूर्ण विचार से आगे कुंठा तक बढ़ सकते हैं। और तब आपका भावात्मक मार्गदर्शन पैमाना बढ़कर वहाँ पहुँच जाएगा, जहाँ आप पूरे तालमेल से रहते हैं।

आपका छोटा सा सुधार इतना महत्त्वपूर्ण क्यों है

जब आप बोधपूर्वक जागरूक हो जाते हैं कि आप किस स्थिति में हैं और यह भी समझ जाते हैं कि आपको कहाँ पहुँचना है तथा आपके पास यह समझने का साधन भी होता है कि आप जहाँ पहुँचना चाहते हैं, उसी दिशा में बढ़ रहे हैं या नहीं… तो कोई भी आपको रोक नहीं सकता। अपने जीवन-अनुभवों में नियंत्रण की कमी अधिकांशतः इसलिए दिखाई देती है, क्योंकि आपको पता ही नहीं होता कि आप किस दिशा में बढ़ रहे हैं। अपनी भावनाओं के प्रति बोधपूर्ण एहसास और उसके अर्थ को जाने बिना आप

अकसर उस स्थान से दूर हो जाते हैं, जहाँ आप वास्तव में जाना चाहते थे। वैसे तो भावनाओं को परिभाषित करने में बहुत से शब्द प्रयोग होते हैं, लेकिन वास्तव में भावनाएँ केवल दो तरह की होती हैं—एक, जो अच्छी लगती है और दूसरी, जो बुरी लगती हैं। और भावात्मक पैमाने का प्रत्येक वृद्धिशील बिंदु केवल प्रभावशाली, विशुद्ध व सकारात्मक स्रोत ऊर्जा की स्वीकार्यता की डिग्री का सूचक है। संबंधों की पूर्ण स्थिति, जिसमें आनंद, प्रेम, प्रशंसा, स्वतंत्रता और ज्ञान की अनुभूति होती है, वास्तव में आपके स्व-सशक्तीकरण के एहसास की बात करता है। और पूर्ण अलगाव की स्थिति में, जिसमें मायूसी, शोक, भय और अवसाद की अनुभूति होती है, वास्तव में आपकी अपने असशक्तीकरण की अनुभूति की बात करती है।

जब आप अपनी अनुभूतियों में सोद्‍देश्यपूर्वक थोड़ा सा भी परिवर्तन करने में सक्षम होते हैं तो इसका बहुत अधिक महत्त्व है, क्योंकि उस छोटे से भावात्मक सुधार द्वारा आपने संभवतः कुछ हद तक नियंत्रण हासिल कर लिया है। और भले ही आपने अपनी पूर्ण शक्ति के साथ पूर्ण संबंधों को पूरी तरह वापस लाने जितना नियंत्रण पूर्ण रूप से हासिल नहीं किया है, फिर भी आपको शक्तिहीनता का एहसास नहीं होता। इस तरह, अपने भावात्मक पैमाने पर फिर से ऊपर बढ़ना अब न केवल संभव है, बल्कि अपेक्षाकृत आसान भी है।

केवल आप जानते हैं क्रोध के चयन की उपयुक्तता

यदि कोई अत्यधिक अवसादग्रस्त व्यक्ति क्रोधपूर्ण विचारों से मिली राहत को बोधपूर्वक खोज सके और उससे महत्त्वपूर्ण, बोधपूर्वक यह पहचान सके कि उस क्रोधपूर्ण विचार को उसने सोद्‍देश्य चुना है तो उसे तुरंत पुनः अपनी शक्ति का बोध हो जाएगा और उसका अवसाद मिट जाएगा। अब निश्चित ही, यह भी जरूरी है कि वह अपनी इस क्रोधावस्था में नहीं रहे; बल्कि इस क्रोध से उसे कुंठा के राहत भरे विचार मिल सकते हैं।

ऐसे बहुत से लोग हैं, जो अभी तक भावनाओं की कांपनिक विषय-वस्तु (या भावना क्या है या इसके होने के कारण) को समझ नहीं सके हैं और इसलिए वे क्रोध प्रदर्शन के विरुद्ध सलाह दिया करते हैं। अधिकांश लोगों को ऐसे व्यक्ति का साथ अच्छा नहीं लगता, जो क्रोध में हो। अधिकांश लोग स्वार्थवश यह चाहते हैं कि क्रोधित व्यक्ति पुनः अपनी पहलेवाली शक्तिहीन अवसादग्रस्तता की स्थिति में आ जाए, क्योंकि उनका अवसाद आमतौर पर उन्हें अंतर्मुखी बना देता है, जबकि उनका क्रोध अकसर उन लोगों पर निकलता है, जो उसके आसपास हों।

बाहर का कोई व्यक्ति नहीं जान सकता कि आपका क्रोधपूर्ण विचारों को चुनना आपके लिए सुधार की बात है। इससे मिली राहत के कारण किसी भी विचार की उपयुक्तता

को सिर्फ आप समझ सकते हैं। जब तक आप यह फैसला नहीं कर लेते कि आप अपने को उसी तरह निर्देशित करेंगे, जैसा आपको महसूस होगा, आप अपनी इच्छाओं की दिशा में स्थिर प्रगति नहीं कर सकते।

"श्रेष्ठतम परिणामों के लिए मैं श्रेष्ठतम प्रयास कर रहा हूँ"

आप देखनेवालों को संभवतः तब ज्यादा बेहतर महसूस करेंगे, जब वे यह समझ जाएँगे कि आपका इस क्रोधपूर्ण स्थिति में रहने का कोई इरादा नहीं है। यदि वे जान जाएँगे कि आपकी बड़ी योजना इस क्रोध के माध्यम से आगे बढ़ने की है और तब आप कुंठा एवं फिर व्यग्रता से आशावाद से विश्वास और आगे गति करते हुए उस ज्ञान तक पहुँचना चाहते हैं कि सब ठीक है। उन्हें संभवतः आपकी वर्तमान स्थिति को लेकर अधिक धैर्यवान् रहना चाहिए।

> ***बाहर का कोई व्यक्ति नहीं जान सकता कि आपका क्रोधपूर्ण विचारों को चुनना आपके लिए सुधार की बात है। इससे मिली राहत के कारण किसी भी विचार की उपयुक्तता को सिर्फ आप समझ सकते हैं। जब तक आप यह फैसला नहीं कर लेते कि आप अपने को उसी तरह निर्देशित करेंगे, जैसा आपको महसूस होगा, आप अपनी इच्छाओं की दिशा में स्थिर प्रगति नहीं कर सकते।***

ऐसे बहुत से लोग हैं, जो आत्म-उत्तरजीवी तंत्र की तरह स्वाभाविक रूप से अवसाद की शक्तिहीन स्थिति या भय से क्रोध की तरफ बढ़ जाते हैं। लेकिन जब वे अपने परिवार के सदस्यों, मित्रों और सलाहकारों से अपने क्रोध को लेकर इतनी अधिक अस्वीकार्यता का सामना करते हैं तो वे पुनः अपनी शक्तिहीनता की अनुभूति में लौट जाते हैं, जहाँ यह चक्र बारंबार दोहराया जाता है—अवसाद से क्रोध, फिर अवसाद से क्रोध, फिर अवसाद से क्रोध…

व्यक्तिगत सशक्तीकरण और नियंत्रण की अपनी शानदार अनुभूति को पुनः प्राप्त करने की कुंजी इस निर्णय में है कि बिल्कुल अभी, फिर चाहे आप कितना भी अच्छा या बुरा महसूस कर रहे हों, आप इससे श्रेष्ठतम परिणाम हासिल करने के लिए श्रेष्ठतम प्रयास करेंगे। आप अभी आपको हासिल हो सकनेवाले सबसे बेहतर महसूस होनेवाले विचार तक पहुँचें। और जब आप बारंबार ऐसा करते रहेंगे तो थोड़े ही समय में आप अपने को बहुत अच्छा महसूस होनेवाली स्थिति में पाएँगे। यह इसी तरह काम करता है।

"यदि मैं भावनाओं द्वारा ये कर सकता हूँ, तो कुछ भी कर सकता हूँ"

"फिलहाल अभी मैं जो मिल सकता हो, उस सबसे बेहतर महसूस होनेवाले विचार

को खोज रहा हूँ। इससे मुझे अधिक राहत मिलेगी, अधिक राहत, अधिक राहत।"

याद रखें—

- रोष आपको अवसाद, विषाद, आशाहीनता, भय, ग्लानि और शक्तिहीनता से राहत का एहसास प्रदान करता है।
- प्रतिशोध आपको रोष के एहसास से राहत प्रदान करता है।
- क्रोध आपको प्रतिशोध के एहसास से राहत प्रदान करता है।
- दोषारोपण आपको क्रोध के एहसास से राहत प्रदान करता है।
- व्यग्रता आपको दोषारोपण के एहसास से राहत प्रदान करती है।
- संताप आपको व्यग्रता के एहसास से राहत प्रदान करता है।
- निराशावाद आपको संताप के एहसास से राहत प्रदान करता है।
- आशापूर्णता आपको निराशावाद के एहसास से राहत प्रदान करता है।
- आशावाद आपको आशापूर्णता के एहसास से राहत प्रदान करती है।
- सकारात्मक प्रत्याशा आपको आशावाद के एहसास से राहत प्रदान करती है।
- आनंद आपको सकारात्मक प्रत्याशा के एहसास से राहत प्रदान करता है।

समय के साथ ही अभ्यास द्वारा आप यह समझने में पारंगत हो जाएँगे कि आपकी भावात्मक मार्गदर्शन प्रणाली आपको क्या बता रही है। एक बार निरंतर किसी बेहतर भावना द्वारा प्रदान की गई राहत तक पहुँचने का दृढ़ संकल्प ले लेते हैं तो अधिकांशतः आप स्वयं को बेहतर महसूस करता पाते हैं और आप अपनी इच्छित वस्तुओं से संबंधित सभी अनुभवों को स्वीकार कर लेते हैं।

आपके साथ घट रही सभी घटनाओं को समझने के लिए अपने एहसासों पर ध्यान देना आवश्यक है। आप कैसा अनुभूत कर रहे हैं—और बेहतर महसूस होनेवाले विचारों तक पहुँचने से प्राप्त राहत का एहसास—आपके वे वास्तविक पैमाने हैं, जिन्हें आप अपने अनुभवों में शामिल करने के लिए आकर्षित कर रहे हैं।

समय के साथ ही अभ्यास द्वारा आप यह समझने में पारंगत हो जाएँगे कि आपकी भावात्मक मार्गदर्शन प्रणाली आपको क्या बता रही है। एक बार निरंतर किसी बेहतर भावना द्वारा प्रदान की गई राहत तक पहुँचने का दृढ़ संकल्प ले लेते हैं तो अधिकांशतः आप स्वयं को बेहतर महसूस करता पाते हैं और आप अपनी इच्छित वस्तुओं से संबंधित सभी अनुभवों को स्वीकार कर लेते हैं।

"लेकिन उन लोगों का क्या, जो इच्छा न करने की इच्छा रखते हैं?"

हमने इच्छा की अनुभूति को नई संभावनाओं की आनंददायक जागरूकता के रूप

में परिभाषित किया है। इच्छाएँ शानदार विस्तार की नवीन और मुक्त अनुभूत प्रत्याशा हैं। इच्छा की अनुभूति वास्तव में आपके द्वारा प्रवाहित हो रहे जीवन का एहसास है। लेकिन बहुत से लोग 'इच्छा' शब्द का प्रयोग करते हुए भी बिल्कुल अलग तरह महसूस करते हैं। उनके लिए इच्छाएँ, प्रायः ललक के जैसी होती हैं। इसलिए वे जिस चीज को अनुभव करना या पाना चाहते हैं, उस पर केंद्रित रहते हुए वे उसकी अनुपस्थिति के प्रति भी समान रूप से जागरूक रहते हैं। अतः वे 'इच्छा' शब्द का प्रयोग करने के बावजूद कमी के कंपनों को प्रस्तावित करते रहते हैं। वे मानते हैं कि इच्छा की अनुभूति किसी ऐसी चीज को चाहना है, जो उनके पास नहीं है। लेकिन विशुद्ध इच्छा में कमी की अनुभूति नहीं होती।

यदि आप यह ध्यान रखें कि आप जो भी माँगेंगे, वह हमेशा दिया जाएगा तो आपकी सभी इच्छाएँ अब से विशुद्ध रूप से गैर-प्रतिरोधी इच्छाएँ होंगी।

बहुत से लोग उन चीजों की इच्छाएँ करते हैं, जो अभी तक पूरी नहीं हुई हैं। कुछ मामलों में वे इनकी लंबे समय से इच्छा रखते हैं। इसलिए वे उस चीज के बारे में सोचते हैं, जिसकी उन्हें इच्छा है और फिर, वे उसके न होने पर विचार करते हैं। समय के साथ उन्हें विश्वास हो जाता है कि वे जिस तरह महसूस करते हैं (अपनी इच्छा पर विचार करते हुए भी उन्हें एहसास होता है कि वह उनके पास नहीं है, लेकिन वे यह नहीं जानते कि उसे किस तरह प्राप्त किया जाए), इच्छाओं को उसी तरह अनुभूत किया जाता है। लेकिन यह इच्छा की विशुद्ध स्थिति नहीं है, वे प्रतिरोधित इच्छा की स्थिति में होते हैं। अकसर उनके कंपन बजाय उनकी चाहत की जगह इस चाहत की अनुपस्थिति या कमी पर अधिक रहते हैं।

वे क्या कर रहे हैं, इसे पहचाने बिना वे कांपनिक रूप से अपने आपको अपनी इच्छाओं से दूर कर लेते हैं। तो समय के साथ उन्हें यह विश्वास होने लगता है कि जो वे पाना चाहते हैं, उनकी अधूरी अनुभूतियाँ वास्तव में इच्छा की अनुभूति जैसी ही होती हैं।

कुछ लोग हमसे यह भी कहते हैं कि "अब्राहम, मुझे सिखाया गया है कि मेरे लिए कोई इच्छा रखना उचित नहीं है। मुझे सिखाया गया है कि इच्छा रखने से मैं वह आध्यात्मिक व्यक्ति नहीं बन पाऊँगा, जो मुझे बनना चाहिए। और मेरे आनंद की स्थिति मेरी अपनी सभी इच्छाओं को त्यागने की क्षमता पर निर्भर है।"

हमारा उत्तर है—लेकिन क्या आपकी आनंद की स्थिति या आध्यात्मिक स्थिति अपने आप में इच्छा नहीं है?

हम यहाँ आपको किसी भी इच्छा की तरफ या उससे दूर करने का निर्देश देने नहीं आए हैं। हमारा काम आपको यह समझने में मदद करना है कि अपने अनुभवों के सृजनकर्ता आप स्वयं हैं और आपकी इच्छाओं का जन्म स्वाभाविक रूप से इस परिवेश

में, इस शरीर में होनेवाले आपके अनुभवों से होता है। हमारी इच्छा आपके स्रोत के साथ आदर्श तालमेल बनाने में सहायता करना है, जिससे आप अपनी इच्छाओं का सृजन स्वयं कर सकें।

हम समझते हैं कि कुछ लोग आपको अपनी इच्छाओं को त्यागने के लिए क्यों कहते हैं। इससे आप अच्छा महसूस करते हैं, क्योंकि आप जिन नकारात्मक भावनाओं को महसूस कर रहे हैं, उनका कारण आपके मौजूदा कंपनों और आपकी इच्छाओं के कंपन के बीच के कांपनिक अंतर के कारण है। लेकिन तालमेल बनाने के लिए इच्छाओं को त्यागना कठिन रास्ता है, क्योंकि संपूर्ण ब्रह्मांड आप में पुनः एक और इच्छा को जन्म देने में मदद की ओर अग्रसर है। अतः अपने स्रोत के साथ तालमेल बनाने और अच्छा महसूस करने का अधिक सरल तरीका अपने प्रतिरोध को दूर करना है।

क्या आपकी इच्छाएँ अगले तार्किक कदम जैसी लगती हैं?

आपकी कल्पना करने की क्षमता आपको अगला तार्किक कदम तेजी से उठाने में मदद करती हैं। अपनी कल्पना में आप इनकी कमियाँ दूर कर सकते हैं। आपको छोटी या बड़ी चीजें बनाने की आवश्यकता नहीं होती। आप ये सब अपने मन में कर सकते हैं। यहाँ हम अगले तार्किक सक्रिय कदम की बात नहीं कर रहे। हम आपके तब तक के लिए अपनी कल्पना को उपयोग करने की बात कह रहे हैं, जब तक आपके बड़े सपने इतने परिचित महसूस नहीं होने लगते कि अगला तार्किक कदम उनका प्रत्यक्षीकरण हो।

आपकी कल्पना करने की क्षमता आपको अगला तार्किक कदम तेजी से उठाने में मदद करती हैं। अपनी कल्पना में आप इनकी कमियाँ दूर कर सकते हैं। आपको छोटी या बड़ी चीजें बनाने की आवश्यकता नहीं होती। आप ये सब अपने मन में कर सकते हैं। यहाँ हम अगले तार्किक सक्रिय कदम की बात नहीं कर रहे। हम आपके तब तक के लिए अपनी कल्पना को उपयोग करने की बात कह रहे हैं, जब तक आपके बड़े सपने इतने परिचित महसूस नहीं होने लगते कि अगला तार्किक कदम उनका प्रत्यक्षीकरण हो।

उदाहरण के लिए, एक माँ और बेटी किसी खूबसूरत इलाके में प्यारा सा मकान खरीदकर उसे शानदार बेड-एंड-ब्रेकफास्ट सुविधा बनाने पर विचार कर रही थीं। बेटी ने माँ से कहा, "यदि हम ऐसा कर सके तो इससे मुझे जिंदगी भर की खुशी मिल जाएगी। यदि ऐसा हो गया तो मैं वह हर काम कर सकूँगी, जो मैं करना चाहती थी, लेकिन कर नहीं सकी।"

हम बताना चाहते हैं कि यहाँ बेटी की इच्छा

अभी उस विशुद्ध स्थिति में नहीं आई है, जो उसके प्रत्यक्षीकरण अनुभव की स्वीकृति हेतु आवश्यक है। जब आपकी इच्छा इतनी बड़ी अनुभूत हो, जिसे पूरा नहीं किया जा सकता तो यह प्रत्यक्षीकरण के कगार पर नहीं है। जब आपको अपनी इच्छा अगला तार्किक कदम लगे, तब वह प्रत्यक्षीकरण के कगार पर होती है।

नियंत्रण का एहसास हो जाए तो आप भी आनंद लेंगे

अपनी अनुभूतियों को महसूस करके आप बता सकते हैं कि आपके कंपनों की दशा ब्रह्मांडीय बल को अपनी इच्छा को पूरा करने की स्वीकृति दे रही है या नहीं। अभ्यास होने पर आप जान जाएँगे कि आप प्रत्यक्षीकरण के कगार पर हैं या ऐसा होने में कुछ कदम बाकी हैं। लेकिन सबसे महत्त्वपूर्ण, एक बार जब आपको नियंत्रण का एहसास हो जाएगा तो आप भी आनंद लेने लगेंगे।

- आप उस विविधता और विरोधाभास का आनंद लेंगे, जो आपको आपकी इच्छा पहचानने में मदद करेगा और आप खुद अपनी इच्छा की उत्तेजना का आनंद ले सकेंगे, जिसकी शुरुआत खुद आपके बहुमूल्य दृष्टिकोण से हुई है, आपके भीतर से प्रवाहित है।
- अपनी इच्छा के साथ कांपनिक मेल न होने पर आप अपनी बोधपूर्ण जागरूकता की उत्तेजना का आनंद लेंगे। और आप बोधपूर्वक अपनी इच्छा के साथ पुनः कांपनिक तालमेल बन जाने का आनंद लेंगे।
- आपको इस बात से राहत मिलेगी कि संदेह समाप्त हो गए हैं और उसकी जगह कल्याण की सुरक्षित अनुभूति ने ले ली है।
- आप आगे होनेवाली चीजों को भाँपकर आनंदित होंगे। आप नई शुरू होनेवाली चीजों को लेकर आनंदित होंगे। और आपको अपनी इच्छाओं को प्रत्यक्ष होते देखना अच्छा लगेगा।
- बोधपूर्ण जागरूकता में आप आनंदित होंगे कि आपने सोद्‌देश्यपूर्वक अपनी इच्छाओं को इस तरह गढ़ा है, जिससे वे इस तरह वास्तविक हो गई हैं, जैसे आपने अपने हाथों से किसी मिट्टी की मूर्ति को गढ़ा हो।
- आपको वे अनुभूतियाँ अच्छी लगेंगी, जो आपको अपने अनुभवों के फलों के साथ तालमेल बनाने से हासिल होंगी।

संपूर्ण ब्रह्मांड आपके भीतर नवीन जीवन-प्रदत्त इच्छाओं को जाग्रत् करने के लिए अस्तित्वगत है। और जब आप अपनी इच्छा के साथ प्रवाहित होने लगेंगे, तब आपको वास्तविक जीवंतता की अनुभूति होगी और आप वास्तव में जीवन जीएँगे।

□

भाग-2

जो याद आ चुका है,
उसे पाने की सहायक विधियाँ

आपके आकर्षण-बिंदु में सुधार हेतु 22 प्रामाणिक विधियाँ

अब, जब आप इस पुस्तक में इतना आगे तक आ चुके हैं तो आपको ऐसा बहुत कुछ याद आ चुका होगा, जो आप हमेशा से जानते थे। अब आपको याद होगा कि आप स्रोत ऊर्जा का विस्तार हैं और आप इस भौतिक शरीर में, इस अग्रणी समय-अंतराल-वास्तविकता में इस उद्देश्य से आए हैं कि अपने विचारों को आनंदपूर्वक उस सीमा से आगे ले जाएँ, जहाँ वे पहले कभी गए हैं।

अब आपको याद होगा कि आपके भीतर एक मार्गदर्शन प्रणाली है, जो आपको यह जानने में सहायता करती है कि प्रतिक्षण आप अपने स्रोत के साथ अपने संबंधों को फिलहाल कितनी स्वीकार्यता प्रदान कर रहे हैं।

अब आपको याद होगा कि आप जितना बेहतर महसूस करते हैं, उतना ही अपने वास्तविक स्वरूप के अनुकूल होते जाते हैं और आप जितना बुरा महसूस करते हैं, आप इस महत्त्वपूर्ण संबंध को उतना ही अधिक अस्वीकार कर रहे हैं।

अब आपको याद होगा कि ऐसा कुछ नहीं है, जो आप बन, कर या पा नहीं सकते। और आपको याद होगा कि यदि आपकी मुख्य मंशा अच्छा महसूस करने की है और यदि आप जहाँ हैं, वहीं सबसे बेहतर करने का प्रयास करें तो निस्संदेह आप अपने स्वाभाविक आनंद स्वरूप को पा सकते हैं।

अब आपको याद होगा कि आप मुक्त हैं (बल्कि आप इस हद तक मुक्त हैं कि बंधन को भी चुन सकते हैं) और आपके साथ जो कुछ भी घटता है, वह आपके ही विचारों पर विचार करने की प्रतिक्रिया है।

अब आपको याद होगा कि भले ही आप अपने अतीत, वर्तमान या भविष्य पर विचार कर रहे हों, आप ऐसे कंपनों को प्रस्तावित कर रहे हैं, जो आपके आकर्षण-बिंदु के बराबर हैं।

> ***अब आपको याद होगा कि कल्याण आपके जगत् का आधार है और जब तक आप कुछ ऐसा नहीं कर देते, जो अस्वीकार्य हो, तब तक आपको कल्याण का ही अनुभव होता है। आप इसे स्वीकार भी कर सकते हैं और प्रतिरोध भी; लेकिन केवल भलाई, समृद्धि, स्पष्टता और आपकी सभी शुभ इच्छाओं की धारा ही प्रवाहित होती है।***

अब आपको याद होगा कि 'आकर्षण का नियम' सदैव निष्पक्ष रहता है। और इसमें कोई बेइनसाफी नहीं है। आपको जो कुछ भी मिल रहा है, वह उन कंपनों की प्रतिक्रिया है, जो आप अपने विचारों पर विचार करके प्रस्तावित करते रहे हैं।

और सबसे महत्त्वपूर्ण, अब आपको याद होगा कि कल्याण आपके जगत् का आधार है और जब तक आप कुछ ऐसा नहीं कर देते, जो अस्वीकार्य हो, तब तक आपको कल्याण का ही अनुभव होता है। आप इसे स्वीकार भी कर सकते हैं और प्रतिरोध भी; लेकिन केवल भलाई, समृद्धि, स्पष्टता और आपकी सभी शुभ इच्छाओं की धारा ही प्रवाहित होती है।

और अब आपको याद होगा कि कोई अँधियारा पक्ष नहीं है; 'बुराई' का या बीमारी या कमी का कोई स्रोत नहीं है। आप कल्याण को स्वीकार भी कर सकते हैं और अस्वीकार भी; लेकिन आपके साथ जो कुछ भी होता है, वह आपका किया है।

क्या मैं कुछ सुधारना चाहता हूँ?

यदि आपका वर्तमान जीवन आपको हर तरह से प्रीतिकर है तो आपको इसे आगे पढ़ने की आवश्यकता नहीं है। हालाँकि यदि आपके जीवन में कुछ ऐसा है, जिसमें आप सुधार करना चाहते हैं—शायद कोई ऐसी कमी, जिसे आप शामिल करना चाहें या कुछ अवांछित, जिसे आप त्यागना चाहते हों—तो आगामी विधियाँ आपके लिए अत्यधिक महत्त्व रखती हैं।

आपकी प्रतिरोधी विचारों की आदत वह एकमात्र चीज है, जो आपको आपकी इच्छित वस्तुओं को स्वीकार करने से दूर रखती है। और चूँकि निश्चित ही आपने विचारों के इस प्रतिरोधी पैटर्न को जानबूझकर विकसित नहीं किया है, आपने इन्हें मात्र भौतिक प्रभावों के चलते थोड़ा-थोड़ा करके और अनुभव-दर-अनुभव से चुना है। लेकिन एक बात बिल्कुल स्पष्ट है—यदि आप कुछ ऐसा नहीं करते, जिससे भिन्न कंपन प्रस्तावित हों तो आपके अनुभवों को कोई नहीं बदल सकता।

आगामी पृष्ठों पर दी गई विधियों को आपकी सहायता के लिए इस तरह तैयार किया गया है, जिससे आप प्रतिरोध के किसी भी पैटर्न को धीरे-धीरे त्याग सकेंगे, वह भी इस

तरीके से कि जिस तरह आपने इन सभी प्रतिरोधी प्रारूपों को एक साथ विकसित नहीं किया, आप इनका त्याग भी एक साथ नहीं करेंगे। लेकिन आप इन्हें त्याग देंगे। विधि-दर-विधि, खेल-दर-खेल (हम विधि शब्द की जगह 'खेल' शब्द का प्रयोग करेंगे), दिनोदिन आप धीरे-धीरे, लेकिन स्थिर रूप से पुनः वह व्यक्ति बनने लगेंगे, जो अपने स्वाभाविक कल्याण को अपनी ओर आने की अनुमति देता है।

आपको देखनेवाले आपके साथ घट रहे अनुभवों में उतरनेवाली चीजों और आपके द्वारा प्रसारित होनेवाले आनंद को देखकर हैरान रह जाएँगे। और आप जन्म से प्राप्त उस पूरे विश्वास एवं निश्चितता सहित बता सकेंगे कि "मैंने वह तरीका खोज लिया है, जिससे मैंने कल्याण के प्रवाह को स्वीकार किया, जो मेरे लिए स्वाभाविक है। मैंने स्वीकार्यता की कला का अभ्यास करना सीख लिया है।"

इन विधियों के उपयोग संबंधी सुझाव

हम अत्यधिक उत्साह और प्रभावशाली उम्मीदों के साथ आपको आगे यह विधियाँ बताने जा रहे हैं। हम आपको, आपके पास जब भी समय हो, प्रत्येक विधि को इसमें सुझाए तरीके का वास्तव में उपयोग किए बिना पढ़ने का प्रोत्साहन देते हैं। आपके इन विधियों को पढ़ने पर यदि ये इस समय आपके लिए मूल्यवान् होंगी, तो आप में उसे करने की प्रबल लालसा अनुभूत होगी। आप जिनके प्रति उत्साह महसूस करें, उन्हें चिह्नित भी कर सकते हैं। तब, जब आपके पास उस विधि को करने का समय हो तो शुरुआत उससे करें, जिसके प्रति आपको सबसे अधिक उत्साह की अनुभूति हो। आरंभ करने के लिए वह सबसे उपयुक्त स्थान होगा।

हम अत्यधिक उत्साह और प्रभावशाली उम्मीदों के साथ आपको आगे यह विधियाँ बताने जा रहे हैं। हम आपको, आपके पास जब भी समय हो, प्रत्येक विधि को इसमें सुझाए तरीके का वास्तव में उपयोग किए बिना पढ़ने का प्रोत्साहन देते हैं। आपके इन विधियों को पढ़ने पर यदि ये इस समय आपके लिए मूल्यवान् होंगी, तो आप में उसे करने की प्रबल लालसा अनुभूत होगी।

वास्तव में, आप इनमें से किसी भी विधि को चुनकर और इससे सुस्पष्ट लाभ प्राप्त कर सकते हैं, क्योंकि इस पुस्तक की प्रत्येक प्रक्रिया आपके प्रतिरोध को त्यागने और आपके कंपनों को बढ़ाने में सहायता देगी। हालाँकि आपकी इच्छा और आपका मौजूदा प्रतिरोध स्तर तुरंत ही अन्यों की तुलना में कुछ विधियों को आपके लिए अत्यधिक महत्त्वपूर्ण बना देंगे।

इन विधियों और इनमें प्रयोग किए गए उदाहरणों को पढ़ते समय आपको महसूस हो सकता है कि आपके जीवन में भी कुछ ऐसा ही घटित हो रहा है। तो आपको उन

विधियों के उपयोग से लाभ हो सकता है। हालाँकि चूँकि आपके जीवन में बहुत तरह के अनुभवों के साथ ही बहुत तरह की भावनाएँ प्रस्तावित होती हैं, इसलिए ऐसा कोई पक्का नियम नहीं है कि आपके मौजूदा विशिष्ट अनुभवों के लिए आपको कौन सी विधियों का उपयोग करना श्रेष्ठ रहेगा।

चलिए, अपने मार्ग से पेड़ हटाएँ

कुछ विधियाँ आपको अपनी इच्छा पर अधिक स्पष्टता सहित केंद्रित होने में मदद करेंगी, जिससे आपका आकर्षण-बिंदु और अधिक प्रबल हो जाएगा। लेकिन, यदि किसी भी कारण आपको अत्यधिक प्रतिरोध का सामना करना पड़े, तब वह विधि, जो आपके और अधिक ऊर्जा आह्वान का कारण बनी है, वास्तव में आपके लिए अनुत्पादक रहेगी।

आप निरपवाद रूप से अपने जीवन के भावात्मक दायित्वों को अनुभव कर रहे हैं। ये भावनाएँ आपकी वे कुंजियाँ हैं, आपके लिए वर्तमान में उपयोग करने हेतु कौन सी विधि सबसे बेहतर है। सामान्यतः आप जितना अच्छा अनुभूत करते होंगे, उतनी ही न्यून संख्या वाली विधि आपके लिए लाभप्रद होगी और आप जितना बुरा महसूस कर रहे होंगे, उतनी ही अधिक संख्या वाली विधि आपके लिए लाभकारी होगी।

पहले हमने आपको एक उदाहरण दिया था कि यदि आप 100 मील प्रति घंटे की गति से वाहन चला रहे हैं और वह पेड़ से टकरा जाए, जो इससे बड़ी परेशानी है कि हम 5 मील प्रति घंटे की गति से वाहन चला रहे हों और वह पेड़ से टकरा जाए। अब हमारे उपमान में, आपके वाहन की गति आपकी रचनात्मक ऊर्जा के जैसी है, जिसका आप अपनी इच्छा के कारण आह्वान कर रहे हैं और पेड़ आपके विरोधाभासी विचारों या प्रतिरोध के जैसा है। अकसर लोग इस निष्कर्ष पर पहुँचते हैं कि एकमात्र विवेकपूर्ण विकल्प वाहन को धीमा करना है। लेकिन हम वह शिक्षक हैं, जो आपके मार्ग से पेड़ों को हटाने के लिए प्रोत्साहित करते हैं।

हमने इस पुस्तक में जो विधियाँ दी हैं, उन्हें आपके मार्ग से प्रतिरोधों को हटाने के लिए डिजाइन किया गया है, क्योंकि इससे बेहतर और कुछ नहीं होता कि आप जीवन को उस गति के साथ जी सकें, जिसके आप अभ्यस्त हैं—और मार्ग में कोई पेड़ न हो।

अपनी भावनाओं को अपना मार्गदर्शक बनाएँ

आप निरपवाद रूप से अपने जीवन के भावात्मक दायित्वों को अनुभव कर रहे हैं।

ये भावनाएँ आपकी वे कुंजियाँ हैं, आपके लिए वर्तमान में उपयोग करने हेतु कौन सी विधि सबसे बेहतर है। सामान्यत: आप जितना अच्छा अनुभूत करते होंगे, उतनी ही न्यून संख्या वाली विधि आपके लिए लाभप्रद होगी और आप जितना बुरा महसूस कर रहे होंगे, उतनी ही अधिक संख्या वाली विधि आपके लिए लाभकारी होगी।

आपके लिए सबसे महत्त्वपूर्ण यह पहचानना है, किसी विधि को करने के पूर्व कि फिलहाल आप कैसा महसूस कर रहे हैं—और आप कैसा महसूस करना चाहते हैं। प्रत्येक विधि के आरंभ में हमने एक भावात्मक सीमा निर्दिष्ट की है, जो हम प्रत्येक दिन के लिए सुझाते हैं। उस भावात्मक सीमा के भीतर आनेवाली सभी विधियाँ, जिन्हें आप वर्तमान में महसूस कर सकें, आपकी शुरुआत के लिए आदर्श स्थान है।

शुरुआत अपनी अनुभूतियों में सुधार से करें

इनमें से कुछ विधियाँ विशिष्ट जीवन-अनुभवों की ओर उन्मुख हैं, जैसे आपकी वित्तीय स्थिति में बढ़ोतरी या भौतिक कल्याण; लेकिन इनमें से अधिकांश विधियों को कैसे भी हालात में सफलतापूर्वक उपयोग किया जा सकता है।

हमारा आपसे पक्का वादा है कि इन विधियों के उपयोग से आप में तथा आपके जीवन में सुधार आएगा; क्योंकि आप इन विधियों को बिना अपनी अनुभूतियों में सुधार किए कार्यान्वित नहीं कर सकते। आप अपनी अनुभूतियों में प्रतिरोध को छोड़े बिना सुधार नहीं कर सकते और इससे आपके आकर्षण-बिंदु में भी सुधार आता है। जब आप अपने आकर्षण-बिंदु को सुधार लेते हैं तो 'आकर्षण का नियम' निश्चित रूप से आपके लिए हालात, घटनाएँ, रिश्ते, अनुभव, संवेदनाएँ और आपके कंपन परिवर्तन के प्रबल प्रमाण प्रदान करते हैं। यही नियम है।

हमारी इच्छा है कि आप इन विधियों का सुविधापूर्वक उपयोग आरंभ करें; क्योंकि हम जानते हैं कि इनसे आपके जीवन-अनुभवों में सकारात्मक परिवर्तन आएगा। हमारे दृष्टिकोण से, इन्हें इस तरह डिजाइन करने का प्रभावी कारण आपका उस ऊर्जा के साथ पुन: तालमेल बनाना है, जो आपका वास्तविक स्वरूप है।

इनमें से कुछ विधियाँ आपकी पसंदीदा बन सकती हैं। कुछ को आप प्रतिदिन उपयोग करना चाहेंगे। कुछ को आप संभवत: कभी उपयोग नहीं करेंगे। कुछ को संभवत: आप पहले उपयोग करेंगे और फिर वे आपके लिए आवश्यक नहीं रहेंगी और कुछ का अभ्यास आप पुन: आरंभ करेंगे, जब विशिष्ट परिस्थितियाँ उत्पन्न होंगी।

हमारी इच्छा है कि आप इन विधियों का सुविधापूर्वक उपयोग आरंभ करें; क्योंकि हम जानते हैं कि इनसे आपके जीवन-अनुभवों में सकारात्मक परिवर्तन आएगा। हमारे

दृष्टिकोण से, इन्हें इस तरह डिजाइन करने का प्रभावी कारण आपका उस ऊर्जा के साथ पुनः तालमेल बनाना है, जो आपका वास्तविक स्वरूप है। और इस प्रक्रिया से आप पुनः अपने स्वाभाविक आनंद में लौट जाते हैं। और हाँ, इसका एक अतिरिक्त लाभ भी है कि इससे आपको वह हासिल करने का अवसर मिल जाता है, जिसकी आपने कभी इच्छा की होगी।

□

क्या आपने इस पर मुसकराता मुखौटा लगाया है ?

आपकी भावनाएँ आपके अपने अनुभवों के बोधपूर्ण नियंत्रण के लिए आवश्यक हैं। और निश्चित ही, ये आपके खुशनुमा जीवन-अनुभवों को कायम रखने के लिए आवश्यक हैं।

उसी तरह जैसे आप अपनी उँगलियों को गरमी के प्रति असंवेदनशील बनाने के लिए उन्हें दबाते नहीं हैं या अपने वाहन के फ्यूल गेज सूचक को ढकने के लिए डैश बोर्ड पर मुसकराते चेहरे का स्टीकर लगाते हैं; क्योंकि आप ईंधन समाप्त होते नहीं देखना चाहते। आप अपनी अनुभूतियों पर मुखौटा नहीं लगाना चाहते, जो आपकी वास्तविक अनुभूतियों से अलग महसूस करने का दिखावा करे। इस तरह दिखावा करने से आपके कांपनिक आकर्षण-बिंदु में कोई बदलाव नहीं होता। आप अपने कांपनिक प्रस्तावों को केवल इस तरह से कर सकते हैं और जब आप अपने कांपनिक प्रस्ताव बदल देते हैं तो आपको बदलाव महसूस होने लगते हैं।

अपने कांपनिक प्रस्तावों को बदलने हेतु ऊर्जा केंद्रण

जब आप कोई बीता हुआ अनुभव याद करते हैं तो आप ऊर्जा पर केंद्रित होते हैं। जब आप भविष्य में होनेवाली किसी संभावित चीज की कल्पना करते हैं तो आप ऊर्जा पर केंद्रित होते हैं और निश्चित ही, जब आप अपने वर्तमान में किसी चीज को देखते हैं तो भी आप ऊर्जा पर केंद्रित होते हैं। इस बात से कोई अंतर नहीं पड़ता कि आप अतीत, वर्तमान या भविष्य में से किस पर केंद्रित हैं। आप तब भी ऊर्जा पर ही केंद्रित होते हैं। और आपका आकर्षण-बिंदु या ध्यान आप में एक कंपन प्रस्तावित करने का कारण बनता है, जो आपका आकर्षण-बिंदु होता है।

जब आप किसी चीज पर विचार करने, याद करने या कल्पना करने में समय बिताते हैं तो आपके भीतर एक कंपन सक्रिय होता है। यदि आप इस विचार पर वापस

> ***जब आप किसी चीज पर विचार करने, याद करने या कल्पना करने में समय बिताते हैं तो आपके भीतर एक कंपन सक्रिय होता है। यदि आप इस विचार पर वापस लौटते हैं तो आप पुनः कंपन को सक्रिय कर देते हैं। आप किसी विचार पर जितनी अधिक बार पुनः लौटते हैं, वे कंपन उतने ही अंतरंग होते जाते हैं और आपके लिए उन्हें सक्रिय करना आसान हो जाता है।***

लौटते हैं तो आप पुनः कंपन को सक्रिय कर देते हैं। आप किसी विचार पर जितनी अधिक बार पुनः लौटते हैं, वे कंपन उतने ही अंतरंग होते जाते हैं और आपके लिए उन्हें सक्रिय करना आसान हो जाता है। आखिरकार वे आपके भीतर एक प्रबल कंपन पैटर्न बन जाते हैं। और चूँकि वे आपके कंपन पैटर्न में बड़ी भूमिका रखते हैं, अतः इससे संबंधित चीजें आपके अनुभव में दिखाई देना आरंभ हो जाती हैं।

और इस तरह, आपके कंपन क्या प्रस्तावित कर रहे हैं, इसे समझने के दो अचूक तरीके हैं—देखिए, आपके अनुभव में क्या घट रहा है (आप जिस पर केंद्रित हैं और जो प्रत्यक्ष हो रहा है, उनमें सदैव कांपनिक तालमेल होता है) और इस पर ध्यान दें कि आप कैसा महसूस कर रहे हैं (क्योंकि आपकी भावनाएँ निरंतर आपको आपके कांपनिक प्रस्तावों और आपके आकर्षण-बिंदु को लेकर फीडबैक देती रहती हैं)।

सोद्‍देश्य सृजनकर्ता बनने हेतु आपको बोधपूर्वक जागरूक रहना होगा

हमें लगता है कि यह बहुत अद्‍भुत होता है, जब आप अपनी सोच व अनुभूति तथा जो प्रत्यक्ष हो रहा है, उसके बीच सह-संबंध बनाना आरंभ कर देते हैं, क्योंकि तब उस बोधपूर्ण जागरूकता द्वारा आप अपने विचारों में वह सोद्‍देश्यपूर्वक संशोधन कर सकते हैं, जिससे आप उस चीज को आकर्षित कर सकें, जो आपको अधिक प्रीतिकर हो। लेकिन सोद्‍देश्य सृजन का सबसे संतोषप्रदायक पहलू आपके द्वारा सोचे जा रहे विचारों की अनुभूतियों के प्रति संवेदनशील होना है; क्योंकि तभी किसी बुरे अनुभूत होनेवाले विचार को अच्छे महसूस होनेवाले में बदलने की संभावना होती है। इससे कुछ अवांछित घटने के पूर्व ही आपके आकर्षण-बिंदु में सुधार हो जाता है। ये अधिक सरल होता है कि कोई अवांछित भौतिक प्रत्यक्षीकरण होने के पूर्व ही अपने विचारों की दिशा को किसी बेहतर अनुभूति की तरफ सोद्‍देश्यपूर्वक परिवर्तित कर दिया जाए।

अब आप समझ गए होंगे कि सोद्‍देश्य सृजन का अर्थ अपने विचारों को अच्छी अनुभूतियों की दिशा में सोद्‍देश्यपूर्वक निर्देशन है। अच्छे अनुभूत होनेवाले विचारों के सोद्‍देश्यपूर्वक चयन से आपको संतुष्टि का एहसास होता है और तब इन अच्छी

अनुभूतियों को प्रत्यक्ष होता देखने का आनंद लेते हैं, जो लाजमी हैं। इसके अलावा अधिक अच्छी महसूस न होनेवाले विचारों तथा उनके बाद के अवश्य संभव अधिक अच्छे महसूस न होनेवाले प्रत्यक्षीकरण को पहचानने से भी कुछ संतोष मिलता है; क्योंकि अब शक्तिशाली 'आकर्षण के नियम' के प्रति आपकी बोधपूर्ण जागरूकता से आपको नियंत्रण की अनुभूति मिल सकती है। अपने विचारों और अनुभूतियों तथा आगामी प्रत्यक्षीकरण के बीच सह-संबंध बनाए बिना आपका अपने अनुभव में आनेवाली घटनाओं पर बोधपूर्ण नियंत्रण नहीं रह जाता।

अच्छे अनुभूत होनेवाले विचारों के सोद्देश्यपूर्वक चयन से आपको संतुष्टि का एहसास होता है और तब इन अच्छी अनुभूतियों को प्रत्यक्ष होता देखने का आनंद लेते हैं, जो लाजमी हैं। इसके अलावा अधिक अच्छी महसूस न होनेवाले विचारों तथा उनके बाद के अवश्य संभव अधिक अच्छे महसूस न होनेवाले प्रत्यक्षीकरण को पहचानने से भी कुछ संतोष मिलता है; क्योंकि अब शक्तिशाली 'आकर्षण के नियम' के प्रति आपकी बोधपूर्ण जागरूकता से आपको नियंत्रण की अनुभूति मिल सकती है।

एक के नियंत्रण के प्रयास में दूसरे अनियंत्रित हालात होते हैं

ज्यादातर लोगों के अधिकांश विचार कंपन, वे जो कुछ देखते हैं, उसकी प्रतिक्रिया होते हैं। जब वे कोई अद्भुत चीज देखते हैं तो उन्हें अद्भुत अनुभूति होती है। जब वे कोई बुरी चीज देखते हैं तो उन्हें बुरी अनुभूति होती है। लेकिन वे मानते हैं कि उनका इन अनुभूतियों पर कोई नियंत्रण नहीं है, क्योंकि उन्हें लगता है कि वे उन हालात को नियंत्रित नहीं कर सकते, जिन्हें वे देख रहे हैं।

बहुत से लोग अपना पूरा जीवन हालात को नियंत्रित करने के प्रयास में गुजार देते हैं, क्योंकि वे मानते हैं कि हालात को नियंत्रित करने पर वे बेहतर महसूस कर सकेंगे। लेकिन भले ही वे दूसरों के कार्यों पर कितना ही अधिक नियंत्रण हासिल कर लें, वह कभी पर्याप्त नहीं होता, क्योंकि हमेशा कोई दूसरी अनियंत्रित परिस्थिति होती है।

दूसरों के जीवन में आपका कोई रचनात्मक अधिकार नहीं है, क्योंकि वे स्वयं अपने कंपन प्रस्तावित कर रहे हैं, जो उनके अपने आकर्षण-बिंदु के समान हैं। बिल्कुल वैसे ही, जैसे आप अपने कंपन प्रस्तावित कर रहे हैं, जो आपके आकर्षण-बिंदु के समान हैं।

सोद्देश्य सृजन, यानी अच्छा महसूस होनेवाले विचारों को चुनना

बहुत से लोग कहते हैं, "एक बार ये हालात बदल जाएँ, तो मुझे अच्छा महसूस

होगा। जब मेरे पास अधिक पैसा होगा या अच्छे घर में चला जाऊँगा या बेहतर नौकरी या बेहतर जीवनसाथी मिल जाएगा।" हम इस बात से असहमत नहीं हैं कि कुछ ऐसा देखना अधिक बेहतर रहता है, बजाय उसके, जो अधिक पसंद न हो। लेकिन यह अपने आप में उलटबाँसी है।

सोद्द्देश्य सृजन का अर्थ हालात में परिवर्तन करना और इस बदली परिस्थिति में बेहतर अनुभूति को प्राप्त करना नहीं है। सोद्द्देश्य सृजन का अर्थ उस विचार को चुनना है, जो आपको उसे चुनते समय से ही अच्छा महसूस होने लगे और जो परिस्थितियों में बदलाव का कारण बने। उदाहरण के लिए, बेशर्त प्रेम वास्तव में अपने प्रेम के स्रोत के साथ संबंध बनाए रखने की इच्छा है, जिसके लिए आप सोद्द्देश्यपूर्वक उन विचारों को चुनते हैं, जो आपके संबंधों को स्वीकार कर सकें, फिर इसका आगे चलकर चाहे कुछ भी परिणाम आए। और जब आप अपने आकर्षण-बिंदु को नियंत्रित करने में सक्षम हो जाने पर आपको आसपास की परिस्थितियों को बदलना होगा। 'आकर्षण का नियम' कहता है कि उन्हें ऐसा करना ही होगा।

सोद्द्देश्य सृजन का अर्थ हालात में परिवर्तन करना और इस बदली परिस्थिति में बेहतर अनुभूति को प्राप्त करना नहीं है। सोद्द्देश्य सृजन का अर्थ उस विचार को चुनना है, जो आपको उसे चुनते समय से ही अच्छा महसूस होने लगे और जो परिस्थितियों में बदलाव का कारण बने। उदाहरण के लिए, बेशर्त प्रेम वास्तव में अपने प्रेम के स्रोत के साथ संबंध बनाए रखने की इच्छा है, जिसके लिए आप सोद्द्देश्यपूर्वक उन विचारों को चुनते हैं, जो आपके संबंधों को स्वीकार कर सकें, फिर इसका आगे चलकर चाहे कुछ भी परिणाम आए।

केवल कांपनिक सीमा में विचारों को कर सकते हैं आकर्षित

कुछ लोग कहते हैं, "सोद्द्देश्य सृजन संबंधी ये बातें काफी सरल मालूम पड़ती हैं, लेकिन मुझे इसे करने में इतना परेशानी क्यों आ रही है? मुझे अपने विचारों को नियंत्रित करने में इतनी दिक्कत क्यों हो रही है? ऐसा लगता है कि मेरे विचार शासक हैं। मुझे लगता है कि मेरे विचार अपने आप विचार कर रहे हैं।''

याद रखिए, 'आकर्षण का नियम' एक शक्तिशाली नियम है। और आपके लिए यह संभव नहीं है कि आप किसी ऐसे विचार को खोजें व बनाए रखें, जो आपके मौजूदा कांपनिक रुझान-बिंदु विचार से काफी अलग हो। आप केवल उसी विचार तक पहुँच सकते हैं, जिसके कंपन आपकी मौजूदा कांपनिक सीमा के भीतर हों।

देखते, याद करते, सोचते और चर्चा करते हुए आप जिन विचारों का अभ्यास करते हैं, वे आपके सबसे अधिक प्रबल विचार या विश्वास बन जाते हैं, जो अब आपके आकर्षण के बिंदु पर प्रभुत्व रखते हैं। और आप जिस भी विचार पर ध्यान देते हैं या केंद्रित होते हैं, वह आपकी भावात्मक प्रतिक्रिया की अनुभूति का कारण बन जाता है। इस तरह, समय के साथ आप विशिष्ट चीजों के बारे में विशिष्ट तरह से सोचने लगते हैं। हम इसे आपके 'भावात्मक रुझान-बिंदु' कहते हैं।

क्या आपने कभी कोई ऐसा संगीत सुना है, जो आपको अच्छा लगा हो, लेकिन जब बाद में आपने वही संगीत फिर से सुना तो जरा भी पसंद न आया हो? उसे पहली बार सुनते समय आप मुसकरा रहे थे, शायद उस संगीत पर झूम भी रहे होंगे। वहीं दूसरी बार उसे सुनते समय आपको वह संगीत परेशान करनेवाला और कष्टप्रद लगा। आपने जो अनुभव किया था, वह उस संगीत के साथ आपका कांपनिक तालमेल था। दूसरे शब्दों में, जब आप अपने वास्तविक स्वरूप के निकट होते हैं तो संगीत आपकी अच्छी अनुभूतियों के साथ मिश्रित हो गया। लेकिन जब आप अपने वास्तविक स्वरूप के साथ अनुकूलित नहीं थे तो वह संगीत केवल आपके कल्याण के कंपनों के बीच उस अंतर को इंगित कर सका, जो आपका वास्तविक स्वरूप है और जो इस क्षण आपका प्रतिरोधक कंपन है।

कभी ऐसा समय भी होता है, जब आपके मित्र आपको ठेस पहुँचाकर या चिढ़ाकर बेहतर महसूस होनेवाले विचार तक पहुँचा देते हैं; जबकि अन्य अवसरों पर उनका ठेस पहुँचाना या चिढ़ाना आपको बुरा अनुभव करवाता है। आपको बेहतर महसूस करवाने में उनको मिली किसी भी सफलता के पीछे अधिकांशतः यह होता है कि आप फिलहाल तालमेल से कितना दूर हैं। क्योंकि जहाँ छोटी कांपनिक छलाँग लगाना सरल होता है, वहीं बड़ी छलाँग लगाना कठिन, बल्कि असंभव होता है।

इन विधियों का उद्देश्य आपका प्रतिरोध समाप्त करना है

आगामी पृष्ठों पर आप वे विधियाँ पाएँगे, जो धीरे-धीरे आपको आपके कांपनिक आकर्षण-बिंदु में सुधार करने में सहायता देंगी। इसमें आपकी मौजूदा कांपनिक स्थिति व्यक्ति-दर-व्यक्ति और समय-दर-समय अलग होती है। इस तरह आप विधियों से प्राप्त अनुभव द्वारा जान जाते हैं कि फिलहाल वह विधि आपके लिए उचित है या नहीं।

देखते, याद करते, सोचते और चर्चा करते हुए आप जिन विचारों का अभ्यास करते हैं, वे आपके सबसे अधिक प्रबल विचार या विश्वास बन जाते हैं, जो अब आपके

आकर्षण के बिंदु पर प्रभुत्व रखते हैं। और आप जिस भी विचार पर ध्यान देते हैं या केंद्रित होते हैं, वह आपकी भावात्मक प्रतिक्रिया की अनुभूति का कारण बन जाता है। इस तरह, समय के साथ आप विशिष्ट चीजों के बारे में विशिष्ट तरह से सोचने लगते हैं। हम इसे आपके 'भावात्मक रुझान-बिंदु' कहते हैं।

निम्नलिखित विधियों को 1 से 22 तक संख्याएँ दी गई हैं। आप इनमें से अपने कल्याण के स्रोत के साथ कांपनिक तालमेल में जिसके भी जितने निकट होंगे, उससे न्यून संख्या की तकनीकें आपको पूर्णतः पुनः अनुकूलित करने में उतनी ही अधिक सहायक होंगी। आप स्रोत के साथ अपने मौजूदा कांपनिक तालमेल से जितना आगे बढ़ते जाएँगे, उतनी ही अधिक संख्या वाली विधि आपका तालमेल पुनः बना सकेगी।

मान लेते हैं कि आप उनमें से हैं, जो आमतौर पर अपने कल्याण के स्रोत के साथ तालमेल में इतने निकट हैं कि आप 12 नंबर विधि से पहली की किसी विधियों का शायद ही उपयोग करेंगे। लेकिन कुछ ऐसी विशिष्ट परिस्थितियाँ भी हो सकती हैं, जिनके कारण आपके कंपन आपके संबंधों की सामान्य सीमा से नीचे चले जाएँ। और यदि ऐसा होता है तो आपको अधिक संख्या वाली विधियों से लाभ हो सकता है; लेकिन आपके लिए यह अपवाद है।

अपने मौजूदा भावात्मक रुझान-बिंदु में सोद्देश्यपूर्वक बदलाव करना

वहीं दूसरी ओर, आप संभवतः उनमें से एक भी हो सकते हैं, जिन्हें यह न याद हो कि अंतिम बार किसी चीज के बारे में आपने अच्छा महसूस कब किया था? आप जिंदगी में जैसे हालात देख रहे हैं, संभव है कि आपने ऐसे रुझान-बिंदु विकसित कर लिये हों, जो आपको निरंतर कल्याण से संबंधों की सीमा से बाहर रख रहे हैं। ऐसा होने पर आपको पहली पाँच या छह विधियों से कोई राहत नहीं मिलने वाली। और आपको संभवतः थोड़ी राहत हमारी यहाँ बताई गई विधियों में से केवल अंतिम विधि की शुरुआत से मिल सकती है। लेकिन हम आपको जिस सबसे महत्त्वपूर्ण चीज का एहसास कराना चाहते हैं, वह ये कि इस बात से कोई फर्क नहीं पड़ता कि आप कितना अच्छा महसूस करते हैं या आप इसे कितनी तेजी से महसूस कर पाते हैं। मायने यह रखता है कि आप बोधपूर्वक कुछ राहत पा सकेंगे, फिर चाहे ये कितनी ही कम क्यों न हो। और आप यह समझ सकें कि आपकी राहत उन सोद्देश्य प्रयासों का नतीजा हैं, जो आपने किए हैं; क्योंकि जब आप राहत पाने के काबिल होंगे, तभी आप अपने अनुभवों पर रचनात्मक नियंत्रण पुनः प्राप्त कर सकेंगे। और तब आप जहाँ इच्छा हो, उसी तरफ आगे बढ़ सकेंगे।

याद रखिए, इनमें से प्रत्येक विधि का उद्देश्य आपकी कांपनिक आवृत्ति को ऊपर

उठाना है। इसे इस तरह भी कहा जा सकता है कि इनमें से प्रत्येक विधि का उद्‌देश्य आपके प्रतिरोध को कम करना है या इन विधियों का उद्‌देश्य प्रतिरोध से राहत पाना है, अथवा इन विधियों का उद्‌देश्य बेहतर एहसास है या इन विधियों का उद्‌देश्य मेरे भावात्मक रुझान-बिंदु में सुधार करना है।

विधि आरंभ करने के कुछ मिनट बाद, यदि आप उतना अच्छा या उससे बेहतर न महसूस कर सकें, जितना शुरुआत से पहले कर रहे थे तो उसे यहीं रोक दें और इससे अधिक संख्या वाली किसी दूसरी विधि को चुनें।

हलके हो जाएँ और इन सबका आनंद लें

हमने यहाँ 'विधि', 'तकनीक' या 'खेल' शब्दों को अदल-बदलकर प्रयोग किया है; क्योंकि ये ऐसी शक्तिशाली विधियाँ हैं, जिनकी सहायता से आप जिस भी चीज की इच्छा हो, उसे हासिल कर सकते हैं। यदि आप इन्हें खेल की तरह लेंगे तो आपको उससे बेहद कम प्रतिरोध का सामना करना पड़ेगा, जो उसे किसी टूटी चीज को जोड़ने के लिए किसी साधन के तौर पर लेने से होगा। इन विधियों में सफलता पाने की कुंजी इस बात में है कि ये वास्तव में आपके प्रतिरोध को त्यागने की क्षमता को बढ़ा देंगी। आप जितना अधिक विनोदशील रहेंगे, आपका प्रतिरोध उतना ही कम होता जाएगा।

इन विधियों का सोद्‌देश्यपूर्वक उपयोग आपके अपने भावात्मक रुझान-बिंदु को बढ़ाने में सहायक होगा और इस तरह आपके आकर्षण-बिंदु को बदल सकेगा। आपको सुधार फौरन, यहाँ तक की इस खेल के कार्यान्वयन के पहले ही दिन से दिखाई देने लगेंगे। तब अभ्यास बढ़ाने पर आप अपने जीवन के प्रत्येक विषय से संबंधित आकर्षण-बिंदु में सुधार कर सकेंगे।

इन विधियों का सोद्‌देश्यपूर्वक उपयोग आपके अपने भावात्मक रुझान-बिंदु को बढ़ाने में सहायक होगा और इस तरह आपके आकर्षण-बिंदु को बदल सकेगा। आपको सुधार फौरन, यहाँ तक की इस खेल के कार्यान्वयन के पहले ही दिन से दिखाई देने लगेंगे। तब अभ्यास बढ़ाने पर आप अपने जीवन के प्रत्येक विषय से संबंधित आकर्षण-बिंदु में सुधार कर सकेंगे।

आप इस क्षण अपनी वास्तविकता के सृजनकर्ता हो

अपने अनुभवों के सृजनकर्ता स्वयं आप हैं, भले ही आप यह जानते हों या नहीं। आपका जीवन-अनुभव उन कंपनों की सुस्पष्ट प्रतिक्रिया में प्रकट होता है, जो आपके विचारों के परिणामों में प्रसारित होता है, भले ही आप यह जानते हों या नहीं।

हमने यहाँ जो विधियाँ बताई हैं, वे आपको उस व्यक्ति में रूपांतरित कर देंगी, जो अपनी वास्तविकता का अनजाने में या स्वत: ही सृजन करता है। ऐसा व्यक्ति, जो अपनी वास्तविकता का सोद्‌देश्य सृजनकर्ता है। आपके द्वारा इन विधियों को उपयोग करने से आपको अपने जीवन-अनुभवों के सभी पहलुओं का सुस्पष्ट नियंत्रण हासिल हो जाएगा।

हम अत्यधिक प्रेम और उत्साह के साथ इन जीवन-परिवर्तित करनेवाली विधियों को आपके सुपुर्द करते हैं। यहाँ अथाह प्रेम है···आपके लिए।

□

विधि-1

सराहना का आवेश

इस विधि का प्रयोग कब करें

- जब आप किसी अच्छे मूड में बाजी लगाना चाहें।
- जब आप किसी व्यक्ति या चीज के साथ अपने रिश्तों को बेहतर बनाना चाहें।
- जब आप सोद्देश्यपूर्वक अपने मौजूदा अच्छा महसूस होनेवाले रुझान-बिंदु को बनाए रखना चाहें।
- जब आप अपने मौजूदा अच्छे एहसास को बनाए रखना, बल्कि सुधारना चाहते हों।
- जब आप सोद्देश्यपूर्वक किसी ऐसी चीज पर केंद्रित रहना चाहते हों, जो आपके रुझान-बिंदु के लिए लाभकारी है।
- जब आप किसी कतार में चल रहे हों, खड़े हों या वाहन चला रहे हों और कुछ ऐसा करना चाहें, जो रचनात्मक रूप से उत्पादक हो।
- जब आप अपने समक्ष कुछ ऐसा देखें, जिसके आपको नकारात्मक भावनाओं की स्थिति में ले जाने की संभावना हो और आप अपने कंपनों को नियंत्रित करना चाहते हों।
- जब आपके अपने विचार या आप जिनके साथ हों, उसके शब्द संभावित रूप से नकारात्मक दिशा में जाने लगें और आप लक्षित विषय की दिशा को नियंत्रित करना चाहते हों।
- जब आप जानते हों कि आप नकारात्मक भावनाओं को अनुभव कर रहे हैं और आप अपनी इस अनुभूति को बदलना चाहते हों।

मौजूदा भावात्मक रुझान-बिंदु सीमा

यह सराहना की आवेश विधि आपके लिए तब सबसे मूल्यवान् होगी, जब आपका भावात्मक रुझान-बिंदु इन श्रेणियों के बीच हो—

(1) आनंद/ज्ञान/सशक्तीकरण/स्वतंत्रता/प्रेम/सराहना

और

(5) आशावाद

(यदि आपको अपना मौजूदा भावात्मक रुझान-बिंदु ज्ञात न हो तो अध्याय-22 पर जाएँ और वहाँ भावात्मक मार्गदर्शन पैमाने की 22 श्रेणियाँ देखें।)

मान लेते हैं कि आप सकारात्मक प्रत्याशा अनुभूत कर रहे हैं। चूँकि सकारात्मक प्रत्याशा (4) स्थान पर है और (4) स्थान (1) और (5) के बीच है, जो मौजूदा भावात्मक रुझान-बिंदु सीमा के लिए सराहना के आवेश की सलाह देता है। यह विधि फिलहाल आपके द्वारा प्रयोग किए जाने के लिए सबसे महत्त्वपूर्ण है।

सराहना का आवेश खेल को कहीं भी और कभी भी खेला जा सकता है, क्योंकि इस खेल को बड़ी आसानी से सिर्फ अपने मन को खुशनुमा विचारों की ओर मोड़कर खेला जा सकता है। यदि आप अपने विचारों को कागज पर लिखते हैं तो इससे यह विधि और बेहतर हो जाएगी; लेकिन ऐसा करना आवश्यक नहीं है।

इसकी शुरुआत अपने आसपास के मौजूदा परिवेश में देखकर अपनी कोई पसंदीदा चीज खोजने से करें। इस खुशनुमा वस्तु पर अपना ध्यान यह सोचते हुए केंद्रित रखें कि वह कितनी शानदार, खूबसूरत और उपयोगी है! और जब आप इस पर लंबे समय तक केंद्रित रहेंगे, इसके प्रति आपकी सकारात्मक अनुभूति बढ़ती जाएगी।

अब, अपनी अनुभूति में हुए सुधार पर ध्यान दें। आप अपने इस नए एहसास को सराहें। तब, जब एक बार आपकी अच्छी अनुभूति स्पष्ट रूप से प्रबल हो गई, तब जब आप आरंभ करें, अपने आसपास के परिवेश में सकारात्मक अवधान हेतु अपनी एक और मनपसंद चीज चुनें।

इसे अवधान हेतु ऐसी वस्तुओं को चुनने के लिए अपना विषय बनाएँ, जो सहज ही आपकी सराहना जाग्रत् कर सकें; क्योंकि यह विधि किसी परेशानी को खोजने और ठीक करने के लिए नहीं है। यह उच्च कंपनों के अभ्यास की विधि है। आप अपने को अच्छी लगनेवाली चीजों पर जितने लंबे समय तक ध्यान देंगे, आपके लिए अच्छा महसूस

इसे अवधान हेतु ऐसी वस्तुओं को चुनने के लिए अपना विषय बनाएँ, जो सहज ही आपकी सराहना जाग्रत् कर सकें; क्योंकि यह विधि किसी परेशानी को खोजने और ठीक करने के लिए नहीं है। यह उच्च कंपनों के अभ्यास की विधि है। आप अपने को अच्छी लगनेवाली चीजों पर जितने लंबे समय तक ध्यान देंगे, आपके लिए अच्छा महसूस होनेवाली इस कांपनिक आवृत्ति को बनाए रखना उतना ही आसान होगा।

होनेवाली इस कांपनिक आवृत्ति को बनाए रखना उतना ही आसान होगा। और जितना अधिक आप इन बेहतर महसूस होनेवाली आवृत्ति को बनाए रख सकेंगे, 'आकर्षण का नियम' आपको उतने ही अधिक अन्य विचार, अनुभव, लोग और चीजें प्रदान करता रहेगा, जो आपके अभ्यासित कंपन के जैसी होंगी।

चूँकि दिन का आरंभ करने के साथ ही सराहना के लिए चीजें खोजना आपका प्राथमिक उद्देश्य होगा, इस तरह कम प्रतिरोध के कंपनों का अभ्यास करते हैं और आप अपनी स्रोत ऊर्जा के साथ अपने संबंधों को मजबूत करते हैं।

चूँकि सराहना के कंपन आपके भौतिक व अभौतिक अस्तित्व के बीच सबसे शक्तिशाली संबंध हैं, यह विधि आपको उस स्थिति में ले आएगी, जिसमें आप अपने आंतरिक अस्तित्व से स्पष्ट निर्देश हासिल कर सकेंगे।

आप सराहना का जितना अधिक अभ्यास करेंगे, आपकी कांपनिक आवृत्ति में प्रतिरोध उतना ही कम होता जाएगा और प्रतिरोध जितना कम होगा, आपका जीवन भी उतना ही बेहतर होगा। इसके अलावा, इस सराहना के आवेश का अभ्यास करने से आप उच्च कंपनों की अनुभूति से परिचित होंगे, जिससे यदि आप कभी आपके कंपनों के प्रतिरोध का कारण बननेवाले चर्चा के पुराने पैटर्न पर पुनः वापस लौटे, तो आपको यह बहुत जल्दी ज्ञात हो जाएगा, इससे पहले कि ये कंपन अधिक बलवान हो जाएँ।

आपको सराहना के लिए जितनी अधिक वस्तुएँ मिलती रहेंगी, यह उतना ही बेहतर महसूस होगा। यह जितना बेहतर महसूस होगा, आप इसे उतना ही अधिक करना चाहेंगे। आप इसे जितना अधिक करेंगे, यह उतना ही बेहतर अनुभूत होगा। जितना बेहतर अनुभूत होगा, आप इसे उतना ही अधिक करना चाहेंगे। 'आकर्षण का नियम' इन सकारात्मक विचारों व अनुभूतियों के शक्तिशाली वेग में तब तक सहायता देता रहेगा, जब तक आप थोड़े से ही समय और प्रयासों द्वारा आपका हृदय आपके वास्तविक स्वरूप के साथ आनंदपूर्ण तालमेल के गीत नहीं गाने लगता।

और इस शानदार अनुभूतिवाले कंपन में, जहाँ प्रतिरोध मौजूद नहीं है, आप स्वीकार्यता की अतिरंजित स्थिति में होंगे। आप उस कांपनिक स्थिति में होंगे, जहाँ आप जिन चीजों की इच्छा रखते हैं, वह सहज ही आपके अनुभवों की ओर प्रवाहित होंगी। यह जितना बेहतर होगा, वह भी उतना ही बेहतर हो जाएगा।

यदि खेल की शुरुआत में ही आपके कंपन इन उच्च कंपनों के पर्याप्त रूप से निकट होंगे और आप अपने को सहज व शीघ्र ही बेहतर महसूस होते स्थान पर उठते देखेंगे। तत्पश्चात् यह सराहना का आवेश तब तक जारी रखें, जब तक आपके पास समय रहे और जब तक आपको यह अच्छा महसूस होता रहे।

यदि आप इस खेल को खेलते हैं और आपको अच्छा महसूस नहीं होता, यदि एक

यदि खेल की शुरुआत में ही आपके कंपन इन उच्च कंपनों के पर्याप्त रूप से निकट होंगे और आप अपने को सहज व शीघ्र ही बेहतर महसूस होते स्थान पर उठते देखेंगे। तत्पश्चात् यह सराहना का आवेश तब तक जारी रखें, जब तक आपके पास समय रहे और जब तक आपको यह अच्छा महसूस होता रहे।

के बाद एक आनंदपूर्ण विचारों पर केंद्रित रहने के बाद भी उत्थान गति अनुभूत नहीं होती, अर्थात् यह विधि आपको किसी भी तरह परेशान करने लगे तो इसे रोक दें और इससे अधिक संख्यावाली विधि का चयन करें।

भले ही आपको 'आकर्षण के नियम' के बारे में कुछ न पता हो; बल्कि यदि आप अपनी स्रोत ऊर्जा के साथ अपने संबंधों के बारे में कुछ नहीं जानते, फिर भी इस विधि के अभ्यास द्वारा आप अनजाने में ही स्वीकार्यता की कला का अभ्यास कर सकेंगे। और आपने जिन भी चीजों को अपनी इच्छित वस्तु के रूप में पहचाना होगा, आपके अनुभव में वह प्रवाहित होने लगेगी। जब आप सराहना की दशा में होंगे, तब आपके कंपनों में प्रतिरोध लेशमात्र भी नहीं होगा। और केवल आपका अपना प्रतिरोध ही वह चीज होगा, जो आपको आपकी किसी भी इच्छा से दूर रखेगा।

सराहना के आवेश में, वस्तुत: आप अपनी कांपनिक आवृत्ति को अपनी उस स्वीकृति पर टिकाए रखते हैं, जिसे आपने अपने अनुभव के लिए माँगा है। अपने दैनिक अनुभवों में आप इसकी माँग करते रहते हैं और स्रोत निरपवाद रूप से इसका उत्तर देता है। और अब, अपने इस सराहना के मोड में आप प्राप्ति का अभ्यास करने लगते हैं। अब आप सृजन (आप इसे आने देते हैं) की विधि के अंतिम चरण में हैं।

शुरुआत में, अच्छा ये रहेगा कि आप सोद्देश्यपूर्वक दिन में दस से पंद्रह मिनट विशेष रूप से इस विधि के लिए अलग रखें। कुछ दिनों बाद सोद्देश्यपूर्वक प्राप्ति और उन्नत कंपन बनाए रखने के लाभ से मिले आनंद के बाद आप प्रतिदिन अपने को इसे कई बार करते हुए पाएँगे। जो एक सेकंड कम या एक सेकंड अधिक तथा विविध हालातों में हो सकता है, सिर्फ इसलिए क्योंकि यह बहुत अच्छा महसूस होता है।

उदाहरण के लिए, पोस्ट ऑफिस में कतार में खड़े होकर आप सोच सकते हैं—

- यह बेहद शानदार इमारत है।
- यह अच्छी बात है कि वे इसे इतना साफ रखते हैं।
- मुझे देखकर अच्छा लगा कि डाकघर के कर्मचारी कितने मित्रवत् हैं।
- मैं उस माँ के अपने बच्चे से बात करने के ढंग की सराहना करता हूँ।
- यह जैकेट देखने में बहुत अच्छी है।
- मेरा दिन अच्छा जा रहा है।

वाहन द्वारा काम पर जाते हुए आप सोच सकते हैं—

- मुझे अपनी कार पसंद है।
- यह नया फ्री-वे शानदार है।
- बारिश होने के बावजूद मेरा समय अच्छा बीत रहा है।
- मुझे अपने वाहन का विश्वसनीय होना पसंद है।
- मैं अपनी नौकरी के लिए आभारी हूँ।

आप अपनी किसी भी सराहनीय वस्तु पर विशेष रूप से केंद्रित हो सकते हैं और उसकी सराहना के और अधिक कारण खोज सकते हैं। उदाहरण के लिए—

- यह बहुत अच्छी इमारत है।
- यहाँ पुराने डाकघर की तुलना में पार्किंग के लिए ज्यादा जगह है।
- यहाँ काउंटर भी अधिक हैं, जिससे कतार पहले से अधिक तेजी से छोटी होती जा रही है।
- खिड़कियाँ बड़ी होने से कमरा अधिक हवादार लग रहा है।
- यह नया फ्री-वे शानदार है।
- यहाँ मेरी गति घटाने के लिए कोई ट्रैफिक लाइट नहीं है।
- इस ड्राइव के दौरान बेहद खूबसूरत नजारे दिख रहे हैं।

एक बार जब आप प्रशंसा के लिए चीजें खोजने की ओर उन्मुख हो जाएँगे तो आप देखेंगे कि आपका दिन ऐसी चीजों से भर गया है। आपके विचार और सराहना का एहसास आप में से स्वाभाविक रूप से प्रवाहित हो रहा है। और अकसर किसी व्यक्ति या चीज के प्रति सराहना के वास्तविक एहसासों के बीच रोमांच से आपके रोंगटे खड़े हो जाएँगे। यह संवेदना आपके अपने स्रोत के साथ तालमेल की पुष्टि करती है।

अब्राहम हमें सराहना के आवेश के बारे में और बताएँ

जब भी आप किसी चीज की सराहना करते हैं, जब भी आप किसी चीज की प्रशंसा करते हैं, जब भी आप किसी चीज के बारे में अच्छा महसूस करते हैं, तब आप ब्रह्मांड को कह रहे होते हैं, "कृपया ऐसा ही थोड़ा और दें।" आपको इस आशय से जुड़ी और कोई बात कहने की आवश्यकता नहीं होती। और यदि आप अधिकांशतः सराहना की स्थिति में रहेंगे तो सभी अच्छी चीजें आपकी ओर प्रवाहित होंगी।

हमसे अकसर पूछा जाता है—क्या 'सराहना' से 'प्रेम' अधिक बेहतर शब्द नहीं है? क्या अभौतिक ऊर्जा के लिए प्रेम अधिक वर्णनात्मक नहीं हैं? और हम कहते हैं, वस्तुतः प्रेम और सराहना के कंपन एक जैसे होते है। कुछ लोग इसके लिए 'कृतज्ञता'

या 'कृतज्ञता के एहसास' शब्द का प्रयोग करते हैं, लेकिन ये सभी शब्द कल्याण के वर्णनात्मक हैं।

सराहना की इच्छा बहुत अच्छा पहला कदम है। और जब आपको ऐसी बहुत सी चीजें मिल जाएँगी, जिनके लिए आप 'धन्यवाद' कहना चाहेंगे तो यह शीघ्र ही गति पा जाएगा। और चूँकि आप सराहना को अनुभूत करना चाहते हैं, आप सराहना के लिए किसी को आकर्षित कर लेंगे। और जब आप इसकी सराहना करते हैं, तब आप सराहना के लिए किसी और चीज को आकर्षित कर लेते हैं—और तब समय के साथ ही आपको सराहना के आवेश का अनुभव होता है।

आप दूसरे के एहसासों को नियंत्रित नहीं कर सकते

जैसे-जैसे दिन बढ़ता है, आपको नाखुश लोग दिखाई दे सकते हैं, जो चिड़चिड़े, निराश या कष्ट में होते हैं। और जब वे अपनी नकारात्मक भावनाओं को आपकी ओर मोड़ देते हैं तो आपके लिए उनकी सराहना करना कठिन हो जाता है। और तब, आप खुद को दोष देते हैं कि आप इतने मजबूत नहीं हैं कि उनके आपकी ओर नकारात्मकता प्रस्तावित करने के बावजूद उनकी सराहना कर सकें। वैसे, हम यह सलाह कभी नहीं देंगे कि आप किसी ऐसी चीज को देखें, जो आपको पसंद नहीं और उसके प्रति अच्छा महसूस करें; बल्कि ऐसी चीजों को ढूँढ़ें, जिनके मिलने पर वह आपके अच्छा महसूस करने का कारण बन सकें। और तब 'आकर्षण का नियम' ऐसी और चीजें आप तक लाएगा।

सराहना की इच्छा बहुत अच्छा पहला कदम है। और जब आपको ऐसी बहुत सी चीजें मिल जाएँगी, जिनके लिए आप 'धन्यवाद' कहना चाहेंगे तो यह शीघ्र ही गति पा जाएगा। और चूँकि आप सराहना को अनुभूत करना चाहते हैं, आप सराहना के लिए किसी को आकर्षित कर लेंगे। और जब आप इसकी सराहना करते हैं, तब आप सराहना के लिए किसी और चीज को आकर्षित कर लेते हैं—और तब समय के साथ ही आपको सराहना के आवेश का अनुभव होता है।

आप जब भी सराहना के लिए चीजें खोज रहे होते हैं, आपका अपने कांपनिक प्रस्तावों तथा अपने आकर्षण-बिंदु पर नियंत्रण होता है। लेकिन जब आप दूसरे आपके बारे में कैसा महसूस करते हैं, इसपर प्रतिक्रिया देते हैं तो इस पर आपका नियंत्रण नहीं होता। हालाँकि जब आप 'वे आपके प्रति कैसा महसूस करते हैं' की जगह 'आप अपने बारे में कैसा महसूस करते हैं', में अधिक रुचि लेने लगते हैं तो आपका स्वयं पर नियंत्रण हो जाता है। आप नहीं जानते कि आज कौन उनके कुत्ते

को कुचल गया, या उन्हें किसने तलाक दिया है, या किसने उनके बैंक खाते से पैसा निकाल लिया है। आपको नहीं पता कि वे कैसे रहते हैं, इसलिए आप नहीं समझ सकते कि वे आपके साथ ऐसा व्यवहार क्यों कर रहे हैं—और इसलिए, आप उन्हें नियंत्रित भी नहीं कर सकते।

एक बार जब आपने निर्णय ले लिया कि आपके अच्छा महसूस करने से अधिक महत्त्वपूर्ण और कुछ नहीं है और आपने निर्णय ले लिया कि आप आज बोधपूर्वक कुछ ऐसी चीजों को खोजेंगे, जिनकी सराहना कर सकें तो अब आपकी ध्यानार्थ वस्तु सराहना का एहसास है। आपने अपने आप सराहना योग्य वस्तु के बीच एक सर्किट स्थापित कर लिया है, जिस पर 'आकर्षण का नियम' जल्दी ही काम करना आरंभ कर देगा, जिससे आप ठीक अभी और भी सराहना योग्य चीजों को देख सकते हैं।

> ***आपने निर्णय ले लिया कि आप आज बोधपूर्वक कुछ ऐसी चीजों को खोजेंगे, जिनकी सराहना कर सकें तो अब आपकी ध्यानार्थ वस्तु सराहना का एहसास है। आपने अपने आप सराहना योग्य वस्तु के बीच एक सर्किट स्थापित कर लिया है, जिस पर 'आकर्षण का नियम' जल्दी ही काम करना आरंभ कर देगा, जिससे आप ठीक अभी और भी सराहना योग्य चीजों को देख सकते हैं।***

सराहना करते हुए आप सतर्क नहीं रह सकते

यदि आप यह नहीं समझ पाएँगे कि आपके अनुभवों को केवल एक चीज प्रभावित करती है कि आप में ऊर्जा किस तरह प्रभावित हो रही है। यदि आपको लगता है कि यह संभावना, भाग्य, संयोग, सांख्यिकी या औसत के नियम की बात है तो जब आप समाचार में देखते हैं कि आपके पड़ोस में ही एक हत्यारा खुलेआम अपनी कार में ताबड़तोड़ गोलियाँ बरसा रहा है तो आप भी अपने को असुरक्षित महसूस करेंगे; क्योंकि आपको लगेगा कि आपकी खुशी या आपका कल्याण उसके व्यवहार पर निर्भर है। लेकिन जब आपका कल्याण उसके व्यवहार पर निर्भर है और आप उसे नियंत्रित नहीं कर सकते, बल्कि आप तो यह भी नहीं जानते कि वह कहाँ पर है। आपके पास इतने पुलिसकर्मी नहीं हैं, जो उसे सँभाल सकें...तब आपकी असुरक्षा तेजी से बढ़ने लगती है।

हम आपको अभौतिक ऊर्जा के साथ आपके संबंधों के महत्त्व का एहसास करवाना चाहते हैं। और सराहना इसका सबसे आसान व तेज तरीका है। जब अभौतिक ऊर्जा के साथ संपर्क करने की आपकी इच्छा पर्याप्त हो जाती है तो आपको हर घंटे अपनी सराहना को प्रवाहित करने के दर्जनों तरीके मिल सकते हैं।

आपको याद रखना होगा कि इस बात से कोई अंतर नहीं पड़ता कि दूसरा व्यक्ति इसे आपकी ओर प्रवाहित करता है या नहीं, अन्यथा आप सुरक्षात्मक हो जाएँगे—और आप सुरक्षात्मक होने तथा सराहना का काम एक साथ नहीं कर सकते। जब आप सराहना पर केंद्रित होते हैं, तब सराहना ही वापस लौटती है। लेकिन आप वस्तुतः सराहना को अपनी ओर लौटता नहीं देखना चाहते, आप इसे अपने भीतर से प्रवाहित होते देखना चाहते हैं।

दिन बढ़ने के साथ ही जब आप ऐसी चीजों के प्रति जागरूक हो जाते हैं, जो आपको नहीं चाहिए तो आप क्या चाहते हैं, उस इच्छा पर दृष्टि स्पष्ट हो जाती है। और अब चूँकि आप सराहना के आवेश का अभ्यास कर रहे हैं, इसलिए आप अपनी जागरूकता को आसानी से पुनः इस पर केंद्रित कर सकते हैं कि आप क्या चाहते हैं? अब आप उसके प्रत्यक्ष सृजनकर्ता हैं, जिसके लिए आप यहाँ आए थे।

जीवन का मतलब कल नहीं है, यह अभी की बात है। जीवन इस पर निर्भर है कि फिलहाल आप ऊर्जा को किस तरह गढ़ रहे हैं।

□

विधि-2

जादुई सृजन मंजूषा

इस विधि का प्रयोग कब करें

- जब आप किसी ऐसी खुशनुमा गतिविधि के मूड में हों, जो संसार का आपकी व्यक्तिगत प्राथमिकता की विशिष्ट दिशा में सृजन करनेवाली ऊर्जा पर केंद्रित हो।
- जब आप सार्वभौमिक प्रबंधक को आपको पसंद आनेवाली चीजों के विवरण की और अधिक विशिष्ट जानकारी देना चाहते हों।

मौजूदा भावात्मक रुझान-बिंदु सीमा

जादुई सृजन मंजूषा विधि आपके लिए तब सबसे मूल्यवान् होगी, जब आपका भावात्मक रुझान-बिंदु इन श्रेणियों के बीच हो—

(1) आनंद/ज्ञान/सशक्तीकरण/स्वतंत्रता/प्रेम/सराहना

और

(5) आशावाद।

(यदि आपको अपना मौजूदा भावात्मक रुझान-बिंदु ज्ञात न हो तो अध्याय-22 पर जाएँ और वहाँ भावात्मक मार्गदर्शन पैमाने की 22 श्रेणियाँ देखें)

यदि आपको लगे कि आप (1) आनंद और (5) आशावाद के बीच में कहीं हैं तो अभी सृजन मंजूषा विधि का प्रयोग आपके लिए सबसे बेहतर रहेगा।

सृजन मंजूषा विधि में शुरुआत के लिए एक आकर्षक बॉक्स (मंजूषा) ढूँढ़ें, कोई ऐसी, जो आपको देखते ही पसंद आ जाए। इसके ढक्कन पर किसी खास जगह, जो आसानी से दिखाई देती हो, ये शब्द लिखें—'इस बॉक्स में जो कुछ भी है.......हो जाए।'

इसके बाद कुछ पत्रिकाएँ, सूची-पत्र व ब्रॉशर एकत्र करें और उनमें देखें कि उनमें से आप किन चीजों को अपने अनुभव में शामिल करना चाहते हैं। वो हर तसवीर काटकर निकाल लें, जो आपकी इच्छा की मिसाल बने—तसवीरें, फर्नीचर, कपड़ों, खूबसूरत

दृश्यों, इमारतों, यात्रा स्थलों, वाहनों, लोगों की आपस में बातचीत करती तसवीरें। यदि वे आपको अच्छी लगें तो उन्हें काट लें और अपनी सृजन मंजूषा में डाल दें। और उन्हें डालते हुए बोलें, "इस बॉक्स में जो कुछ भी है.......हो जाए।"

जब आप अपने बॉक्स से दूर हों तो उस दौरान और तसवीरें एकत्रित करते रहें और घर वापस लौटने पर उन्हें भी अपने बॉक्स में डाल दें। यदि आप कुछ खास अनुभव करना चाहते हैं तो इसका विवरण लिख लें और उसे अपने इसी बॉक्स में डाल दें।

आप अपने बॉक्स के लिए जितनी अधिक चीजें खोज सकेंगे, ब्रह्मांड उनसे मिलते-जुलते उतने ही अधिक विचार आप तक पहुँचाएगा। और आप जितने अधिक विचार उस बॉक्स में डालेंगे, आपकी इच्छाएँ उतनी ही अधिक केंद्रित होंगी। आपकी इच्छाएँ जितनी अधिक केंद्रित होंगी, आप अपने को उतना ही अधिक जीवंत महसूस करेंगे, क्योंकि आपके भीतर जो ऊर्जा प्रवाहित हो रही है, वही जीवन है।

> ***आप अपने बॉक्स के लिए जितनी अधिक चीजें खोज सकेंगे, ब्रह्मांड उनसे मिलते-जुलते उतने ही अधिक विचार आप तक पहुँचाएगा। और आप जितने अधिक विचार उस बॉक्स में डालेंगे, आपकी इच्छाएँ उतनी ही अधिक केंद्रित होंगी। आपकी इच्छाएँ जितनी अधिक केंद्रित होंगी, आप अपने को उतना ही अधिक जीवंत महसूस करेंगे, क्योंकि आपके भीतर जो ऊर्जा प्रवाहित हो रही है, वही जीवन है।***

यदि आप में प्रतिरोध की मात्रा थोड़ी या बिल्कुल न हो—दूसरे शब्दों में, यदि आपको इन चीजों के हासिल होने पर कोई संदेह न हो तो यह अनुभव आपको अत्यधिक स्फूर्तिदायक महसूस होगा। आप जितनी अधिक तसवीरें डालेंगे, उतना ही अच्छा महसूस करेंगे। और आपको इन चीजों के आपके निकट आने तथा अनुभवों में उतरने के करीब होने के प्रमाण मिलने लगेंगे। वे दरवाजे खुल जाएँगे, जिनसे इनमें से अधिकांश चीजों का उसी समय सहज ही भीतर आना संभव हो सकेगा।

यह विधि आपको अपनी इच्छा पर केंद्रित होने में मदद करेगी। जिससे आप इनकी बोधपूर्वक विस्तार सहित व्याख्या कर सकेंगे। पहला चरण (माँगें)—और अब आपके प्रतिरोध की अनुपस्थिति में चीजें झटपट होने लगेंगी।

यदि आप सामान्यत: अच्छा महसूस करनेवाले व्यक्ति होंगे, जिसने बॉक्स में डालने लायक चीजें न होने की अप्रसन्नता को अपनी प्रबल आदत नहीं बना लिया होगा तो आपको अपने जीवन के प्रति अधिक केंद्रित और उत्साहित रहने के तुरंत सकारात्मक परिणाम अनुभूत होंगे। और आपने अपनी सृजन मंजूषा में जो चीजें डाली होंगी, वे अभी आपके जीवन में प्रत्यक्ष होने लगेंगी। दूसरे शब्दों में, वे लोग जो प्रतिरोध के विचारों के अभ्यासी नहीं हैं, उनके लिए इस विधि में वह सबकुछ है, जो उन्हें अपने जीवन को

शानदार बनाने के लिए चाहिए था। आप माँगेंगे, स्रोत उत्तर देगा, आप उसे स्वीकार करेंगे। आप माँगेंगे और मिल जाएगा।

यदि आप इस विधि में आनंद लेंगे तो यह आपकी और भी प्रभावशाली ढंग से सेवा करेगी। यह आपको उन चीजों पर केंद्रित होने में मदद करेगी, जिनकी आप इच्छा रखते हैं। आप उस सतत कंपन को अनुभव करने के लिए अभ्यास कर रहे हैं, जो आपकी इच्छाओं के समान हो और आप सोद्‌देश्य सृजन को अनुभव कर रहे हैं। और सबसे महत्त्वपूर्ण, आपकी अच्छा महसूस होनेवाली भावनाएँ आपको बता रही हैं कि आप फिलहाल प्राप्तकर्ता मोड में हैं। आपके इस विधि पर ध्यान केंद्रित करने से आपको वह कांपनिक आवृत्ति कायम करने में मदद मिलेगी, जो आपको अपने अनुभव के लिए माँगने में मदद करेगी। यहाँ आप स्वीकार्यता की कला का अभ्यास कर रहे हैं।

आपकी अच्छा महसूस होनेवाली भावनाएँ आपको बता रही हैं कि आप फिलहाल प्राप्तकर्ता मोड में हैं। आपके इस विधि पर ध्यान केंद्रित करने से आपको वह कांपनिक आवृत्ति कायम करने में मदद मिलेगी, जो आपको अपने अनुभव के लिए माँगने में मदद करेगी। यहाँ आप स्वीकार्यता की कला का अभ्यास कर रहे हैं।

‘अब्राहम हमें जादुई सृजन मंजूषा के बारे में और बताएँ’

कल्पना कीजिए कि आप कुरसी पर बैठे हैं। आपकी कुरसी के निकट एक बड़े आकार का खूबसूरत बॉक्स रखा है। और आप जानते हैं कि आप सृजनकर्ता हैं और यह बॉक्स आपका सृजन है। कह सकते हैं कि यह आपकी दुनिया है। और आप बहुत बड़े हैं, जो यहाँ इस कुरसी पर बैठे हैं और आपके पास इस भौतिक ब्रह्मांड में कहीं भी पहुँचने और जो चाहें, उसे चुनकर उस बॉक्स में डालने की क्षमता है।

तो आप एक खूबसूरत घर चुनते हैं और उसे अपने पसंदीदा शहर में रख देते हैं। आप अपने लिए और संभवत: अपने जीवनसाथी के लिए, आजीविका का साधन चुनते हैं। आप उन सभी चीजों को जुटाते हैं, जो आपको पसंद हों। वे खूबसूरत चीजें, जिन्हें आपने यहाँ-वहाँ खोजा है, प्रफुल्लता की अनुभूति, उत्तेजना की अनुभूति और वे सभी चीजें, जो आपको चाहिए। आप उन सभी चीजों को अपनी ‘सृजन मंजूषा’ में डाल दें।

आप वस्तुत: इस खेल को मानसिक खेल के तौर पर भी खेल सकते हैं। लेकिन यह अधिक मजेदार रहेगा, यदि आप वास्तव में एक बॉक्स लाते हैं और उसमें अपनी इच्छाओं का प्रतिनिधित्व करनेवाली चीजें डालें। आप देखेंगे कि जब भी आप अपनी सृजन मंजूषा में कुछ डालते हैं, जिसमें प्रतिरोध का पैटर्न न हो, ब्रह्मांड उसे तुरंत ही आपके

पास ले आएगा। वे चीजें, जिन्हें बॉक्स में डालते समय प्रतिरोध का पैटर्न होगा, उनके प्राप्त होने में अधिक समय लग जाएगा।

कल्पना पर होता है आपका संपूर्ण सृजनात्मक नियंत्रण

आपको यह विधि बेतुकी लग सकती है, लेकिन यह एक प्रभावशाली विधि है, क्योंकि यह आपकी कल्पना करने की क्षमता को बढ़ा देगी। अधिकांश लोगों के अधिकांश कांपनिक प्रस्ताव उन चीजों की प्रतिक्रिया होते हैं, जिन्हें वे देखते हैं, लेकिन उन पर उनका सृजनात्मक नियंत्रण नहीं होता। आपका सृजनात्मक नियंत्रण केवल विचारों के सोद्‌देश्य प्रस्तावों पर रहता है और कल्पना करते समय आपका पूर्ण नियंत्रण रहता है।

एस्थर सृजन मंजूषा खेल उस समय भी खेल रही थीं, जब वे और जेरी एक दिन विमान द्वारा न्यूयॉर्क शहर से सैन एंटोनियो आ रहे थे। एयरपोर्ट के लिए सामान पैक करते और तैयार होते हुए एस्थर मानसिक रूप से अपने बॉक्स में चीजें डाल रही थीं। उदाहरण के लिए, खूबसूरत आकाश, खूबसूरत और साफ दिन (जब वे लॉगार्डिया एयरपोर्ट से उड़ान भर रहे थे तो उन्हें यह जानकर अच्छा लगा कि उन्हें अपने सभी जाने-पहचाने चिह्न देखने को मिले)। कितनी खूबसूरत जगह है! कितने सारे पुल और ये झिलमिलाता पानी! और ये सारी आलीशान इमारतें! उन्होंने खुशमिजाज विमान परिचारिका और अपने आसपास आनंदपूर्ण यात्रियों तथा सफर के दौरान बेहद मजे के बारे में विचार किया था। और तब एस्थर ने सोचा, मैं आशा करती हूँ कि इस संयुक्त राष्ट्र सम्मेलन के कारण सभी फ्री-वे पर गतिरोध न हो। और एस्थर ने तब कहा, "ये चीज मेरे बॉक्स के लिए अजीब है। मैं इसे अपने बॉक्स में नहीं डालना चाहती।"

> ***आपको यह विधि बेतुकी लग सकती है, लेकिन यह एक प्रभावशाली विधि है, क्योंकि यह आपकी कल्पना करने की क्षमता को बढ़ा देगी। अधिकांश लोगों के अधिकांश कांपनिक प्रस्ताव उन चीजों की प्रतिक्रिया होते हैं, जिन्हें वे देखते हैं, लेकिन उन पर उनका सृजनात्मक नियंत्रण नहीं होता। आपका सृजनात्मक नियंत्रण केवल विचारों के सोद्‌देश्य प्रस्तावों पर रहता है और कल्पना करते समय आपका पूर्ण नियंत्रण रहता है।***

जब आप बोधपूर्वक चीजों को अपनी सृजन मंजूषा में डालते हैं तो आप जिस चीज को अनुभव नहीं करना चाहते, उसके बारे में सोचते हुए बेहद सजग रहना चाहिए। इस सृजन मंजूषा के साथ आपका रिश्ता आपको अपने विचारों की शक्ति के साथ अपने रिश्ते को पहचानने में मदद करेगा।

एक और उदाहरण—जेरी एवं एस्थर अपने घर के लिए जापानी ओरिएंटल कालीन

की तलाश में थे। एक दिन विमान यात्रा के दौरान एस्थर अपनी सृजन मंजूषा के लिए पत्रिकाओं में से अलग-अलग तरह की चीजों के चित्र फाड़ रही थीं। तभी एस्थर ने एक पृष्ठ पर से खूबसूरत कालीन का चित्र फाड़ा। घर लौटने पर उनके लिए कई डिब्बे पत्र आए थे। जब एस्थर ने एक डिब्बा खोला तो उसमें सेन एंटोनियो की एक नई कालीन कंपनी का पोस्टकार्ड था। उस पोस्टकार्ड पर बिल्कुल वैसे ही कालीन का चित्र था। उन्होंने किलकारी भरकर कहा, "देखो, ये कितनी तेजी से काम करता है!" प्राप्ति का यह तेज व आसान साधन मिलने से 24 घंटे पहले ये चित्र उनके बॉक्स में नहीं था।

हम चाहते हैं कि इस विधि में आपको आनंद की अनुभूति हो। अकसर, जब आपको कुछ ऐसा मिलता है, जो आपको चाहिए था, तो आपकी प्रफुल्लता बेहद कम समय के लिए होती है। लेकिन इस खेल से आपको वे चीजें पाने का भी अवसर मिलेगा, जिनकी आपको लंबे समय से इच्छा रही है। और तब, इनके प्रत्यक्षीकरण का रोमांच, भले ही वह छोटा ही क्यों न हो और अधिक मधुर हो जाएगा।

इस विधि को आरंभ करने के बाद आप इसके असाधारण अभौतिक कर्मचारियों के आपके कांपनिक अनुरोधों पर प्रतिक्रिया की प्रभावकारिता और कार्यक्षमता देखकर दंग रह जाएँगे। आप जब भी माँगेंगे, आपको दिया जाएगा और जब आप इस सृजन मंजूषा के साथ खेलेंगे तो इसे स्वीकार करना सीख जाएँगे।

□

विधि-3

सृजनात्मक कार्यशाला

इस विधि का प्रयोग कब करें

- जब आप उसपर केंद्रित होना चाहें, जो आपके लिए व्यक्तिगत रूप से सबसे महत्त्वपूर्ण हो।
- जब आप अपने जीवन के बुनियादी क्षेत्रों में अधिक सोद्देश्य नियंत्रण हासिल करना चाहते हों।
- जब आप अपनी स्वीकार्यता की स्थिति में सुधार चाहते हों, जिससे और अधिक शानदार चीजें आपके अनुभव में प्रवाहित हो सकें।
- जब आप किसी सकारात्मक आकर्षण-बिंदु पर तब तक अभ्यास करना चाहते हों, जब तक वह आपका प्रबल आकर्षण-बिंदु न बन जाए।

मौजूदा भावात्मक रुझान-बिंदु सीमा

यह सृजनात्मक कार्यशाला विधि आपके लिए तब सबसे मूल्यवान् होगी, जब आपका भावात्मक रुझान-बिंदु इन श्रेणियों के बीच हो—

(1) आनंद/ज्ञान/सशक्तीकरण/स्वतंत्रता/प्रेम/सराहना

और

(5) आशावाद

(यदि आपको अपना मौजूदा भावात्मक रुझान-बिंदु ज्ञात न हो तो अध्याय-22 पर जाएँ और वहाँ भावात्मक मार्गदर्शन पैमाने की 22 श्रेणियाँ देखें)

यहाँ बताई अधिकांश अन्य विधियों की तरह ये उस समय अधिक प्रभावशाली होती है, जब आप इसे लिखकर प्रयोग करें। लेकिन यह तब भी मूल्यवान् होगी, जब आप कार चलाते या चलते समय या जब भी आप अकेले हों और कुछ मिनट हों, जब आपको बाधा न डाले जाने की संभावना हो, तब इसे अपने मन में खेलते रहें।

इस सृजनात्मक कार्यशाला विधि का आरंभ कागज के चार टुकड़ों के साथ करें।

फिर प्रत्येक कागज के ऊपर निम्न शीर्षक या श्रेणियाँ लिखें—'मेरा शरीर, मेरा घर, मेरे रिश्ते, मेरा काम।'

अब पहले शीर्षक (मेरा शरीर) पर ध्यान दें और पहले कागज पर लिखें—'मैं अपने शरीर के बारे में यह चाहता हूँ।' इस सूची पर अधिक मेहनत करने की आवश्यकता नहीं है। यदि आप कुछ नहीं सोच पा रहे हैं तो अगली श्रेणी की ओर बढ़ जाइए। अपने शरीर से संबंधित उन चीजों की छोटी सी सूची बनाएँ, जो फिलहाल आपकी इच्छा में है और आपके मन में सहज ही आ जाए।

उदाहरण के लिए—

- मैं अपना आदर्श वजन हासिल करना चाहता हूँ।
- मैं एक अच्छा हेयरकट करवाना चाहता हूँ।
- मैं कुछ शानदार नए कपड़े खोजना चाहता हूँ।
- मैं मजबूत व स्वस्थ महसूस करना चाहता हूँ।

अब अपना ध्यान अपनी इच्छाओं से जुड़े उन बयानों पर केंद्रित करें, जो अपने शरीर के बारे में आपने लिखे हैं। और यह कारण भी लिखें कि आप इन चीजों को क्यों पाना चाहते हैं। उदाहरण के लिए—

मैं अपना आदर्श वजन हासिल करना चाहता हूँ।

- क्योंकि मुझे तब बहुत अच्छा लगता था, जब मेरा वजन उतना था।
- क्योंकि तब मैं अपने पसंदीदा कपड़े पहन पाऊँगा।
- क्योंकि नए कपड़ों की खरीदारी करना काफी मजेदार रहेगा।

मैं एक अच्छा हेयरकट करवाना चाहता हूँ।

- क्योंकि मैं अच्छा दिखना चाहता हूँ।
- क्योंकि एक अच्छे हेयरकट को सँभालना ज्यादा आसान होगा।
- क्योंकि जब मेरे बाल अच्छी तरह कटे होंगे तो अच्छा दिखने में कम समय लगेगा।

मैं कुछ शानदार नए कपड़े खोजना चाहता हूँ।

- क्योंकि नए कपड़ों से मैं हर बार अच्छा महसूस करता हूँ।
- क्योंकि मुझे अच्छा दिखना पसंद है।
- क्योंकि मुझे अच्छा लगता है कि लोग मेरे प्रति सकारात्मक प्रतिक्रिया दें।
- क्योंकि यह हर बार मुझे नया दृष्टिकोण देता है।

मैं मजबूत व स्वस्थ महसूस करना चाहता हूँ।

- क्योंकि मुझे आंतरिक बल का होना अच्छा लगता है।
- क्योंकि मुझे मैं जो करना चाहूँ, उसके लिए ऊर्जावान् होना अच्छा लगता है।

- क्योंकि मुझे अच्छा महसूस करना अच्छा लगता है।

यह सृजनात्मक कार्यशाला विधि आपको उन क्षेत्रों में ध्यान केंद्रित करने में मदद करेगी, जो आपके जीवन-अनुभवों के लिए सबसे तात्कालिक और महत्त्वपूर्ण हैं। जब आप अपने जीवन के इन चार बुनियादी विषयों को पहचान लेंगे तो ऊर्जा का केंद्रण होने लगेगा। जब आप अपनी इच्छा से संबंधित अधिक विशिष्ट कथन देंगे तो आप ऊर्जा को इन विषयों के आसपास और अधिक सक्रिय कर देंगे। और जब आप इस पर विचार करेंगे कि आपको वे चीजें इतनी अधिक क्यों चाहिए, तो इस तरह आप प्राय: इन विषयों के निकट अपने प्रतिरोध को नरम कर देते हैं, क्योंकि आप अपने विचारों को अधिक स्पष्टता व शक्ति प्रदान कर रहे हैं। आप किसी चीज को क्यों पाना चाहते हैं? आप क्या चाहते हैं कि सार वस्तु को परिभाषित करता है···ब्रह्मांड आपको हमेशा आपकी इच्छाओं की कांपनिक सार वस्तु प्रदान करता है।

यह सृजनात्मक कार्यशाला विधि आपको उन क्षेत्रों में ध्यान केंद्रित करने में मदद करेगी, जो आपके जीवन-अनुभवों के लिए सबसे तात्कालिक और महत्त्वपूर्ण हैं। जब आप अपने जीवन के इन चार बुनियादी विषयों को पहचान लेंगे तो ऊर्जा का केंद्रण होने लगेगा। जब आप अपनी इच्छा से संबंधित अधिक विशिष्ट कथन देंगे तो आप ऊर्जा को इन विषयों के आसपास और अधिक सक्रिय कर देंगे। और जब आप इस पर विचार करेंगे कि आपको वे चीजें इतनी अधिक क्यों चाहिए, तो इस तरह आप प्राय: इन विषयों के निकट अपने प्रतिरोध को नरम कर देते हैं, क्योंकि आप अपने विचारों को अधिक स्पष्टता व शक्ति प्रदान कर रहे हैं।

जब आप इसपर विचार करते हैं कि आप किसी चीज को क्यों चाहते हैं तो आप अकसर प्रतिरोध को नरम कर देते हैं, लेकिन जब आप ये सोचते हैं कि ये आपके पास कब आएगी या कैसे आएगी, या इसके आने में कौन मदद करेगा तो आप अकसर उसमें प्रतिरोध जोड़ देते हैं। विशेष रूप से तब, जब आप स्वयं इन प्रश्नों के उत्तर न जानते हों।

अब बाकी तीनों श्रेणियों को पूरा करें—मेरा घर, मेरे रिश्ते, मेरा काम।

अपने घर से संबंधित, उन चीजों की छोटी सी सूची बनाएँ, जो इच्छाएँ अभी सहज ही आपके मन में आ रही हैं। उदाहरण के लिए—

- मैं बेहद अच्छा फरनीचर खोजना चाहता हूँ।
- मैं अधिक व्यवस्थित होना चाहता हूँ।
- मैं बरतन रखनेवाले कबर्ड में स्लाइडिंग शेल्फ चाहता हूँ।

- मैं अपने स्नान-गृह में खूबसूरत टाइल्स लगवाना चाहता हूँ।

और अब, वे कारण लिखिए, जिनकी वजह से आप ये चीजें चाहते हैं।

मैं बेहद अच्छा फरनीचर खोजना चाहता हूँ।

- क्योंकि बदलाव करने में बहुत आनंद आता है।
- क्योंकि मुझे मनोरंजन पसंद है और मैं अपना घर अच्छा करना चाहता हूँ।
- क्योंकि इससे व्यवस्थित होना आसान हो जाएगा।
- क्योंकि फरनीचर से मेरे घर में और बहुत कुछ जुड़ जाएगा।

मैं अधिक व्यवस्थित होना चाहता हूँ...

- क्योंकि मुझे तब ज्यादा अच्छा लगता है, जब चीजें साफ-सुथरी हों।
- क्योंकि मैं सुव्यवस्थित परिवेश में बेहतर काम कर सकता हूँ।
- क्योंकि चीजें व्यवस्थित हों तो हम सबका साथ बढ़िया रहता है।
- क्योंकि मैं और भी बहुत कुछ हासिल करना चाहता हूँ।

मैं बरतन रखनेवाले कबर्ड में स्लाइडिंग शेल्फ चाहता हूँ...

- क्योंकि इससे अपनी जरूरत की चीजें ढूँढ़ना आसान हो जाएगा।
- क्योंकि इससे मुझे पकाने में अधिक रुचि होगी।
- क्योंकि इससे इस्तेमाल के बाद बरतनों को रखना आसान हो जाएगा।
- क्योंकि इससे रसोईघर अधिक बेहतर महसूस होगा।

मैं अपने स्नान-गृह में खूबसूरत टाइल्स लगवाना चाहता हूँ...

- क्योंकि वह और अधिक जीवंत लगेगा।
- क्योंकि इससे मेरा घर और अच्छा हो जाएगा।
- क्योंकि उन्हें साफ करना आसान होगा।
- क्योंकि उन टाइल्स को सिर्फ देख लेने से मुझे अच्छा महसूस होगा।

अपने रिश्ते (उस रिश्ते को चुनें, जिसे आप अभी अपने लिए सबसे महत्त्वपूर्ण मानते हैं) से संबंधित, उन चीजों की छोटी सी सूची बनाएँ, जो इच्छाएँ अभी सहज ही आपके मन में आ रही हैं। उदाहरण के लिए—

- मैं चाहता हूँ कि हम एक साथ अधिक समय बिताएँ।
- मैं चाहता हूँ कि हम साथ मिलकर अधिक मजे करें।
- मैं चाहता हूँ कि अधिक बार साथ खाना खाने जाएँ।
- मैं अधिक समय तक आराम करना और अकसर खेलना चाहता हूँ।
- मैं चाहता हूँ कि हम एक साथ अधिक समय बिताएँ—
- क्योंकि जब हम साथ होते हैं तो मैं श्रेष्ठतम स्थिति में होता हूँ।

- क्योंकि ऐसा और कोई नहीं है, मैं जिसके साथ रहूँ।
- क्योंकि हमारे पास ऐसा बहुत कुछ है, जिस पर बातें करना मजेदार रहेगा।
- क्योंकि मैं इस व्यक्ति को बहुत प्यार करता हूँ।

मैं चाहता हूँ कि हम साथ मिलकर अधिक मजे करें—

- क्योंकि हमें एक-दूसरे की यह बात सबसे ज्यादा पसंद है।
- क्योंकि मुझे हँसना पसंद है।
- क्योंकि मुझे ऐसी चीजें खोजना पसंद है, जिन्हें करने में मजा आए।
- क्योंकि मजे करने से अच्छा महसूस होता है।

मैं चाहता हूँ कि अधिक बार साथ खाना खाने जाएँ—

- क्योंकि इससे मुझे हमारी पहली मुलाकात याद आती है।
- क्योंकि मुझे किसी और के खाना पकाने की विलासिता पसंद है।
- क्योंकि मुझे खुशनुमा स्थान पर आराम करना और अपने साथी पर ध्यान केंद्रित करना पसंद है।
- क्योंकि खाने के लिए बहुत सी शानदार चीजें मौजूद हैं।

मैं अधिक समय तक आराम करना और अकसर खेलना चाहता हूँ—

- क्योंकि हम दोनों खिलाड़ी स्वभाव के हैं।
- क्योंकि मुझे सिर्फ आराम के लिए दोनों के साथ होने का मुक्त एहसास पसंद है।
- क्योंकि हमें बेहतरीन विचार इसी अवस्था में मिलते हैं।
- क्योंकि इससे हमारा रिश्ता और बेहतर होगा।

अपने काम से संबंधित उन चीजों की छोटी सी सूची बनाएँ, जो इच्छाएँ अभी सहज ही आपके मन में आ रही हैं। उदाहरण के लिए—

- मैं अधिक पैसा कमाना चाहता हूँ।
- मैं अपने काम के प्रति अधिक उत्साहित महसूस करना चाहता हूँ।
- मैं अपने सहकर्मियों के साथ का आनंद लेना चाहता हूँ।
- मैं अधिक उद्देश्यपूर्णता को महसूस करना चाहता हूँ।

मैं अधिक पैसा कमाना चाहता हूँ—

- क्योंकि मैं नई कार खरीदना चाहता हूँ।
- क्योंकि मैं उन चीजों पर गर्वित होना चाहता हूँ, जो मैंने हासिल की हैं।
- क्योंकि जाने के लिए बहुत सी मजेदार जगहें और करने के लिए बहुत से रुचिकर काम हैं।

- क्योंकि मुझे थोड़े ज्यादा बिल चुका देना अच्छा लगता है।

मैं अपने काम के प्रति अधिक उत्साहित महसूस करना चाहता हूँ—

- क्योंकि काम मेरे जीवन का महत्त्वपूर्ण हिस्सा है, इसलिए वहाँ खुश रहना आवश्यक है।
- क्योंकि अपने काम में सचमुच रुचि लेना अच्छा महसूस होता है।
- क्योंकि जब मैं ऊर्जित महसूस करता हूँ तो दिन तेजी से गुजरता है।
- क्योंकि मुझे अच्छा महसूस करना अच्छा लगता है।

मैं अपने सहकर्मियों के साथ का आनंद लेना चाहता हूँ—

- क्योंकि वे मेरे जीवन का बड़ा हिस्सा हैं।
- क्योंकि हम एक-दूसरे के लिए अत्यधिक मूल्यवान् हो सकते हैं।
- क्योंकि हर बातचीत में शानदार संभावनाएँ होती हैं।
- क्योंकि मुझे दूसरों का उत्थान करना पसंद है।

मैं अधिक उद्‌देश्यपूर्णता को महसूस करना चाहता हूँ—

- क्योंकि मैं परिवर्तन लाना चाहता हूँ।
- क्योंकि मैं एक विचार को आगे बढ़ाना चाहता हूँ।
- क्योंकि मुझे काम पर जाने की इच्छा की अनुभूति पसंद है।
- क्योंकि मुझे नया महान् विचार पाने का अनुभव पसंद है।

इस विधि से आपको अपनी शक्ति को अपने व्यक्तिगत अनुभवों के चार प्रमुख विषयों की ऊर्जा के केंद्रण की ओर प्रवाहित करने में मदद मिलेगी। हम इस खेल को लगभग एक माह तक सप्ताह में एक बार और तत्पश्चात् महीने में एक बार खेलने को प्रोत्साहन देते हैं।

इन चारों विषयों में से प्रत्येक के बारे में सबकुछ लिखने का प्रयास न करें। केवल वही चीजें लिखें, जो आपके मन में उस समय हों।

यह तनाव-मुक्त और सरल विधि आपकी उन चीजों से संबंधित गतिविधियाँ बढ़ा देगी, जो आपके लिए सबसे महत्त्वपूर्ण हैं। और आपको शीघ्र ही उन विषयों से संबंधित हालात व घटनाओं में गतिविधियाँ बढ़ने के प्रमाण दिखाई देने आरंभ हो जाएँगे।

अब्राहम, हमें 'सृजनात्मक कार्यशाला विधि' के बारे में और बताएँ

आपने एक चुंबक की तरह विचारों, लोगों, घटनाओं, जीवन-शैली और अपने जीवन की सभी चीजों को आकर्षित किया है। और जब आप चीजों को उनके स्वरूप में देखते हैं, वैसी ही और चीजों को आकर्षित करते हैं। लेकिन जब आप चीजों को उस तरह देखते हैं, जैसा आप उन्हें पसंद करते हैं तो आप उन्हें उस रूप में आकर्षित करते

हैं, जैसा उन्हें देखना पसंद है। यही कारण है कि जो बेहतर है, वह और बेहतर होता जाता है और जो खराब है, वह और खराब होता जाता है। और वह जितना खराब होता है, लोगों की प्रवृत्ति उसे अधिकांशत: वैसा ही देखने की हो जाती है।

सृजनात्मक कार्यशाला विधि आपको यह चुनने में मदद करेगी कि आप किसी तरह की चुंबक बनें, जिससे इसके अधीन न रहें कि दूसरे क्या मानते, चाहते या देखते हैं; क्योंकि अब आप खुद अपने व अपने अनुभवों के प्रभावशाली सोद्‌देश्य सृजनकर्ता हैं।

'प्यारे बच्चे, धरती पर तुम्हारा स्वागत है'

यदि हम आपसे आपके भौतिक जीवन-अनुभव के पहले दिन बात करते तो हम आपसे यही कहते—'प्यारे बच्चे, धरती पर तुम्हारा स्वागत है।' यहाँ ऐसा कुछ नहीं जो आप बन, कर या पा नहीं सकते। आप शानदार सृजनकर्ता हैं और आप यहाँ अपनी शक्तिशाली व सोद्‌देश्य इच्छा के कारण हैं। आपने विशेष रूप से अपने चमत्कारिक सोद्‌देश्य सृजन के नियम को कार्यान्वित किया और ऐसा करने की क्षमता के कारण आप यहाँ पर हैं।

सृजनात्मक कार्यशाला विधि वह है, जिससे आप अस्तित्व की वह अवस्था पा सकते हैं, जिसे आपने चुना था, ताकि आप बोधपूर्वक ब्रह्मांड की शक्ति तक पहुँच हासिल कर सकें। आपने उन विषयों को आकर्षित करना आरंभ कर दिया, जो आपकी इच्छा थी, बजाय उन विषयों के, जो आपको आपकी वास्तविकता लगते थे। हमारी दृष्टि से, अभी जो उपस्थित है—जिसे आप अपनी वास्तविकता बताते हैं—और जो सचमुच आपकी वास्तविकता है, के बीच काफी अंतर है।

आगे बढ़ें और उन जीवन-अनुभवों को आकर्षित करें, जिनसे आपको यह फैसला करने में मदद मिले कि आप क्या चाहते हैं। और एक बार जब आप फैसला कर लें तो केवल इसी विचार पर कायम रहें। आपका अधिकांश समय वे आँकड़े जुटाने में बीत जाएगा, जिससे आपको यह फैसला करने में मदद मिलेगी कि आप क्या चाहते हैं। लेकिन आपका असली काम यह फैसला करना है कि आप क्या चाहते हैं और फिर उस पर ध्यान केंद्रित करना है; क्योंकि अपनी इच्छित वस्तु पर ध्यान केंद्रित करके ही आप उसे आकर्षित करके सकेंगे। यही सृजन की विधि है।

लेकिन हम आपसे आपके जीवन-अनुभव के पहले दिन बात नहीं कर रहे। आपको यहाँ आए काफी समय हो चुका है। आप में से अधिकांश लोग न केवल अपनी आँखों से देख चुके हैं, बल्कि मुख्य रूप से अपनी आँखों से नहीं देखा है—लेकिन आपने अपने आपको अधिकांशत:

दूसरों की आँखों से देखा है। इसलिए आप में बहुत से लोग फिलहाल अस्तित्व की उस स्थिति में नहीं हैं, जो आप बनना चाहते थे।

सृजनात्मक कार्यशाला विधि वह है, जिससे आप अस्तित्व की वह अवस्था पा सकते हैं, जिसे आपने चुना था, ताकि आप बोधपूर्वक ब्रह्मांड की शक्ति तक पहुँच हासिल कर सकें। आपने उन विषयों को आकर्षित करना आरंभ कर दिया, जो आपकी इच्छा थी, बजाय उन विषयों के, जो आपको आपकी वास्तविकता लगते थे। हमारी दृष्टि से, अभी जो उपस्थित है—जिसे आप अपनी वास्तविकता बताते हैं—और जो सचमुच आपकी वास्तविकता है, के बीच काफी अंतर है।

भले ही आप ऐसे शरीर में हो सकते हैं, जो अस्वस्थ है या ऐसे शरीर में, जो उस आकार या आकृति या जीवन-शक्ति वाला नहीं है, जिसे आपने चुना था, उस जीवन-शैली में, जो संभवतः आपको पसंद न हो। ऐसा वाहन चला रहे हैं, जिस पर शायद आपको शर्म आती होगी, या ऐसे लोगों से बात कर रहे हैं, जिससे आपको खुशी नहीं मिलती। हम आपको यह समझने में मदद करना चाहते हैं, भले ही यह आपको अपने अस्तित्व की स्थिति प्रतीत होती हो, लेकिन जरूरी नहीं कि ऐसा ही हो।

हम यहाँ ऐसी विधियाँ बता रहे हैं, जिनके द्वारा आप प्रतिदिन, थोड़ा सा समय देकर, मंशापूर्वक अच्छे स्वास्थ्य, जीवन-शक्ति, समृद्धि और दूसरों के साथ सकारात्मक चर्चाओं—और वे सभी चीजें, जो आपका यह विजन बनाती हैं कि आपके लिए आदर्श जीवन-अनुभव क्या है तो अपने अनुभव के लिए आकर्षित कर सकते हैं।

सर्जनात्मक कार्यशाला का एक और उदाहरण

हमारा कहना है कि आप रोजाना अपनी कार्यशाला में जाएँ, लेकिन थोड़े समय के लिए—पंद्रह से बीस मिनट काफी रहेंगे। यह और भी अच्छा रहेगा कि वह ऐसी जगह हो, जहाँ आप बैठ या लिख भी सकें। हालाँकि आप मन में इसे ऐसी किसी भी जगह कर सकते हैं, जहाँ कोई आपका ध्यान न भटकाए। लेकिन यह ऐसी जगह नहीं होनी चाहिए, जहाँ आप परिवर्तित चेतना स्थिति के साथ प्रवेश करते हों। यह ध्यान की अवस्था नहीं है। यह ऐसा स्थान होगा, जहाँ जाकर आप स्पष्ट रूप से विचार कर सकेंगे कि आप क्या चाहते हैं और इस हद तक कि इससे आपके भीतर सकारात्मक भावनाएँ उमड़ने लगें। अपनी कार्यशाला में उन्नत व उल्लासमय अनुभूति के साथ जाएँ। यदि आप प्रसन्न नहीं हैं तो यह समय सर्जनात्मक कार्यशाला के लिए ठीक नहीं है।

इस कार्यशाला में आपको काम उन आँकड़ों का समावेश करना है, जिन्हें आपने अपने वास्तविक जीवन-अनुभवों में एकत्रित किया है। इन आँकड़ों को साथ लाकर आपको वह तसवीर तैयार करनी है, जो आपको संतुष्ट व प्रसन्न कर सके। दिन भर में,

संभव है कि आपको कोई ऐसा व्यक्ति दिखाई दे, जिसका आनंदपूर्ण व्यक्तित्व हो। इस आँकड़े को एकत्रित कर लें और बाद में अपनी कार्यशाला में प्रयोग करें। आप किसी ऐसे व्यक्ति को देखें, जिसके पास वैसा वाहन हो, जैसा आपको चाहिए। इस आँकड़े को दर्ज कर लें। आप ऐसी आजीविका देख सकते हैं, जो आपको अच्छी लगे…आप स्वयं को अच्छी लगनेवाली जो भी चीज देखें, उसे याद रखें; बल्कि उसे लिख लें और जब आप अपनी कार्यशाला में जाएँ तो आप उन आँकड़ों का समावेशन आरंभ कर सकते हैं। ऐसा करने पर आप अपनी एक ऐसी तसवीर तैयार करेंगे, जो आपके अनुभव की ओर आकर्षित होना आरंभ कर देगी।

भले ही आप कुछ भी कर रहे हों—जैसे आप अपने काम पर जा रहे हों, घर में काम कर रहे हों, अपने परिवार या मित्रों के साथ बातचीत कर रहे हों—अपनी पसंद की चीजों से संबंधित वे आँकड़े एकत्रित करें, जिन्हें आप बाद में इस कार्यशाला में ला सकें।

संभव है कि आपको कोई ऐसा व्यक्ति दिखाई दे, जिसका आनंदपूर्ण व्यक्तित्व हो। इस आँकड़े को एकत्रित कर लें और बाद में अपनी कार्यशाला में प्रयोग करें। आप किसी ऐसे व्यक्ति को देखें, जिसके पास वैसा वाहन हो, जैसा आपको चाहिए। इस आँकड़े को दर्ज कर लें। आप ऐसी आजीविका देख सकते हैं, जो आपको अच्छी लगे…आप स्वयं को अच्छी लगनेवाली जो भी चीज देखें, उसे याद रखें; बल्कि उसे लिख लें और जब आप अपनी कार्यशाला में जाएँ तो आप उन आँकड़ों का समावेशन आरंभ कर सकते हैं। ऐसा करने पर आप अपनी एक ऐसी तसवीर तैयार करेंगे, जो आपके अनुभव की ओर आकर्षित होना आरंभ कर देगी।

आपकी सृजनात्मक कार्यशाला का एक व्यापक उदाहरण देखिए—

मुझे यहाँ होना अच्छा लगता है, क्योंकि मैं इस समय का मूल्य व शक्ति पहचान गया हूँ। यहाँ होना मुझे बेहद अच्छा लग रहा है। जब मैं खुद को देखता हूँ तो मुझ में पूरा पैकेज दिखाई देता है। मैं जानता हूँ कि यह मेरा अपना सृजन है और निश्चित ही इसे मैंने ही चुना है। मैं ऊर्जा से भरपूर, अथक, वास्तविक और बिना प्रतिरोध के जीवन-अनुभवों की तरफ बढ़ रहा हूँ। अपनी इस तसवीर में मैं खुद को उड़ते, कार से अंदर व बाहर जाते, इमारतों में आते-जाते, कमरों में आते-जाते, बातचीत शुरू व समाप्त करते और जीवन-अनुभवों को आते-जाते देख रहा हूँ। मैं सहज, सरल व आनंदपूर्वक प्रवाहित हो रहा हूँ।

मैं अपने को सिर्फ उन्हीं चीजों को आकर्षित करते देख रहा हूँ, जो मेरी मौजूदा मंशा से सामंजस्य रखती हैं। मैं अपनी इच्छा को लेकर अधिक जागरूक हो गया हूँ। जब मैं

वाहन में बैठकर अपने गंतव्य की ओर बढ़ता हूँ, मैं स्वयं को उस स्थान पर स्वस्थ, ताजा दम और सही समय पर पहुँचते और वहाँ मुझे जो भी कुछ करना है, उसके लिए पूर्णतः तैयार देखता हूँ। मैं अपने को उस पूर्णता सहित देखता हूँ, जिस तरह मैंने इसे चुना है।

यह जानकर अच्छा लगा कि इस बात से कोई फर्क नहीं पड़ता कि मैं जो कर रहा हूँ, उस बारे में दूसरे लोग क्या कर या सोच रहे हैं। महत्त्वपूर्ण यह है कि मैं अपने आपसे संतुष्ट हूँ। और मैं अपनी उस तसवीर को देख रहा हूँ, जो मैं वास्तव में हूँ।

मैं जान गया हूँ कि जीवन के सभी पहलुओं में मैं अनंत हूँ। मेरे अनंत बैंक खाते हैं। मेरी कोई वित्तीय सीमा नहीं है। मैं अपने सभी निर्णय इस आधार पर ले रहा हूँ कि मैं वह अनुभव लेना चाहता हूँ या नहीं, न कि मैं उसे करने में समर्थ हूँ या नहीं। मैं जानता हूँ कि मैं वह चुंबक हूँ, जो जितना चाहूँ, उतने स्तर की समृद्धि, स्वास्थ्य या रिश्तों को आकर्षित कर सकता है।

मैं जान गया हूँ कि जीवन के सभी पहलुओं में मैं अनंत हूँ। मेरे अनंत बैंक खाते हैं। मेरी कोई वित्तीय सीमा नहीं है। मैं अपने सभी निर्णय इस आधार पर ले रहा हूँ कि मैं वह अनुभव लेना चाहता हूँ या नहीं, न कि मैं उसे करने में समर्थ हूँ या नहीं। मैं जानता हूँ कि मैं वह चुंबक हूँ, जो जितना चाहूँ, उतने स्तर की समृद्धि, स्वास्थ्य या रिश्तों को आकर्षित कर सकता है।

मैंने परम व सतत प्रचुरता को चुना है, क्योंकि मैं जान गया हूँ कि ब्रह्मांड में संपत्ति की कोई कमी नहीं है। और प्रचुरता को आकर्षित करके मैं किसी दूसरे को सीमित नहीं कर रहा। यहाँ सबके लिए पर्याप्त है। किसी गुप्त कोष को छिपाए रखने की कोई आवश्यकता नहीं है, क्योंकि मेरी जो भी इच्छा होगी, या मुझे जो भी कुछ चाहिए, उसे मैं सहज ही अपने अनुभव में शामिल कर सकता हूँ। मेरे लिए धन व समृद्धि की हर तरह की असीमित आपूर्ति उपलब्ध है।

मैं ऐसे लोगों से घिरा हूँ, जो मेरी ही तरह इच्छाएँ रखते हैं। जो मेरी ओर इस कारण आकर्षित हुए हैं कि मैंने उन्हें वह सबकुछ बनने, करने या पाने की स्वीकार्यता दी है, जो वे चाहते हैं। मैं अपने को दूसरों के साथ संवाद करते देखता हूँ, जिसमें मैं उनसे बात कर रहा हूँ, मजाक कर रहा हूँ और उनमें जो कुछ भी श्रेष्ठ है, उसका आनंद ले रहा हूँ और वे मुझमें जो कुछ भी श्रेष्ठ है, उसका आनंद ले रहे हैं। हम दोनों एक-दूसरे की सराहना कर रहे हैं। कोई भी आलोचना या अवांछित चीजों पर ध्यान केंद्रित नहीं कर रहा।

मैं पूर्णतः स्वस्थ हूँ, खूब समृद्ध हूँ और इस भौतिक जीवन-अनुभव की सराहना कर रहा हूँ, जिसकी मैंने इस भौतिक अस्तित्व में आने का फैसला करने से पहले इच्छा की थी।

यहाँ होना बहुत उत्तम है। अपने भौतिक दिमाग से फैसले लेना, लेकिन इसे 'आकर्षण के नियम' द्वारा ब्रह्मांड की शक्ति से प्राप्त करना। और अस्तित्व की इस शानदार स्थिति से अब मैं इस जैसे अन्यों को आकर्षित कर रहा हूँ। यह बहुत अच्छा है, बेहद मजेदार है। मुझे यह बहुत पसंद है।

और अब, आज के दिन के लिए मेरा काम समाप्त होता है। मैं अपनी सृजनात्मक कार्यशाला को छोड़कर बाहर निकल रहा हूँ, क्योंकि बाकी बचे दिन में मुझे ऐसी और वस्तुएँ ढूँढ़नी हैं, जिनकी मुझे इच्छा हो। मेरा कार्य समाप्त हुआ।

चूँकि अपनी कार्यशाला में प्रवेश करते हुए आप पहले ही से अच्छा महसूस कर रहे थे और आपने अपनी कार्यशाला में जीवन-अनुभवों के वे विशिष्ट पहलू उठाए, जो आपको पसंद हैं। और जब आपने इन चीजों को अत्यधिक विवरण के साथ कल्पित किया तो आपकी कार्यशाला के बाहर के जीवन में वे तसवीरें प्रतिबिंबित होने लगेंगी, जिन्हें आपके अपनी सृजनात्मक कार्यशाला में सृजित किया है। यह एक शक्तिशाली औजार है, जो आपके अपने लिए आदर्श जीवन सृजित करने में मदद करेगा।

□

विधि-4

आभासी वास्तविकता

इस विधि का प्रयोग कब करें

- जब आप अच्छा महसूस कर रहे हों और स्वीकार्यता के कंपन का अभ्यास करना चाहते हों।
- जब आप अपने को कोई खुशनुमा अनुभव याद दिलाना चाहते हों और इस अनुभूति को लंबा विस्तार देना, बल्कि बेहतर अनुभूति वाले स्थान तक पहुँचाना चाहते हों।
- जब आपके पास अतिरिक्त समय हो और आप इसे सुखद तरीके से बिताना चाहते हों।

मौजूदा भावात्मक रुझान-बिंदु सीमा

आभासी वास्तविकता विधि आपके लिए तब सबसे मूल्यवान् होगी, जब आपका भावात्मक रुझान-बिंदु इन श्रेणियों के बीच हो—

(1)आनंद/ज्ञान/सशक्तीकरण/स्वतंत्रता/प्रेम/सराहना

और

(8) ऊब।

(यदि आपको अपना मौजूदा भावात्मक रुझान-बिंदु ज्ञात न हो तो अध्याय-22 पर जाएँ और वहाँ भावात्मक मार्गदर्शन पैमाने की 22 श्रेणियाँ देखें।)

याद रखिए, आप कांपनिक ब्रह्मांड में रहते हैं और सभी चीजें 'आकर्षण के नियम' द्वारा प्रबंधित हैं। आपको वही मिलता है, जिसके बारे में आप सोच रहे होते हैं, फिर आपको वह चाहिए या नहीं, क्योंकि जब भी आप किसी वस्तु के साथ कांपनिक सामंजस्य में होते हैं, आपने उस पर ध्यान केंद्रित किया है तो उसकी कांपनिक सार वस्तु किसी-न-किसी तरह आपके जीवन-अनुभवों में दिखाई देना आरंभ हो जाती है।

अत: आप कह सकते हैं कि ब्रह्मांड आपके कांपनिक प्रस्तावों, आपके आकर्षण-

बिंदु, आपके सोचे जा रहे विचारों और आप जैसा महसूस कर रहे हैं, उस पर प्रतिक्रिया दे रहा है। ब्रह्मांड आपके अनुभवों में क्या प्रत्यक्ष हो गया, उस पर नहीं, बल्कि इनकी जगह आपके फिलहाल प्रस्तावित किए जा रहे कंपनों पर प्रतिक्रिया दे रहा है। ब्रह्मांड के लिए इसमें कोई अंतर नहीं है कि आपके पास वास्तव में मिलियन डॉलर हैं या आप अपने पास मिलियन डॉलर होने पर विचार कर रहे हैं। आपका आकर्षण-बिंदु आपके पास क्या है, इस पर नहीं, बल्कि आपके विचारों से संबंधित है।

आभासी वास्तविकता विधि वह नहीं है, जिसमें आप किसी टूटी हुई चीज को जोड़ने का प्रयास कर रहे हों। इसमें आप सोद्देश्यपूर्वक अपने मन में एक दृश्य को सक्रिय करते हैं, जिससे आप सक्रिय किए गए दृश्य के समान कंपनों को प्रस्तावित करते हैं। और जब आप अपने मन में सुखद दृश्यों की कल्पना का अभ्यास करते हैं तो वे अच्छा महसूस होनेवाले कंपन आपके नए रुझान-बिंदु बन जाते हैं।

आभासी वास्तविकता विधि वह नहीं है, जिसमें आप किसी टूटी हुई चीज को जोड़ने का प्रयास कर रहे हों। इसमें आप सोद्देश्यपूर्वक अपने मन में एक दृश्य को सक्रिय करते हैं, जिससे आप सक्रिय किए गए दृश्य के समान कंपनों को प्रस्तावित करते हैं। और जब आप अपने मन में सुखद दृश्यों की कल्पना का अभ्यास करते हैं तो वे अच्छा महसूस होनेवाले कंपन आपके नए रुझान-बिंदु बन जाते हैं।

अधिकांश लोग अपने कंपन ज्यादातर उन चीजों, लोगों और परिस्थितियों की प्रतिक्रियास्वरूप प्रस्तावित करते हैं, जिन्हें वे देखते हैं। और इस तरह, अधिकांश लोगों का जीवन वैसा ही बीतता है, जैसे वे होते हैं। उनमें दिनोदिन कोई महत्त्वपूर्ण सुधार नहीं होता। ऐसा इसलिए, क्योंकि उनके प्रस्तावित विचार उनसे अधिक अलग नहीं होते, जो वे पहले ही अनुभव कर चुके हैं। हालाँकि आभासी वास्तविकता का खेल इसे बदल सकता है; क्योंकि इस विधि को अपने द्वारा चयनित किसी भी विषय पर कार्यान्वित करना आपके कंपनों को वहाँ से काफी दूर ले जाता है, जहाँ आप अभी खड़े हैं। चूँकि ब्रह्मांड आप जैसे जी रहे हैं, उस पर नहीं, बल्कि आपके कंपनों पर प्रतिक्रिया देता है, इसलिए अद्भुत चीजें आपके अनुभवों में शामिल होने लगती हैं, भले ही उन्हें इससे पहले कभी न किया गया हो।

हम जो चीजें देखते हैं, जो अधिकांशतः आपका उत्थान करनेवाली होती हैं, वे विषम होती हैं। जो आप में इच्छाओं के रॉकेट को जन्म देने में मदद के लिए आवश्यक व महत्त्वपूर्ण होता है। अकसर ऐसी कई तरह की अव्यवस्थित ऊर्जाएँ सक्रिय हो जाया करती हैं। प्राय: आपके लिए आप क्या चाहते हैं, इसे जानने के लिए आपको विवरणों

और घटनाओं का अच्छी तरह विश्लेषण करना होता है। इनसे आपको यह जानने में मदद मिलती है कि आप क्या चाहते हैं? दूसरे शब्दों में, आपने अंतिम बार स्पष्ट रूप से अपनी इच्छा के बारे में कब कहा था? अकसर तब, जब आपकी स्थिति ठीक नहीं होती। सही है? अधिक पैसा पाने की इच्छा वास्तव में कब चरम पर होती है? अकसर तब, जब पर्याप्त धन न हो। जब आप भ्रमित होते हैं, तभी आपको अधिक स्पष्टता की आवश्यकता होती है; ठीक? जब आप व्यग्र होते हैं, क्या तब आपको अधिक स्थिरता नहीं चाहिए होती? और जब आप ऊब जाते हैं, क्या तब आपको अधिक प्रोत्साहन की जरूरत नहीं होती?

याद रखिए, सृजनात्मक कार्यशाला विधि में तीन चरण हैं—(1) माँगना (यह आसान है, आप हर समय यही तो करते हैं), (2) माँग का उत्तर मिलेगा (यह आपका काम नहीं, यह स्रोत ऊर्जा करती है), (3) स्वीकार्यता (आपने जो माँगा है, उसकी प्राप्ति के लिए तैयार रहिए)।

याद रखिए, सृजनात्मक कार्यशाला विधि में तीन चरण हैं—(1) माँगना (यह आसान है, आप हर समय यही तो करते हैं), (2) माँग का उत्तर मिलेगा (यह आपका काम नहीं, यह स्रोत ऊर्जा करती है), (3) स्वीकार्यता (आपने जो माँगा है, उसकी प्राप्ति के लिए तैयार रहिए)।

यह समझना जरूरी है कि 1 और 3 चरण दोनों में काफी अंतर है। जब आप किसी चीज पर केंद्रित होते हैं या उसके लिए प्रार्थना कर रहे होते हैं। वह, जो आपकी वास्तविक इच्छा या जरूरत है तो अकसर आपका कांपनिक मेल आपकी इच्छित वस्तु के साथ नहीं होता; बल्कि यह उसकी अनुपस्थिति के साथ होता है।

जब सारे बिल एक साथ आ जाएँ और आपके पास इन्हें चुकाने के लिए पर्याप्त धन न हो और आप अपने को भयभीत व सशंकित महसूस करें तो कहें, "मुझे और धन की आवश्यकता है।" या आप और अधिक सकारात्मक शब्दों का प्रयोग कर सकते हैं, जैसे—"मुझे और धन चाहिए।" इस वक्त आप 1 चरण कर रहे हैं। आप अपनी इच्छा प्रकट करते हैं। लेकिन आप 3 चरण में नहीं पहुँचे हैं, इसलिए आप उस चीज से दूर हैं, जिसे आपने माँगा था।

आप निरंतर माँग रहे हैं। आप माँगना कभी बंद नहीं करते। विषमता आपके भीतर इच्छाओं को जाग्रत् करती है। आपका असली काम उस रास्ते को खोजना है, जिससे आप रिसीवर मोड में आ सकें। यह सैटेलाइट या रेडियो सिग्नल को प्राप्त करने की इच्छा रखने जैसा है। ऐसा करने के लिए आपको अपने रिसीवर को ट्रांसमीटर की वेवलेंथ पर ही सेट करना होगा या तभी आप स्थिर हो पाएँगे। अन्यथा आपको स्पष्ट सिग्नल प्राप्त नहीं होंगे। इसी तरह आपका अपनी भावनाओं के साथ ऐसा ही तालमेल (ट्रांसमीटर और

रिसीवर) होता है। दूसरे शब्दों में, जब आप किसी ऐसी विषम परिस्थिति में हों, जहाँ आप अपने को चुका व हारा हुआ या क्रोधित अथवा चोट खाया महसूस करें तो आपका तालमेल बिगड़ गया है।

हम चाहते हैं कि आप आराम से रहें और अपने को नकारात्मक भावनाओं के बीच पाकर अपने प्रति इतने कठोर न हों। नकारात्मक भावनाएँ इसलिए अच्छी चीज हैं, क्योंकि उनसे आपको यह पता चलता है कि आपको अपने वास्तविक स्वरूप के साथ सामंजस्य बनाने के लिए थोड़ा फेर-बदल अपेक्षित है।

यदि आप सचमुच समरूपता खो चुके हैं, दूसरे शब्दों में, यदि आपको सचमुच लगता हो कि आप अच्छा महसूस करनेवाली स्थिति में नहीं हैं तो हम अधिक राहत देनेवाली जिस विधि की सलाह देंगे, वह है—ध्यान करना। क्योंकि जब आप अपने मन को मौन कर देते हैं तो आपके विचार भी रुक जाते हैं और जब आपके विचार रुक जाते हैं तो आपके कंपनों में स्वतः बढ़ोतरी होने लगती है।

यदि आप सचमुच समरूपता खो चुके हैं, दूसरे शब्दों में, यदि आपको सचमुच लगता हो कि आप अच्छा महसूस करनेवाली स्थिति में नहीं हैं तो हम अधिक राहत देनेवाली जिस विधि की सलाह देंगे, वह है—ध्यान करना। क्योंकि जब आप अपने मन को मौन कर देते हैं तो आपके विचार भी रुक जाते हैं और जब आपके विचार रुक जाते हैं तो आपके कंपनों में स्वतः बढ़ोतरी होने लगती है।

निस्संदेह, यदि आपको केंद्रित होने के लिए कुछ मिल सके, कुछ ऐसा, जिसकी आप सहज ही सराहना कर सकें तो सराहना की आवेश विधि अधिक बेहतर रहेगी; क्योंकि आप इसे कैसे भी हालात में कर सकते हैं, फिर भले ही आप कहीं पर भी हैं। लेकिन आभासी वास्तविकता की इस विधि से आपको दो विशेष तरीकों से मदद मिल सकती है—आप गैर-प्रतिरोध अनुभूति के तौर-तरीकों से परिचित हो जाएँगे, जिससे आप अपने प्रतिरोधी विचारों में जाने को उस समय पहचान लेंगे, जिस शुरुआती चरण में इसमें से पुनः वापस लौटना आसान होता है। और आप जितने भी क्षण गैर-प्रतिरोध की स्थिति में रहेंगे, तब तक 'आकर्षण का नियम' आपके प्रति सकारात्मक तरीके से प्रतिक्रिया देता रहेगा।

अब्राहम, हमें 'आभासी वास्तविकता' विधि के बारे में और बताएँ

'आभासी वास्तविकता' वह विधि है, जिसमें आप इस समय के इस क्षण में जो चाहें, वह चुन सकते हैं; जैसे किसी फिल्म का निर्देशक करता है। इस विधि को शुरू करने के लिए आपको सबसे पहले निर्णय लेना होगा—यह घटना कहाँ पर हो रही है? ऐसा स्थान

चुनिए, जो आपको वास्तव में पसंद हो। यह ऐसी कोई भी जगह हो सकती है, जहाँ आप गए हों, जिसके बारे में सुना हो, किसी फिल्म में देखा हो, या कभी कल्पना की हो।

यह अंदर या बाहर हो सकता है? दिन का कौन सा समय है? यह सुबह, दोपहर या शाम क्या है? सूर्य उदित हो रहा है या अस्त? या भरी दोपहरी है? हवा कैसी है? तापमान कितना है? आपने क्या कपड़े पहन रखे हैं? वहाँ और कौन-कौन है? ऐसी चीजों को चुनें, जो आपको अच्छी महसूस हों।

इस बात से कोई फर्क नहीं पड़ता कि आप अकेले हैं या किसी के साथ हैं। लेकिन यह बात महत्त्वपूर्ण है कि यदि आपने किसी और को अपनी आभासी वास्तविकता बनाने के लिए चुना है तो उन्हें शामिल करना आपको अच्छा महसूस होना चाहिए।

आप किस मूड में हैं? आप हँस रहे हैं? आप मौन होकर मनन कर रहे हैं? एक बार जब आप दृश्य तैयार कर लेते हैं तो आप यह कल्पना कर सकते हैं कि आप एक-दूसरे से संभवतः क्या कहेंगे!

इस आभासी वास्तविकता विधि का उद्देश्य आपको अपने भीतर ऐसे कंपन उत्पन्न करवाना है, जो आपको अपने कल्याण की स्वीकार्यता की स्थिति में पहुँचा सकें। इसलिए आप अपनी आभासी वास्तविकता में ऐसा नया मकान नहीं बना सकते, जिसकी छत से पानी गिरता हो और आप मिस्त्रियों को अपनी आभासी वास्तविकता में बुलाकर उस टपकती छत की मरम्मत करवा सकें। आप उस पर भद्दा सा वॉल पेपर लगाकर किसी को इसे बदलने के लिए नहीं बुला सकते। अपनी आभासी वास्तविकता में आप उसे बिल्कुल वैसा बना सकते हैं, जैसा आप उसे बनाना चाहते हैं।

> ***इस आभासी वास्तविकता विधि का उद्देश्य आपको अपने भीतर ऐसे कंपन उत्पन्न करवाना है, जो आपको अपने कल्याण की स्वीकार्यता की स्थिति में पहुँचा सकें। इसलिए आप अपनी आभासी वास्तविकता में ऐसा नया मकान नहीं बना सकते, जिसकी छत से पानी गिरता हो और आप मिस्त्रियों को अपनी आभासी वास्तविकता में बुलाकर उस टपकती छत की मरम्मत करवा सकें।***

इस विधि द्वारा किसी विशिष्ट मौजूदा स्थिति को सुधारने का प्रयास न करें; क्योंकि किसी चीज को ठीक करने के अपने प्रयास में आप उन कंपनों को अपनी आभासी वास्तविकता में ले आते हैं और ऐसा करके आप अपनी आभासी वास्तविकता विधि की शक्ति खो बैठते हैं।

अच्छा महसूस करने से जरूरी और कुछ नहीं

कोई कारण नहीं कि आपने जिन भी चीजों को अपनी इच्छित वस्तु के तौर पर पहचाना है, उनकी प्रतिक्रियास्वरूप कल्याण सूक्ष्म विवरणों सहित आपके अनुभवों में शामिल न हो। सिवाय इसके कि आपका मूड खराब हो अथवा आप किसी चीज को लेकर क्रोधित या चिंतित हों।

आभासी वास्तविकता का यह अभ्यास आपको पहले से अधिक बेहतर अनुभूत करवाने हेतु आपके प्रशिक्षण में मदद करेगा। और मांसपेशी की ही तरह आप इसे जितना अधिक करेंगे, यह आपके लिए उतना ही बेहतर काम करेगा।

हम आपको तब यह खेल खेलने के लिए प्रोत्साहित करेंगे, जब आप वाहन चला रहे हों, कतार में खड़े हों या बिस्तर पर लेटे हों, या आपने यह करने के लिए कुछ समय अलग से निकाला हो। जब आप ऐसे दृश्यों का निर्माण करते हैं, जो आपको अच्छे महसूस हों तो आप ऐसा कंपन सक्रिय कर देते हैं, जो अच्छा महसूस होता है और तब 'आकर्षण का नियम' उन कंपनों से मेल खाने लगता है।

एस्थर ने इस आभासी वास्तविकता के खेल का एक बार उस समय अभ्यास किया था, जब वे उस बड़ी बस को चला रही थीं, जिसमें वे और जेरी यात्रा कर रहे थे। उन्होंने पाया कि इससे उन्हें दृश्य तक फौरन पहुँचने में मदद मिली। इससे वे अपने को सचमुच अच्छा महसूस करनेवाली स्थिति में पहुँचा सकीं और फिर बाहर निकाल सकीं। यदि वे वहाँ अधिक समय तक रहतीं तो वे अत्यधिक व्यावहारिक हो जातीं और लोगों को सुधारने या ठीक करने का प्रयास करने लगतीं। लेकिन उन्होंने अपने मन की बात सुनकर फैसला किया कि उनका अच्छा महसूस होनेवाला स्थल कहाँ है...उसमें और कौन लोग शामिल होंगे, यह पहचाना कि वे किस तरह के मूड में होंगे और बस, कुछ संवाद बोले और बाहर आ गईं—तो यह बेहद शानदार रहा।

हम आपको तब यह खेल खेलने के लिए प्रोत्साहित करेंगे, जब आप वाहन चला रहे हों, कतार में खड़े हों या बिस्तर पर लेटे हों, या आपने यह करने के लिए कुछ समय अलग से निकाला हो। जब आप ऐसे दृश्यों का निर्माण करते हैं, जो आपको अच्छे महसूस हों तो आप ऐसा कंपन सक्रिय कर देते हैं, जो अच्छा महसूस होता है और तब 'आकर्षण का नियम' उन कंपनों से मेल खाने लगता है। आप जिसमें अच्छा महसूस करते हों, उससे ज्यादा जरूरी और कुछ नहीं है—और उन रचनात्मक तसवीरों से बेहतर और कुछ नहीं, जिनके द्वारा आपने अच्छा महसूस किया हो।

ड्राइविंग के दौरान जब एस्थर ने हवा कैसी महसूस होगी, इस पर विचार किया तो

कई बार वह थोड़ी नम थी, तो कई बार यह इतनी सूखी थी कि उसका एस्थर के बदन को छूकर जाना उन्हें बहुत अच्छा लगा। कई बार यह 90 डिग्री पर आर्द्रतारहित होती। एस्थर ने तापमान, आर्द्रता के प्रत्येक पसंदीदा मिश्रण और वे दिन के किस भाग के बारे में सोच रही हैं, इस पर विचार किया।

और इसके बाद वे अपने प्रिय मित्रों को उसमें शामिल करती हैं और उनके साथ खेलती हैं। वे सभी तरह के शानदार अनुभव प्राप्त करते हैं। वे इस आभासी वास्तविकता में इतनी अच्छी हो गई हैं कि वे इसमें अधिक समय तक बनी रहना चाहती हैं, क्योंकि इस खेल को खेलते समय हर चीज उनके नियंत्रण में होती है।

जो विचार बुरा महसूस हो, वह बुरा है

ब्रह्मांड इस बात को नहीं जानता (या ध्यान नहीं देता) कि किसी क्षण में आपके कंपन कैसे हैं? दूसरे शब्दों में, चिकित्सक एक दिन पहले आपको बीमारी से ग्रसित पाते हैं और आज आप हाई-वे पर किसी तरह की आभासी वास्तविकता की कल्पना करते हुए वाहन चला रहे हैं (जैसे एस्थर ने किया)। इस क्षण में आपके शरीर में किसी बीमारी के लक्षण नहीं हैं। और यदि आप इस कंपन को अपनी बीमारी के कंपन से अधिक रख सके तो यह आपके शरीर में नहीं रहेगी। यह वहाँ सिर्फ इसलिए है, क्योंकि अनजाने में आपने उन विचारों को चुन लिया है, जिनका कांपनिक तालमेल इस रोग के सार से था।

आपके द्वारा चुना गया वह प्रत्येक विचार, जिसका इस रोग के साथ कांपनिक तालमेल है··· आपके विचार करने पर बुरा महसूस होता है। यह क्रोध, निराशा, नाराजगी, दोषारोपण, ग्लानि और भय के विचारों जैसा होता है, जो आपके लिए बुरे हैं। और आप बता सकते हैं कि ये आपके लिए अच्छे नहीं हैं; क्योंकि जब आप इन पर विचार करते हैं तो ये बुरे लगते हैं। जिस तरह गरम तवे को छूना या अनुभूत करने से कष्ट होता है, उसी तरह नकारात्मक भावनाओं की अनुभूति भी कष्टदायी होती है।

> ***कोई ऐसी चीज, जो लंबे समय से मन में है, लेकिन आपने कभी उसके कंपनों को सक्रिय नहीं किया, या कुछ ऐसा, जो आप कल सोच रहे थे, लेकिन अब उसके बारे में नहीं सोच रहे, जिसका आपके आकर्षण-बिंदु में कोई कांपनिक महत्त्व नहीं था—जरा सा भी नहीं। अतः आपको अपने सारे नकारात्मक विचारों से पीछा छुड़ाने की आवश्यकता नहीं है।***

कोई ऐसी चीज, जो लंबे समय से मन में है, लेकिन आपने कभी उसके कंपनों को सक्रिय नहीं किया, या कुछ ऐसा, जो आप कल सोच रहे थे, लेकिन अब उसके बारे में नहीं सोच रहे,

जिसका आपके आकर्षण-बिंदु में कोई कांपनिक महत्त्व नहीं था—जरा सा भी नहीं। अत: आपको अपने सारे नकारात्मक विचारों से पीछा छुड़ाने की आवश्यकता नहीं है।

कई बार दूसरों के साथ संवाद करते हुए आप कुछ ऐसा सुनते, देखते या सूँघते होंगे, जिससे आपके भीतर कंपन की शुरुआत होती है, जो सक्रिय होने के दौरान अच्छी अनुभूत नहीं होती। और उस समय आप कहते हैं, "ओह, मेरी मार्गदर्शन प्रणाली काम कर रही है! मुझे लग रहा है कि मेरे भीतर कुछ सक्रिय हुआ है, जो मेरे लिए ठीक नहीं है; क्योंकि इस कंपन के सक्रिय होने पर मेरे भीतर एक प्रतिरोध आया है, जो अब कल्याण को अस्वीकार कर रहा है; जबकि पहले ऐसा नहीं था।"

> ***आप आभासी वास्तविकता का जितना अधिक अभ्यास करेंगे, उतना ही अधिक गैर-प्रतिरोधी कंपन का अभ्यास होता जाएगा। आप गैर-प्रतिरोधी कंपन का जितना अधिक अभ्यास करेंगे, आपको उतना ही बेहतर महसूस होगा और निस्संदेह, इसके साथ ही आपकी इच्छित वस्तुएँ अधिक आसानी से आपके अनुभव में प्रवाहित होने लगेंगी।***

तो यही वह समय है, जब ऐसे विचार को चुना जाए, जो बेहतर महसूस हो। और यदि आप आभासी वास्तविकता का अभ्यास करते हैं तो आपके लिए ऐसे विचार तक पहुँचना आसान हो जाता है, जो बेहतर महसूस हो। लेकिन यदि आप इसका अभ्यास नहीं कर रहे तो जब आप नकारात्मक विचार के मध्य में होते हैं तो आप किसी सकारात्मक दिशा में नहीं जा पाते। अत: आपको तब तक प्रतीक्षा करनी पड़ती है, जब तक वह विचार समाप्त नहीं हो जाता।

आभासी वास्तविकता विधि का एक और उदाहरण

आप आभासी वास्तविकता का जितना अधिक अभ्यास करेंगे, उतना ही अधिक गैर-प्रतिरोधी कंपन का अभ्यास होता जाएगा। आप गैर-प्रतिरोधी कंपन का जितना अधिक अभ्यास करेंगे, आपको उतना ही बेहतर महसूस होगा और निस्संदेह, इसके साथ ही आपकी इच्छित वस्तुएँ अधिक आसानी से आपके अनुभव में प्रवाहित होने लगेंगी। उदाहरण के लिए, निम्न दृश्य की कल्पना कीजिए—

स्थान : एक प्यारा सा सफेद रेतवाला समुद्र-तट।

"यह सर्दियों का समय है, लेकिन मौसम खुशनुमा है। तापमान 70 डिग्री है और बिखरे हुए बादल हैं और मेरी त्वचा पर हवा का स्पर्श बेहद शानदार लग रहा है।

"मैंने जूते नहीं पहने हैं। इसलिए मैं अपने पैरों के नीचे की ठंडी और साफ रेत को महसूस करने का आनंद ले रहा हूँ। मेरे कपड़े थोड़े ढीले और बेहद आरामदेह हैं और मैं

काफी स्वस्थ महसूस कर रहा हूँ। मैं धीरे-धीरे बीच पर घूमते हुए खुद को मजबूत, खुश और सुरक्षित महसूस कर रहा हूँ।

"मेरी पाँच साल की पोती मेरे साथ है और उसे यह मनोहर दिन बहुत अच्छा लग रहा है—बिल्कुल मेरी तरह। मेरे साथ वह बहुत खुश है, लेकिन अपने मनोरंजन के लिए उसे मेरी जरूरत नहीं है। मैं उसे आनंदित देखकर प्रसन्न हूँ। वह दौड़ने, रेत खोदने जैसी स्व-सशक्तीकरण क्रियाएँ करते हुए इस प्यारे बीच का आनंद ले रही है। मुझे बहुत खुशी है कि हम इस जगह आए। यह बहुत अच्छा चुनाव रहा।

"मेरी पोती दौड़ती हुआ मेरे पास आई। उसने हाथों में एक सीप पकड़ रखी है, जो उसे यहीं मिली है और वह अपनी आह्लादपूर्ण मधुर वाणी और मुदित चमकदार आँखों के साथ कहती है, "दादी, मैं बहुत खुश हूँ कि हम यहाँ आए। मुझे यहाँ लाने के लिए धन्यवाद।" और मैं उससे कहती हूँ, "तुम्हारा स्वागत है, प्यारी गुड़िया। मुझे भी तुम्हारा यहाँ साथ होना पसंद आया।"

अब यह बाहर जाने का काफी अच्छा समय है।

चिंताग्रस्त हों या उत्साहित, आपकी कल्पनाएँ समान होंगी

टक्सन में रहनेवाले एस्थर के गहरे दोस्त ने उसे विंडशील्ड मरम्मत की किट दी। एस्थर ने सोचा, पता नहीं यह कैसे काम करता है? उन्होंने निर्देशों को पढ़ा और सोचा, यह कितनी कमाल की चीज है! और हर बार जब वह उसे उठाती हैं, यही सोचतीं कि यह कितनी शानदार चीज है!

एक बार वे और जेरी सड़क पर जा रहे थे। दस ही मिनट में एक ट्रक तेजी से उनके पास से गुजरा। ट्रक के पहिए से छिटककर पत्थर का एक टुकड़ा उनके मोटर कोच की विंडशील्ड से टकरा गया। लगभग तभी एस्थर को विंडशील्ड की मरम्मत करवाने का वह अनुभव हुआ, जिसकी वे कल्पना कर रही थीं।

आप अपनी आभासी वास्तविकता में चाहे चिंतित हों या आनंदित, आप एक कंपन तैयार करते हैं और 'आकर्षण का नियम' वैसा ही फल देता है।

किसी ने हमसे कहा, "अब्राहम, मेरे लिए कल्पना करना मुश्किल है। मैं जब भी आभासी

एक बार वे और जेरी सड़क पर जा रहे थे। दस ही मिनट में एक ट्रक तेजी से उनके पास से गुजरा। ट्रक के पहिए से छिटककर पत्थर का एक टुकड़ा उनके मोटर कोच की विंडशील्ड से टकरा गया। लगभग तभी एस्थर को विंडशील्ड की मरम्मत करवाने का वह अनुभव हुआ, जिसकी वे कल्पना कर रही थीं।

वास्तविकता करने लगता हूँ, मेरे लिए जैसे सब सपाट हो जाता है। मुझे नहीं पता कि इसे कैसे किया जाए?"

और हम कहते हैं, क्या आप बीती घटनाएँ याद कर सकते हैं? यदि आप उन्हें याद कर सकते हैं तो आभासी वास्तविकता भी कर सकते हैं, क्योंकि इनमें से कोई भी यहीं और अभी नहीं है। और जब आप याद करते हैं तो आप इसका किसी चीज से पुनर्निर्माण कर रहे होते हैं।

अतः कल्पना करना या आभासी वास्तविकता में कोई अंतर नहीं है। यह जादू है, जिसकी एकमात्र मंशा ऐसा करके आपको आनंदित करना है।

जब आप इस विधि का अभ्यास करेंगे तथा अपनी कल्पना को और अधिक प्रोत्साहन देंगे, आप न केवल खुश रहने की विधि और समय बिताने का अच्छा महसूस करनेवाला तरीका जान जाएँगे, बल्कि आपको यह भी पता चलेगा कि बेशुमार विषयों पर आपके प्रबल कंपन परिवर्तित हो रहे हैं और अब आपके जीवन-अनुभवों में ये शानदार सुधार प्रतिबिंबित होना आरंभ हो जाएँगे।

□

विधि-5

समृद्धि का खेल

इस विधि का प्रयोग कब करें

- जब आप अपनी कल्पना की क्षमता में वृद्धि करना चाहते हों।
- जब आप अपनी इच्छाओं में अधिक स्पष्टता या विशिष्टता जोड़ना चाहते हों।
- जब आप अपने अनुभव में धन के प्रवाह को बढ़ाना चाहते हों।
- जब आप चीजों की विविधता के मद्देनजर प्रचुरता के प्रवाह में वृद्धि करना चाहते हों।

मौजूदा भावात्मक रुझान-बिंदु सीमा

समृद्धि की खेल विधि आपके लिए तब सबसे मूल्यवान् होगी, जब आपका भावात्मक रुझान-बिंदु इन श्रेणियों के बीच हो—

(1) आनंद/ज्ञान/सशक्तीकरण/स्वतंत्रता/प्रेम/सराहना

और

(16) निराशा।

(यदि आपको अपना मौजूदा भावात्मक रुझान-बिंदु ज्ञात न हो तो अध्याय-22 पर जाएँ और वहाँ भावात्मक मार्गदर्शन पैमाने की 22 श्रेणियाँ देखें।)

इस विधि में शुरुआत आप एक काल्पनिक जाँच खाते की स्थापना से करते हैं। दूसरे शब्दों में, इसमें कोई वास्तविक बैंक शामिल नहीं होता; लेकिन आप इसमें जमा परची व चेक निकासी बिल्कुल उसी तरह कर सकते हैं, जैसे असली खाते में करते हैं। आप अपने कंप्यूटर के अकाउंटिंग प्रोग्राम या पुरानी चेकबुक प्रणाली का भी उपयोग कर सकते हैं, जो इस्तेमाल में नहीं है। या एक नोटबुक का चेकबुक रजिस्टर और कागज के खाली टुकड़ों को जमा परची और चेक के तौर पर उपयोग करते हुए पूरी प्रणाली का निर्माण कर सकते हैं। इनका महत्त्व इतना ही है कि यह विधि जितनी संभव हो, उतनी वास्तविक लगे।

पहले दिन 1,000 रुपए जमा करें और उन्हें खर्च कर दें। दूसरे शब्दों में, अपने चेकबुक रजिस्टर में 1,000 रुपए की जमा प्रविष्टि करें और इसके बाद उस धन को खर्च करने के लिए चेक लिख दें। आप एक चेक का इस्तेमाल कर अपना सारा पैसा एक ही जगह खर्च कर सकते हैं, या आप विभिन्न चीजों तथा अलग चेकों द्वारा ऐसा कर सकते हैं। खेल का उद्देश्य आप क्या खरीदना चाहते हैं, इस पर विचार करके आनंद और वास्तव में चेक लिखने की प्रक्रिया का मजा लेना है।

चेक के मेमो हिस्से पर विवरणात्मक रहें। उदाहरण के लिए, खूबसूरत पेन के लिए या दौड़ने के अच्छे जूते या गॉर्डन्र्स हेल्थ स्पा की सदस्यता। आप इसे एक ही दिन में खर्च कर सकते हैं या थोड़ा सा बाकी दिनों के लिए बचा सकते हैं। हालाँकि हम आपको आज ही खर्च करने के भरसक प्रयास करने का प्रोत्साहन देंगे, क्योंकि कल आप एक और अद्‍भुत जमा करने वाले हैं।

दूसरे दिन 2,000 रुपए जमा करवाएँ;
तीसरे दिन 3,000 रुपए जमा करवाएँ;
चौथे दिन 4,000 रुपए जमा करवाएँ।

जब 50वें दिन तक पहुँचें, तो 50,000 रुपए जमा करवाएँ। जब आप 300वें दिन पहुँचे 30,000 रुपए जमा करवाएँ। यदि आप एक साल तक रोजाना यह खेल खेलते रहे तो आप 6 करोड़ 60 लाख रुपए जमा व खर्च कर चुके होंगे।

आपको अपनी कल्पना की क्षमता बढ़ाने का लाभ होगा। दूसरे शब्दों में, आप पाएँगे कि कई हफ्तों तक इस खेल को खेलने के बाद इससे इतने पैसे खर्च करने की वास्तविक एकाग्रता की शुरुआत हो गई है। और इसलिए, आपकी कल्पना करने की क्षमता में अत्यधिक विस्तार हो गया है।

हमारे ज्यादातर शरीरी मित्र वास्तव में अपनी कल्पना-शक्ति का अधिक उपयोग नहीं करते। ज्यादातर लोग अपने कंपनों को लगभग विशेष रूप से जो देखते हैं, उसकी प्रतिक्रिया में पेश करते हैं। लेकिन इस खेल को खेलने से आप खुद को नए विचारों तक पहुँचा पाएँगे और समय के साथ अपनी इच्छाओं व उम्मीदों को विस्तार लेता महसूस करेंगे। ऐसा करके अपने आकर्षण-बिंदु

हमारे ज्यादातर शरीरी मित्र वास्तव में अपनी कल्पना-शक्ति का अधिक उपयोग नहीं करते। ज्यादातर लोग अपने कंपनों को लगभग विशेष रूप से जो देखते हैं, उसकी प्रतिक्रिया में पेश करते हैं। लेकिन इस खेल को खेलने से आप खुद को नए विचारों तक पहुँचा पाएँगे और समय के साथ अपनी इच्छाओं व उम्मीदों को विस्तार लेता महसूस करेंगे। ऐसा करके अपने आकर्षण-बिंदु को परिवर्तित करने का लाभ मिल सकेगा।

को परिवर्तित करने का लाभ मिल सकेगा।

आप देखेंगे, ब्रह्मांड आपकी मौजूदा स्थिति पर नहीं, बल्कि आपके कांपनिक प्रस्तावों पर प्रतिक्रिया देता है। इसलिए, यदि आपका ध्यान केवल अपने अस्तित्व की मौजूदा स्थिति पर केंद्रित है तो आपका भावी विकास भी वैसा ही होगा। लेकिन यदि आप अपना ध्यान उन शानदार विस्तार लेते विचारों पर केंद्रित करेंगे, जो इस खेल ने आप में जाग्रत् किए हैं तो ब्रह्मांड उन्हीं विचारों के कंपनों पर प्रतिक्रिया देगा।

ब्रह्मांड इस बात में अंतर नहीं करता कि आपके द्वारा प्रस्तावित कंपन आपकी तात्कालिक स्थिति की प्रतिक्रिया है या यह कंपन आपकी कल्पना की प्रतिक्रिया से प्रस्तावित है। अत: यह समृद्धि की खेल विधि आपके आकर्षण-बिंदु कंपनों को परिवर्तित करने का एक शक्तिशाली साधन है।

आप इस खेल को थोड़े समय के लिए या पूरे साल या इससे भी अधिक तक खेल सकते हैं। आप जो भी चुनेंगे, वह उचित होगा। शुरुआत में यह थोड़ा अजीब लग सकता है; लेकिन आप इसे जितने अधिक समय तक खेलते रहेंगे, आपकी कल्पना उतनी ही विस्तारित होती जाएगी। जब आपकी कल्पना विस्तृत हो जाएगी और आनंद व विस्तार की भावना पर केंद्रित हो जाएँगे, आपका आकर्षण-बिंदु परिवर्तित हो जाएगा।

चेक लिखकर, अपनी कल्पना का उपयोग कर, मेमो लिखकर, लिखते समय एकाग्रचित्त रहने और चेक लिखते समय अधिक खर्च होने का भय न होने से प्रतिरोध की अनुभूति न होने से आप वह हासिल कर सकते हैं, जो किसी भी चीज को हासिल करने के लिए आवश्यक है। आपने अपनी इन इच्छाओं को तब व्यक्त किया है, जब आप गैर-प्रतिरोध-अवस्था में थे, या यह कहें कि स्वीकार्यता की स्थिति में थे।

इससे, न केवल आपको विस्तारित कल्पना का लाभ होगा, बल्कि आपका आकर्षण-बिंदु भी परिवर्तित हो जाएगा और इसके साथ ही आपके जीवन-अनुभव भी परिवर्तित हो जाएँगे। इससे न केवल आपकी वित्तीय स्थिति सुधरेगी, बल्कि आप जिन भी चीजों पर आनंदपूर्वक केंद्रित हैं, वे आपके अनुभव का हिस्सा बनना आरंभ हो जाएँगी।

आप इस खेल की शुरुआत या अंत कभी भी कर सकते हैं और आप इसे जैसे चाहें, वैसे खेल सकते हैं। इसके कोई नियम नहीं हैं। इसमें ऐसा कुछ नहीं, जो आपको करना या नहीं करना है। दूसरे शब्दों में, इसे चुनें, वे इसके साथ खेलें। जितना हो सके, उतना खर्च करें। लेकिन महत्त्वपूर्ण बात यह है कि अपनी कल्पना का उपयोग करने के लिए बेहतरीन प्रयास करें।

यदि आप मूर्तिकार हैं तो मूर्ति बनाने के पहले दिन आप मिट्टी के बड़े से लोंदे को टेबल पर पटककर यह नहीं कहते, 'ओह, ये तो हो ही नहीं रहा।' आप उसे गढ़ते हैं। जब आप बेहतर होते जाएँगे, आपको और मिट्टी मिलती जाएगी। आपको विभिन्न रंगों

यदि आप मूर्तिकार हैं तो मूर्ति बनाने के पहले दिन आप मिट्टी के बड़े से लोंदे को टेबल पर पटककर यह नहीं कहते, 'ओह, ये तो हो ही नहीं रहा।' आप उसे गढ़ते हैं। जब आप बेहतर होते जाएँगे, आपको और मिट्टी मिलती जाएगी। आपको विभिन्न रंगों की मिट्टी मिलेगी। आप अपने रचनात्मक प्रयासों में विकसित होने का तरीका खोज लेंगे।

की मिट्टी मिलेगी। आप अपने रचनात्मक प्रयासों में विकसित होने का तरीका खोज लेंगे। और जब आप संसारों की रचना करनेवाली ऊर्जा की मिट्टी से गढ़कर इसकी रचना कर लेंगे, तब भी आप में से अधिकांश लोग कोई भी अपने विचारों को निर्देशित करने का बोधपूर्ण प्रयास नहीं करते। दूसरे शब्दों में, यह कुछ ऐसा है, जैसे किसी और ने मिट्टी उठाई हो और यहाँ डाल दी हो। अब आप अपना सारा जीवन सिर्फ इन बातों में बिता देते हैं कि यह कैसी दिखाई दे रही है!

"वैसे, यह बहुत अच्छा नहीं बना है। मेरे माता-पिता को इस बारे में कुछ अलग करना चाहिए था," या "तब आर्थिक हालात कुछ अलग तरह के थे।" या ''ये अन्याय या अनुचित है।" या "मुझे इस मामले में दूसरे का किया कुछ अच्छा नहीं लगता।" और हम कहते हैं, अपने हाथ अपनी मिट्टी में रखें! अपनी इच्छा की शक्ति द्वारा ऊर्जा का आह्वान करें और अपनी कल्पना शक्ति से इसे गढ़ दें।

हमारे एक मित्र ने हाल ही में हमसे कहा, "अब्राहम, मुझे नहीं लगता कि आपको इसकी कोई परवाह है कि मेरा प्रेमी मुझे कभी मिल भी पाए। मुझे लगता है कि आप मुझे उनके बारे में सोचने संबंधी कल्पना में इतना अच्छा होना चाहते हैं कि मैं इस पर ध्यान न दे सकूँ कि वे यहाँ नहीं हैं।" और हम कहते हैं, "यह बिल्कुल ठीक है, क्योंकि जब आप कल्पना करेंगी कि वे यहाँ उपस्थित हैं, तब आप इस आनंद में, इस क्षण में, आप उस स्थान पर कंपित होते हैं, जहाँ आप ईश्वरीय ऊर्जा, जीवन ऊर्जा को आह्वानित और स्वीकार करते हैं, जिससे वे आपके भीतर प्रवाहित हो सके। और इससे अधिक शानदार और कुछ नहीं है।"

और तब हम कहते हैं, 'ओह!' और वैसे, जब आप इस पर पहुँच जाएँगे कि वह नहीं आया है। लेकिन जब तक उसके प्रति आपकी इच्छा इस जागरूकता पर केंद्रित रहेगी कि वह नहीं आया है, तब वह न केवल नहीं आएगा, बल्कि उस क्षण आप जिस कष्ट को अनुभव करेंगे, उसका कारण यह होगा कि आपने ऐसे कंपन का चयन किया है, जो उस ऊर्जा को स्वीकार नहीं करता, जिसका आपने आह्वान किया है।

इस समृद्धि के खेल को आनंदपूर्वक खेलने से न केवल आपकी वित्तीय स्थिति में सुधार होगा, बल्कि आपके जीवन के सभी पहलुओं में सुधार होगा। इससे आपको न

केवल अपनी इच्छित वस्तुओं के इर्द–गिर्द अधिक कंपन सक्रिय करने में मदद मिलेगी, बल्कि यह आपको अधिकांशतः इस दृष्टि से अधिक केंद्रित होने में मदद करेगी कि आप उन चीजों को स्वीकार कर सकें, जिन्हें आप अपने अनुभव में प्रवाहित करवाना चाहते हैं।

इस खेल को खेलने से आप और अधिक विस्तृत व आशापूर्ण कंपन प्रस्तावित कर सकेंगे। और हमारा आपसे वादा करते हैं कि इस प्रत्यक्षीकरण का आरंभ आपके परिवर्तित कंपनों की प्रतिक्रियास्वरूप होगा।

□

विधि-6

ध्यान की विधि

इस विधि का प्रयोग कब करें

- जब आप प्रतिरोध से राहत पाना चाहें।
- जब आप अपने कंपनों को तुरंत उन्नत बनाने का कोई आसान रास्ता चाहते हों।
- जब आप अपने कंपन के साधारण स्तर को उठाना चाहते हों।
- जब आप अपने आंतरिक अस्तित्व की जागरूकता को महसूस करना चाहते हों।

मौजूदा भावात्मक रुझान-बिंदु सीमा

ध्यान की विधि आपके लिए तब सबसे मूल्यवान् होगी, जब आपका भावात्मक रुझान-बिंदु इन श्रेणियों के बीच हो—

(1) आनंद/ज्ञान/सशक्तीकरण/स्वतंत्रता/प्रेम/सराहना

और

(22) भय/ दुःख/अवसाद/आशाहीनता/शक्तिहीनता।

(यदि आपको अपना मौजूदा भावात्मक रुझान-बिंदु ज्ञात न हो तो अध्याय-22 पर जाएँ और वहाँ भावात्मक मार्गदर्शन पैमाने की 22 श्रेणियाँ देखें।)

आप जिस भी विचार पर सोचते हैं, उसे 'विश्वास' कहते हैं। आपके अधिकांश विश्वास आपकी भरपूर सेवा करते हैं। वह विचार, जो आपके स्रोत के ज्ञान के साथ सामंजस्य रखते हैं और विचार, जो आपकी निहित इच्छाओं से मेल खाते हैं। लेकिन आपके कुछ विश्वास आपकी सेवा नहीं करते—आपकी अपनी कमी या आपकी अनुपयुक्तता से संबंधित विचार इस तरह के विचारों का उदाहरण हैं।

अब ब्रह्मांड के नियमों को समझने तथा सोद्देश्यपूर्वक विचारों को चुनने की किंचित् इच्छा के बाद आप थोड़े ही समय में सभी बाधक विश्वासों को जीवन-प्रदाता विश्वासों

में बदल सकते हैं। लेकिन यह एक ऐसी विधि है, जो आपको अपने विश्वासों को बदलने से प्राप्त तुरंत लाभ को कम समय में प्रदान कर सकती है। हम इसे 'ध्यान की विधि' कहते हैं।

हम अपने शरीरी मित्रों को प्रसन्नतापूर्वक अपने ध्यान की विधि सिखाने का कारण बताते हैं, क्योंकि आप में से अधिकांश लोगों के लिए शुद्ध सकारात्मक विचारों पर विचार करने के बजाय अपना मन साफ करना और कोई विचार न रखना ज्यादा आसान होता है, क्योंकि जब आप अपने मन को शांत कर देते हैं, तब कोई विचार प्रस्तावित नहीं करते। और जब आप ऐसा करते हैं तो कोई प्रतिरोध प्रस्तावित नहीं करते। और जब आप कोई प्रतिरोधी विचार सक्रिय नहीं करते तो आपके अस्तित्व का कंपन उच्चतम, तीव्र और शुद्ध होता है।

किसी कॉर्क को पानी के ऊपर रखने की कल्पना करें। (यह उच्चतम, शुद्ध व तीव्र कंपनों का प्रतिनिधि है, जो वस्तुतः आपके लिए स्वाभाविक है।) अब कॉर्क को पानी के नीचे थामे रखने की कल्पना करें। (प्रतिरोध कुछ ऐसा ही होता है।) अब कॉर्क को छोड़ने की कल्पना करें और देखें कि यह पुनः पानी की सतह पर उठ आता है।

जिस तरह कॉर्क स्वाभाविक रूप से पानी की सतह पर तैरता है, उसी तरह आपके लिए उच्चतम, तीव्र, बाधापूर्ण प्रतिरोधों के मुक्त व शुद्ध कंपनों को अनुभव करना स्वाभाविक है। और कॉर्क की ही भाँति यदि आप कुछ ऐसा नहीं करते, जो आपको पानी के नीचे रोके रखे, आप पुनः उठकर उस सतह पर आ जाते हैं, जहाँ के आप हैं। दूसरे शब्दों में, आपको उस उच्च कंपन में बने रहने का प्रयास नहीं करना है, जो आपके लिए स्वाभाविक है; क्योंकि यह आपके लिए स्वाभाविक है। बल्कि आपको उन विचारों को रोकना होगा, जो आपके कंपनों को निम्न बनाते हैं। यह बस, उन चीजों पर विचार न करने की बात है, जो आपके कॉर्क को तैरने नहीं दे रहीं या जो आपको उसके साथ सामंजस्यपूर्वक कंपन को स्वीकार नहीं करने दे रहीं, जो आपका वास्तविक स्वरूप है। यदि आप उन अवांछित चीजों पर केंद्रित नहीं रहेंगे, जो आपकी अपनी शुद्ध इच्छाओं के विपरीत हैं तो आप किसी तरह के प्रतिरोधी कंपनों को सक्रिय नहीं करेंगे—और आप अपनी संपन्नता की स्वाभाविक स्थिति एवं कल्याण को अनुभव कर सकेंगे।

किसी कॉर्क को पानी के ऊपर रखने की कल्पना करें। (यह उच्चतम, शुद्ध व तीव्र कंपनों का प्रतिनिधि है, जो वस्तुतः आपके लिए स्वाभाविक है।) अब कॉर्क को पानी के नीचे थामे रखने की कल्पना करें। (प्रतिरोध कुछ ऐसा ही होता है।) अब कॉर्क को छोड़ने की कल्पना करें और देखें कि यह पुनः पानी की सतह पर उठ आता है।

> ***निर्णय लेना इच्छा के कंपनों पर केंद्रित होना है। निर्णय-बिंदु तभी घटित होता है, जब इच्छा में पर्याप्त बल हो। हम आपसे जिस एकमात्र अनुशासन का अभ्यास करवाना चाहते हैं, वह है, ऐसा निर्णय लेना, जिसमें आपको अच्छा लगने के अतिरिक्त और कुछ महत्त्वपूर्ण न हो। और ऐसे विचारों को खोजना, जो आपको बेहतर महसूस हों। इस अनुशासन में केवल एक ही बात महत्त्वपूर्ण है कि आपका कॉर्क तैरता रहना चाहिए।***

निर्णय लेना इच्छा के कंपनों पर केंद्रित होना है। निर्णय-बिंदु तभी घटित होता है, जब इच्छा में पर्याप्त बल हो। हम आपसे जिस एकमात्र अनुशासन का अभ्यास करवाना चाहते हैं, वह है, ऐसा निर्णय लेना, जिसमें आपको अच्छा लगने के अतिरिक्त और कुछ महत्त्वपूर्ण न हो। और ऐसे विचारों को खोजना, जो आपको बेहतर महसूस हों। इस अनुशासन में केवल एक ही बात महत्त्वपूर्ण है कि आपका कॉर्क तैरता रहना चाहिए।

आप कह सकते हैं कि ध्यान की विधि आपके विश्वासों को परिवर्तित करने का शॉर्टकट है; क्योंकि विचारों की अनुपस्थिति में आपके भीतर कोई प्रतिरोध नहीं होता। एक प्रकार से आपका कॉर्क स्वाभाविक रूप से पुनः सतह पर आ जाएगा।

अब ध्यान की विधि आरंभ करने के लिए एक शांत स्थान पर बैठ जाएँ, जहाँ टोके जाने की संभावना न हो। आरामदेह वस्त्र पहनें। इस बात से कोई फर्क नहीं पड़ता कि आप कुरसी पर बैठे हैं या जमीन पर, या अपने बिस्तर पर लेटे हैं (जब तक ऐसा करते हुए आप सो न जाएँ)। इसमें सबसे महत्त्वपूर्ण यह है कि आपका शरीर सुखद स्थिति में हो।

अब अपनी आँखें बंद करें और शांत होकर श्वास लें। धीरे-धीरे अपने फेफड़ों में हवा भरें और इस हवा को सहजतापूर्वक छोड़ने का आनंद लें (यहाँ आपकी सुविधा सबसे महत्त्वपूर्ण है)।

जब मन भटकने लगे तो सहजता से अपने विचारों को त्याग दें, या कम-से-कम इनमें और अधिक इजाफा करते हुए इन्हें प्रोत्साहन न दें—और पुनः अपने श्वास पर केंद्रित हो जाएँ।

आप स्वभावतः ऐसे हैं, जो केंद्रित होना चाहता है। इसलिए शुरुआत में ध्यान की विधि अस्वाभाविक प्रतीत होती है। आपको लगेगा कि आपका मन उन चीजों पर लौटना चाहता है, जिन पर आप इससे पहले केंद्रित रहे हैं। जब भी ऐसा हो, शांत होकर पुनः श्वास भरें और विचारों को छोड़ने का प्रयास करें।

आपके लिए अपने मन को मौन करना तब आसान हो जाता है, जब आप ऐसे छोटे

विचारों को चुनते हैं, जिनमें किसी दिलचस्प चीज में विस्तारित होने की संभावना न हो। आप अपने श्वास पर ध्यान केंद्रित कर सकते हैं। आप अपने श्वास को अंदर आते एवं बाहर जाते मानसिक रूप से गिन सकते हैं। आप नल से टपकते पानी की बूँदों को सुन सकते हैं··· । कोमल व सौम्य विचारों को चुनने पर आप प्रतिरोध के सभी विचारों को पीछे छोड़ आते हैं—और आपके कंपन (कॉर्क की भाँति) स्वाभाविक रूप से ऊपर उठते हैं।

इस विधि में आप अपनी इच्छाओं पर कार्य नहीं करते, बल्कि इसकी जगह यह आपके मन को शांत करती है। आपके ऐसा कर लेने पर हर तरह का प्रतिरोध कम हो जाता है और आपकी कंपन अवस्था अपनी स्वाभाविक व विशुद्ध अवस्था तक उठ जाती है।

अपने मन को शांत कर लेने पर आपको भौतिक अनासक्ति की भावना अनुभूत होती है। उदाहरण के लिए, संभव है कि आपके अपने पाँव के अँगूठे और नाक में कोई अंतर महसूस न हो। कई बार आपको अपनी त्वचा पर चिकोटी काटने या खुजली की संवेदना होती है। अकसर एक बार जब आप प्रतिरोध को त्याग देते हैं तो अपने स्वाभाविक, शुद्ध, उच्च कंपनों के बीच उड़ान भरते हुए आपके अपने शरीर में अनैच्छिक गतिविधि की अनुभूति होती है। यह संभवतः एक से दूसरी ओर या आगे से पीछे डोलती रहती है या आपको केवल गतिविधि की संवेदना या जम्हाई लेने की अनुभूति होती है। लेकिन इसमें से कोई या सभी संवेदना या गतिविधियाँ आपकी ध्यान विधि की उपलब्धि की सूचक हैं।

अपने मन को शांत कर लेने पर आपको भौतिक अनासक्ति की भावना अनुभूत होती है। उदाहरण के लिए, संभव है कि आपके अपने पाँव के अँगूठे और नाक में कोई अंतर महसूस न हो। कई बार आपको अपनी त्वचा पर चिकोटी काटने या खुजली की संवेदना होती है। अकसर एक बार जब आप प्रतिरोध को त्याग देते हैं तो अपने स्वाभाविक, शुद्ध, उच्च कंपनों के बीच उड़ान भरते हुए आपके अपने शरीर में अनैच्छिक गतिविधि की अनुभूति होती है।

अब आपका आकर्षण का बिंदु बदल जाएगा और आपकी स्वीकार्यता की भावना स्थान ले लेगी। आप जो भी चीजें माँग रहे हैं—आपको जो भी कुछ दिया जा चुका है—वे अब आपके अनुभव में सहज ही प्रवाहित हो रहे हैं। जब आप अपनी ध्यानावस्था से बाहर आएँगे, यह स्वीकार्यता की अवस्था तब तक बनी रहेगी, जब तक आप किसी ऐसी चीज पर केंद्रित नहीं होते, जो आपकी कांपनिक आवृत्ति को परिवर्तित कर देती हो। लेकिन पर्याप्त अभ्यास द्वारा यह उच्चतर आवृत्ति आपसे इतनी अंतरंग हो जाएगी कि जब चाहें, इसे उपयोग कर सकते हैं।

समय के साथ यदि आप नियमित रूप से ध्यान करते रहें तो आप अपने शरीर में अनुभूत होनेवाली उच्चतर आवृत्ति के तौर–तरीकों के प्रति काफी संवेदनशील हो जाएँगे। दूसरे शब्दों में, जब भी आप किसी ऐसी चीज पर केंद्रित होते हैं, जो आपको आपके कंपनों में डुबकी लगाने का कारण बने, तब काफी संभावना है कि आप शुरुआती चरणों में ही सूक्ष्म स्तर पर उसे तब पहचान सकें, जब यह डुबकी अधिक महत्त्वपूर्ण नहीं हुई होती है। आप अपना संतुलन बनाए रखने के लिए अपने प्रतिरोधी विचारों को आसानी से परिवर्तित कर सकते हैं।

अब्राहम, हमें ध्यान के बारे में और बताएँ

बहुत से शिक्षक और हम भी उन्हीं में से हैं, ध्यान को कंपनों में वृद्धि की बहुत अच्छी विधि के रूप में सिखाते हैं। एक प्रभावशाली ध्यान वह होता है, जब किसी भी शारीरिक जागरूकता से आपका ध्यान हट जाए, जो आपके कंपनों में प्रतिबंध का कारण बन सके। तो जब आप अपना ध्यान उन चीजों से हटा लेते हैं, जो आपके कंपनों को निम्न स्थल पर बनाए रख रही हैं तो स्वाभाविक रूप से आपके कंपन उन्नत होते हैं। यह अपनी चेतना से जागरूक रहते हुए निर्लिप्त होने जैसा है। सोते समय आप अपनी चेतना के साथ भी संबंध–विच्छेद कर लेते हैं; लेकिन नींद में भी आप इसे लेकर बोधपूर्वक जागरूक रहते हैं कि उच्च कंपनों में होना कैसा लगता है! जब आप जागते हुए ध्यानावस्थित होते हैं, तब आप बोधपूर्वक पहचान सकते हैं कि उच्चतर कंपनों में रहना कैसा लगता है! थोड़े ही समय में आपको कंपनों की एक नवीन संवेदना प्राप्त हो जाती है कि जब भी आप किसी प्रतिरोध की कारण वस्तु पर केंद्रित होते हैं, आपको इसका तुरंत पता चल जाता है।

सोते समय आप अपनी चेतना के साथ भी संबंध-विच्छेद कर लेते हैं; लेकिन नींद में भी आप इसे लेकर बोधपूर्वक जागरूक रहते हैं कि उच्च कंपनों में होना कैसा लगता है! जब आप जागते हुए ध्यानावस्थित होते हैं, तब आप बोधपूर्वक पहचान सकते हैं कि उच्चतर कंपनों में रहना कैसा लगता है! थोड़े ही समय में आपको कंपनों की एक नवीन संवेदना प्राप्त हो जाती है कि जब भी आप किसी प्रतिरोध की कारण वस्तु पर केंद्रित होते हैं, आपको इसका तुरंत पता चल जाता है।

कई बार लोग कहते हैं, "अब्राहम, क्या 'ध्यान विधि' आरंभ करने के बाद व्यक्ति अपने जीवन के सभी बंधनों से मुक्त होता जाता है?" और हम कहते हैं, "हाँ, क्योंकि आप अपने आपको संवेदना के उस उच्चतम स्थल पर ले जाते हैं कि आपके निम्न कंपनों वाले पूर्व में प्राप्त पैटर्न आपके लिए असहज होने लगते हैं।"

अपने कंपनों को उन्नत बनाने के कुछ और तरीके

अपने कंपनों को उन्नत बनाने के ध्यान के अलावा और भी तरीके, जैसे कोई ऐसा संगीत सुनना, जो आपको दिल से पसंद हो, किसी खूबसूरत जगह पर जॉगिंग करना, अपनी बिल्ली को दुलारना, अपने कुत्ते के साथ घूमना आदि। ये उन बहुत सी आनंददायक गतिविधियों में से कुछ हैं, जो प्रतिरोध-मुक्ति और कंपनों की उन्नति का कारण बन सकती है। अकसर वाहन चलाते समय आप अपनी स्रोत ऊर्जा के साथ संबंधों की उच्चतम अवस्था में होते हैं। यही कारण है कि तुलनात्मक रूप से ट्रैफिक दुर्घटनाओं की संख्या बहुत कम है। सड़क की लयबद्धता, अपनी परेशानियों की बाधा से दूर होना और किसी नए स्थान पर जाने का विचार अकसर आपको उन चीजों से संबंधित विचारों से दूर कर देता है, जो आपको परेशान कर रही होती हैं।

आपका लक्ष्य ऐसे किसी भी विचार से मुक्ति है, जो प्रतिरोध का कारण हो, जिससे आप शुद्ध और सकारात्मक विचारों की स्थिति में पहुँच सकें। आपके अपने मन को पूर्णत: शांत न कर पाने में तब तक कोई समस्या नहीं, जब तक आपका मन नकारात्मक चीजों की बक-बक न करने लगे। यदि आप ध्यान के दौरान नरमी के साथ आनंदपूर्ण चीजों के बारे में सोचेंगे तो यह काफी महत्त्वपूर्ण हो सकता है।

उदाहरण के लिए, अपने परिवार के साथ समय बिताने के बाद जेरी और एस्थर ने बहुत से खुशनुमा घंटे उस शानदार दिन पर विचार तथा उस पर चर्चा करते हुए बिताए। उन्हें जब भी अच्छे एहसास वाले क्षण की इच्छा होती, उनके पास उस दिन का कुछ याद करने के लिए अवश्य होता—कुछ ऐसा, जो उनमें से किसी ने कहा था; कुछ ऐसा, जो किसी बच्चे ने किया था—खूबसूरत मौसम, स्वादिष्ट खाना, पेड़ों के बीच वह स्फूर्तिदायक टहलना"

अपने परिवार के साथ समय बिताने के बाद जेरी और एस्थर ने बहुत से खुशनुमा घंटे उस शानदार दिन पर विचार तथा उस पर चर्चा करते हुए बिताए। उन्हें जब भी अच्छे एहसास वाले क्षण की इच्छा होती, उनके पास उस दिन का कुछ याद करने के लिए अवश्य होता—कुछ ऐसा, जो उनमें से किसी ने कहा था; कुछ ऐसा, जो किसी बच्चे ने किया था—खूबसूरत मौसम, स्वादिष्ट खाना, पेड़ों के बीच वह स्फूर्तिदायक टहलना"

दूसरे शब्दों में, उनके लिए ऐसा खोजना बहुत आसान था, जो शुद्ध और सकारात्मक तथा ऊर्जापूर्ण हो। अपने पालतू पशुओं के बारे में सोचना सकारात्मक विचार का अच्छा स्रोत हो सकता है, क्योंकि पशुओं का प्रेम बेशर्त होता है। *बस, ऐसा विचार खोजिए, जिसके बारे में सोचकर आपको अच्छा महसूस हो और उसका तब तक अभ्यास करें,*

जब तक अपने भीतर उसे लयबद्ध न कर लें। और तब उसके बाद अन्य अच्छा महसूस होनेवाले विचार अनुसरण करने लगेंगे।

ध्यान विधि का एक और उदाहरण

एक और विधि है, जो यदि हम आपकी जगह होते तो प्रयोग करते—प्रतिदिन, लगभग 10 से 15 मिनट (इससे अधिक समय तक नहीं), हम शांत होकर अकेले किसी सुखद स्थान पर बैठें, जहाँ कोई बाधा न पहुँचाए। यह किसी पेड़ के नीचे, अपने वाहन में, स्नानगृह में या बगीचे में कहीं भी कर सकते हैं…हमें बस, अपनी भौतिक इंद्रियों को बंद करने का भरसक प्रयास करना है। दूसरे शब्दों में, यदि रोशनी ज्यादा हो तो हम परदे डाल लेंगे, अपनी आँखें बंद कर लेंगे, किसी शांत स्थान को चुन लेंगे।

हमें अपने फेफड़ों में श्वास के जाने के प्रति जागरूक होना और श्वास छोड़ते हुए भी सजग रहना होगा। हमें अंदर लंबा श्वास लेने और बाहर लंबा श्वास छोड़ने के प्रति जागरूक होना होगा। हमें श्वास भरनी होगी और जब हमें लगे कि हमारे फेफड़ों में इतनी हवा आराम से रह सकती है, हमें धीरे से और हवा अंदर भरनी होगी। और तब अपने फेफड़ों को पूरा भरने के बाद हम लंबा, धीमा और आनंददायक क्षण में उस वायु को बाहर निकाल देंगे। हमारी मंशा इस क्षण में रहने और अपने श्वास के प्रति बोधपूर्वक जागरूक रहने के अलावा और कुछ नहीं है। हमें श्वास लेने के अतिरिक्त और कुछ नहीं करना है—न नाश्ता बनाना है, न बाल काढ़ने हैं, न आश्चर्य करना है, कोई क्या कर रहा है, कल के बारे में नहीं सोचना, कल की चिंता नहीं करनी है। इस क्षण किसी भी चीज पर केंद्रित नहीं होना है, सिवाय श्वास अंदर लेने और बाहर निकालने के।

यह स्वीकार्यता की वह अवस्था है, जिसमें क्षण भर के लिए आप सभी गतिविधियाँ पूर्णतः रोक देते हैं। आप कुछ भी होने को रोकने का प्रयास करते हैं। यही वह समय है, जब आप अपनी स्रोत ऊर्जा से कहते हैं, अपने आंतरिक अस्तित्व से, अपने ईश्वर को (या आप इसे जो भी कहकर पुकारें)—यह मैं हूँ, स्वीकार्यता की अवस्था में। मैं स्रोत ऊर्जा को पूर्ण रूप से अपने भीतर से प्रवाहित होना स्वीकार करता हूँ।

यह स्वीकार्यता की वह अवस्था है, जिसमें क्षण भर के लिए आप सभी गतिविधियाँ पूर्णतः रोक देते हैं। आप कुछ भी होने को रोकने का प्रयास करते हैं। यही वह समय है, जब आप अपनी स्रोत ऊर्जा से कहते हैं, अपने आंतरिक अस्तित्व से, अपने ईश्वर को (या आप इसे जो भी कहकर पुकारें)—यह मैं हूँ, स्वीकार्यता की अवस्था में। मैं स्रोत ऊर्जा को पूर्ण रूप से अपने भीतर से प्रवाहित होना स्वीकार करता हूँ।

पंद्रह मिनट का प्रयास आपका जीवन बदल देगा, क्योंकि यह उस ऊर्जा को स्वीकार करेगा, जिसका स्वभाव आप में से प्रवाहित होना है। इस क्षण आप अच्छा महसूस करेंगे और जब आप इससे बाहर निकलेंगे तो अपने को अधिक ऊर्जान्वित महसूस करेंगे।

क्या 15 मिनट इतना अंतर ला सकते हैं?

आपको तत्क्षण सबसे बड़ा लाभ होगा कि आप जो चीजें चाहते होंगे, वे दिखाई देना आरंभ हो जाएँगी। अब ऐसा क्यों? आप कह सकते हैं, "आखिरकार अब्राहम मैं सिर्फ बैठकर इरादा नहीं कर सकता। मैं बस, बैठकर लक्ष्य तय नहीं कर सकता। मैं बस, बैठकर यह स्पष्ट नहीं कर सकता कि मुझे क्या चाहिए। मैं ब्रह्मांड को नहीं बता सकता कि मुझे क्या चाहिए। आखिर क्यों सिर्फ 15 मिनट होने से इन चीजों में गतिविधियाँ चलने लगेंगी?" क्योंकि आप पहले से माँग रहे हैं और अब, अपने ध्यान के समय के दौरान, आपने प्रतिरोध को समाप्त किया जो इसे रोक रहा था। आपके द्वारा अभ्यासित ध्यान के कारण आप अपनी इच्छाओं को अपने अनुभव में प्रवाहित होने को स्वीकार कर रहे हैं।

आप अपने भीतर अंत इच्छाओं को जन्म दिए बिना इस भौतिक परिवेश का हिस्सा नहीं बन सकते। और चूँकि इन इच्छाओं का जन्म आपके भीतर से हुआ है, इसलिए ब्रह्मांड इनका उत्तर देता है। और अब इस 15 मिनट की स्वीकार्यता के कारण आप चाहे अपनी बिल्ली को दुलार रहे हों, श्वास को साध रहे हों या जल-प्रपात की ध्वनि अथवा सुखद संगीत सुन रहे हों, या सराहना के आवेश पर हों, स्वीकार्यता के उस समय में आप ऐसा कंपन स्थापित करते हैं, जो उन चीजों के लिए प्रतिरोध का कारण नहीं बनता, जो आप माँग रहे हैं।

"अब्राहम, अगर मैं बीते 50 साल नकारात्मक रहा हूँ तो क्या इसे वापस पलटने में भी मुझे 50 साल लगेंगे?"

नहीं, इसे करने के लिए 15 मिनट बहुत हैं।

"मैं 15 मिनट में उस संपूर्ण अस्वीकार्यता

आप अपने भीतर अंत इच्छाओं को जन्म दिए बिना इस भौतिक परिवेश का हिस्सा नहीं बन सकते। और चूँकि इन इच्छाओं का जन्म आपके भीतर से हुआ है, इसलिए ब्रह्मांड इनका उत्तर देता है। और अब इस 15 मिनट की स्वीकार्यता के कारण आप चाहे अपनी बिल्ली को दुलार रहे हों, श्वास को साध रहे हों या जल-प्रपात की ध्वनि अथवा सुखद संगीत सुन रहे हों, या सराहना के आवेश पर हों, स्वीकार्यता के उस समय में आप ऐसा कंपन स्थापित करते हैं, जो उन चीजों के लिए प्रतिरोध का कारण नहीं बनता, जो आप माँग रहे हैं।

को अनकिया कर सकता हूँ, जिसे मैंने करना सीखा है?"

इन 15 मिनटों में आपको स्वीकार करना है—किसी चीज को अनकिया नहीं करना।

"लेकिन यदि मैंने नकारात्मकता को अपनी मुख्य आदत के रूप में विकसित कर लिया है तो क्या ये 15 मिनट उन्हें बदल सकेंगे?" *शायद नहीं। लेकिन अगली बार जब कभी आपको वे नकारात्मक विचार आएँ तो आप उनके प्रति और अधिक जागरूक हो जाएँ। आपकी मार्गदर्शन प्रणाली आपको उत्प्रेरित करेगी, जिससे आप सचेत हो जाएँगे। शायद जीवन में पहली बार कि आप अपनी अभौतिक ऊर्जा द्वारा क्या कर रहे हैं।*

यह अत्यंत महत्त्वपूर्ण है, क्योंकि आपके साथ जो कुछ भी होता है और आपके आसपास के लोगों के साथ जो कुछ भी होता है, उसका कारण यही ऊर्जा है, जिसे आप आह्वानित और स्वीकार कर रहे हैं या स्वीकार नहीं कर रहे। यह सब उस ऊर्जा के साथ आपके रिश्तों से संबंधित है। आप जिन्हें भी जानते हैं और जिनसे आप परिचित हैं, उन्हें जो अनुभव हो रहे हैं, वह उनकी उस केंद्रित इच्छा और स्वीकार्यता या प्रतिरोध की अवस्था के कारण है, जिसमें वे उस क्षण थे।

मैं 30 दिनों में क्या पा सकता हूँ?

क्या आप जानते हैं कि इस समय आप ऐसी किसी भी घातक बीमारी से पीड़ित हो सकते हैं, जिसके बारे में मनुष्य जानता है (और ऐसी भी, जिन्हें वह अभी तक पहचान नहीं पाया है) और कल वे सभी समाप्त हो सकती हैं, यदि आप एक दिन से लेकर अगले दिन तक यह सीख जाएँ कि ऊर्जा के प्रवाह को किस तरह स्वीकार किया जाए। वस्तुतः हम इस तरह की लंबी छलाँग को प्रोत्साहित नहीं करते। ये थोड़ी असहज होती हैं। हम वस्तुतः इस बात को प्रोत्साहित कर रहे हैं कि प्रतिदिन आप स्वार्थी होकर इतना कह सकते हैं कि "मेरे अच्छा महसूस करने से अधिक महत्त्वपूर्ण और कुछ नहीं है। और मैं आज ऐसा करने का तरीका खोज लूँगा। मैं अपने दिन की शुरुआत ध्यान और अपनी स्रोत ऊर्जा के साथ अपना तालमेल बनाने से करूँगा। और दिन बढ़ने के साथ ही मैं सराहना के अवसर खोजूँगा, जिससे दिन भर मैं पुनः अपनी स्रोत ऊर्जा में लौट सकूँ। यदि मुझे प्रशंसा करने का अवसर मिलेगा तो मैं प्रशंसा करूँगा। यदि आलोचना का अवसर मिलेगा तो मैं अपना मुँह बंद रखूँगा और ध्यान करने का प्रयास करूँगा। यदि कोई मेरी आलोचना करेगा तो मैं अपनी बिल्ली को बुलाऊँगा और उसे तब तक दुलार करूँगा, जब तक यह अनुभूति दूर नहीं हो जाती।"

30 दिन के छोटे से प्रयास से आप इस ग्रह के सबसे प्रतिरोधी व्यक्ति से इस ग्रह के सबसे कम प्रतिरोधी व्यक्ति हो सकते हैं। और तब आपको देखनेवाले आपके भौतिक अनुभवों में प्रत्यक्ष होनेवाली चीजों की संख्या देखकर चकित रह जाएँगे।

हम आपको एक तरह से आकाशी दृष्टि से देख रहे हैं और यहाँ से ऐसा लगता है कि आप किसी बंद दरवाजे के एक ओर खड़े हैं तथा दूसरी ओर वे सभी चीजें मौजूद हैं, जो आप चाहते हैं। वे सभी दरवाजे के निकट आपके इसे खोलने की प्रतीक्षा में हैं। वे वहाँ तब से हैं, जब आपने पहले क्षण में उन्हें माँगा था—आपके प्रेमी, आपके सर्वोत्तम साथी, आपकी आदर्श नौकरी; वह सारा धन, जिसकी आप केवल कल्पना कर सकते हैं; वे सभी चीजें जिन्हें, आपने कभी चाहा होगा! छोटी व बड़ी चीजें; चीजें, जिन्हें आप असाधारण और महत्त्वपूर्ण बताते हैं और चीजें, जिन्हें आप अधिक महत्त्वपूर्ण नहीं बताते—*वह हर चीज, जिसे आपने कभी पहचाना है कि आप उसे पाना चाहते हैं। वे सभी ठीक आपके दरवाजे के बाहर कतारबद्ध हैं।*

हम आपको एक तरह से आकाशी दृष्टि से देख रहे हैं और यहाँ से ऐसा लगता है कि आप किसी बंद दरवाजे के एक ओर खड़े हैं तथा दूसरी ओर वे सभी चीजें मौजूद हैं, जो आप चाहते हैं। वे सभी दरवाजे के निकट आपके इसे खोलने की प्रतीक्षा में हैं। वे वहाँ तब से हैं, जब आपने पहले क्षण में उन्हें माँगा था—आपके प्रेमी, आपके सर्वोत्तम साथी, आपकी आदर्श नौकरी; वह सारा धन, जिसकी आप केवल कल्पना कर सकते हैं; वे सभी चीजें जिन्हें, आपने कभी चाहा होगा!

और जिस क्षण आप वह दरवाजा खोल देते हैं, वे सभी इच्छित वस्तुएँ आपकी ओर प्रवाहित होने लगती हैं। और तब हम एक सेमिनार आयोजित करते हैं कि "आपकी ओर प्रवाहित हो रही सभी चीजों के प्रत्यक्षीकरण को कैसे सँभालें!"

□

विधि-7

स्वप्न मूल्यांकन

इस विधि का प्रयोग कब करें

- जब आप यह समझना चाहते हों कि आपको हमेशा एक विशेष स्वप्न क्यों दिखाई देता है।
- जब आप अपने कांपनिक आकर्षण-बिंदु और आपके वास्तविक जीवन-अनुभव में प्रत्यक्ष होने के पूर्व ही आप किस रचना-प्रक्रिया में हैं, यह जानना चाहते हों।

मौजूदा भावात्मक रुझान-बिंदु सीमा

स्वप्न मूल्यांकन विधि आपके लिए तब सबसे मूल्यवान् होगी, जब आपका भावात्मक रुझान-बिंदु इन श्रेणियों के बीच हो—

(1) आनंद/ज्ञान/सशक्तीकरण/स्वतंत्रता/प्रेम/सराहना

और

(22) भय/दुःख/अवसाद/आशाहीनता/शक्तिहीनता

(यदि आपको अपना मौजूदा भावात्मक रुझान-बिंदु ज्ञात न हो तो अध्याय-22 पर जाएँ और वहाँ भावात्मक मार्गदर्शन पैमाने की 22 श्रेणियाँ देखें।)

आप जिसके बारे में सोचते हैं और आपके जीवन-अनुभवों में जो भी प्रत्यक्ष होता है, उनके बीच हमेशा कांपनिक तालमेल होता है और इसी तरह आप जो सोचते हैं और आपकी स्वप्न की अवस्था में जो प्रत्यक्ष होता है, उनके बीच भी हमेशा कांपनिक तालमेल होता है।

आपके सबसे प्रबल विचारों और आपके प्रत्यक्षीकरण के बीच हमेशा तालमेल होता है और इसलिए, जब आप अपने विचारों, आप कैसा महसूस करते हैं और आपके अनुभवों में जो प्रत्यक्ष हो रहा है, उसके बीच के पूर्ण सह-संबंध को समझने लगते हैं तो आप सटीक तौर पर उन सभी चीजों की भविष्यवाणी कर सकते हैं, जो आपके जीवन में आनेवाली हैं।

अपने विचारों के प्रति जागरूक रहना अच्छा होता है। इस तरह आप किसी चीज के प्रत्यक्ष होने के पूर्व ही उसके प्रति जागरूक रहते हैं। लेकिन यह भी महत्त्वपूर्ण है कि जब कोई चीज प्रत्यक्ष हो जाए तो उस तक पहुँचानेवाले विचारों के लिए धन्यवाद दिया जाए। दूसरे शब्दों में, आप अपने विचारों, अनुभूतियों और प्रत्यक्षीकरण के उनके प्रत्यक्ष होने से पहले या प्रत्यक्ष होने के बाद बोधपूर्ण संगति बना सकते हैं। दोनों ही सहायक होंगी।

जब आप किसी चीज के बारे में स्वप्न देखते हैं तो उसका सदैव उन विचारों के साथ तालमेल होता है, जो आप सोच रहे होते हैं। अतः इसीलिए आपका प्रत्येक स्वप्न वस्तुतः आप ही का सृजन है। आपके लिए किसी भी ऐसी चीज का स्वप्न देखना संभव नहीं है, जिसे आप अपने विचारों द्वारा सृजित नहीं कर सकते। यह तथ्य कि वह अब आपकी स्वप्नावस्था में प्रत्यक्ष हो चुका है, का अर्थ हुआ कि आपने इस पर अर्थपूर्ण मात्रा में विचार कर लिया है।

आप जिन चीजों के बारे में सबसे अधिक सोचते हैं, उनकी अनुभूतियों का सार वस्तुतः आपके वास्तविक जीवन-अनुभव में प्रत्यक्ष होता है; लेकिन इसे आपकी स्वप्नावस्था में प्रत्यक्ष होने में उससे कहीं कम समय व ध्यान चाहिए होता है। और यही कारण है, आपके स्वप्न यह समझने में अत्यधिक महत्त्व रखते हैं कि अपनी जाग्रत् अवस्था में आप किसी चीज की सृजन-प्रक्रिया में हैं। यदि आप किसी ऐसी चीज का सृजन करनेवाले हैं, जो आपको नहीं चाहिए तो यह अधिक आसान रहेगा कि उसकी दिशा को उसके प्रत्यक्ष होने से पहले बदला जाए, बजाय इसके कि आप इसके प्रत्यक्ष होने तक अपने विचारों को बदलने की प्रतीक्षा करते रहें।

आप जिन चीजों के बारे में सबसे अधिक सोचते हैं, उनकी अनुभूतियों का सार वस्तुतः आपके वास्तविक जीवन-अनुभव में प्रत्यक्ष होता है; लेकिन इसे आपकी स्वप्नावस्था में प्रत्यक्ष होने में उससे कहीं कम समय व ध्यान चाहिए होता है। और यही कारण है, आपके स्वप्न यह समझने में अत्यधिक महत्त्व रखते हैं कि अपनी जाग्रत् अवस्था में आप किसी चीज की सृजन-प्रक्रिया में हैं।

स्वप्न मूल्यांकन की विधि कुछ इस तरह है—रात को सोने से पहले बोधपूर्वक स्वीकार करें कि आपके स्वप्न स्पष्टतः आपके विचारों को प्रतिबिंबित करते हैं। अपने आपसे कहें, "मैं चाहता हूँ कि मैं अच्छी तरह आराम करूँ और तरोताजा होकर जागूँ। और यदि मुझे अपनी स्वप्नावस्था में कुछ याद करना जरूरी है तो वह मुझे जागने पर याद आ जाएगा।"

तब जागने पर, इससे पहले कि आप उठें, वहाँ कुछ देर लेटे रहें और अपने आपसे पूछें, "क्या मुझे अपनी स्वप्नावस्था की कोई बात याद है? वैसे तो संभवतः आप दिन

भर में अपनी स्वप्नावस्था के कुछ विभिन्न पहलुओं को याद कर सकते हैं, लेकिन आमतौर पर अपने स्वप्नों को याद करने का सबसे अच्छा मौका तब होता है, जब आप पहले-पहल जागते हैं। और जब आप अपने किसी स्वप्न को याद करना आरंभ करें, शांत हो जाएँ और यह याद रखने का प्रयास करें कि स्वप्न-विन्यास के दौरान आपको कैसा महसूस हो रहा था; क्योंकि अपनी भावनाओं को याद करने से आपको उससे अधिक महत्त्वपूर्ण जानकारी मिल सकती है, जो आपको आपके स्वप्न का विवरण याद करने से मिलेगी।

इसके लिए आपको प्रत्येक विषय पर अर्थपूर्ण ध्यान देना होगा, जिससे वह पर्याप्त रूप से बलवान् होकर आपके अनुभव में प्रत्यक्ष हो सके। और किसी भी विषय पर समुचित ध्यान देना होगा, इससे पहले कि वह आपकी स्वप्नावस्था में दिखाई देना आरंभ हो। यही कारण है कि आपके अधिक सार्थक स्वप्न के साथ हमेशा दृढ़ भावनाएँ होती हैं। भावनाएँ अच्छी या बुरी कैसी भी अनुभूत हो सकती हैं। लेकिन ये हमेशा इतनी दृढ़ अवश्य होंगी कि आप इस अनुभूति को पहचान सकें।

"जब वे हो रही होंगी तो मैं उन्हें अनुभूत कैसे कर सकता हूँ?" यदि आप किसी अच्छा महसूस करने वाले स्वप्न से उठते हैं तो आप विश्वास रख सकते हैं कि उस विषय के इर्द-गिर्द आपके प्रमुख विचार, आप जो चाहते हैं, उसके प्रत्यक्षीकरण की ओर इशारा कर रहे हैं। जब आप बुरे स्वप्न से उठते हैं तो जानिए कि आपके प्रमुख विचार किसी ऐसी चीज को आकर्षित करने की प्रक्रिया में हैं, जो आपको नहीं चाहिए। हालाँकि आपके अनुभवों में क्या प्रत्यक्ष हो रहा है, उसके मुताबिक आप चाहे जहाँ भी खड़े हों, आप हमेशा एक नया निर्णय ले सकते हैं और उस प्रत्यक्षीकरण को ऐसी चीज में बदल सकते हैं, जो आपको अधिक पसंद हो।

अपने जीवन-अनुभव में संतुष्टिदायक परिदृश्यों का बोधपूर्वक सृजन करना उससे अधिक सुखद होता है कि आप ऐसी चीजों को अपने आप सृजित होने दें, जो वस्तुतः आपको चाहिए ही नहीं—और तब प्रयास किया जाए कि उन्हें उन चीजों की ओर मोड़ सकें, जो आपको पसंद हों। एक बार कुछ तो प्रत्यक्ष होगा ही। तब आप सभी अवांछित चीजों को देखने के बाद उसके साथ ही विचारों की उस आदत से भी निपटें, जिससे इसके आने की शुरुआत हुई थी।

अपने जीवन-अनुभव में संतुष्टिदायक परिदृश्यों का बोधपूर्वक सृजन करना उससे अधिक सुखद होता है कि आप ऐसी चीजों को अपने आप सृजित होने दें, जो वस्तुतः आपको चाहिए ही नहीं—और तब प्रयास किया जाए कि उन्हें उन चीजों की ओर मोड़ सकें, जो आपको पसंद हों।

एक बार कुछ तो प्रत्यक्ष होगा ही। तब आप सभी अवांछित चीजों को देखने के बाद उसके साथ ही विचारों की उस आदत से भी निपटें, जिससे इसके आने की शुरुआत हुई थी।

जैसे ही आप यह समझने लगेंगे कि आपके स्वप्न आप जो महसूस कर रहे हैं और आप जिसका सृजन कर रहे हैं, उनका शानदार प्रतिबिंब हैं, तब आप अपने स्वप्नों को सकारात्मक रूप से प्रभावित करने के लिए अपने विचारों में बोधपूर्वक परिवर्तन करना आरंभ कर देते हैं। जैसे ही आपको सकारात्मक स्वप्न आने लगेंगे, आप जान जाएँगे कि आप अधिक सकारात्मक वास्तविक जीवन प्रत्यक्षीकरण के मार्ग पर हैं।

यदि आप किसी बुरे स्वप्न के साथ उठते हैं तो चिंता मत कीजिए। इसकी जगह अपनी जागरूकता के प्रति सराहना अनुभूत करें कि आप ऐसी चीज पर ध्यान दे सके, जिसे आप नहीं चाहते। इसी तरह से आप अपनी त्वचा के उन संवेदकों की सराहना कीजिए, जिन्होंने आपको इस तथ्य के प्रति सावधान किया कि आप किसी ऐसी चीज की तरफ बढ़ रहे हैं, जो बहुत गरम है। इस बात की सराहना कीजिए कि आपकी भावनाओं ने आपको सचेत किया कि आपके विचार किसी अवांछित वस्तु की ओर बढ़ रहे हैं।

> ***अपने स्वप्नों का लिखित रिकॉर्ड रखना सहायक रहेगा। लेकिन विवरण को दर्ज करते समय अत्यधिक विस्तार देना आवश्यक नहीं है। मामूली चीजें रिकॉर्ड करें, जहाँ स्वप्न देखा था, उस स्वप्न में मूलतः कौन लोग उपस्थित थे, आप उस स्वप्न में क्या कर रहे थे, उस स्वप्न में बाकी लोग क्या कर रहे थे—और सबसे महत्त्वपूर्ण, इस स्वप्न में आप कैसा महसूस कर रहे थे?***

अब आप स्वप्न देखते हुए सृजन नहीं करते। आपका स्वप्न उसका प्रत्यक्षीकरण है, जिसे आप अपनी जाग्रत् अवस्था के दौरान विचार करते हैं। हालाँकि एक बार जब आप जाग जाते हैं और अब, जब आप अपने स्वप्न के बारे में सोचते तथा चर्चा करते हैं तो वे विचार आपके भावी सृजन को प्रभावित करते हैं।

अपने स्वप्नों का लिखित रिकॉर्ड रखना सहायक रहेगा। लेकिन विवरण को दर्ज करते समय अत्यधिक विस्तार देना आवश्यक नहीं है। मामूली चीजें रिकॉर्ड करें, जहाँ स्वप्न देखा था, उस स्वप्न में मूलतः कौन लोग उपस्थित थे, आप उस स्वप्न में क्या कर रहे थे, उस स्वप्न में बाकी लोग क्या कर रहे थे—और सबसे महत्त्वपूर्ण, इस स्वप्न में आप कैसा महसूस कर रहे थे?

आपको इस स्वप्न में एक से अधिक भावनाएँ मिल सकती हैं; लेकिन ये भावनाएँ एक-दूसरे से बहुत अलग नहीं होंगी। उदाहरण के लिए, आप एक ही स्वप्न में उत्साहित और क्रोधित नहीं महसूस कर सकते, क्योंकि इन दोनों भावनाओं की कांपनिक आवृत्ति एक ही स्वप्न में आने के लिए सर्वथा विपरीत है। अतः एक बार जब आपको एहसास

हो जाए कि स्वप्न कैसा अनुभव हो रहा है, यदि आप भावनाओं को बदलने या बढ़ाने के लिए कुछ करना चाहते हैं तो आपको 22वीं विधि—भावात्मक पैमाने को ऊपर उठाने पर जाना चाहिए।

अब्राहम हमें सराहना के आवेश के बारे में और बताएँ

स्वप्न आपको आपके अस्तित्व की मौजूदा कांपनिक अवस्था के बारे में शानदार अंतर्दृष्टि दे सकते हैं। आपका स्वप्न को पुनः याद करना उन अभौतिक विचारों के समूह का भौतिक परिवर्तन करना है, जिस पर आपने अपनी स्वप्नावस्था में संवाद किया था। सोते समय आप उसी अभौतिक ऊर्जा में पुनः विलयित हो जाते हैं और बातचीत करते हैं (यह बातचीत शब्दों में नहीं, बल्कि कांपनिक होती है)। तब जागने पर आप उस बातचीत को उसके भौतिक समरूपी में परिवर्तित करते हैं।

कई बार जब आप लंबे समय से किसी चीज को चाहते हों, लेकिन आपको वह सचमुच होने का कोई रास्ता न दिखाई देता हो तो आपको एक सपना दिखेगा, जिसमें वह होता दिखाई देगा। और तब उस स्वप्न की सुखद स्मृति में आप अपने कंपनों का प्रतिरोध नरम कर देते हैं और तब आपकी इच्छाएँ पूरी हो जाती हैं।

कई साल पहले जेरी और एस्थर एक व्यापार में एक साथ काम कर रहे थे; लेकिन उस समय उनके बीच प्रेम संबंध नहीं थे। वे एक-दूसरे की सराहना करते थे, लेकिन उनके बीच प्रेम नहीं था; क्योंकि उनमें से किसी ने भी अपने को इसकी स्वीकृति नहीं दी थी। अपनी मान्यताओं और विश्वासों के कारण दोनों ने ही एक-दूसरे से संबंधित विचार-क्षेत्र को छुआ तक नहीं था।

कई साल पहले जेरी और एस्थर एक व्यापार में एक साथ काम कर रहे थे; लेकिन उस समय उनके बीच प्रेम संबंध नहीं थे। वे एक-दूसरे की सराहना करते थे, लेकिन उनके बीच प्रेम नहीं था; क्योंकि उनमें से किसी ने भी अपने को इसकी स्वीकृति नहीं दी थी। अपनी मान्यताओं और विश्वासों के कारण दोनों ने ही एक-दूसरे से संबंधित विचार-क्षेत्र को छुआ तक नहीं था।

एक रात एस्थर ने सपना देखा कि जेरी (एस्थर ने उसे स्पष्ट रूप से देखा) उसके बिस्तर के निकट घुटनों के बल बैठे और उसके गालों को चूमा। यह काफी कुछ उस परी कथा के जैसा था, जिसे एस्थर ने बचपन में सुना था। और जब जेरी के होंठों ने उसके चेहरे को छुआ, उनके भीतर एक असाधारण अनुभूति उमड़ना आरंभ हो गई—आनंद की अनुभूति, सब ठीक होने की अनुभूति, वह अनुभूति, जो बयान से बाहर थी। यह ऐसी अनुभूति थी, जिसका एहसास उन्हें इससे पहले

सोते हुए या कभी भी नहीं हुआ था। और जब वे जागीं तो अपने आपको इस स्वप्न के बारे में सोचने से रोक नहीं सकीं। और उन्हें जेरी के प्रति ऐसी अनुभूति हुई, जो इससे पहले कभी नहीं हुई थी। इस स्वप्न ने उनके भीतर ऐसा एहसास छोड़ा, जिसे उन्होंने पहले कभी महसूस नहीं किया था। यह इतना आनंददायक था कि वह इसे बार-बार देखना चाहती थीं। और यदि वे इसे नहीं देख पातीं तो वे बस, इसे याद करने का प्रयास करतीं। वे इस स्वप्न की अनुभूति को पुनः अनुभव करना चाहती थीं। और यही कंपन वह उत्प्रेरक था, जो उन दोनों को साथ लाया।

एस्थर ऐसी चीजें सोच रही थीं, जैसे—*मैं हमेशा खुश रहना चाहती हूँ। मैं ऐसा साथी चाहती हूँ, जो मेरी सराहना करे।* मैं आनंदपूर्ण *जीवन-अनुभव चाहती हूँ।* एस्थर के यह सब सोचने के बावजूद उनके जीवन में इन चीजों की भारी कमी थी। उनके आंतरिक अस्तित्व ने उनकी माँग को सुनकर उन्हें कुछ चाक्षुष व ऐंद्रिक और कुछ पर्याप्त ठोस प्रदान किया, जिससे वे उसे भूल न सकें—और कुछ ऐसा पर्याप्त फलप्रद, जिसे वे निरंतर याद करती रहें। और जब उन्होंने ऊर्जा को उस ओर प्रवाहित किया—ओह, वह समय का कितना उपयोगी खंड था!

स्वप्न : आपके भविष्य का पूर्वावलोकन

अब, जब आपके पास आपकी इच्छित वस्तुएँ हैं, लेकिन ये ऐसी चीजें नहीं हैं, जिसे आप अपने जीवन में कोई कसौटी बना सकें, जैसे कि आप स्वस्थ होना चाहते हैं, लेकिन आप कभी स्वस्थ नहीं रहे; या आप अमीर होना चाहते हैं, लेकिन कभी अमीर नहीं रहे; या प्यारा साथी चाहते हैं, लेकिन आपके पास प्यारा साथी कभी नहीं रहा…अपने आंतरिक अस्तित्व के साथ उसके बारे में बात करें, जो आपको चाहिए और आपको वह क्यों चाहिए? और अपने आंतरिक अस्तित्व को आपकी स्वप्नावस्था में प्रदान करने दें, वे तसवीरें, जिनकी ओर आप ऊर्जा प्रवाहित कर सकें और जो आपकी कांपनिक अवस्था को वह बना सकें, जो आप बनना चाहते हैं। और तब 'आकर्षण का नियम' इसे आप तक ले आएगा।

> ***आपके स्वप्न आपके कांपनिक आकर्षण-बिंदु का प्रत्यक्षीकरण हैं, जिससे आप अपने स्वप्नों का मूल्यांकन कर पहचान सकें कि आप अपने कंपनों के साथ वास्तव में क्या कर रहे हैं। आपके स्वप्न उनके पूर्वावलोकन के जैसे हैं, जो आने वाला है। अतः यदि आप अपने स्वप्नों की विषय-वस्तु का मूल्यांकन करना चाहते हैं, आप अकसर यह जानना चाहते हैं कि आपका आकर्षण-बिंदु क्या है और तब यदि आप उन स्वप्नों को वास्तविक बनाना नहीं चाहते, जो आप देख रहे हैं तो आप इन्हें बदलने के लिए कुछ कर सकते हैं।***

आपके स्वप्न आपके कांपनिक आकर्षण-बिंदु का प्रत्यक्षीकरण हैं, जिससे आप अपने स्वप्नों का मूल्यांकन कर पहचान सकें कि आप अपने कंपनों के साथ वास्तव में क्या कर रहे हैं। आपके स्वप्न उनके पूर्वावलोकन के जैसे हैं, जो आने वाला है। अत: यदि आप अपने स्वप्नों की विषय-वस्तु का मूल्यांकन करना चाहते हैं, आप अकसर यह जानना चाहते हैं कि आपका आकर्षण-बिंदु क्या है ? और तब यदि आप उन स्वप्नों को वास्तविक बनाना नहीं चाहते, जो आप देख रहे हैं तो आप इन्हें बदलने के लिए कुछ कर सकते हैं।

आपके आसपास के प्रभाव के फलस्वरूप आपको सोचने का प्रोत्साहन मिलता है। संभव है कि आप अपनी ऊर्जा वित्तीय हानि की ओर प्रवाहित कर रहे हों, आप अपनी ऊर्जा को ऐसी चीज की ओर प्रवाहित कर रहे हों, जो ठीक काम नहीं कर रही हो आदि। ऐसा होने पर आपका आंतरिक अस्तित्व, जो जानता है कि आप भविष्य में अपने लिए बीमारी प्रकल्पित कर रहे हैं, आपको ऐसा स्वप्न दिखा सकता है कि आप किस ओर जा रहे हैं! और तब, आप जागते हैं और कहते हैं—आह! मुझे यह नहीं चाहिए! और तब आप कहते हैं तो फिर मैं क्या चाहता हूँ? और मुझे वह क्यों चाहिए? और तब आप अपनी ऊर्जा को लाभकारी ढंग से उस ओर प्रभावित करने लगते हैं, जो आपको चाहिए। अपनी ऊर्जा में संशोधन कर आप अपने भावी अनुभवों को भी परिवर्तित कर देते हैं।

□

विधि-8

सकारात्मक पहलुओं की पुस्तक

इस विधि का प्रयोग कब करें ?

- जब आप जिस सकारात्मक विचार पर ध्यान केंद्रित कर रहे हैं, उसकी प्रतिक्रियास्वरूप आपके भीतर सकारात्मक भावनाएँ उमड़ती हों और आप इस सकारात्मक और अच्छा महसूस होनेवाली लहर पर अधिक देर तक सवार रहना चाहें।
- जब आप जानते हों कि जिस विषय ने निरंतर आपका ध्यान केंद्रित कर रखा है, वह अच्छा महसूस नहीं हो रहा और आप उस प्रसंग पर अपने कंपनों को सुधारना चाहते हों।
- जब वे अधिकांश विषय, जिन पर आप केंद्रित हैं, आपको अच्छे महसूस हों, लेकिन उसमें कुछ ऐसे असुविधाजनक प्रतिरोध हों, जिन्हें आप बेहतर अनुभूति स्थल के रूप में गढ़ना चाहते हों।

मौजूदा भावात्मक रुझान-बिंदु सीमा

'सकारात्मक पहलुओं की पुस्तक विधि' आपके लिए तब सबसे मूल्यवान् होगी, जब आपका भावात्मक रुझान-बिंदु इन श्रेणियों के बीच हो—

(1) आनंद/ज्ञान/सशक्तीकरण/स्वतंत्रता/प्रेम/सराहना

और

(10) कुंठा/संताप/अधैर्य।

(यदि आपको अपना मौजूदा भावात्मक रुझान-बिंदु ज्ञात न हो तो अध्याय-22 पर जाएँ और वहाँ भावात्मक मार्गदर्शन पैमाने की 22 श्रेणियाँ देखें।)

'सकारात्मक पहलुओं की पुस्तक विधि' की शुरुआत हेतु ऐसी नोटबुक खरीदें, जिसे अपने हाथ में लेकर आपको अच्छा लगे। अपना मनपसंद रंग चुनें, जिसमें रेखाओं के बीच का अंतर आपकी लेखन-शैली से मेल खाता हो, जिसका कागज आपकी पसंदीदा

कलम को आराम से लिखने दे और आसानी से खुल जाए और सीधी रखी रहे।

इस विधि में शामिल गतिविधियों के कारण न केवल आपके ध्यान में सुधारात्मक स्तर की निश्चितता आएगी, बल्कि इस ध्यान केंद्रण से आपकी स्पष्टता एवं आपकी अनुभूतियाँ और अधिक जीवंत होंगी।

अब अपनी नोटबुक के कवर पर लिखें—'मेरी सकारात्मक पहलुओं की पुस्तक।'

पहले दिन इस विधि को कम-से-कम 20 मिनट देना फायदेमंद रहेगा। लेकिन इसके बाद आप इससे कम समय भी दे सकते हैं। आपको यह विधि इतनी लाभप्रद लगेगी और इस विधि से होनेवाले एहसास इतने संतोषप्रद लगेंगे कि आप इसके लिए और समय देना चाहेंगे।

तत्पश्चात् अपनी नोटबुक के पहले पृष्ठ के शीर्ष पर किसी ऐसे व्यक्ति या चीज का नाम या संक्षिप्त विवरण लिखें, जिसके बारे में आपको हमेशा अच्छा महसूस होता है। यह आपकी प्यारी बिल्ली का, आपके प्रिय मित्र का या जिस व्यक्ति से आप प्रेम करते हैं, उसका नाम हो सकता है, आपके पसंदीदा शहर या रेस्टोरेंट का नाम हो सकता है। जब आप अपने लिखे उस नाम या शीर्षक पर ध्यान केंद्रित करेंगे तो अपने आपसे यह प्रश्न पूछें, "मुझे आपमें क्या अच्छा लगता है? मैं आपको इतना प्यार क्यों करता हूँ? आपके सकारात्मक पहलू क्या हैं?"

तब धीरे-धीरे व सहजता से उन विचारों को लिखना आरंभ करें, जो आपके प्रश्न की प्रतिक्रिया में आप तक आए हैं। इन विचारों को जबरदस्ती लाने का प्रयास न करें; बल्कि इन्हें अपने माध्यम से कागज पर सहज प्रवाहित होने दें। इसे तब तक लिखते रहें, जब तक विचार प्रवाहित हों और तब आपने जो लिखा है, उसे पढ़ें और अपने शब्दों का आनंद लें। अब अगले पृष्ठ पर जाएँ और उस पर एक और व्यक्ति या चीज का नाम या शीर्षक लिखें, जिसके बारे में आप अच्छा महसूस करते हैं और यह प्रक्रिया तब तक दोहराते रहें, जब तक 20 मिनट नहीं बीत जाते।

आप पाएँगे कि भले ही यह पहली बैठक थी, फिर भी आपने आप भीतर सराहना और कल्याण का ऐसा शक्तिशाली कंपन सक्रिय करने में सफल रहे हैं कि आपकी सकारात्मक पहलुओं की पुस्तक हेतु अन्य नामों या शीर्षकों के विचार आपकी ओर निरंतर प्रवाहित हो रहे हैं। और जब ऐसा होता है तो समय निकालें। यदि संभव हो तो इन शीर्षकों को अपनी पुस्तक के अन्य पृष्ठों के शीर्ष पर लिख दें।

आप पाएँगे कि भले ही यह पहली बैठक थी, फिर भी आपने आप भीतर सराहना और कल्याण का ऐसा शक्तिशाली कंपन सक्रिय करने में सफल रहे हैं कि आपकी सकारात्मक पहलुओं

की पुस्तक हेतु अन्य नामों या शीर्षकों के विचार आपकी ओर निरंतर प्रवाहित हो रहे हैं। और जब ऐसा होता है तो समय निकालें। यदि संभव हो तो इन शीर्षकों को अपनी पुस्तक के अन्य पृष्ठों के शीर्ष पर लिख दें। यदि आपको लगे कि आपके पास यह प्रश्न पूछने का समय है, जैसे—'मुझे आपकी कौन सी बात अच्छी लगती है, मैं आपको इतना अधिक प्यार क्यों करता हूँ और आपके सकारात्मक पहलू कौन से हैं?' तो ऐसा उसी समय कर दें। यदि नहीं तो अगले दिन तक प्रतीक्षा करें, जब आप इस विधि को पुनः आरंभ करेंगे।

आप जितने अधिक सकारात्मक पहलू खोजेंगे, आपको उतने ही अधिक मिलते जाएँगे और आपको जितने अधिक सकारात्मक पहलू मिलेंगे, आप उन्हें उतना ही अधिक खोजेंगे। इस विधि में आप अपने भीतर कल्याण के उच्चतम कंपनों को सक्रिय कर लेते हैं (जो आपके वास्तविक स्वरूप के जैसे हैं)। आपको बहुत अच्छा अनुभूत होगा; बल्कि और बेहतर। यह कंपन इतना अभ्यासित होगा कि आपका प्रमुख कंपन बन जाएगा और अब आपके जीवन के सभी पहलुओं में यह उच्चतम कंपन प्रतिबिंबित होने लगेगा।

इस विधि के बहुत लाभ हैं—इस विधि को करने के दौरान आपको काफी अच्छा महसूस होता है। आपके आकर्षण-बिंदु में निरंतर सुधार होता जाता है, भले ही अभी यह कितना भी अच्छा क्यों न हो। आप जिस भी विषय पर लिखते हैं, उसके साथ आपका रिश्ता परिपूर्ण और अधिक संतोषजनक हो जाता है—तथा 'आकर्षण का नियम' आप तक ऐसे और भी अधिक लोग, स्थान, अनुभव एवं चीजें लाता है, जिनका आप आनंद ले सकें।

जब आपकी नोटबुक भर जाए; तो हो सकता है कि आपको एक और, फिर एक और खरीदने की उत्सुकता हो; क्योंकि लेखन के अनुभव में ध्यान केंद्रण की वास्तविक शक्ति है और अपने को अच्छी लगनेवाली चीजों के बारे में लिखने से मिला लेखकीय अनुभव आपको आपकी अपनी स्रोत ऊर्जा से जोड़नेवाली वास्तविक शक्ति है।

इस विधि के बहुत लाभ हैं—इस विधि को करने के दौरान आपको काफी अच्छा महसूस होता है। आपके आकर्षण-बिंदु में निरंतर सुधार होता जाता है, भले ही अभी यह कितना भी अच्छा क्यों न हो। आप जिस भी विषय पर लिखते हैं, उसके साथ आपका रिश्ता परिपूर्ण और अधिक संतोषजनक हो जाता है—तथा 'आकर्षण का नियम' आप तक ऐसे और भी अधिक लोग, स्थान, अनुभव एवं चीजें लाता है, जिनका आप आनंद ले सकें।

अब्राहम, हमें सकारात्मक पहलुओं की पुस्तक के बारे में और बताएँ

एक खूबसूरत शहर की कल्पना करें। बड़ा शहर नहीं, बल्कि आदर्श शहर। यातायात सहजतापूर्वक चल रहा है। यहाँ दिलचस्पी के बहुत से खूबसूरत बिंदु हैं। इस शहर में रहना और काम करना एक शानदार अनुभव है। जब आप इस शहर के बारे में उस तरह से और सोचेंगे, जैसा हमने इसे आपको बताया है तो आपको लगेगा, मैं वहाँ हमेशा खुश रहूँगा। ओह, लेकिन हम एक बात बताना भूल गए कि सिक्स्थ एवेन्यू पर बहुत गहरा गड्ढा भी है।

अब, यदि आप इस शहर के सकारात्मक पहलुओं पर केंद्रित रहेंगे, यदि आप यहाँ रहते हैं तो हमें यही आपसे उम्मीद भी है तो आप हमेशा खुश रहेंगे। अधिकांश लोगों का जीवन से परिचय इसके सकारात्मक पहलुओं की ओर संकेत करनेवालों द्वारा नहीं होता; अधिकांश लोगों का इससे परिचय अकसर ऐसे लोगों द्वारा होता है, जो कहते हैं—सिक्स्थ एवेन्यू के गड्ढे से बचकर रहना। और इस तरह, अपने आसपास की इस नकारात्मक मनोवृत्ति के कारण अधिकांश लोग इसी गड्ढे में जा गिरते हैं।

मान लेते हैं कि कोई व्यक्ति बहुत बीमार है। चिकित्सकों ने उसकी मृत्यु की घोषणा कर दी है। इसके बावजूद उसके शरीर का अधिकांश हिस्सा, 99 प्रतिशत से भी अधिक, इसी जादुई शहर के जैसा है—यह भलीभाँति काम कर रहा है। सभी धमनियों में आवा-जाही अच्छा काम कर रही है। बस, चूँकि चिकित्सक ने उसे जो बोध दिया है, उसके कारण रोगी का पूरा ध्यान 'गड्ढे' पर केंद्रित है—तब तक, जब तक वह आखिरकार रोगी के पूरे शरीर को नहीं लील जाता।

अपना ध्यान शहर के गड्ढों से हटाएँ

"जब मैं इस पर केंद्रित रहता हूँ कि मुझे क्या चाहिए तो मैं अच्छा महसूस करता हूँ। जब मैं जो चाहता हूँ, उसकी कमी पर केंद्रित रहता हूँ तो मुझे बुरा महसूस होता है।"

इसे थोड़ा और आगे बढ़ाते हैं। क्या आप एक बार में एक से अधिक चीजों पर केंद्रित रह सकते हैं? नहीं। क्या आप एक बार में एक से अधिक तरह अनुभव कर सकते हैं? नहीं। इसलिए यह तार्किक नहीं है। यही कारण है कि 'आकर्षण के नियमों' के मानकों पर इसका असफल होना तय है। यदि आप उस चीज पर ध्यान केंद्रित करते हैं, जो आपको चाहिए तो क्या उसी समय आप उस पर केंद्रित रह सकते हैं, जो आपको नहीं चाहिए? और यदि, जब आप आपको जो चाहिए, उसपर केंद्रित रहते हैं तो आपको अच्छा महसूस होता है। *और यदि, जब आपको अच्छा महसूस होता है, तब आप आकर्षण के सकारात्मक मोड में होते हैं; तब आपका सबसे महत्त्वपूर्ण कार्य सभी चीजों के सकारात्मक पहलुओं को खोजना होता है। उन चीजों के हिस्सों को खोजना होता है,*

जो आपका उत्थान करें और आपका ध्यान गड्ढों से हटाएँ!

कई बार सोद्‌देश्य सृजन के बारे में पहले-पहल सीखने पर हमारे शरीरी मित्र चिंतित हो जाते हैं। वे इस बात से डरते हैं कि जो भी नकारात्मक विचार सोचते हैं, वह ब्रह्मांड में पहुँच जाता है और एक राक्षस को उनके अनुभव में ले आता है। हम आपके भय का यह याद दिलाते हुए शमन करना चाहते हैं कि आप अपने विचारों के संतुलन में जीते हैं। इसलिए किसी भी चीज को आपके अनुभव में प्रत्यक्ष होने के लिए पहले इस पर कुछ समय तक विचार करना होता है। लेकिन ऐसे व्यक्ति के रूप में, जो ऐसे समाज में रह रहा है, जो प्रमुख रूप से आलोचना और गलत पर केंद्रित मनोवृत्ति का है, उन्हें हमेशा ऐसे तथ्यों का सामना करना पड़ता है। आप अपने व्यक्तिगत विचारों में भी ऐसा हो गए हैं, जो प्रमुख रूप से चिंता करता है, न कि प्रमुख रूप से यह जानते हों कि सब ठीक है।

कई बार सोद्‌देश्य सृजन के बारे में पहले-पहल सीखने पर हमारे शरीरी मित्र चिंतित हो जाते हैं। वे इस बात से डरते हैं कि जो भी नकारात्मक विचार सोचते हैं, वह ब्रह्मांड में पहुँच जाता है और एक राक्षस को उनके अनुभव में ले आता है। हम आपके भय का यह याद दिलाते हुए शमन करना चाहते हैं कि आप अपने विचारों के संतुलन में जीते हैं। इसलिए किसी भी चीज को आपके अनुभव में प्रत्यक्ष होने के लिए पहले इस पर कुछ समय तक विचार करना होता है।

हम आपको इसके लिए प्रोत्साहित करना चाहते हैं कि आप अधिक ध्यान उस ओर लगाएँ, जिससे आपको अच्छा महसूस हो। यह इतना उग्र नहीं है कि आपको अपने सभी विचारों को नियंत्रित करना होगा—बस, यह फैसला करें कि आप वही देखेंगे, जो आप देखना चाहते हैं। यह फैसला लेना मुश्किल नहीं है; लेकिन इससे उसमें बड़ा अंतर आ सकता है, जिसे आप अपने अनुभव में लाना चाहते हैं।

जो अच्छा महसूस हो, उस पर ध्यान दें

कुछ ऐसा, जो वास्तव में आपके ध्यान देने की पात्रता रखता प्रतीत होता हो। "यह सच है, आखिर यह सच है। क्या मुझे इसे दर्ज नहीं करना चाहिए? क्या मुझे इसका हिसाब नहीं रखना चाहिए? क्या मुझे इससे आँकड़े नहीं निकालने चाहिए? क्या मुझे इसके बारे में अन्य लोगों को नहीं बताना चाहिए? क्या मुझे अपने बच्चों को इस बारे में नहीं चेताना चाहिए?"

क्या हमें उन चीजों की घोषणा नहीं करनी चाहिए, जो हम न चाहते हों, क्योंकि वे वास्तविकता हैं—और इस तरह हम उन्हें और अधिक वास्तविक बना देते हैं? और

यदि आपकी जगह हम होते, हम किसी भी चीज की वास्तविकता को अपने ध्यान का आधार नहीं बनने देते। हम उसके अनुभूत कंपनों को अपना आधार बनाते। अतः हम अपने से मिलनेवाले सभी लोगों को यह कहने लगते कि "यदि यह अच्छा महसूस होगा तो मैं इसपर अपना पूरा ध्यान दूँगा। यदि यह ऐसा नहीं है तो मैं इसकी ओर देखूँगा भी नहीं।"

हम पूछते हैं, आप ऐसा क्यों करते हैं? क्यों न सृजन के डाटाबेस में ढूँढ़ा जाए और उन वास्तविकताओं को छानकर निकाल लें, जिनका आप उत्तर चाहते हों—और तब उनकी घोषणा करें? अब आपका उत्तर कभी पर्याप्त रूप से अच्छा नहीं हो सकता। यह ऐसा होगा—"हमने इसे इसलिए किया, क्योंकि यह वास्तविकता है। हमने इसे इसलिए किया, क्योंकि किसी और ने भी यही किया है।"

यदि आपकी जगह हम होते, हम किसी भी चीज की वास्तविकता को अपने ध्यान का आधार नहीं बनने देते। हम उसके अनुभूत कंपनों को अपना आधार बनाते। अतः हम अपने से मिलनेवाले सभी लोगों को यह कहने लगते कि "यदि यह अच्छा महसूस होगा तो मैं इसपर अपना पूरा ध्यान दूँगा। यदि यह ऐसा नहीं है तो मैं इसकी ओर देखूँगा भी नहीं।"

और आप जानते हैं कि वे आपसे क्या कहेंगे? "आपको वास्तविकता का सामना करना चाहिए।" तो उत्तर दीजिए, "मैं करता हूँ—मैं हमेशा यही करता हूँ। मैं अपने सामने आनेवाली वास्तविकताओं में से छानने को लेकर अधिक चयनात्मक हो गया हूँ; क्योंकि मैं यह समझने लगा हूँ कि मैं जिस वास्तविकता का सामना कर रहा हूँ, जिस भी वास्तविकता के बारे में बात कर रहा हूँ, सोच रहा हूँ, याद कर रहा हूँ, बह रहा हूँ; मैं जिस भी वास्तविकता के आँकड़े जुटा रहा हूँ; मैं जिस वास्तविकता को लंबे समय से अपने कंपनों में थामे हुए हूँ, वही मेरी अपनी वास्तविकता बन जाती है। और मैं अपने अनुभवों में प्रतिबिंबित होनेवाली वास्तविकताओं को लेकर काफी सावधान हो गया हूँ, क्योंकि मुझे ज्ञात है कि मैं वास्तविकता का सृजन कर सकता हूँ। मैं वास्तविकता का सृजन कर सकता हूँ! मैं वास्तविकता का सृजन कर सकता हूँ—और मैं उस वास्तविकता को चुन सकता हूँ, जिसे मैं सृजित कर रहा हूँ।"

ओह, हमें आपको यह कहना अच्छा लग रहा है। आप सृजनकर्ता हैं और आप ऐसा कुछ भी सृजित कर सकते हैं, जो आप चाहते हों; लेकिन यह कहने का एक बेहतर तरीका भी है—*आप ऐसी किसी भी चीज का सृजन कर सकते हैं, जिस पर अपना ध्यान केंद्रित करें।*

आप जहाँ भी जाएँगे, वहाँ पर भी होंगे

जेरी और एस्थर की ऑस्टिन, टेक्सास के एक होटल में कार्यशाला का आयोजन किया था, जो अकसर भूल जाते थे कि वे आने वाले हैं। अनुबंधों पर हस्ताक्षर होने और एस्थर के वहाँ पहुँचने के दिन की पुष्टि के लिए फोन करने के बावजूद जब वे वहाँ पहुँचते तो डेस्क के दूसरी ओर बैठी प्यारी लड़की हमेशा हैरान हो जाती। और तब उनकी कार्यशाला के लिए चीजों को तैयार करने की आपा-धापी मच जाती। एस्थर ने हमसे कहा, "हमें शायद कोई दूसरा होटल ढूँढ़ लेना चाहिए।" और हमने कहा, ''यह इसे करने का एक तरीका है—लेकिन हमें लगता है कि आप जहाँ भी जाएँगे, अपने को साथ लेकर जाएँगे। आप जहाँ कहीं भी जाएँगे, अपने साथ अपनी कांपनिक आदतें व पैटर्न लेकर जाएँगे।"

एस्थर ने हमसे कहा, "हमें शायद कोई दूसरा होटल ढूँढ़ लेना चाहिए।" और हमने कहा, ''यह इसे करने का एक तरीका है—लेकिन हमें लगता है कि आप जहाँ भी जाएँगे, अपने को साथ लेकर जाएँगे। आप जहाँ कहीं भी जाएँगे, अपने साथ अपनी कांपनिक आदतें व पैटर्न लेकर जाएँगे।"

इसलिए हमने उन्हें एक नोटबुक खरीदने को कहा और इसे सामने कवर पर बड़े अक्षरों में—'मेरी सकारात्मक पहलुओं की पुस्तक' लिखने को कहा। और फिर पहले पृष्ठ पर जाकर—'ऑस्टिन स्थित साउथ पार्क होटल के सकारात्मक पहलू' लिखने को कहा। अब एस्थर ने लिखना आरंभ किया—'यह बेहद खूबसूरत स्थान है। यह बहुत अच्छी जगह पर है, जहाँ विभिन्न राज्यों से पहुँचा जा सकता है और निर्देश भी आसानी से मिल जाते हैं। पार्किंग का स्थान पर्याप्त व सुविधाजनक है। हमारा कमरा हमेशा साफ रहता है। कमरे कई आकार के हैं। इससे हम जिस आकार समूह में चाहें, उसमें शामिल हो सकते हैं…'

और ये प्रविष्टियाँ करते समय वे हैरान हो रही थीं कि उन्होंने नया होटल ढूँढ़ने के बारे में सोचा भी कैसे! दूसरे शब्दों में, सकारात्मक पहलुओं के प्रति उनका ध्यान इस होटल के बारे में अच्छा महसूस करने वाले मोड की उस अवस्था में ले आया (हम पहले ही जानते थे) कि अब इस होटल की ऐसी कोई बात उन्हें आकर्षित नहीं कर सकती थी, जो अच्छी न हो। दूसरे शब्दों में, वे अपने ध्यान को—इस पुस्तक में अपने सोद्देश्य लेखन की खूबी द्वारा—गड्ढे में से बाहर निकाल लाईं।

यह प्रेरणा है या प्रोत्साहन?

आप इसे दो तरह से देख सकते हैं—*यदि मैं ऐसा-ऐसा करूँ तो ये अच्छी चीजें*

हो सकती हैं, या यदि मैं ऐसा-ऐसा न करूँ तो ये बुरी चीजें हो सकती हैं। इसमें पहला आपको सकारात्मक स्थिति से कार्य करने की प्रेरणा देगा; दूसरा आपको नकारात्मक स्थिति से कार्य करने का प्रोत्साहन देगा।

आपकी सकारात्मक पहलुओं की पुस्तक आपको आपकी प्रेरित सकारात्मक अनुभूति के गुण द्वारा आप जो भी चाहते हों, उसे अधिक-से-अधिक आकर्षित करने की स्थिति में ले आएगी।

□

विधि-9

पटकथा-लेखन

इस विधि का प्रयोग कब करें ?

- जब आप अच्छा महसूस कर रहे हों और अपने लिए जिस जीवन-अनुभव का सृजन कर रहे हों, उससे संबंधित विवरण जोड़ना चाहते हों।
- जब आप उन चीजों को पहचानने व लिखने का रोमांच चाहते हों, जिन्हें आप अनुभव करना चाहते हैं और फिर ब्रह्मांड को उस विवरण के साथ प्रदान करते देखें, जो आपने बताए थे।
- जब आप बोधपूर्वक अपने विशेष रूप से केंद्रित विचारों की शक्ति को अनुभव करना चाहते हों।

मौजूदा भावात्मक रुझान-बिंदु सीमा

यह 'पटकथा-लेखन विधि' आपके लिए तब सबसे मूल्यवान् होगी, जब आपका भावात्मक रुझान-बिंदु इन श्रेणियों के बीच हो—

(2) जोश

और

(6) आशापूर्णता

(यदि आपको अपना मौजूदा भावात्मक रुझान-बिंदु ज्ञात न हो तो अध्याय-22 पर जाएँ और वहाँ भावात्मक मार्गदर्शन पैमाने की 22 श्रेणियाँ देखें।)

एक शाम जब एस्थर ने टी.वी. खोला तो वह तुरंत उसपर आ रही फिल्म को देखकर मंत्रमुग्ध हो गई, जो तब से लंबित थी, जिस समय से उसे उसके बारे में पता चला था। उस फिल्म में एक प्रकटतः असफल पटकथा लेखक को उसका टाइपराइटर जादुई जान पड़ता है। रोजाना जब वह कोई दृश्य या पात्रों द्वारा बोले गए शब्द लिखता है, वह सबकुछ उसके अनुभव में आता है। और इसलिए, जब हालात वैसे नहीं होते, जैसे वह चाहता था तो वह अपने टाइपराइटर पर उसका संशोधित संस्करण लिख डालता और फिर वही दृश्य

उसके जीवन-अनुभव में भी घट जाता।

जब एस्थर यह फिल्म देख रही थीं तो हमने उनसे कहा, "वैसे वास्तव में ऐसे ही होता है, जब आप अपनी इच्छित वस्तुओं पर स्पष्ट रूप से केंद्रित होते हैं और ऐसा कोई असंगत कंपन उत्पन्न नहीं करते, जो बाधा बन सके—तो आप जो भी इच्छा करेंगे, वह पूरी होगी; क्योंकि आप जब भी माँगेगे, वो हमेशा दिया जाएगा, हर बार-निरपवाद।" यदि कुछ ऐसा है, जिसकी आपने इच्छा की, लेकिन वह हासिल नहीं हुआ, तो इसका केवल यही कारण है कि आपने उसे आने की स्वीकृति नहीं दी। इसका कारण आपके द्वारा अभ्यासित वे विचार हैं, जो आपकी इच्छा के विपरीत हैं। इसके अलावा, आपको अपने सपनों को हासिल करने से और कोई नहीं रोक सकता।

यदि कुछ ऐसा है, जिसकी आपने इच्छा की, लेकिन वह हासिल नहीं हुआ, तो इसका केवल यही कारण है कि आपने उसे आने की स्वीकृति नहीं दी। इसका कारण आपके द्वारा अभ्यासित वे विचार हैं, जो आपकी इच्छा के विपरीत हैं। इसके अलावा, आपको अपने सपनों को हासिल करने से और कोई नहीं रोक सकता।

तो 'पटकथा लेखन विधि' इस तरह काम करती है। मान लें कि आप एक लेखक हैं और आप जो कुछ भी लिखते हैं, वह बिल्कुल उसी तरह से होता है, जैसे आपने लिखा है। आपका सिर्फ एक काम है—इस विवरण को देना, विस्तार से, हर चीज का, बिल्कुल वैसा, जैसे आप इसे चाहते हैं।

चूँकि आपको यह खेल खेलने में आनंद आ रहा है और आप इसे बहुत गंभीरता से नहीं ले रहे तो आपकी किसी भी बाधक धारणा के सक्रिय होने की गुंजाइश बहुत कम है। दूसरे शब्दों में, यह मान लेने पर कि आपका टाइपराइटर, वर्ड प्रोसेसर, कंप्यूटर या नोटबुक जादुई हैं और आप इन पर जो भी लिखेंगे, वह हासिल हो सकता है, तो आपको वे दो चीजें साधनी होंगी, जो किसी भी उपलब्धि के लिए आवश्यक हैं—अपनी इच्छा की ताल पर केंद्रित रहें और कोई प्रतिरोध न करें।

यह विधि आपको अपनी इच्छाओं के प्रति अधिक सुनिश्चित रहने में सहायता करेगी और इस बात पर अधिक स्पष्ट होने पर कि आप क्या चाहते हैं, आप इस विशिष्ट केंद्रण की शक्ति को अनुभव कर सकेंगे। किसी विषय पर जितना अधिक एकाग्र रहेंगे और जिसे जितना अधिक विवरणात्मक बनाएँगे, उतनी ही तेजी से ऊर्जा गतिशील होगी। और अभ्यास के साथ आप वास्तव में अपनी इच्छा की गतिशीलता को महसूस कर सकेंगे। आप ब्रह्मांडीय शक्ति को परिवर्तित होना अनुभव कर सकेंगे। आप अकसर मात्र अपनी अनुभूतियों की प्रकृति समझकर जान जाते हैं कि आप कब कुछ पाने या प्रत्यक्ष होने के कगार पर हैं।

इस खेल की अनूठी पद्धति के कारण इस बात की कम ही संभावना है कि आप अपना केंद्रबिंदु बने विचारों को संदेह या अविश्वास तक पहुँचा सकें। यदि आप सहज और आनंदित रहे तो प्रतिरोध की अनुपस्थिति में आप ऐसी विशिष्ट एकाग्रता कायम कर सकेंगे कि एक बार फिर आप किसी भी चीज के सृजन के लिए आदर्श संतुलन प्राप्त कर सकेंगे।

यदि आप इस खेल को अकसर खेलते रहे और इसे खेलने में आनंद लेते रहे तो आपको इस खेल की शक्ति के अद्भुत प्रमाण दिखाई देने लगेंगे। आपने जो चीजें लिखी होंगी, वे आपके अनुभवों में उतरनी आरंभ हो जाएँगी, जैसे कि आप मंच पर किसी नाटक को निर्देशित कर रहे हों। और जब आप जिससे बात कर रहे हैं, आपसे ऐसे शब्द कहे, जो पटकथा में लिखे हों तो आप खुद अपनी मंशा की शक्ति को पहचानकर प्रसन्न होंगे।

यदि आप इस खेल को अकसर खेलते रहे और इसे खेलने में आनंद लेते रहे तो आपको इस खेल की शक्ति के अद्भुत प्रमाण दिखाई देने लगेंगे। आपने जो चीजें लिखी होंगी, वे आपके अनुभवों में उतरनी आरंभ हो जाएँगी, जैसे कि आप मंच पर किसी नाटक को निर्देशित कर रहे हों। और जब आप जिससे बात कर रहे हैं, आपसे ऐसे शब्द कहे, जो पटकथा में लिखे हों तो आप खुद अपनी मंशा की शक्ति को पहचानकर प्रसन्न होंगे।

आप अपने जीवन की पटकथा के कांपनिक लेखक हैं—और इस ब्रह्मांड में हर चीज अपनी वही भूमिका अदा कर रही है, जो आपने उसे दी है। वस्तुतः आप जीवन की पटकथा को, जैसी इच्छा हो, वैसे लिख सकते हैं और ब्रह्मांड आपको वे लोग, स्थान और घटनाएँ प्रदान करना आरंभ कर देगा, जैसा आपने उनके लिए फैसला किया था। चूँकि अपने अनुभव के निर्माता आप खुद हैं, आपको बस, फैसला लेना और उसे स्वीकार करना है।

अब्राहम, हमें पटकथा लेखन के बारे में और बताएँ

पटकथा लेखन उन विधियों में से एक है, जो हम आपको इसमें सहायता के लिए प्रदान करते हैं कि आप ब्रह्मांड को यह बता सकें कि आप चीजों को किस तरह पसंद करते हैं। यदि आप पहले से ही अपनी इच्छाओं के साथ कांपनिक सामंजस्य में हैं तो आपको पता चल जाएगा, क्योंकि आपकी इच्छा पहले से ही भौतिक वास्तविकता है। लेकिन यदि कुछ ऐसा है, जो आप चाहते हैं और अभी तक मिला नहीं है तो पटकथा लेखन उसकी गति बढ़ाने का अच्छा तरीका है। पटकथा लेखन आप चीजों को किस तरह का देखना चाहते हैं, इस आदत को तोड़ने में सहायक रहेगी। पटकथा लेखन आपको अपने कंपनों को सोद्देश्य प्रस्तावित करने में सहायक होता है।

उस प्लॉट पर पटकथा लिखें, जिसे आप जीना चाहते हैं

इसकी शुरुआत हम स्वयं को केंद्रीय पात्र मानते हुए कर सकते हैं। तब हमें दृश्य के अन्य प्रमुख किरदारों की पहचान करनी होगी और तब हम प्लॉट लिख सकते हैं (यह सबसे प्रभावशाली तब होगा, जब आप इसे खुद लिखें, वह भी शुरुआत से, क्योंकि लिखना आपका सबसे प्रबल ध्यान-बिंदु है। लेकिन आपको इसे बार-बार और लगातार नहीं लिखना होगा)।

एक दिन कोई महिला अपनी पटकथा लिखने का हमारे साथ अभ्यास कर रही थी और उसने कहा, "मैं दो लोगों को समुद्र-तट पर टहलते देख रही हूँ।" हमने उसे छेड़ते हुए कहा, "क्या इनमें से एक आप हैं?" यहाँ हम जो बिंदु उठाना चाहते हैं, वह ये है कि पटकथा लेखन का संपूर्ण उद्देश्य जीवन-अनुभवों को उस तरह अनुभूत करना आरंभ करना है, जैसे आप उसे जीना चाहते हैं।

इस विधि का उद्देश्य उस जीवन को अनुभूत करने का अभ्यास करना है, जिसे आप जीना चाहते हैं। ब्रह्मांड नहीं जानता या उसे परवाह नहीं है कि आपके कंपन आप पर जो बीत रही है, उसकी प्रतिक्रिया में हैं या आप जिसकी कल्पना कर रहे हैं, उसकी प्रतिक्रिया हैं। दोनों ही मामलों में ब्रह्मांड इसे आप तक पहुँचा देगा।

यदि आप अकसर अपनी पटकथा को पुनः व्यवस्थित करते रहेंगे तो आप इसे वास्तविकता के रूप में स्वीकार कर लेंगे और जब आप इसे इस तरह स्वीकार कर लेंगे, जैसे आप वास्तविकता को स्वीकार करते हैं तो ब्रह्मांड को इस पर विश्वास हो जाएगा और वह भी इस पर उसी तरह की प्रतिक्रिया देने लगेगा।

□

विधि-10

प्लेस मैट विधि

इस विधि का प्रयोग कब करें ?

- जब आप अपने ब्रह्मांडीय प्रबंधक का अधिक प्रभावशाली ढंग से उपयोग करना चाहें।
- जब आप ऊर्जा के प्रवाह के माध्यम से अपनी वास्तविकता को सृजित करना चाहते हों।
- जब आप अपने कार्यों के कम उपयोग द्वारा वास्तविकता का निर्माण करना चाहें।
- जब आपको लगे कि आपके करने के लिए बहुत कुछ है।
- जब आप उन चीजों को करने के लिए अधिक समय चाहते हों, जिसमें आपको आनंद मिले।

मौजूदा भावात्मक रुझान-बिंदु सीमा

'प्लेस मैट विधि' आपके लिए तब सबसे मूल्यवान् होगी, जब आपका भावात्मक रुझान-बिंदु इन श्रेणियों के बीच हो—

(2) जोश

और

(11) व्यग्रता।

(यदि आपको अपना मौजूदा भावात्मक रुझान-बिंदु ज्ञात न हो तो अध्याय-22 पर जाएँ और वहाँ भावात्मक मार्गदर्शन पैमाने की 22 श्रेणियाँ देखें।)

जेरी एवं एस्थर का जीवन विकसित होने और उनके विचार तथा परियोजनाओं के विस्तार लेने के बाद से एस्थर अपने पास एक नोटबुक रखने लगी थीं, जिसमें उन चीजों की सूची रहती थी, जो उन्हें करनी थी। यह सूची कुछ पृष्ठों तक होती थी, जिसे वे हास्यपूर्वक, 'आज किए जानेवाले काम' कहती थीं। जबकि दस लोग मिलकर भी उस

सूची को एक दिन में नहीं निपटा सकते थे।

उनकी सूची की हर नई प्रविष्टि पर एस्थर अधिक गंभीर व व्यस्त महसूस करतीं। अपनी इच्छाओं को महत्त्वपूर्ण मानने और अपने तत्पर स्वभाव के कारण उन्हें अपनी जिम्मेदारी का पूरा एहसास था और उनकी स्वतंत्रता की अनुभूति इस भार के नीचे कुचली जा रही थी।

हमने एस्थर को बताया कि कुछ भी प्राप्त करने के लिए उन्हें केवल दो चीजें हासिल करनी हैं—सबसे पहले उनके लिए अपनी इच्छित वस्तु को पहचानना आवश्यक है और फिर उन्हें इसे घटित होने के मार्ग से हटना होगा। दूसरे शब्दों में, माँगों और फिर इसे स्वीकार करने वाले कंपन को हासिल करने में जुट जाओ, क्योंकि यह हमेशा दिया जाएगा, आप जब भी माँगेंगे।

रेस्टोरेंट की टेबल पर अपना खाना आने का इंतजार करते हुए एस्थर ने अपनी सूची के पृष्ठों को उलटना शुरू किया। कहीं-कहीं वे पूरे हो चुके कामों को काट रही थीं। और तुरंत ही एक चीज काटने के साथ उन्हें उस सूची में जोड़ने के लिए तीन और चीजें याद आ जातीं। पूर्णत: निराश होने पर उन्होंने हमसे पूछा, "अब्राहम, मैं क्या करूँ?"

हमने कहा, "यह बड़ावाला पेपर प्लेसमैट लो और हम बताते हैं कि क्या करो! अपने प्लेसमैट के मध्य में ऊपर से नीचे तक एक रेखा खींचो। उस रेखा के बाईं ओर लिखो—काम; जो मैं आज करूँगा, अब इस रेखा के दाईं ओर लिखें—काम, जो मैं चाहता हूँ कि ब्रह्मांड करे।"

अब अपने 'आज करने वाले काम' की लंबी सूची में से, उन चीजों को चुनें, जिन्हें आपकी सचमुच आज ही करने की मंशा हो। चीजें, जो आपके अनुसार आपको करनी ही चाहिए। चीजें, जो आप सचमुच करना चाहते हैं। सिर्फ उन्हीं चीजों को चुनिए, जो आप हर हालत में आज ही करना चाहते हों और इन्हें अपने प्लेस मैट के बाएँ खाने में 'काम, जो मैं आज करूँगा' शीर्षक के नीचे दर्ज कर लें। अब बाकी सभी कार्यों को अपने प्लेस मैट के ब्रह्मांड वाली तरफ लिख लें।

एस्थर ने अपनी सूची में देखा और उनमें से कुछ चीजों को चुन लिया, जो उनके लिए आज ही करना जरूरी थीं और एस्थर ने उन्हें प्लेस मैट में अपने स्थान पर लिख लिया। और तब उन्होंने बाकी बचे महत्त्वपूर्ण कार्यों की लंबी सूची के शेष कार्यों को प्लेस मैट में ब्रह्मांड की तरफ स्थानांतरित करना आरंभ कर दिया। एक-एक करके उन्होंने अपने कार्यों को पंक्ति के दाईं ओर स्थानांतरित कर दिया। और जब सभी कार्य स्थानांतरित हो गए तो उन्हें काफी हलका महसूस हुआ।

हमने एस्थर को बताया कि कुछ भी प्राप्त करने के लिए उन्हें केवल दो चीजें हासिल

करनी हैं—सबसे पहले उनके लिए अपनी इच्छित वस्तु को पहचानना आवश्यक है और फिर उन्हें इसे घटित होने के मार्ग से हटना होगा। दूसरे शब्दों में, माँगों और फिर इसे स्वीकार करने वाले कंपन को हासिल करने में जुट जाओ, क्योंकि यह हमेशा दिया जाएगा, आप जब भी माँगेंगे।

एस्थर ने आगामी कुछ दिनों में जो अनुभव किया, उससे वे चकित रह गईं। वे न केवल अपनी उस छोटी व प्रबंधन योग्य सूची को आसानी से पूरा कर सकीं, बल्कि प्लेस मैट के ब्रह्मांडीय भाग में लिखे विषय भी हासिल होने लगे और वह भी एस्थर के समय, ध्यान और कार्य किए बिना।

जब एस्थर अपने दायित्वपूर्ण कार्यों की लंबी सूची उड़ेल रही थीं, उस समय वे निश्चित ही इस समीकरण के माँगनेवाले भाग को बढ़ा रही थीं। लेकिन उनके भ्रम और व्यग्रता के एहसास निश्चित रूप से ये भावात्मक संकेत दे रहे थे कि वह उसे स्वीकार करने की कांपनिक स्थिति में नहीं हैं, जिसे वे माँग रही हैं।

इन वस्तुओं को प्लेस मैट की ब्रह्मांडीय और स्थानांतरण की प्रक्रिया के दौरान उनका प्रतिरोध नरम पड़ना आरंभ हो गया और उनके कंपन उन्नत होने लगे। और हालाँकि उन्हें उस क्षण इस बात का एहसास नहीं हुआ, लेकिन उनका आकर्षण-बिंदु परिवर्तित हो गया और उन्होंने उसी समय अपनी इच्छाओं की पूर्ति को स्वीकार करना आरंभ कर दिया।

एस्थर ने आगामी कुछ दिनों में जो अनुभव किया, उससे वे चकित रह गईं। वे न केवल अपनी उस छोटी व प्रबंधन योग्य सूची को आसानी से पूरा कर सकीं, बल्कि प्लेस मैट के ब्रह्मांडीय भाग में लिखे विषय भी हासिल होने लगे और वह भी एस्थर के समय, ध्यान और कार्य किए बिना। वे टेलीफोन के जरिए जिन लोगों तक नहीं पहुँच पा रही थीं, उन्होंने खुद फोन किया। उनके स्टाफ कर्मचारियों को अनायास ही उनकी सहायता की प्रेरणा मिली और उन्होंने कुछ ऐसा हासिल किया, जो एस्थर की सूची में शामिल था और बाद में उन्होंने यह रिपोर्ट एस्थर को दी, जिस पर एस्थर ने न तो ध्यान दिया, न इसके लिए अनुरोध किया। समय मानो अधिक उपलब्धियों को स्वीकार करने के लिए खिंचता जा रहा था और लोगों व स्थानों पर उनका होना तथा ट्रैफिक में नाटकीय रूप से सुधार हुआ।

प्लेस मैट विधि से एस्थर अपनी इच्छाओं पर विशेष रूप से केंद्रित हो सकीं और पहली बार वे इस संबंध में अपने प्रतिरोध को छोड़ सकीं; क्योंकि आप जब भी माँगेंगे, यह हमेशा दिया जाएगा; लेकिन आपको इसका आना स्वीकार करना होगा।

अब्राहम, हमें 'प्लेस मैट विधि' के बारे में और बताएँ

अकसर एस्थर एवं जेरी जब भी दोपहर का भोजन कर रहे होते हैं, एस्थर अपने पर्स से कागज का एक बड़ा सा टुकड़ा निकालती हैं और उस कागज के बीचोबीच एक रेखा बना लेती हैं। वे कागज के बाईं ओर लिखती हैं—आज करने वाले काम—जेरी एवं एस्थर। और कागज के दाईं ओर लिखती हैं—करने वाले काम—ब्रह्मांड। कागज पर अपनी तरफ वे उन चीजों को लिखते हैं, जिन पर उन्होंने उस दिन कार्य करने की योजना बनाई है। वहीं दूसरी ओर, वह वे चीजें लिखते हैं, जिन पर वे ब्रह्मांड द्वारा काररवाई चाहते हैं।

एस्थर हमेशा लंबी सूचियाँ बनाती हैं। उनकी 'आज करने वाले काम' की सूची में अकसर दस दिनों के काम होते हैं। और अकसर यह सूची व्यग्र रहने का कारण बन जाती है। दूसरे शब्दों में, करने के लिए इतने ढेर सारे काम, जो शायद वह नहीं कर सकतीं, होने से यह 'आज करने वाले काम' की सूची उनकी निराशा का कारण बन जाती।

एस्थर हमेशा लंबी सूचियाँ बनाती हैं। उनकी 'आज करने वाले काम' की सूची में अकसर दस दिनों के काम होते हैं। और अकसर यह सूची व्यग्र रहने का कारण बन जाती है। दूसरे शब्दों में, करने के लिए इतने ढेर सारे काम, जो शायद वह नहीं कर सकतीं, होने से यह 'आज करने वाले काम' की सूची उनकी निराशा का कारण बन जाती। लेकिन अब उन्हें पता चला है कि उन्हें अपनी सूची में केवल उन्हीं कामों को जगह देनी है, जिन्हें वे करना चाहती हैं। और इस तरह से प्रतिरोध की मात्रा बहुत कम हो गई है, बल्कि उन चीजों में भी, जो वे करने वाली हैं। इसके अलावा, वे जो कुछ भी करना चाहती हैं, फिर चाहे वह आज हो, एक साल बाद हो या दस साल बाद, वह उसे सूची की दाईं ओर लिख देती हैं—और ब्रह्मांड को उससे निपटने देती हैं।

एक दिन जब वे रेस्टोरेंट से बाहर निकले तो जेरी ने कहा, "क्या तुम वह प्लेस मैट अपने साथ लाना चाहती थीं?" और एस्थर ने उत्तर दिया, "इसकी यही सबसे अच्छी बात है। आपको नजर नहीं बनाए रखनी पड़ती।" एस्थर ने सूची वहीं छोड़ दी थी, उन्होंने उसे वहाँ इसलिए छोड़ा, क्योंकि अब ब्रह्मांड उससे निपटेगा। इसमें नजर रखने की जरूरत नहीं। देखा आपने, एस्थर के लिए उसके लिए घूमना और उसे लेकर परेशान रहने की कोई जरूरत नहीं थी। इस तरह, आप ऐसी चीजें कर सकते हैं, जब आप यह समझ जाते हैं कि आपके लिए एक अजस्र स्थिर कल्याण का झरना बह रहा है।

जिस क्षण आप कहते हैं, 'मुझे पसंद है' या 'मुझे अच्छा लगता है' या 'मैं सराहना करता हूँ' या 'मुझे चाहिए,' तो उस क्षण में आपके भीतर का स्वर्गिक भाग और अभौतिक ऊर्जाएँ आपकी इच्छा के प्रत्यक्षीकरण हेतु तालबद्ध होने लगती हैं। उस क्षण में आपके बोलने की गति से भी तेजी से ऊर्जा प्रवाहित होने लगती है और इस तालबद्धता में ऐसी परिस्थितियाँ व घटनाएँ, जिन्हें हम समझा नहीं सकते, घटने लगती हैं, जिससे आपको वह मिल सके, जो आप चाहते हैं। और यदि आप प्रतिरोध न करें, तो चीजें बहुत तेजी से घटने लगती हैं।

क्या आप जो चाहते हैं, उसे लेकर स्पष्ट हैं?

आपको ब्रह्मांड को बार-बार बताने की आवश्यकता नहीं होती कि आपको क्या चाहिए? आपको यह ब्रह्मांड को केवल एक बार बताना होता है। लेकिन इस बारे में लगातार बातचीत करते रहने से यह फायदा होता है कि आप इसे लेकर स्पष्ट होते जाते हैं। आमतौर पर आप अपने पहले बयान के दौरान आपको जो चाहिए, उसके बारे में सबकुछ स्पष्ट रूप से व्यक्त नहीं कर पाते। अतः आप इसके बारे में जितना अधिक बात करेंगे, इसमें उतना ही सुधार करते जाएँगे। लेकिन जब आप कहते हैं, "मुझे यह चाहिए।" तो ब्रह्मांड इसका प्रत्यक्षीकरण आरंभ कर देता है। और जब आप कहते हैं, "मैं इसे इस तरह करना चाहता हूँ।" तो ब्रह्मांड इसका रूप बदल देता है। आप कहते हैं, "इसमें यह थोड़ी सी चीज अच्छी है।" और ब्रह्मांड...आप समझ रहे हैं न कि हम क्या कह रहे हैं? और एक बार जब आप इसे लेकर स्पष्ट हो जाते हैं कि आपको क्या चाहिए! एक बार जब आप यह तय कर लेते हैं और आप जानते हैं कि आपको क्या चाहिए—तो यह आपकी ओर आने लगता है। बस, हो गया। हालाँकि संभव है कि यह कुछ समय बाद प्रत्यक्ष हो। लेकिन अकसर इसमें इतना प्रतिरोध होता है कि यह आपको तुरंत नहीं मिल पाता।

आपको ब्रह्मांड को बार-बार बताने की आवश्यकता नहीं होती कि आपको क्या चाहिए? आपको यह ब्रह्मांड को केवल एक बार बताना होता है। लेकिन इस बारे में लगातार बातचीत करते रहने से यह फायदा होता है कि आप इसे लेकर स्पष्ट होते जाते हैं। आमतौर पर आप अपने पहले बयान के दौरान आपको जो चाहिए, उसके बारे में सबकुछ स्पष्ट रूप से व्यक्त नहीं कर पाते। अतः आप इसके बारे में जितना अधिक बात करेंगे, इसमें उतना ही सुधार करते जाएँगे।

□

विधि–11

खंडेच्छा

इस विधि का प्रयोग कब करें

- जब आप अपने प्रभाव द्वारा दिन के किसी विशेष खंड पर हावी रहना चाहें।
- जब आप किसी ठीक न जा रही चीज में संभावना को पहचान लें और आप यह सुनिश्चित करना चाहते हों कि यह आपके इच्छानुसार हो।
- जब आपके लिए समय व धन महत्त्वपूर्ण हों और आप इनका इष्टतम लाभ उठाना चाहें।

मौजूदा भावात्मक रुझान–बिंदु सीमा

यह खंडेच्छा विधि आपके लिए तब सबसे मूल्यवान् होगी, जब आपका भावात्मक रुझान–बिंदु इन श्रेणियों के बीच हो—

(4) सकारात्मक प्रत्याशा/विश्वास

और

(11) व्यग्रता।

(यदि आपको अपना मौजूदा भावात्मक रुझान–बिंदु ज्ञात न हो तो अध्याय–22 पर जाएँ और वहाँ भावात्मक मार्गदर्शन पैमाने की 22 श्रेणियाँ देखें।)

यह ज्यादा आसान है कि किसी नए व कम शक्तिशाली विचार से शुरुआत की जाए और फिर उस पर केंद्रित रहें, जिससे ये विस्तार ले सके, बजाय इसके, कि किसी पहले से विस्तारित शक्तिशाली विचार में बदलाव का प्रयास किया जाए।

यदि आपकी शारीरिक अवस्था ऐसी है, जिस पर आपको ध्यान केंद्रित करना होगा तो आप अपनी इस मौजूदा अवस्था पर ध्यान देकर इसे अपने आगामी अनुभव में उतारने के लिए पेश कर सकते हैं। लेकिन भिन्न आगामी अनुभव पर केंद्रित रहते हुए आप अब उस भिन्न अनुभव को सक्रिय करते रहे हैं। और जब आप अपने उस परिवर्तित अनुभव को अपने भविष्य पर प्रस्तावित करते हैं तो आप अपना मौजूदा अनुभव पीछे छोड़ आते हैं।

'खंडेच्छा विधि' इतनी शक्तिशाली है। यह ऐसी विधि है, जिसमें आप अपनी कांपनिक प्रवृत्तियों को जैसे समय में प्रविष्ट हो रहे हैं, उसके अनुसार परिभाषित करते हैं। कह सकते हैं कि यह अपने कांपनिक मार्ग को पहले से बना लेने का तरीका है, जिससे यात्रा और भी आसान एवं आनंदपूर्ण हो सके।

यदि आप खराब मूड में हैं, अर्थात् आपकी कांपनिक आवृत्ति में समुचित प्रतिरोध मौजूद है तो चूँकि आपकी अपने मौजूदा विचारों से अलग विचारों तक पहुँच नहीं है, इसलिए आप जिस खंड में प्रवेश करनेवाले हैं, उनमें इन्हीं कांपनिक अपेक्षाओं को पहुँचा देते हैं। इसी कारण, हम 'खंडेच्छा' का कार्यान्वयन उस क्षण में करने को प्रोत्साहन देते हैं, जब आप पहले से ही अच्छा महसूस कर रहे हों। यदि इस वक्त आप बुरा महसूस कर रहे हैं तो अपने मौजूदा मूड और आकर्षण-बिंदु में सुधार के लिए अन्य विधियों में से किसी को आजमाकर देखें। और एक बार जब आप अच्छा महसूस करने लगें तो एक बार फिर इस खंडेच्छा विधि पर लौट आएँ।

यह विधि आपकी अपने विचारों को और अधिक सोद्देश्यपूर्ण बनाने में मदद कर सकती है। यह आपके विचार फिलहाल कहाँ पर हैं, इस बारे में अधिक जागरूक होने में मदद करेगी और आपको प्रस्तावना हेतु विचारों को अधिक सोद्देश्यपूर्वक चुनने की क्षमता हासिल करने में मदद करेगी। समय के साथ आपको किसी भी खंड में प्रवेश के पूर्व क्षण भर के लिए रुकना और अपनी मंशा या अपेक्षाओं को निर्देशित करना स्वाभाविक महसूस होने लगेगा।

हर बार नए खंड में प्रवेश करते हैं। आपकी मंशा परिवर्तित हो जाती है—आप बरतन धो रही हैं और टेलीफोन की घंटी बजने लगती है। यह नए खंड में प्रवेश करना है। आप अपने वाहन में बैठते हैं, यह नए खंड में प्रवेश करना है। कोई दूसरा व्यक्ति कक्ष में प्रवेश करता है, यह नए खंड में प्रवेश करना है।

हर बार नए खंड में प्रवेश करते हैं। आपकी मंशा परिवर्तित हो जाती है—आप बरतन धो रही हैं और टेलीफोन की घंटी बजने लगती है। यह नए खंड में प्रवेश करना है। आप अपने वाहन में बैठते हैं, यह नए खंड में प्रवेश करना है। कोई दूसरा व्यक्ति कक्ष में प्रवेश करता है, यह नए खंड में प्रवेश करना है।

यदि आप अपेक्षित विचार को आरंभ होने का समय दें तो इससे पहले कि आप नए खंड में प्रवेश करें, आप उस खंड के माहौल को विशेष रूप से तय कर सकेंगे, बजाय इसके कि आप उस खंड में प्रवेश कर जाएँ और उसे उस तरह देखें, जैसा वह पहले से है।

उदाहरण के लिए, आप खाना बना रही हैं और अपने स्थापित किए लय व प्रवाह

से आनंदित हैं। सब सही समय पर हो रहा है और आपको उम्मीद है कि सबकुछ बिल्कुल सही होगा।

तभी टेलीफोन की घंटी बजती है (आप नए खंड में प्रवेश कर गईं)। आपने फोन न सुनने की मंशा तय की। आपने मंशा तय की कि आपकी आंसरिंग डिवाइस (उत्तरदाता उपकरण) यह फोन उठाए। आपने यह मंशा तय की कि आप बाद में तब इस फोन का उत्तर देंगी, जब आपके पास समय होगा।

अतः आपकी खाना बनाने की लय और प्रवाह बाधित नहीं हुआ। आपके खंड में थोड़ा परिवर्तन हुआ, लेकिन आपने संतुलन बना लिया और सब ठीक हो गया।

या टेलीफोन की घंटी बजी (आप नए खंड में प्रवेश कर गईं); आपको याद आता है कि आप एक महत्त्वपूर्ण फोन की प्रतीक्षा कर रही थीं और आप इससे चूकना नहीं चाहती हैं। आपने इस खंड के लिए अपनी मंशा को कुशल और संक्षिप्त रखा और जानकारी को तेजी व शिष्टतापूर्वक लिया। और अपने पहले से जारी सकारात्मक प्रवाह के कारण आपकी सकारात्मक उम्मीद का उसके साथ पूर्ण रूप से सामंजस्य स्थापित हो गया। अतः आपने संवाद पहले ही तय कर लिये, फोन उठाने से पहले ही, जो आपके अच्छा महसूस होनेवाली मंशा के अनुरूप थे।

वास्तव में आप लगातार अपने आगामी अनुभवों का मार्ग पहले ही तैयार करते रहते हैं, जिसका आपको पता भी नहीं चलता। आप निरंतर अपनी उम्मीदों से आगामी अनुभवों को प्रस्तावित करते रहते हैं। और यह 'खंडेच्छा' विधि आपको आप जो प्रस्तावित कर रहे हों, उस पर बोधपूर्वक विचार करने में मदद करती है—और इसी से आपको अपने आगामी खंडों पर नियंत्रण हासिल होता है।

आप अपने निकट भविष्य और सुदूर भविष्य के अनुभवों का मार्ग पहले से ही तैयार कर सकते हैं। एक बार जब आपको यह देखने का अवसर मिल जाता है कि आपके सोद्‌देश्यपूर्ण विचारों का आपके भविष्य पर किस तरह सकारात्मक प्रभाव पड़ता है, आप इसे उतना ही अधिक करने लगते हैं। आप जितने कुशल होते जाते हैं, यह उतना ही मजेदार होता जाता है और आपको उतने ही प्रभावकारी परिणाम हासिल होते हैं।

आप अपने निकट भविष्य और सुदूर भविष्य के अनुभवों का मार्ग पहले से ही तैयार कर सकते हैं। एक बार जब आपको यह देखने का अवसर मिल जाता है कि आपके सोद्‌देश्यपूर्ण विचारों का आपके भविष्य पर किस तरह सकारात्मक प्रभाव पड़ता है, आप इसे उतना ही अधिक करने लगते हैं। आप जितने कुशल होते जाते हैं, यह उतना ही मजेदार होता जाता है और आपको उतने ही प्रभावकारी परिणाम हासिल होते हैं।

यदि नए खंड में कुछ ऐसा है, जो करने में आपको कभी मजा नहीं आया, तो 'खंडेच्छा' विधि का प्रयोग करना ठीक नहीं है। निश्चित ही, यह सोद्देश्य मंशा न होने से तो अच्छा ही है। लेकिन जब आपको अवसर मिले, तो इस विषय में अधिक टिकाऊ विधियों (विधि #13 से #22 तक) का प्रयोग करना बेहतर रहेगा।

उदाहरण के लिए, आप अपनी सास के घर जा रही हैं, जो आपके अनुसार आपको पसंद नहीं करतीं या आप दो कर्मचारियोंवाले ऐसे ऑफिस में काम करते हैं, जहाँ दूसरा व्यक्ति आपको कई मायनों में परेशान करता है...।

जब भी यह मंशा तय करेंगे कि आप कैसा महसूस करना चाहते हैं और आप इस खंड को कैसा देखना चाहते हैं, यह आपके लिए हमेशा फायदेमंद रहेगा, क्योंकि यदि आप सकारात्मक परिदृश्य के लिए अपने आपसे संघर्ष कर रहे होंगे तो आप इस विधि को जारी नहीं रख सकते। अपने मन में विषय को परिवर्तित करें, किसी खुशनुमा चीज के बारे में सोचें और फिर किसी और विधि का प्रयोग करें।

आप एक ग्रहणशील प्राणी हैं। आपकी विचार-प्रक्रिया बहुत तेज होती है। और जब आप किसी एक वस्तु पर केंद्रित होते हैं तो आपमें वह क्षमता होती है कि 'आकर्षण के नियम' की शक्ति से किसी विषय पर तब तक अधिक-से-अधिक स्पष्ट होते रहें, जब तक आपको उससे संबंधित कुछ हासिल नहीं हो जाता। लेकिन विचारों के लिए इतने अधिक प्रोत्साहक होने से आप में से कुछ लोग किसी भी वस्तु पर एक समय तक इतने एकाग्र नहीं हो पाते कि वे उसे अधिक दूर तक ले जा सकें।

अब्राहम, हमें खंडेच्छा के बारे में और बताएँ

आप एक बेहद शानदार भौतिक समय में रह रहे हैं। आप तकनीकी रूप से अत्यधिक उन्नत समाज में रह रहे हैं, जहाँ आपकी अपने आसपास की दुनिया में विचार-प्रोत्साहकों तक पहुँच है। ये सब आपके लिए लाभकारी हैं, क्योंकि इससे आपको विकास के अधिक अवसर मिलते हैं। लेकिन आपको इस विचार प्रोत्साहन से कुछ नुकसान भी उठाने पड़ते हैं। ये नुकसान भ्रम के रूप में सामने आते हैं। जहाँ आपकी विषयों पर अधिक सूक्ष्मता से विचार करने की क्षमता से स्पष्टता आती है, वहीं कई चीजों पर एक साथ केंद्रित रहना भ्रम का कारण बनाता है।

आप एक ग्रहणशील प्राणी हैं। आपकी विचार-प्रक्रिया बहुत तेज होती है। और जब आप किसी एक वस्तु पर केंद्रित होते हैं तो आपमें वह क्षमता होती है कि 'आकर्षण के नियम' की शक्ति से किसी विषय पर तब तक अधिक-से-अधिक स्पष्ट होते रहें, जब

तक आपको उससे संबंधित कुछ हासिल नहीं हो जाता। लेकिन विचारों के लिए इतने अधिक प्रोत्साहक होने से आप में से कुछ लोग किसी भी वस्तु पर एक समय तक इतने एकाग्र नहीं हो पाते कि वे उसे अधिक दूर तक ले जा सकें। *आप में से अधिकांश लोग इतने अधिक विचारों से इतने विचलित हो जाते हैं कि आपको इतना अवसर मिल ही नहीं पाता कि आप किसी नए विचार को उच्च स्तर तक विकसित कर सकें।*

आपके सोद्देश्य सृजन हेतु कुंजी

'खंडेच्छा विधि' का ध्येय इस बात की स्पष्ट रूप से पहचान करना है कि आप क्या चाहते हैं, जिससे आप सोद्देश्यपूर्वक उस चीज को आकर्षित कर सकें, जो आपको चाहिए।

अपने को एक चुंबक के तौर पर देखें, जो हर क्षण ऐसी चीज को आकर्षित कर रही है, जैसा आप अनुभव करते हैं। जब आप स्वयं को स्पष्ट व नियंत्रित महसूस करते हैं तो आप स्पष्टता की अवस्था को आकर्षित करने लगते हैं। जब आप प्रसन्न महसूस करते हैं तो प्रसन्नतापूर्ण अवस्था को आकर्षित करने लगते हैं। जब आप स्वस्थ महसूस करते हैं तो आप स्वस्थ अवस्था को आकर्षित करने लगते हैं। जब आप समृद्ध अनुभव करते हैं तो आप समृद्धि की अवस्था को आकर्षित करने लगते हैं। जब आप प्रेमपूर्ण महसूस करते हैं तो आप प्रेम की अवस्था को आकर्षित करने लगते हैं। आप जैसा महसूस कर रहे हैं, वास्तव में वही आपका आकर्षण-बिंदु है।

यदि आप एक ही साथ बहुत सी चीजें चाहेंगे तो इससे भ्रम बढ़ेगा। लेकिन जब आप किसी खास क्षण में उन विशिष्ट चीजों पर केंद्रित रहते हैं तो इससे आप अपने सृजन को स्पष्टता व शक्ति—और तत्पश्चात् गति प्रदान करते हैं। और यही 'खंडेच्छा' का उद्देश्य है—किसी नए खंड में प्रवेश के पूर्व ठहरें और इसे पहचानें कि आपको सबसे अधिक किस चीज की इच्छा है, जिससे आप इस पर अपना ध्यान केंद्रण कर (और उसे बलवान् बना) सकें।

इसलिए 'खंडेच्छा विधि' का तात्पर्य आपको दिन भर में कई बार रुककर यह कहने के लिए प्रोत्साहित करना है कि "मैं अपने जीवन-अनुभव की इस अवधि में अपने लिए यह चाहता हूँ। मुझे यह चाहिए और मुझे इसकी आशा है।" और जब आप यह प्रभावशाली शब्द बोलते हैं तो आप वह बन जाते हैं, जिसे हम 'चयनित विश्लेषणकर्ता' कहते हैं। आपको जो चाहिए, उसे ही अपने अनुभव में आकर्षित करते हैं।

फिर भी, खंडों के इतने प्रभावकारी होने का कारण यह है कि भले ही आप बहुत सी चीजों पर विचार करना चाहते हों, लेकिन उन सभी पर एक

साथ विचार करने का प्रयास करने पर आप व्यग्र व भ्रमित हो जाएँगे। आपका खंड-दर-खंड इच्छा करने का महत्त्व यह है कि आप मुख से बड़ा ग्रास न भर लें। आप कहते हैं, "वह कौन सी चीज है, जो मुझे अभी चाहिए?"

यदि आप एक ही साथ बहुत सी चीजें चाहेंगे तो इससे भ्रम बढ़ेगा। लेकिन जब आप किसी खास क्षण में उन विशिष्ट चीजों पर केंद्रित रहते हैं तो इससे आप अपने सृजन को स्पष्टता व शक्ति—और तत्पश्चात् गति प्रदान करते हैं। और यही 'खंडेच्छा' का उद्देश्य है—किसी नए खंड में प्रवेश के पूर्व ठहरें और इसे पहचानें कि आपको सबसे अधिक किस चीज की इच्छा है, जिससे आप इस पर अपना ध्यान केंद्रण कर (और उसे बलवान् बना) सकें।

आप में से कुछ लोग अपने दिन भर के अनुभव में कुछ खंडों पर केंद्रित रहते हैं। लेकिन आप में से ऐसे लोग बहुत कम हैं, जो दिन के अधिकांश समय ऐसा कर सकें। इसलिए खंडों को पहचानने—*और इन खंडों में सबसे महत्त्वपूर्ण क्या है, इसको पहचानने की इच्छा*—से आप दिन भर के अपने प्रत्येक खंड में सोद्देश्यपूर्ण, चुंबकीय आकर्षणकर्ता या सृजनकर्ता होने की स्थिति में आ जाते हैं।

आप अपने को न केवल अधिक उपयोगी होता महसूस करते हैं, बल्कि आपको ज्ञात होता है कि आप अधिक खुश हैं; क्योंकि जब आप सोद्देश्य इच्छा करने के बाद स्वीकार व प्राप्ति करते हैं तो इसमें आपको काफी संतोष प्राप्त होता है। आप विकास को तलाशनेवाले प्राणी हैं और आपके लिए आगे बढ़ना सबसे आनंदपूर्ण है। वहीं जड़ता का एहसास होने पर आप आनंदित नहीं रह सकते।

'खंडेच्छा' दिवस का एक उदाहरण

आपको निर्देश देने के लिए हम एक ऐसे दिन का उदाहरण लेते हैं, जिसमें आप उस समय सोद्देश्य इच्छा करते हैं, जब आप अपने नए खंड में प्रवेश करने को पहचान लेते हैं। मान लेते हैं कि आपने इसे रात को सोने से पहले बिस्तर पर लेटकर करने का फैसला किया है। आप मानते हैं कि निद्रा में जाना जीवन-अनुभव का एक नया खंड है। इसलिए जब आप तकिए पर सिर रखकर सोने को तैयार होते हैं तो आरामदायक नींद की इच्छा जताएँ। अपने भौतिक संगठन को ताजा करने की इच्छा जताएँ और अपने अगले दिन सुबह पूरी तरह ताजा होकर जागने की कल्पना करें।

अगले दिन सुबह जैसे ही आपकी आँखें खुलें तो यह मानकर चलें कि आप जीवन-अनुभव के नए खंड में प्रवेश करने वाले हैं और अपने बिस्तर में रहने से लेकर उससे निकलने तक के समय को एक खंड मानकर चलें। इस अवधि के लिए इच्छा जताएँ, "यहाँ लेटकर मैं दिन भर की स्पष्ट तसवीर की इच्छा करता हूँ। मेरी इच्छा है कि इस

दिन मैं बेहद खुश व उत्साहित रहूँ।" और तब, वहाँ लेटे हुए ही, आपको आनेवाले दिन के लिए ताजगी व उल्लास की अनुभूति होने लगेगी।

बिस्तर से बाहर निकलते ही अब आप जीवन-अनुभव के एक नए खंड में प्रवेश कर जाते हैं। यह संभवतः वह खंड हो सकता है, जिसमें आप खुद को दिन भर के लिए तैयार करते हैं। इसलिए, जब आप दाँत साफ कर रहे हों या नहा रहे हों या आप इस खंड में जो भी करते हैं, वह काम करते समय, अपनी मंशा इसे पूरी दक्षता सहित करने और अपने आप में आनंद लेने तथा दिन भर की तैयारी के लिए आशा और खुशी देनेवाला अवसर बनाए रखिए।

बिस्तर से बाहर निकलते ही अब आप जीवन-अनुभव के एक नए खंड में प्रवेश कर जाते हैं। यह संभवतः वह खंड हो सकता है, जिसमें आप खुद को दिन भर के लिए तैयार करते हैं। इसलिए, जब आप दाँत साफ कर रहे हों या नहा रहे हों या आप इस खंड में जो भी करते हैं, वह काम करते समय, अपनी मंशा इसे पूरी दक्षता सहित करने और अपने आप में आनंद लेने तथा दिन भर की तैयारी के लिए आशा और खुशी देनेवाला अवसर बनाए रखिए।

नाश्ता तैयार करते समय अपनी इच्छा इसे कुशलतापूर्वक करने की रखिए और उसे चुनिए, जो इस समय पर आपके शारीरिक उपकरण के लिहाज से पौष्टिक रूप से सबसे संतुलित हो। ऐसी इच्छा रखने पर आप अपनी पूर्ति करने के साथ ही ताजा भी हो जाएँगे, जो आपको बेहद पसंद आएगा। और इस इच्छा को और अधिक बढ़ाने पर आप देखेंगे कि जब आप खाते हैं तो अपने को और अधिक युवा, अधिक पूर्ण और अधिक ताजा दम अनुभव करेंगे। आपको भोजन करने में इतना आनंद आएगा, जो बिना यह इच्छा जताए नहीं आता।

टेलीफोन की घंटी बजने पर समझ जाएँ कि अब आप एक नए खंड में प्रवेश करनेवाले हैं। और जब आप फोन उठाएँ और पहचानें कि वह कौन है और इससे पहले कि आप बोलना आरंभ करें, अपनी इच्छा स्पष्ट रूप से जाहिर करें। आप जैसे ही वाहन में बैठें, या अपने काम पर जाने के लिए यात्रा करते समय, या आप चाहे कहीं भी जा रहे हों, आप यहाँ से अपने गंतव्य तक सुरक्षित पहुँचने की, आगे बढ़ने के प्रति ऊर्जित और प्रसन्न महसूस करने हेतु और अन्य चालक क्या सोच रहे हैं या नहीं सोच रहे, इसके प्रति जागरूक रहने की इच्छा करें, जिससे आप ट्रैफिक के बीच से सुरक्षित व कुशलतापूर्वक निकल सकें।

अपने वाहन से बाहर निकलने पर अब आप एक नए खंड में प्रवेश करते हैं। इसलिए एक क्षण रुकें और अपने आपको जहाँ पर हैं, वहाँ से जहाँ जाना चाहते हैं, वहाँ तक

चलकर जाने की कल्पना करें। यह देखें कि चलते हुए आपको अच्छा महसूस हो रहा है। यह इच्छा करें कि आप एक बिंदु से दूसरे बिंदु तक कुशलतापूर्वक और सुरक्षित जा रहे हैं। अपने विचार-तंत्र में स्पष्टता की अनुभूति की इच्छा रखें और आप जिस अगले खंड में प्रविष्ट होनेवाले हैं, उसके प्रति अपनी इस कल्पना या इच्छा को सुनिश्चित करें। सचिव, कर्मचारियों या नियोक्ता के अभिवादन की कल्पना करें। अपने ऐसा व्यक्ति होने की कल्पना करें, जो दूसरों का उत्थान करता है; हमेशा मुसकराते रहें, यह जानें कि आप जिनसे भी मिलते हैं, उनकी इच्छा सोद्‌देश्यपूर्ण नहीं होती। लेकिन यह जानने के बाद कि आप अपनी सोद्‌देश्य इच्छा द्वारा अपने जीवन-अनुभवों को नियंत्रित कर सकते हैं, तब आप उनके भ्रम, उनकी मंशा और उनके प्रभाव में तिरोहित नहीं हो जाते।

> ***अपने ऐसा व्यक्ति होने की कल्पना करें, जो दूसरों का उत्थान करता है; हमेशा मुसकराते रहें, यह जानें कि आप जिनसे भी मिलते हैं, उनकी इच्छा सोद्‌देश्यपूर्ण नहीं होती। लेकिन यह जानने के बाद कि आप अपनी सोद्‌देश्य इच्छा द्वारा अपने जीवन-अनुभवों को नियंत्रित कर सकते हैं, तब आप उनके भ्रम, उनकी मंशा और उनके प्रभाव में तिरोहित नहीं हो जाते।***

निश्चित ही आपके खंड वैसे नहीं होंगे, जैसे हमने बताए हैं और न ही वे रोजाना एक जैसे होंगे। आप पाएँगे कि शुरुआत में आप खंडों को पहचानने में उतने तेज नहीं होंगे, जितना इसे कुछ समय तक करते रहने के बाद होंगे। कुछ लोगों को यह एक छोटी नोटबुक रखना अधिक प्रभावशाली व प्रभावकारी रहेगा, जिससे वे भौतिक रूप से रुककर खंड को पहचानें और अपनी नोटबुक में अपनी इच्छाओं की सूची लिख सकें; क्योंकि इसे लिखते समय आप स्पष्टता और एकाग्रता से सबसे मजबूत बिंदु पर होते हैं। इसलिए, इस सोद्‌देश्य खंडेच्छा की शुरुआत करते समय आपको यह नोटबुक संभवतः सबसे बेहतर और मूल्यवान् संपत्ति महसूस होगी।

दिन को इस तरह बिताते हुए आपको अपनी शक्ति और अपनी इच्छा-निर्माण का वेग अनुभव होगा। आप अपने आपको महाप्रतापी व अजेय महसूस करेंगे। आपको महसूस होगा कि ऐसा कुछ नहीं, जिसे आप बन, कर या पा नहीं सकते; क्योंकि आप अपने आपको बारंबार अपने जीवन-अनुभवों के रचनात्मक नियंत्रक के रूप में देखते हैं।

□

विधि-12

कितना अच्छा हो, यदि...

इस विधि का प्रयोग कब करें

- जब आप अपने को नकारात्मकता की ओर झुकता पाएँ और इस कारण प्रतिरोध कर रहे हों तथा आप किसी सकारात्मक चीज की तरफ मुड़ना चाहें।
- जब आप पहले से ही अच्छा महसूस कर रहे हों और जीवन के कुछ विशिष्ट हिस्सों पर केंद्रित होना चाहते हों, जिससे वे और बेहतर हो सकें।
- जब आप किसी नकारात्मक या संभावित नकारात्मक बातचीत को शिष्टतापूर्वक अपने लाभ हेतु किसी अधिक सकारात्मक दिशा में निर्देशित करना चाहते हों या किसी व्यक्ति को शिष्टतापूर्वक निर्देशित करना चाहते हों।

मौजूदा भावात्मक रुझान-बिंदु सीमा

'कितना अच्छा हो, यदि...' विधि आपके लिए तब सबसे मूल्यवान् होगी, जब आपका भावात्मक रुझान-बिंदु इन श्रेणियों के बीच हो—

(4) सकारात्मक प्रत्याशा

और

(16) निराशा।

(यदि आपको अपना मौजूदा भावात्मक रुझान-बिंदु ज्ञात न हो तो अध्याय-22 पर जाएँ और वहाँ भावात्मक मार्गदर्शन पैमाने की 22 श्रेणियाँ देखें)

जब आप कहते हैं, "मैं चाहता हूँ कि यह हो, लेकिन यह अभी तक नहीं हुआ," तो आप न केवल अपनी इच्छा के अनुरूप कंपनों को ही, बल्कि अपनी इच्छा की कमी के कंपनों को भी सक्रिय कर रहे होते हैं। इसलिए आपके लिए कुछ नहीं बदलता। और अकसर जब आप इस वाक्य का दूसरा भाग नहीं भी बोलते, "मैं चाहता हूँ कि यह हो।" तब भी आपके भीतर एक अव्यक्त कंपन है, जो आपको इच्छाओं को स्वीकार न करने की अवस्था में बनाए रखता है।

लेकिन जब आप कहते हैं, "क्या यह अच्छा न हो कि मेरी यह इच्छा पूरी हो जाए?"

तो आप एक अलग तरह की उम्मीद प्राप्त करते हैं, जो स्वभाव में कम प्रतिरोधी होती है।

आपको अपने आपसे प्रश्न करने से स्वाभाविक रूप से एक अधिक सकारात्मक व आशान्वित प्रतिक्रिया मिलती है। इसलिए यह सरल, लेकिन शक्तिशाली खेल आपके कंपनों के उत्थान का कारण बनने के साथ ही आपके आकर्षण-बिंदु में सुधार करता है; क्योंकि यह स्वाभाविक रूप से आपको ऐसी चीज की ओर प्रवृत्त करता है, जो आपको चाहिए। 'कितना अच्छा हो, यदि···' विधि आपको उन सभी विषयों से संबंधित चीजें हासिल करने में मदद करती हैं, जिन्हें आप माँग रहे हैं।

- कितना अच्छा हो, यदि हम इन दोस्तों के साथ इतना बेहतर समय बिता सकें, जितना पहले कभी न बिताया हो!
- कितना अच्छा हो, यदि ट्रैफिक कम हो और हमारी यात्रा शानदार रहे!
- कितना अच्छा हो, यदि काम पर मेरा आज का दिन वास्तव में लाभकारी रहे!

या, इसका विषय नया शानदार रिश्ता भी हो सकता है, जैसे—

- कितना अच्छा हो, यदि मुझे ऐसा शानदार साथी मिल जाए, जो मुझे उतना ही प्यार करता हो, जितना मैं उसे करता हूँ!
- कितना अच्छा हो, यदि मुझे कोई मिल जाए और हम सूर्यास्त में एक साथ नृत्य कर सकें!
- कितना अच्छा हो, यदि कोई ऐसा हो, जो किसी बिल्कुल मुझ जैसे को ढूँढ़ रहा हो!

'कितना अच्छा हो, यदि···' खेल के इतना महत्त्वपूर्ण और प्रभावशाली होने का यह कारण है, क्योंकि जब आप कहते हैं, 'कितना अच्छा हो, यदि···' तो आप ऐसी चीज को चुन रहे हैं, जो आपको चाहिए और आप इसके प्रति भावुक और सहज रहते हैं। दूसरे शब्दों में, यह संसार का अंत नहीं है। यह कहीं अधिक भावुक कंपन है।

'कितना अच्छा हो, यदि···' खेल के इतना महत्त्वपूर्ण और प्रभावशाली होने का यह कारण है, क्योंकि जब आप कहते हैं, 'कितना अच्छा हो, यदि···' तो आप ऐसी चीज को चुन रहे हैं, जो आपको चाहिए और आप इसके प्रति भावुक और सहज रहते हैं। दूसरे शब्दों में, यह संसार का अंत नहीं है। यह कहीं अधिक भावुक कंपन है।

उदाहरण के लिए, मान लीजिए, आप अपना वजन कम करना चाहते हैं तो आपके लिए 'कितना अच्छा हो, यदि···' के कुछ उदाहरण इस प्रकार हैं—

- कितना अच्छा हो, यदि मैं कोई ऐसी चीज पा जाऊँ, जो सचमुच मेरे लिए काम कर जाए!
- कितना अच्छा हो, यदि मेरी रस प्रक्रिया मेरा कुछ अधिक सहयोग करने लगे!

- कितना अच्छा हो, यदि मेरी लंबे समय से निहित इच्छाएँ, मार्गदर्शक प्रकाश की भाँति शीर्ष पर आएँ!
- कितना अच्छा हो, यदि किसी ऐसे व्यक्ति से मेरी मुलाकात हो जाए, जो कुछ ऐसा कर चुका हो, जिसने उसके लिए सचमुच काम किया हो, जिससे मुझे भी प्रेरणा मिल सके!
- कितना अच्छा हो, यदि मैं फिर से उतना वजन कर सकूँ, जो मेरा किसी खास उम्र में था!
- कितना अच्छा हो, यदि मैं वैसा दिखने लगूँ, जैसा इस तसवीर में दिख रहा हूँ!

आपका तर्क आपसे कहेगा, "मैं यह बहुत समय से सोच रहा हूँ। यदि मुझे पता होता कि यूह कैसे किया जाए, या यदि मैं इसमें अच्छा होता तो यह पहले ही कर चुका होता।" तो आप खुद अपनी इच्छा का विरोध कर रहे हैं। इसलिए, आप अपने को इसी कंपन में रोके रखते हैं। हालाँकि जब आप 'कितना अच्छा हो, यदि…' खेलते हैं तो इसमें के अधिकांश कंपन छिन्न-भिन्न हो जाते हैं।

- कितना अच्छा हो, यदि मेरा शरीर मेरे सपने के अनुसार हो जाए!
- कितना अच्छा हो, यदि यह मुझे इतना आसान लगे, जितना पहले कभी नहीं लगा!
- कितना अच्छा हो, यदि मेरा ऊर्जा के साथ तालमेल हो जाए और मेरे आसपास का सभी कुछ उसके साथ कांपनिक सामंजस्य बना ले!
- कितना अच्छा हो, यदि मेरे शरीर की कोशिकाएँ उस मानसिक तसवीर जैसी हो जाए, जो मैंने बना रखी है!
- कितना अच्छा हो, यदि मैं अपने शरीर के साथ सहज महसूस कर सकूँ!
- कितना अच्छा हो, यदि मेरा शरीर खाने के प्रति अलग तरह की प्रतिक्रिया देने लगे!
- कितना अच्छा हो, यदि मुझे कसरत के लिए अत्यधिक प्रेरणा मिल सके!
- कितना अच्छा हो, यदि मेरे शरीर की आहार-दाहक विशेषता बेहद तेज हो जाए और यह विधि आसान और लगभग प्रयत्न रहित परिदृश्य में बदल जाए!
- कितना अच्छा हो, यदि मेरे आहार संबंधी विचारों में इतना तालमेल बन जाए, जिससे मैं खाने में इतना आनंद प्राप्त करने लगूँ, जिसका मेरे शरीर की इच्छा और आवश्यकता के साथ कांपनिक सामंजस्य हो!

इस खेल को सहजतापूर्वक खेलने से, होता यह है कि आप अपने आपको तालमेल के स्तर तक पहुँचा देते हैं। आप एक और काम, जो कर सकते हैं, वह ये कि इस विषय को पूरी तरह भूल जाएँ और फिर कभी उसके बारे में न सोचें। लेकिन ऐसा करना मुश्किल

है, क्योंकि आपका शरीर हर उस जगह जाता है, जहाँ आप जाते हैं। दूसरे शब्दों में कि अपने मन से निकालना कठिन है। अत: चूँकि इसे मन से निकालना कठिन है, इसलिए आपको मजबूरी में इन खुशनुमा 'कितना अच्छा हो, यदि…' विचारों को चुनना होगा।

एक और बात—तुरंत परिणामों की उम्मीद न रखें। ज्ञात हो कि यह तभी अस्तित्ववान होगी, जब सही समय आएगा। दूसरे शब्दों में, आपका कोशिकीय समुदाय, जिसके बड़े हिस्से को आप नष्ट करने वाले हैं, विचारों और व्यवहार द्वारा आपको प्रेरित करता रहेगा। अत: इससे कुछ कोशिकीय सहयोग बनेगा और सभी कोशिकाएँ सहयोग की इच्छा जताएँगी। यह उनका बलिदान नहीं है। इसमें पहले से कोई लघु कोशिकीय अंत्येष्टि क्रिया नहीं चल रही होगी। इसमें ऐसा कोई रुदन भी नहीं होगा कि "ओह, वह हमारे लिए 25 लोगों को मारने वाली है।"

एक और बात—तुरंत परिणामों की उम्मीद न रखें। ज्ञात हो कि यह तभी अस्तित्ववान होगी, जब सही समय आएगा। दूसरे शब्दों में, आपका कोशिकीय समुदाय, जिसके बड़े हिस्से को आप नष्ट करने वाले हैं, विचारों और व्यवहार द्वारा आपको प्रेरित करता रहेगा। अत: इससे कुछ कोशिकीय सहयोग बनेगा और सभी कोशिकाएँ सहयोग की इच्छा जताएँगी। यह उनका बलिदान नहीं है। इसमें पहले से कोई लघु कोशिकीय अंत्येष्टि क्रिया नहीं चल रही होगी।

यहाँ होता यह है कि एक किस्म का सामूहिक तालमेल बन जाता है। आपकी कोशिकाएँ तैयार होने लगती हैं और इस तैयारी व उपक्रम में हर तरह की चीजें तालमेल बनाना आरंभ कर देती हैं; चीजें, जो यदि आप प्रयास करें तो भी लयबद्ध न हो सकें। आपका शरीर जानता है कि क्या करना है! आपका शरीर इन सबके साथ सक्रिय समझौता और तालमेल बना लेता है।

तो जब आप इस सरल 'कितना अच्छा हो, यदि…' खेल को खेलते हैं तो अपने भौतिक साधनों को कोशिकाओं के बोध पर छोड़ दीजिए, जिसका अर्थ होगा कि ये आपका काम नहीं है कि खाने की चौकीदारी करें, आपको पुलिस बनने की कोई आवश्यकता नहीं, लेकिन यह फैसला करना आपका काम होगा कि किन कोशिकाओं को जाना होगा।

आपका इच्छित विषय चाहे जो भी हो, एक वाद्य तंत्र है, जो 'कितना अच्छा हो… ?' का यह खेल, जो आप खेल रहे हैं, की प्रतिक्रिया को सँभालता है। तो जब कभी भी आप यह खेल खेलें और आपको विश्वास हो कि सभी चीजों में तालमेल बन जाएगा तो यही होगा।

□

विधि-13

कौन सा विचार बेहतर महसूस होता है ?

इस विधि का प्रयोग कब करें

- जब आप किसी चीज के बारे में फिलहाल कैसा महसूस कर रहे हैं, इस पर बोधपूर्वक जागरूक होना चाहते हों।
- जब आपको कोई फैसला लेना हो और आप सबसे सही दिशा में जाना चाहते हों।
- जब आप अपने मौजूदा भावात्मक रुझान-बिंदु को पहचानना चाहते हों।
- जब आप अपनी भावात्मक मार्गदर्शन प्रणाली के प्रति बोधपूर्वक जागरूक होना चाहते हों।

मौजूदा भावात्मक रुझान-बिंदु सीमा

कौन सा विचार बेहतर महसूस होता है ? विधि आपके लिए तब सबसे मूल्यवान् होगी, जब आपका भावात्मक रुझान-बिंदु इन श्रेणियों के बीच हो—

(4) सकारात्मक प्रत्याशा/विश्वास

और

(17) क्रोध।

(यदि आपको अपना मौजूदा भावात्मक रुझान-बिंदु ज्ञात न हो तो अध्याय-22 पर जाएँ और वहाँ भावात्मक मार्गदर्शन पैमाने की 22 श्रेणियाँ देखें।)

प्रत्येक विषय में वस्तुतः दो विषय होते हैं—जिसकी आप इच्छा रखते हों और जिस चीज की आप इच्छा रखते हैं, उसकी अनुपस्थिति। यदि आप यह नहीं समझेंगे कि ये दोनों बिल्कुल भिन्न कांपनिक आवृत्ति हैं तो आप मान सकते हैं कि आप किसी ऐसी चीज पर केंद्रित हैं, जिसकी आपको इच्छा है; जबकि वस्तुतः आप संभवतः इसके ठीक विपरीत दिशा में केंद्रित हैं।

कुछ लोग मान सकते हैं कि वे स्वस्थ शरीर विषय पर केंद्रित हैं, जबकि बजाय

इसके वे शरीर बीमार होने के भय पर केंद्रित होते हैं। कुछ लोग मानते हैं कि वे अपनी वित्तीय स्थिति में सुधार के बारे में सोच रहे हैं, जबकि बजाय इसके वे पर्याप्त धन न होने पर केंद्रित होते हैं।

लेकिन चूँकि यह धन और स्वास्थ्य का विषय है, इसलिए वे मानते हैं कि जब भी इस विषय पर केंद्रित होंगे, वे उसी चीज पर विचार कर रहे होते हैं, जो उन्हें चाहिए होती है। और अकसर ऐसा नहीं होता। अकसर लोग कहते हैं, "मुझे इसकी इच्छा जब से मुझे याद पड़ता है, तब से है। तो अब तक ऐसा क्यों नहीं हुआ?" क्योंकि उन्हें नहीं पता है कि प्रत्येक विषय में वस्तुत: दो विषय होते हैं—जो चाहिए और उसकी कमी होना। उदाहरण के लिए, वे ऐसा सोचते हैं, क्योंकि वे धन के बारे में बात कर रहे हैं; वे जो चाहते हैं; उस बारे में बात कर रहे हैं, जबकि इसकी बजाय वे अपनी इच्छा के विपरीत दिशा में केंद्रित होते हैं। आप अपनी अनुभूतियों के ढंग के प्रति संवेदनशील होने पर ही वास्तव में यह समझ पाते हैं कि आपकी कांपनिक विषय-वस्तु क्या है। लेकिन थोड़े अभ्यास के साथ ही आप इतने पारंगत हो जाते हैं कि हमेशा समझ जाते हैं कि आप वास्तव में किस पर केंद्रित हैं।

आप अपनी अनुभूतियों के ढंग के प्रति संवेदनशील होने पर ही वास्तव में यह समझ पाते हैं कि आपकी कांपनिक विषय-वस्तु क्या है। लेकिन थोड़े अभ्यास के साथ ही आप इतने पारंगत हो जाते हैं कि हमेशा समझ जाते हैं कि आप वास्तव में किस पर केंद्रित हैं।

'कौन सा विचार बेहतर महसूस होता है?' विधि से आपको अपने मौजूदा विचारों की कांपनिक आवृत्ति को बोधपूर्वक पहचानने में मदद मिलती है। इस खेल को सबसे असरदार ढंग से तब खेला जा सकता है, जब आप अकेले हों; क्योंकि वास्तव में और कोई नहीं समझ सकता कि आपको कौन से विचार सबसे अच्छे महसूस हो रहे हैं! जब आप इस पर दूसरों के साथ बात करेंगे तो संभवत: आप अकसर भ्रमित हो जाते हैं कि ये विचार सचमुच आपको अच्छे लग रहे हैं या आप इन्हें केवल इसलिए प्रस्तावित कर रहे हैं, क्योंकि कोई और चाहता है कि आप इन्हें चुनें।

यह सबसे महत्त्वपूर्ण है कि जब आप अपने लिए यह पहचान रहे हैं कि आपको कैसा महसूस हो रहा है तो आप दूसरे के विचारों, इच्छाओं और राय एवं धारणाओं को एक ओर रख दें।

आप इस खेल को कब खेलेंगे?

विचारों की अनंत संभावनाएँ हैं, जिनमें आपके सोचने के लिए अनंत विषय हो सकते हैं। लेकिन आपके अपने जीवन-अनुभव और आप जिस विषमता में आज जी

रहे हैं, आपको उन विषयों को खोजने में मदद कर सकती है, जिन पर आप केंद्रित हो सकें।

यह खेल उस समय विशेष रूप से उपयोगी होता है, जब आपके जीवन में कुछ ऐसा घटे, जो उल्लेखनीय मात्रा में नकारात्मक भावना का कारण बन जाए।

इस नकारात्मक भावना को प्रतिरोध का सूचक मानते हुए और यह मानते हुए कि यह प्रतिरोध का वह एकमात्र कारण है, जो आपको उन चीजों से दूर किए है, जो आपको सचमुच चाहिए। आप इस नए सक्रिय विषय के प्रति कुछ प्रतिरोध छोड़ने के लिए कुछ करने का निर्णय ले सकते हैं।

'कौन सा विचार बेहतर महसूस होता है?' खेल का उदाहरण

यह विधि तब सबसे बेहतर काम करती है, जब आप कुछ मिनट बैठकर अपने विचारों को किसी कागज पर लिखें। समय के साथ जब आप इस खेल को पर्याप्त मात्रा में खेल चुके होंगे, तब आप अपने मन में विचारों को लाने मात्र से इसमें सफल होने लगेंगे। लेकिन इन्हें कागज पर लिखना अधिक प्रभावशाली केंद्रबिंदु का कारण बन सकता है, जिससे आपका अपने चयनित विचारों की दिशा में 'महसूस' करना आसान हो जाएगा।

> ***विचारों की अनंत संभावनाएँ हैं, जिनमें आपके सोचने के लिए अनंत विषय हो सकते हैं। लेकिन आपके अपने जीवन-अनुभव और आप जिस विषमता में आज जी रहे हैं, आपको उन विषयों को खोजने में मदद कर सकती है, जिन पर आप केंद्रित हो सकें। यह खेल उस समय विशेष रूप से उपयोगी होता है, जब आपके जीवन में कुछ ऐसा घटे, जो उल्लेखनीय मात्रा में नकारात्मक भावना का कारण बन जाए।***

आरंभ में—सबसे पहले आप किसी विषय के बारे में फिलहाल क्या महसूस कर रहे हैं, इसके बारे में संक्षिप्त विवरण लिखें। इसमें आप विस्तारपूर्वक लिख सकते हैं कि क्या हुआ; लेकिन सबसे महत्त्वपूर्ण यह है कि आप यह वर्णित करें कि आप कैसा महसूस कर रहे हैं?

तत्पश्चात् आप कैसा महसूस कर रहे हैं, इसकी विस्तार सहित व्याख्या करता एक और विवरण लिखें। इससे आपको विधि में आगे बढ़ने पर होनेवाले सुधारों को ज्यादा आसानी से पहचानने में मदद मिलेगी। उदाहरण के लिए, आपकी अभी अपनी बेटी के साथ उसके घर के कामों में मदद न करने को लेकर बहस हुई है। यहाँ तक कि वह अपनी खुद की चीजों तक की परवाह नहीं करती और उसका कमरा बुरी तरह अस्त-व्यस्त है। ऐसा लगता है कि उसके लिए आपके व्यवस्थित परिवेश बनाने के लिए किए जानेवाले

प्रयासों की भी कोई अहमियत नहीं है।

'वह (अपनी बेटी का नाम लिखें) जानबूझकर मेरी जिंदगी मुश्किल बनाने का प्रयास कर रही है।'

'उसे मेरी कोई परवाह नहीं है।'

'वह अपने हिस्से का थोड़ा सा भी काम नहीं करती।'

जब आप ऐसी कुछ उक्तियाँ लिख लेंगे, जो आपकी मौजूदा अनुभूतियों की सूचक हैं तो अपने लिए कथन लिखें—"मैं इस विषय से संबंधित कुछ ऐसे विचारों तक पहुँचूँगा, जो कुछ अधिक बेहतर महसूस होते हों।" अब, जब आपने एक बार इनमें से प्रत्येक विचार को लिख लिया तो मूल्यांकन करें कि यह कैसा महसूस हो रहा है—बेहतर, वही या और खराब, तब आप शुरुआत कर सकते हैं। अब आप लिखें—

> ***जब आप ऐसी कुछ उक्तियाँ लिख लेंगे, जो आपकी मौजूदा अनुभूतियों की सूचक हैं तो अपने लिए कथन लिखें—"मैं इस विषय से संबंधित कुछ ऐसे विचारों तक पहुँचूँगा, जो कुछ अधिक बेहतर महसूस होते हों।" अब, जब आपने एक बार इनमें से प्रत्येक विचार को लिख लिया तो मूल्यांकन करें कि यह कैसा महसूस हो रहा है—बेहतर, वही या और खराब, तब आप शुरुआत कर सकते हैं।***

- वह मेरी बात कभी नहीं सुनती। (वही)
- मैं चाहता हूँ कि वह और जिम्मेदार बने। (वही)
- मुझे उसकी गलतियाँ सुधारने की कोई जरूरत नहीं। (वही)
- मुझे उसे और अच्छी तरह से सिखाना चाहिए था। (वही)
- मैं आशा करती हूँ कि उसके पिता मेरा और अधिक साथ दें। (खराब)
- मेरे लिए साफ घर महत्त्वपूर्ण है। (कुछ बेहतर)
- मैं जानती हूँ कि उसके मन में बहुत कुछ चल रहा है। (बेहतर)
- मुझे याद है कि किशोर होना कैसा होता है। (बेहतर)
- मुझे याद है, जब वह एक प्यारी छोटी सी बच्ची थी। (बेहतर)
- मैं आशा करती हूँ कि वह वैसी ही प्यारी सी छोटी बच्ची होती! (खराब)
- मुझे नहीं पता कि इस बारे में क्या करूँ? (खराब)
- वैसे, मुझे इस बारे में आज ही सबकुछ जान लेना जरूरी नहीं है। (खराब)
- उसमें ऐसा बहुत कुछ है, जो मुझे अच्छा लगता है। (बेहतर)
- मुझे पता है, जीवन में घर साफ करने के अलावा और भी बहुत कुछ है। (बेहतर)
- अगर मुझे साफ घर चाहिए तो इसमें कोई बुराई नहीं है। (खराब)

- यह ठीक ही है कि मुझे अपना घर साफ-सुथरा चाहिए। (बेहतर)
- इससे कोई फर्क नहीं पड़ता कि अभी वह इसकी कोई परवाह नहीं करती। (बेहतर)

याद रखिए, इसके सही व गलत उत्तर नहीं हैं और आपके अलावा और कोई भी वास्तव में यह नहीं जान सकता है कि आपको कौन सी अनुभूतियाँ बेहतर या खराब लग रही हैं। इस विधि का मूल्य यही है कि आप यह जान सकें कि आपके विचार कैसे महसूस हो रहे हैं—और आप बेहतर अनुभूत होनेवाले विचारों को चुनने में पारंगत हो सकें।

हम आपको बताना चाहते हैं कि आपके विचार हर उस व्यक्ति या चीज का व्यवहार बदल सकते हैं, जो आपसे संबंधित है; क्योंकि आपके विचार पूर्णतः आपके आकर्षण-बिंदु के समान होते हैं और आप जितना बेहतर अनुभूत करेंगे, उतना ही आपके आसपास की हर चीज और हर व्यक्ति में सुधार होता जाएगा। जिस क्षण आप बेहतर अनुभूति को पा जाते हैं, हालात और परिस्थितियाँ परिवर्तित होकर आपकी अनुभूतियों के समान हो जाती हैं।

बहुत से लोग पूछ सकते हैं, "तो इसमें मेरी बेटी की लापरवाह आदतों के प्रति कैसे अच्छा महसूस हो सकता है? मेरे विचार उसके व्यवहार को नहीं बदल सकते।"

हम आपको बताना चाहते हैं कि आपके विचार हर उस व्यक्ति या चीज का व्यवहार बदल सकते हैं, जो आपसे संबंधित है; क्योंकि आपके विचार पूर्णतः आपके आकर्षण-बिंदु के समान होते हैं और आप जितना बेहतर अनुभूत करेंगे, उतना ही आपके आसपास की हर चीज और हर व्यक्ति में सुधार होता जाएगा। जिस क्षण आप बेहतर अनुभूति को पा जाते हैं, हालात और परिस्थितियाँ परिवर्तित होकर आपकी अनुभूतियों के समान हो जाती हैं।

'कौन सा विचार बेहतर महसूस होता है?' खेल आपको आपकी उस शक्ति का एहसास करने में मदद देगा कि आपके अपने विचार आपके आसपास की चीजों को प्रभावित करते हैं।

अब्राहम, हमें 'कौन सा विचार बेहतर महसूस होता है?' के बारे में और बताएँ

"क्या मेरा कुछ बेहतर तक पहुँचना रुक भी सकेगा?" और जब आप समय या धन की सीमाओं को समीकरण से बाहर कर देंगे तथा जब आपको विश्वास हो जाएगा कि ब्रह्मांड आपके मन में आनेवाले हर विचार को संतुष्ट करने के लिए

सम्मिलित होकर काम करेगा, तब आप अपने विचारों को फलने-फूलने देते हैं। लेकिन जब तक आप सीमाएँ अनुभूत करते रहेंगे, तब तक आप इन पर आधिपत्य पाने का प्रयास करते रहेंगे।

संभवतः आप कह उठेंगे, "अभी हमारे हालात सचमुच ऐसे हैं कि ये हमें वह सब करने के लिए धन नहीं दे सकते, जो हम करना चाहते हैं। हम अपनी रसोई को नए मॉडल की बनवाना चाहते हैं। हमने निर्णय लिया है कि इसके लिए कोई बड़ा कर्ज नहीं उठाएँगे और हमारा यह निर्णय इतना स्पष्ट है कि हम इसे तोड़ना नहीं चाहते। तो हम इन विस्फोटक विचारों का क्या करें?" और हम कहते हैं, "क्या उन सभी का अभी एकदम पूरा होना जरूरी है? या क्या आपको इस विचार में आनंद आने लगता है?"

आप कह सकते हैं, "अगर अभी नहीं तो जल्दी ही हम ये और ये करेंगे?" इसके लिए आपको इस विचार के विकसित होने में आनंद लेना आरंभ करना होगा। लेकिन जब आप तयशुदा कार्यक्रम बनाते हैं, जिसमें अंतिम तारीख भी हो तो अकसर समय की कमी या धन की कमी इस ऊर्जा की विरोधाभासी हो जाती है, जो आपको दुःखी करता है। इससे आप यह भी तमन्ना करने लगते हैं कि आपको इसे शुरू करने का विचार आया ही नहीं होता।

आप कह सकते हैं, "अगर अभी नहीं तो जल्दी ही हम ये और ये करेंगे?" इसके लिए आपको इस विचार के विकसित होने में आनंद लेना आरंभ करना होगा। लेकिन जब आप तयशुदा कार्यक्रम बनाते हैं, जिसमें अंतिम तारीख भी हो तो अकसर समय की कमी या धन की कमी इस ऊर्जा की विरोधाभासी हो जाती है, जो आपको दुःखी करता है। इससे आप यह भी तमन्ना करने लगते हैं कि आपको इसे शुरू करने का विचार आया ही नहीं होता। लेकिन तब आप कहते हैं, "हम्म, जीवन भर में बहुत रसोइयाँ आएँगी। अभी, फिलहाल के लिए, जो हमारे पास है, हम उसी में खुश रहेंगे तथा भविष्य के लिए नए विचार बनाएँगे।" तो एक दिन संभवतः एक नए घर में जाएँगे और यह देखकर चौंक जाएँगे कि उसमें वह सबकुछ पहले से ही है, जो आपके मन में था। और यह आपके पास तब आएगा, जब आपके पास पर्याप्त धन हो और पर्याप्त समय हो। दूसरे शब्दों में, ब्रह्मांड उन विचारों पर प्रतिक्रिया देने के लिए तत्पर होगा, जिन्हें आप जन्म देते हैं और मुक्त प्रवाहित होने देते हैं।

इसमें सही या गलत कुछ नहीं है

इस तक पहुँचने का एक अच्छा तरीका यह है कि यदि आपको इच्छा अच्छी

महसूस हो तो सब बढ़िया है। यदि इच्छा असहज हो, अर्थात् आपकी वह इच्छा, जो आपकी आस्था से अधिक प्रबल हो, लेकिन आप उसे यह कहकर शांत कर दें कि "हमें इसे इसी समय करना जरूरी नहीं है। हमें इसे भविष्य के विचार के तौर पर सहेजना होगा। हम इस विचार को रोकने वाले नहीं, क्योंकि हम जानते हैं कि यह अच्छा विचार है। फिलहाल यह हमारी स्थिति से मेल नहीं खाता, लेकिन एक दिन यह हमारा हिस्सा बनेगा। फिलहाल के लिए यह काफी संतोषजनक है।"

> ***जेरी एवं एस्थर हर बार इसी से गुजरते हैं, क्योंकि एस्थर को सबकुछ चाहिए और वह भी अभी। और इसका कोई कारण नहीं है कि वह उसे तभी न मिल सके, सिवाय इसके कि उसका विवाह एक शक्की आदमी के साथ हुआ है। वहीं जेरी को पैसे खत्म होने का डर नहीं है। वह इस बात से डरते हैं कि उनके विचार खत्म न हो जाएँ। दूसरे शब्दों में, वे विचारों को इतनी तेजी से पूरा करना नहीं चाहते। वे उनकी अंतिम बूँद तक निचोड़ लेना चाहते हैं।***

'कौन सा विचार बेहतर महसूस होता है?' इसे अभी हासिल करना और कर्ज में फँस जाना या यह कहना कि "ओह, यह कुछ ऐसा है, जिसके लिए हमें इंतजार करना होगा…!"

जेरी एवं एस्थर हर बार इसी से गुजरते हैं, क्योंकि एस्थर को सबकुछ चाहिए और वह भी अभी। और इसका कोई कारण नहीं है कि वह उसे तभी न मिल सके, सिवाय इसके कि उसका विवाह एक शक्की आदमी के साथ हुआ है। वहीं जेरी को पैसे खत्म होने का डर नहीं है। वह इस बात से डरते हैं कि उनके विचार खत्म न हो जाएँ। दूसरे शब्दों में, वे विचारों को इतनी तेजी से पूरा करना नहीं चाहते। वे उनकी अंतिम बूँद तक निचोड़ लेना चाहते हैं। और एस्थर एक छलाँग में शीर्ष पर पहुँचना चाहती हैं। एस्थर शुरुआत में इसे तुरंत पाना चाहती हैं, जबकि जेरी इसका धीरे-धीरे आनंद लेना चाहते हैं। एस्थर को चिंता है कि इसे पाने तक कहीं उनकी इसे पाने की इच्छा समाप्त न हो जाए, इसलिए वे इसे तुरंत पाना चाहती हैं।

तो एस्थर और जेरी दोनों ने अपने रास्ते खोज लिये। इसमें कोई भी सूत्र सही या गलत नहीं होता। हमने जेरी से कहा कि उन्हें विचारों की कभी कमी नहीं होगी, इसलिए यदि वे चाहें तो सबको पीछे छोड़ते हुए सीधे शीर्ष पर पहुँच जाएँ। वे हमसे कहते हैं, "लेकिन मुझे इसे पाने के प्रयास में व्यस्त रहना अच्छा लगता है। मैं अपने सृजन से जितना अधिक जुड़ता हूँ, मुझे उससे उतना ही अधिक संतोष प्राप्त होता है।" हम कहते हैं, "तो आपके लिए यही मार्ग सही है। इसमें कुछ सही या गलत नहीं है। जो भी अच्छा लगता है, वो अच्छा लगता है?"

कौन सा विचार बेहतर महसूस होता है? उधार लेना या बाद के लिए रुकना?

बाद के लिए रुकना। कौन सा विचार बेहतर महसूस होता है? यह कहना कि आप कम में मान जाएँगे या इसे अपने भावी अनुभव का हिस्सा बनाना चाहते हैं? कह सकते हैं कि हम इसे अपने भावी अनुभव का हिस्सा बनाना चाहेंगे। कौन सा विचार बेहतर महसूस होता है? अपने आप पर इसलिए क्रोधित होना कि आपकी रसोई उतनी आधुनिक नहीं है, जितना इसे होना चाहिए या यह मानना कि अभी के लिए यह रसोई ठीक है तथा इसे आगे और विकसित होना है—जैसे आप हमेशा विकसित होते रहते हैं? कौन सा विचार बेहतर महसूस होता है?

क्या बेहतर लगता है? सराहना करना या निंदा करना? क्या अच्छा लगता है? आपने जो किया है, उसकी प्रशंसा करना या इस बात पर आलोचनात्मक होना कि आप अधिक कुछ नहीं कर पाए?

इस पर विचार करें—'कौन सा विचार बेहतर महसूस होता है?'

□

विधि-14

स्पष्टता हेतु अव्यवस्था समाशोधन विधि

इस विधि का प्रयोग कब करें

- जब आप अव्यवस्था के कारण तनाव महसूस करें।
- जब आपको यह अनुभव हो कि आप चीजों को खोजने में बहुत अधिक समय लगा रहे हैं।
- जब आप अपने घर से इसलिए बच रहे हों, क्योंकि आपको कहीं और ज्यादा अच्छा लगता है।
- जब आपको यह महसूस हो कि आपके लिए जो करना आवश्यक है, उसके लिए पर्याप्त समय नहीं मिल पा रहा।

मौजूदा भावात्मक रुझान-बिंदु सीमा

स्पष्टता हेतु अव्यवस्था समाशोधन विधि आपके लिए तब सबसे मूल्यवान् होगी, जब आपका भावात्मक रुझान-बिंदु इन श्रेणियों के बीच हो—

(4) सकारात्मक प्रत्याशा/विश्वास

और

(17) क्रोध।

(यदि आपको अपना मौजूदा भावात्मक रुझान-बिंदु ज्ञात न हो तो अध्याय-22 पर जाएँ और वहाँ भावात्मक मार्गदर्शन पैमाने की 22 श्रेणियाँ देखें।)

अव्यवस्थित परिवेश होना अव्यवस्थित आकर्षण-बिंदु का कारण बन सकता है। यदि आप अधूरे काम, अनुत्तरित पत्रों, अपूर्ण योजनाओं, अदत्त बिलों, अप्राप्य कामों, अवर्गीकृत कागजों के ढेर, बिखरी हुई पत्रिकाओं, सूचियों और हर तरह की सामग्रियों से घिरे हुए हों तो ये आपके जीवन-अनुभवों पर नकारात्मक प्रभाव डाल सकती हैं।

क्योंकि हर चीज का अपना कंपन होता है और चूँकि आप अपने जीवन से संबंधित सभी चीजों के साथ कांपनिक रिश्ता कायम कर लेते हैं, अतः आपकी निजी चीजों पर

भी इसका प्रभाव पड़ता है कि आप कैसा महसूस कर रहे हैं या आपका आकर्षण-बिंदु क्या है।

अव्यवस्था समाशोधन में दो प्रमुख बाधाएँ हैं—पहली, आपको याद होगा कि कई बार जब हम कोई चीज फेंक देते हैं तो बाद में ज्ञात होता है कि वास्तव में हमें उस चीज की आवश्यकता थी। अतः अब आप किसी भी चीज को फेंकने के प्रति अनिच्छुक होते हैं। और दूसरा, आपको ज्ञात होता है कि चीजों को व्यवस्थित करने के कार्य को भलीभाँति करने के लिए उससे ज्यादा वक्त लग रहा है, जो आपने इस योजना के लिए तय किया था; क्योंकि हर बार जब भी आप व्यवस्थित होने का प्रयास करते हैं, आप छँटाई प्रक्रिया में इस तरह फँस जाते हैं कि आखिरकार उससे भी बड़ी गड़बड़ी हो जाती है, जितना इससे पहले थी।

स्पष्टता हेतु अव्यवस्था समाशोधन विधि—इन बाधाओं को दूर करती है, क्योंकि यह ऐसी छँटाई प्रक्रिया है, जिसे बिना उन मूल्यवान् वस्तुओं को हटाए किया जाना संभव है, जिनकी आपको बाद में जरूरत पड़ सकती है।

विधि की शुरुआत हेतु—कुछ ढक्कन सहित कार्डबोर्ड के मजबूत डिब्बे जमा करें (इसके लिए बैंकर्स बॉक्स ठीक रहेंगे)। यदि वे सभी एक ही आकार और रंग के हों तो और भी अच्छा रहेगा। इस तरह ये एक सार होने के साथ ही दिखने में भी अच्छे होंगे। हमारा सुझाव है कि आप शुरुआत न्यूनतम 20 डिब्बों के साथ करें। लेकिन जब आप इस विधि की लाभकारी शक्ति से परिचित हो जाएँगे तो आप ऐसे और अधिक चाहेंगे (इसके अलावा; अकारादि क्रम में इंडेक्स कार्ड और हाथ में पकड़ने योग्य वॉयस रिकॉर्डर भी प्राप्त करें)।

विधि की शुरुआत हेतु—कुछ ढक्कन सहित कार्डबोर्ड के मजबूत डिब्बे जमा करें (इसके लिए बैंकर्स बॉक्स ठीक रहेंगे)। यदि वे सभी एक ही आकार और रंग के हों तो और भी अच्छा रहेगा। इस तरह ये एक सार होने के साथ ही दिखने में भी अच्छे होंगे। हमारा सुझाव है कि आप शुरुआत न्यूनतम 20 डिब्बों के साथ करें। लेकिन जब आप इस विधि की लाभकारी शक्ति से परिचित हो जाएँगे तो आप ऐसे और अधिक चाहेंगे (इसके अलावा; अकारादि क्रम में इंडेक्स कार्ड और हाथ में पकड़ने योग्य वॉयस रिकॉर्डर भी प्राप्त करें)।

सबसे पहले, डिब्बों को एकत्रित करें और उनमें से पाँच या छह को उस कमरे के मध्य में रख दें, जिसे आपको व्यवस्थित करना है। तत्पश्चात्, इनमें से प्रत्येक डिब्बे को 1 से 20 तक के बीच आदि तक की अलग संख्या दें। अब कमरे को देखें, किसी एक चीज पर केंद्रित हों और अपने आपसे कहें, "क्या यह वस्तु मेरे तात्कालिक अनुभव के लिए आवश्यक है?" यदि उत्तर 'हाँ' हो तो उसे वहीं रहने दें, जहाँ वह है। यदि उत्तर

'नहीं' है तो इसे उनमें से एक डिब्बे में डाल दें। इसके बाद एक और वस्तु चुनें और इस प्रक्रिया को कमरे में रखी हर चीज पर केंद्रित होने तक जारी रखें।

इस विधि का सबसे बड़ा लाभ यह है कि आपको फिलहाल छँटाई का अधिक काम नहीं करना है। यह वस्तुत: ऐसी प्रक्रिया है, जिसमें आप मात्र अपने परिवेश से अव्यवस्था को दूर करते हैं।

वस्तु को डिब्बे में डालते समय रिकॉर्डर पर बोलें—उदाहरणार्थ, 'गिटार की तारों का बंद पैकेट, डिब्बा संख्या एक,' या 'पुराना सेल फोन, डिब्बा संख्या एक।' एक साथ पाँच या छह डिब्बे खोलने पर, आप साधारण छँटाई कर सकते हैं। दूसरे शब्दों में, सभी पत्रिकाएँ एक डिब्बे में जाएँगी, कपड़े एक डिब्बे में, छोटी चीजें एक डिब्बे में; लेकिन इस छँटाई की प्रक्रिया में डूब न जाएँ। बस, चीज उठाएँ, अपने तात्कालिक अनुभव के आधार पर उसकी जरूरत पर विचार करें और जरूरी न हो तो उसे डिब्बे में डाल दें। और बाद में, आप किसी समय रिकॉर्ड की गई बातों को अकारादि इंडेक्स कार्डों पर हस्तांतरित कर लें। दूसरे शब्दों में, 'म' के अंतर्गत मोती का सीप, 'न' के अंतर्गत नहाने के वस्त्र, 'स' के अंतर्गत सेल फोन...

अब अपने घर में सामान रखने का कोई ऐसा स्थान खोजिए, जहाँ इन साफ-सुथरे डिब्बों को रखा जा सके। और विश्वास रखिए, आप किसी भी महत्त्वपूर्ण चीज को कभी भी पा सकते हैं। यदि आपको 'गिटार के तारों' का बंद पैकेट चाहिए होगा तो अकारादि कार्ड आपको बता देंगे कि आपने इसे किस डिब्बे में रखा है।

आप सांगोपांग छँटाई नहीं कर रहे, इसलिए यह प्रक्रिया बहुत तेजी से हो जाएगी। आपको बेहतर महसूस होगा, क्योंकि आपका कमरा कम अव्यवस्थित हो गया और आप अपनी उस सदा की चिंता से भी मुक्त हो गए कि आपको चीजें नहीं मिल रहीं, क्योंकि आपने इस बात का रिकॉर्ड रखा है कि वे वास्तव में कहाँ पर हैं।

अब अपने घर में सामान रखने का कोई ऐसा स्थान खोजिए, जहाँ इन साफ-सुथरे डिब्बों को रखा जा सके। और विश्वास रखिए, आप किसी भी महत्त्वपूर्ण चीज को कभी भी पा सकते हैं। यदि आपको 'गिटार के तारों' का बंद पैकेट चाहिए होगा तो अकारादि कार्ड आपको बता देंगे कि आपने इसे किस डिब्बे में रखा है।

कुछ हफ्तों बाद मान लीजिए, जब आपको महसूस हो कि आपको डिब्बा संख्या 3 में से कुछ नहीं चाहिए तो आप उस डिब्बे को घर से बाहर कर सकते हैं। शायद बाहर कहीं रख सकें या आप इसकी सामग्री हटाकर डिब्बा नंबर 3 को नई संभावित अव्यवस्था के लिए उपलब्ध करवा सकते हैं। और जब आप यह विधि जारी रखेंगे तो इस बोध से

शांत होने लगेंगे कि अब आपका परिवेश आपके नियंत्रण में है।

कई बार लोग हमसे कहते हैं कि उन्हें अव्यवस्था की कोई परवाह नहीं है, अतः हम उनसे कहते हैं कि ऐसे में यह विधि उनके लिए और भी जरूरी हो जाती है। चूँकि सभी चीजों के प्रत्येक कण में कंपन है, इसलिए वस्तुतः लगभग सभी को व्यवस्थित परिवेश में अच्छा महसूस होता है।

अब्राहम, हमें 'स्पष्टता हेतु अव्यवस्था समाशोधन विधि' के बारे में और बताएँ

शरीरी अस्तित्वों को अपने आसपास चीजें जुटाए रखने की आदत होती है। आप में से अधिकांश लोग इस चीजों को इसलिए एकत्रित करते हैं कि ये आपकी उपलब्धि की भावना पाने और अपना समय काटने का तरीका है। दूसरे शब्दों में, इस भौतिक जगत् में रहते हैं, जहाँ भौतिक प्रत्यक्षीकरण आपके लिए काफी अहम है। लेकिन तब आप अपने इस प्रत्यक्षीकरण के विवरण में डूब जाते हैं।

आप में से अधिकांश लोग अपना समय चीजें खोजते रहने में बिताते हैं और इसमें केवल यही नहीं है कि आपको बहुत सारी चीजों में से छाँटना पड़ता है, बल्कि इसका यह भी कारण है कि वस्तुएँ एकत्रित करना उस मुक्ति का विरोधी है, जो आप सभी के भीतर जन्म से ही है।

हमने उदासी की उस अनुभूति पर बात की थी, जिसमें रिक्तता का एहसास होता है। लोग अकसर इस रिक्तता के एहसास को वस्तुओं से पाटने का प्रयास करते हैं। वे एक और चीज खरीदते हैं और उसे घर ले आते हैं या वे कुछ नया खाते हैं। दूसरे शब्दों में, ऐसे बहुत से रचनात्मक तरीके हैं, जिनके द्वारा आप इस शून्यता को भरने का प्रयास कर सकते हैं। इसलिए, कुछ लोगों के लिए हमारा प्रोत्साहन यही है कि "अपने अनुभव से उन सभी चीजों को हटा दें, जो अब आपके लिए आवश्यक नहीं हैं।"

हमने उदासी की उस अनुभूति पर बात की थी, जिसमें रिक्तता का एहसास होता है। लोग अकसर इस रिक्तता के एहसास को वस्तुओं से पाटने का प्रयास करते हैं। वे एक और चीज खरीदते हैं और उसे घर ले आते हैं या वे कुछ नया खाते हैं। दूसरे शब्दों में, ऐसे बहुत से रचनात्मक तरीके हैं, जिनके द्वारा आप इस शून्यता को भरने का प्रयास कर सकते हैं। इसलिए, कुछ लोगों के लिए हमारा प्रोत्साहन यही है कि "अपने अनुभव से उन सभी चीजों को हटा दें, जो अब आपके लिए आवश्यक नहीं हैं।"

जब आप ऐसी चीजों को छाँटकर त्यागना आरंभ कर देंगे, जिन्हें आप पहन नहीं रहे; उन्हें

त्याग देंगे, जिन्हें इस्तेमाल नहीं कर रहे तो उन्हें त्यागकर आप अपने अनुभव को स्पष्ट बना लेंगे। तब चीजें, आप अब जो है, उसके साथ अधिक सामंजस्यपूर्वक आपके अनुभवों में शामिल हो सकेंगी। आप सभी में आकर्षण की क्षमता है और जब आपकी प्रगति उस सामान में फँस जाती है, जिसकी अब आपको जरूरत नहीं तो नए आकर्षण धीमे पड़ जाते हैं—और तब अंत में आप निराशा व व्यग्रता अनुभव करते हैं।

अपने अव्यवस्था-मुक्त परिवेश में होने की कल्पना करें

जेरी और एस्थर ने अभी हाल ही में कहा कि जब ऊर्जा तेजी से गति करने लगती है, तब उनसे संबंधित विचार भी अधिक तेजी से फलप्रद होने लगते हैं, जिसका अर्थ हुआ कि उस सामान में दबे हुए हैं। दूसरे शब्दों में, सामान उनके पास काफी तेजी से आ रहा है—हर तरह का सामान। और तब उन्हें इससे निपटना पड़ता है। इसे वर्गीकृत करना या फाइल करना या पढ़ना या हटाना होता है—यानी इसका कुछ तो करना ही होगा।

बागीचे की छँटाई का दिन एस्थर के लिए सबसे खुशनुमा दिन होता है, क्योंकि यह सब हो जाने के बाद कुछ ऐसा संतोषजनक रह जाता है, जो उनकी माँ को वहाँ बैठकर अपने भीतर समाहित करते हुए महसूस करती थीं। जेरी और एस्थर अकसर कार्यशाला समाप्त होने के बाद भी ऐसा ही महसूस करते हैं। यह काफी अच्छा लगता है। यह भलीभाँति पूरे हुए दायित्व जैसा लगता था। यह कुछ ऐसा था जैसे सब चीजों के बीच तालमेल बन रहा हो।

अपने निवासस्थल की मन की आँखों से तसवीर बनाना पहले कभी इतना महत्त्वपूर्ण नहीं रहा। अतः अपने एक अधिक स्पष्ट परिवेश—एक अत्यंत सुव्यवस्थित स्थान—में होने की कल्पना कीजिए और कल्पना कीजिए कि आपको सब पता है कि कौन सी चीज कहाँ पर है। इसे इस तरह व्यवस्थित करने की कल्पना करें, जो अत्यधिक आरामदेह हो। दूसरे शब्दों में, जरा कल्पना करें, आप यहाँ इसी चीज की तलाश में हैं—'राहत का एहसास'।

एस्थर समय-समय पर अपनी माँ की मानसिक तसवीर बनाती रहती हैं। एस्थर के बचपन में उनकी माँ पूरा समय काम करती रहती थीं। उनकी बहुत बड़ी जमीन थी। एस्थर की माँ विशाल बागीचे की छँटाई करतीं—और उन दिनों राइडिंग मोवर्स नहीं आते थे—कम-से-कम उन्होंने तो उसे कभी नहीं देखा था। लेकिन एस्थर को अपनी माँ का छँटाई करना याद है। और तब, एस्थर को वो हिस्सा याद है, जब अधिकांश बागीचे की छँटाई हो चुकी होती और पानी देने के लिए फव्वारे

लगा दिए जाते, तो उसकी माँ बरामदे में बैठकर इन सबको जैसे अपने में समाहित करती रहतीं। और एस्थर अपनी माँ के पास बैठकर उस ताजी कटी घास की खुशबू लेती। और संतुष्टि की यही अत्यधिक अनुभूति उन्हें अपनी माँ से मिली है।

बागीचे की छँटाई का दिन एस्थर के लिए सबसे खुशनुमा दिन होता है, क्योंकि यह सब हो जाने के बाद कुछ ऐसा संतोषजनक रह जाता है, जो उनकी माँ को वहाँ बैठकर अपने भीतर समाहित करते हुए महसूस करती थीं। जेरी और एस्थर अकसर कार्यशाला समाप्त होने के बाद भी ऐसा ही महसूस करते हैं। यह काफी अच्छा लगता है। यह भलीभाँति पूरे हुए दायित्व जैसा लगता था। यह कुछ ऐसा था जैसे सब चीजों के बीच तालमेल बन रहा हो।

इसलिए आपको यह करना है कि पहले से ही उस अनुभूतिपूर्ण स्थान को खोजिए। और जब आप ऐसा कर लें और ऊर्जा उत्पन्न होने लगे, तब स्पष्टता विचार और मदद—ये सब एक साथ भौतिक वास्तविकता के रूप में आपके सामने प्रत्यक्ष हो जाएँगे।

यदि आप एक बार में एक चीज उठाकर डिब्बे में डालें तो भी आप मात्र एक से दो घंटे में एक कमरे की अव्यवस्थित सामग्री को डिब्बे में भर सकते हैं। अब चूँकि आपने दर्ज कर लिया है कि सब चीजें कहाँ हैं और यह आपके वॉयस रिकॉर्डर पर मौजूद है तो एक शाम जब आप कुछ ऐसा न कर रहे हों, जिसके लिए ज्यादा ध्यान देने की आवश्यकता है, तब आप अपनी रिकॉर्डिंग को सुन सकते हैं। एक छोटी सी कार्ड फाइल आपको बता सकती है कि नहाने के वस्त्र डिब्बा संख्या 1 में हैं। तो यदि आपको कभी भी इसकी जरूरत पड़े, आप इंडेक्स कार्ड में देखेंगे तो यह आपको बता देगा कि यह किस डिब्बे में है।

इस स्पष्टता हेतु अव्यवस्था समाशोधन विधि की सबसे बड़ी ताकत है कि आप इसे काफी तेजी से कर सकते हैं। इसमें प्रतिरोध भी कम होता है, क्योंकि आपको जो कुछ भी चाहिए, वह आपको सहज सुलभ है। दूसरे शब्दों में, आपके पास इसका रिकॉर्ड है कि यह सब कहाँ रखा है।

हमने देखा है कि इस प्रणाली को अपनानेवाले ज्यादातर लोग ऐसे होते हैं कि डिब्बे में कुछ डाल देने पर उन्हें उसमें से शायद ही कभी किसी चीज की फिर से जरूरत पड़ती है। अत: जब आपको लगता है कि आपके पास सामग्री से भरे डिब्बे एक या दो साल से रखे हैं और आपको इनकी कोई जरूरत नहीं पड़ी, तब संभवत: आपको इसे किसी को दान करने या इसे किसी तरह हटाने का एहसास हो सकता है। लेकिन तब तक आपका जीवन उस अव्यवस्था से मुक्त होगा और इस तरह उस पूरी अवधि के दौरान प्रतिरोधों से भी मुक्त रहेगा।

□

विधि-15

बटुआ विधि

इस विधि का प्रयोग कब करें

- जब आप अधिक धन को अपने अनुभव के लिए आकर्षित करना चाहते हों।
- जब आप अपने जीवन में अधिक धन को प्रवाहित करने के लिए धन के प्रति फिलहाल जैसा अनुभव कर रहे हैं, उसमें सुधार करना चाहते हों।
- जब आप अपने मन को अपनी विशिष्ट इच्छा की दिशा में प्रवाहित करना चाहते हों।
- जब आप अपने जीवन में धन की कमी महसूस करें।

मौजूदा भावात्मक रुझान-बिंदु सीमा

बटुआ विधि आपके लिए तब सबसे मूल्यवान् होगी, जब आपका भावात्मक रुझान-बिंदु इन श्रेणियों के बीच हो—

(6) आशाप्रदता

और

(16) निराशा।

(यदि आपको अपना मौजूदा भावात्मक रुझान-बिंदु ज्ञात न हो तो अध्याय-22 पर जाएँ और वहाँ भावात्मक मार्गदर्शन पैमाने की 22 श्रेणियाँ देखें।)

शायद आपकी संस्कृति में धन विषय से संबंधित कंपनों से अधिक अभ्यासित और कोई नहीं है, क्योंकि बहुत से लोग इसे ऐसा साधन मानते हैं, जिसके माध्यम से उनका बड़ी मात्रा में भौतिक कल्याण प्रवाहित होता है।

फिर भी, अधिकांश लोग इसे समझे बिना अपने अनुभवों में धन की उपस्थिति की बजाय धन की कमी पर केंद्रित रहते हैं। अत: भले ही वे अकसर अपनी इच्छित वस्तुओं को पहचान लेते हैं, फिर भी वे अपनी इच्छित वस्तुओं से इसलिए दूर रह जाते हैं, क्योंकि वे आदतन धन की मौजूदगी पर नहीं, बल्कि उसकी कमी पर ध्यान केंद्रित रखते हैं। एक

बार फिर वही तथ्य सामने आता है कि प्रत्येक विषय में वस्तुतः दो विषय होते हैं—जो चाहिए और उसकी कमी।

हर तरह की प्रचुरता का आपके अनुभव में सहज प्रवाहित होना स्वाभाविक है। 'बटुआ विधि' आपको ऐसे कंपन प्राप्त करने में मदद करती है, जो धन को प्राप्त करने के अनुकूल हो, न कि उसे दूर करने के लिए।

विधि इस प्रकार है—सबसे पहले 100 रुपए का एक नोट लें और उसे अपने बटुए या पर्स में रखें। इसे हमेशा अपने पास रखें और जब भी यह पर्स या बटुआ आपके पास हो, याद रखें कि आपका 100 रुपए का नोट इसमें रखा है। इसके यहाँ होने की अनुभूति को पसंद करें और अपने आपको बारंबार सुरक्षा की उस अनुभूति की याद दिलाते रहें, जो इससे आपको मिल रही है।

अब दिन भर में ऐसी चीजों को देखते रहें, जिन्हें आप उस 100 रुपए के नोट से खरीद सकते हैं—किसी अच्छे रेस्टोरेंट के पास से निकलते समय ध्यान दें कि यदि आप सचमुच चाहें तो यहाँ रुककर खाना खा सकते हैं। डिपार्टमेंटल स्टोर में कुछ दिखाई देने पर अपने आपको याद दिलाएँ कि यदि आप सचमुच चाहें तो आप यहाँ खरीदारी कर सकते हैं, क्योंकि आपके बटुए में 100 रुपए का नोट है।

> ***अब दिन भर में ऐसी चीजों को देखते रहें, जिन्हें आप उस 100 रुपए के नोट से खरीद सकते हैं—किसी अच्छे रेस्टोरेंट के पास से निकलते समय ध्यान दें कि यदि आप सचमुच चाहें तो यहाँ रुककर खाना खा सकते हैं। डिपार्टमेंटल स्टोर में कुछ दिखाई देने पर अपने आपको याद दिलाएँ कि यदि आप सचमुच चाहें तो आप यहाँ खरीदारी कर सकते हैं, क्योंकि आपके बटुए में 100 रुपए का नोट है।***

इस 100 रुपए को अपने पास रखना और इसे सीधे खर्च न कर देने से आपको इसके बारे में सोचने मात्र से कांपनिक लाभ हासिल होगा। दूसरे शब्दों में, यदि आप अपने इस 100 रुपए के नोट को अपनी देखी पहली चीज पर ही खर्च कर देते, तो आपको वस्तुतः अपनी वित्तीय कल्याण की स्थिति के लाभ का एहसास केवल एक बार होता। लेकिन जब आप इस 100 रुपए के नोट को एक दिन में मानसिक रूप से 20 या 30 बार खर्च करेंगे तो आपको दो से तीन हजार रुपए खर्च करने का कांपनिक अनुभूति-लाभ प्राप्त होगा।

हर बार जब भी आप स्वीकार करेंगे कि आपके पास वह शक्ति है, ठीक आपके बटुए में, जिससे आप यह या वह खरीद सकते हैं। बार-बार ऐसा करके आप वित्तीय कल्याण का भाव जोड़ते जाते हैं, जिससे आपका आकर्षण-बिंदु परिवर्तित हो जाता है।

देखा आपने, प्रचुरता को आकर्षित करने के लिए आपका वास्तव में प्रभूत होना

आवश्यक नहीं है। आपको बस, इस प्रचुरता को अनुभूत करना होगा। इसे कहने का अधिक स्पष्ट तरीका यह है कि "प्रचुरता की कमी की प्रत्येक अनुभूति ऐसा प्रतिरोध उत्पन्न करती है, जो प्रचुरता को स्वीकार नहीं करता।"

जैसे ही आप इस वित्तीय प्रचुरता की शानदार अनुभूति हासिल करते हैं, चमत्कारिक लगनेवाली चीजें होना आरंभ हो जाती हैं—आप फिलहाल जो धन कमा रहे हैं, उसमें बढ़ोतरी हो जाती है। विभिन्न स्थानों पर धन की मात्रा में अनपेक्षित वृद्धि दिखाई देने लगती है। आपके नियोक्ता को आपके पैसे बढ़ाने की प्रेरणा मिलती है। आप जो चीजें खरीदते हैं, उन पर छूट मिल जाती है।

अत: मानसिक रूप से बारंबार धन खर्च कर, आप कल्याण के, सुरक्षा के, प्रचुरता के और वित्तीय सुरक्षा के कंपनों का अभ्यास करते हैं और ब्रह्मांड आपको प्राप्त इन कंपनों की प्रतिक्रिया में इसी के अनुरूप प्रचुरता को प्रत्यक्ष करता है।

जैसे ही आप इस वित्तीय प्रचुरता की शानदार अनुभूति हासिल करते हैं, चमत्कारिक लगनेवाली चीजें होना आरंभ हो जाती हैं—आप फिलहाल जो धन कमा रहे हैं, उसमें बढ़ोतरी हो जाती है। विभिन्न स्थानों पर धन की मात्रा में अनपेक्षित वृद्धि दिखाई देने लगती है। आपके नियोक्ता को आपके पैसे बढ़ाने की प्रेरणा मिलती है। आप जो चीजें खरीदते हैं, उन पर छूट मिल जाती है। आप पाएँगे कि जो चीजें आपको चाहिए थीं और जिन चीजों के लिए आप कितने भी रुपए खर्च करने के लिए तैयार थे, आप तक पहुँच जाती हैं और वह भी बिना कोई पैसा खर्च किए। आपको ऐसे अवसर मिलने लगते हैं, जिससे आप वह संपूर्ण प्रचुरता अर्जित करने में सक्षम हो जाते हैं, जिसे आप संभावित मानते हैं…समय के साथ ही ऐसा महसूस होता है, मानो प्रचुरता की बाढ़ आ गई हो। और आप हैरान होते हैं कि अब तक यह सारी प्रचुरता कहाँ छिपी हुई थी!

'मैं यह ले सकता हूँ। मैं यह ले सकता हूँ। मुझमें इन्हें खरीदने की क्षमता है।'

और चूँकि आपके पास वास्तव में ऐसा करने का साधन है, चूँकि आप कोई ऐसी चीज नहीं कह रहे, जो है ही नहीं, इसलिए अब इसमें बाधा पहुँचानेवाला कोई संदेह या अविश्वास नहीं है, जो आपके वित्तीय प्रवाह के जल को गंदा कर रहा हो।

मूल रूप से यह एक बेहद प्रभावशाली विधि है और यह आपके वित्तीय आकर्षण-बिंदु को परिवर्तित कर देगी। जैसे ही आपकी वित्तीय स्थिति सुधरती है, आपका 100 रुपए का गुप्त कोष या बचत बढ़कर 1,000 रुपए, फिर 10,000 रुपए, फिर 1,00,000 रुपए और इससे भी अधिक हो सकती है। हालाँकि इस बात की कोई सीमा नहीं कि आपको ब्रह्मांड से क्या मिल सकता है; लेकिन धन को अपने अनुभव का हिस्सा बनाने के लिए आपको इसे स्वीकार करने के लिए इसके प्रति अच्छा महसूस करना होगा।

आपको महान् प्रचुरता के प्रति अच्छा अनुभूत करना होगा, इससे पहले कि आप महान् प्रचुरता को अपने अनुभव में प्रवाहित होने के आनंद को स्वीकार कर सकें।

अब्राहम, हमें 'बटुआ विधि' के बारे में और बताएँ

याद रखिए, आप एक तरह से संतुलन के झूमा-झूमी झूले पर हैं, अतः आपको कमी से संबंधित सभी विचारों को नहीं रोकना है; क्योंकि अन्यथा ये आपके आसपास के प्रभावों में कुलबुलाने लगेंगे। आपको बस, यह करना है कि सोद्देश्यपूर्वक ऊर्जा को प्रचुरता की ओर बढ़ानेवाले कुछ अधिक विचारों को बढ़ावा देना है। सोद्देश्यपूर्वक अधिक विचार प्रस्तावित करने हैं—अभौतिक ऊर्जा का अपनी मनचाही समृद्धि की ओर अधिक बोधपूर्वक उपयोग करना है। इसलिए, जब आप अपना दिन उन चीजों पर ध्यान देते हुए बिताते हैं, जिन पर आप 100 रुपए खर्च कर सकते हैं तो वास्तव में आप अपनी अभौतिक ऊर्जा का उपयोग सोद्देश्यपूर्वक अपनी समृद्धि की अनुभूति को बढ़ाने में कर रहे हैं।

किसी ने कहा, "अब्राहम, जाहिर है, आपने लंबे समय से देह धारण नहीं की है, क्योंकि 100 रुपए में अधिक कुछ नहीं हो सकता।" और हम कहते हैं, "आप बात को समझे नहीं। आपने 100 रुपए दिन में हजार बार खर्च किए हैं, जो 1,00,000 रुपए खर्च करने के बराबर है। और आप देखेंगे, यही आपकी समृद्धि की अनुभूति को सहारा देगा। इसी तरह आपको अनुभूत होगा कि यही आपका आकर्षण-बिंदु है।"

किसी ने कहा, "अब्राहम, जाहिर है, आपने लंबे समय से देह धारण नहीं की है, क्योंकि 100 रुपए में अधिक कुछ नहीं हो सकता।" और हम कहते हैं, "आप बात को समझे नहीं। आपने 100 रुपए दिन में हजार बार खर्च किए हैं, जो 1,00,000 रुपए खर्च करने के बराबर है। और आप देखेंगे, यही आपकी समृद्धि की अनुभूति को सहारा देगा। इसी तरह आपको अनुभूत होगा कि यही आपका आकर्षण-बिंदु है।"

किसी ने हमसे कहा, "वैसे, मैंने अपने बटुए में सच में 100 रुपए नहीं रखे हैं। इसके बदले मैंने इसमें एक आई.ओ.यू. रखा है।" तो हमारा कहना है कि "इसका मतलब आपको खुद अपने आई.ओ.यू. पर विश्वास नहीं है, क्योंकि इससे समृद्धि की अनुभूति को प्रोत्साहन नहीं मिलेगा। आई.ओ.यू. से आपको ऐसा महसूस होगा कि आप एक और कर्ज अपने साथ लिये घूम रहे हैं।"

'बटुआ विधि' ऐसा एक और साधन है, जिसके द्वारा आपको जो भी अच्छा लगता है, उस पर सोद्देश्यपूर्वक ध्यान केंद्रित कर सकते हैं।

□

विधि-16

धुरीकरण

इस विधि का प्रयोग कब करें

- जब आपको पता हो कि आपने जो भी कहा है, वह उसके सर्वथा विपरीत है, जिसे आप अपने अनुभव में आकर्षित करना चाहते हैं।
- जब आप बेहतर आकर्षण-बिंदु स्थापित करना चाहते हों।
- जब आप बहुत अच्छा महसूस कर रहे हों, लेकिन जानते हों कि आप और बेहतर अनुभूत कर सकते हैं और आप ऐसा अभी करने के लिए समय देने के इच्छुक हों।

मौजूदा भावात्मक रुझान-बिंदु सीमा

धुरीकरण विधि आपके लिए तब सबसे मूल्यवान् होगी, जब आपका भावात्मक रुझान-बिंदु इन श्रेणियों के बीच हो—

(8) ऊब

और

(17) क्रोध।

(यदि आपको अपना मौजूदा भावात्मक रुझान-बिंदु ज्ञात न हो तो अध्याय-22 पर जाएँ और वहाँ भावात्मक मार्गदर्शन पैमाने की 22 श्रेणियाँ देखें।)

क्या यह संभव है कि आप उसके कांपनिक विरोध पर केंद्रित हों, जिसकी सचमुच इच्छा रखते हैं और आपको यह पता भी न हो। ये छड़ी के दो विपरीत छोर जैसे हैं। जब आप छड़ी उठाते हैं तो दोनों छोर उठाते हैं। यह 'धुरीकरण विधि' आपको इस बात के प्रति जागरूक होने में मदद करेगी कि आप फिलहाल छड़ी के किस छोर को सक्रिय कर रहे हैं—वह छोर, जो आपकी इच्छा से संबंधित है, या वह छोर, जो आपकी इच्छा की अनुपस्थिति से संबंधित है।

आपकी समय-अंतराल-वास्तविकता की विषमता अत्यंत उपयोगी है, क्योंकि यही विषमता आपको आपके विचारों पर केंद्रित होने में मदद करती है। जब भी आपको यह

पता हो कि आपको क्या नहीं चाहिए तो आपको साफ तौर पर यह भी पता होता है कि आपको क्या चाहिए। और जब भी आपको यह पता हो कि आपको क्या चाहिए, तो आपको साफ तौर पर यह भी पता होता है कि आपको क्या नहीं चाहिए। इस तरह, विषमता से परिचित होना आपके ध्यान केंद्रण को और धारदार बनाता है और एक नई प्राथमिकता तथा इच्छा को जन्म देता है; बल्कि यही महत्त्वपूर्ण विषमता उस सर्व-कल्याण-स्रोत के शाश्वत विस्तार को सुनिश्चित करती है।

'धुरीकरण विधि' अकसर अपने कंपनों की आदत में परिवर्तन की शुरुआत का पहला कदम होता है, क्योंकि यही वह प्रक्रिया है, जिससे आपको अधिक स्पष्ट रूप से जानने में मदद मिलती है कि आप क्या चाहते हैं। लेकिन चूँकि आमतौर पर छड़ी के एक छोर के कंपनों और दूसरे छोर के कंपनों के बीच काफी विविधता होती है, इसलिए आमतौर पर आप अपने कंपन को मात्र अपनी इच्छा प्रकट कर तुरंत परिवर्तित नहीं कर देते।

> ***'धुरीकरण विधि' अकसर अपने कंपनों की आदत में परिवर्तन की शुरुआत का पहला कदम होता है, क्योंकि यही वह प्रक्रिया है, जिससे आपको अधिक स्पष्ट रूप से जानने में मदद मिलती है कि आप क्या चाहते हैं। लेकिन चूँकि आमतौर पर छड़ी के एक छोर के कंपनों और दूसरे छोर के कंपनों के बीच काफी विविधता होती है, इसलिए आमतौर पर आप अपने कंपन को मात्र अपनी इच्छा प्रकट कर तुरंत परिवर्तित नहीं कर देते।***

उदाहरण के लिए, बीमार होने पर आपको स्पष्ट रूप से पता होता है कि आप ठीक होना चाहते हैं या आपके पास पर्याप्त धन न हो तो आप स्पष्ट रूप से जानते हैं कि आपको और अधिक धन चाहिए। अब अपना ध्यान, आप क्या चाहते हैं, इस ओर मोड़कर उसी पर अपना ध्यान केंद्रित रखने से आप वहीं पर कंपित होने लगते हैं।

सबसे पहले, आपको क्या नहीं चाहिए, इसकी जागरूकता आपको यह जानने में मदद करती है कि आप क्या चाहते हैं? दूसरे शब्दों में, जब आप अपनी इच्छा को शब्दों द्वारा उच्चारित करते हैं तो संभवतः आपके कंपन का आपके शब्दों से मेल नहीं भी हो सकता। लेकिन यदि आप 'धुरीकरण' विधि को जारी रखते हैं—अर्थात् आपको जब भी नकारात्मक भावनाएँ अनुभूत हों, जो आपको यह जानने में मदद करती हैं कि आप किसी ऐसी चीज पर केंद्रित हैं, जो अवांछित है तो आप वहीं रुक जाते हैं और कहते हैं, 'मैं जानता हूँ कि मुझे क्या नहीं चाहिए तो वह क्या है, जो मुझे चाहिए?' तो कुछ ही समय में आप अपने कंपनों को उसी विषय पर परिवर्तित कर लेते हैं। धीरे-धीरे आप अपने कंपनों को पुनर्निर्देशित कर देंगे और आखिरकार, सुधरे हुए कंपन आपके प्रबल विचार बन जाएँगे।

अब्राहम, हमें 'धुरीकरण विधि' के बारे में और बताएँ

याद रखनेवाली सबसे जरूरी बात यह है कि अपने अनुभवों को आप स्वयं आकर्षित करते हैं और आप इन्हें अपने विचारों के उन गुणों द्वारा आकर्षित करते हैं, जिन्हें आप प्रस्तावित कर रहे हैं। विचार चुंबकीय होते हैं और जब आप किसी विचार पर विचार करते हैं तो वह 'एक और, एक और तथा एक और' को आकर्षित करता है, तब तक, जब तक आखिरकार आपके विचारों के विषय की कांपनिक सार वस्तु का भौतिक प्रत्यक्षीकरण नहीं हो जाता।

यदि आपको कभी अनुभव हुआ हो (और हम जानते हैं कि ऐसा हुआ होगा) कि जिसे आप नकारात्मक भावना मान रहे थे (आप इसे भय, संदेह, निराशा या एकाकीपन के तौर पर परिभाषित कर सकते हैं; ऐसे बहुत से तरीके हैं, जिनसे आप नकारात्मक भावनाओं को परिभाषित कर सकते हैं), उस नकारात्मक भावना में आप जो अनुभव कर रहे थे, वह ऐसे विचार पर विचार करना था, जिसके कंपनों की आवृत्तियों का तालमेल उसके साथ नहीं था, जो और जहाँ आपका 'आंतरिक अस्तित्व' मौजूद है।

अपने जीवन भर के भौतिक और अभौतिक, आपके आंतरिक अस्तित्व या पूर्णतः आपके अनुभव ज्ञान के स्थल और इच्छा के स्थल तक पहुँच जाते हैं। और तब, जब आप इस भौतिक शरीर में रहते हुए बोधपूर्वक ऐसे विचार पर केंद्रित रहते हैं, जो उससे सामंजस्यपूर्ण नहीं होता, जिसे आपका आंतरिक अस्तित्व जानता है, तब इसके परिणामस्वरूप आपके भीतर उत्पन्न अनुभूति नकारात्मक भावना होती है।

अपने जीवन भर के भौतिक और अभौतिक, आपके आंतरिक अस्तित्व या पूर्णतः आपके अनुभव ज्ञान के स्थल और इच्छा के स्थल तक पहुँच जाते हैं। और तब, जब आप इस भौतिक शरीर में रहते हुए बोधपूर्वक ऐसे विचार पर केंद्रित रहते हैं, जो उससे सामंजस्यपूर्ण नहीं होता, जिसे आपका आंतरिक अस्तित्व जानता है, तब इसके परिणामस्वरूप आपके भीतर उत्पन्न अनुभूति नकारात्मक भावना होती है।

यदि अपने पैरों पर बैठकर रक्त-संचरण के प्रवाह को काट दें या अपनी गरदन पर रक्तबंध लपेटकर ऑक्सीजन के प्रवाह को बाधित कर दें तो आपको इस बंधन का तुरंत प्रमाण मिल जाएगा। और इसी तरह जब आप ऐसे विचारों पर विचार करते हैं, जिनका आपके महान् ज्ञान के साथ सामंजस्य नहीं होता तो आपके आंतरिक अस्तित्व से भौतिक शरीर में आनेवाली ऊर्जा—जीवन-शक्ति का प्रवाह दब या बँध जाएगा। और इसके परिणामस्वरूप आपको नकारात्मक भावनाएँ अनुभव होंगी। और यदि आपने इसे लंबे समय तक जारी रहने दिया, तो इससे आपके भौतिक शरीर का भी नकारात्मक अपकर्ष

होने लगेगा। इसी कारण हम कहते हैं कि प्रत्येक रोग नकारात्मक भावनाओं की स्वीकृति का परिणाम है।

जैसा कि आप समझ ही गए होंगे कि नकारात्मक ऊर्जा की अनुभूति एक सूचना है कि आप अपने महान् ज्ञान के साथ सामंजस्यपूर्ण नहीं हैं। आप में से कई लोग तो यहाँ तक कहने लगे होंगे कि "मैं कुछ अधिक समय तक अच्छा महसूस करना चाहता हूँ।" और हम कहते हैं कि यह एक शानदार स्वीकारोक्ति है, क्योंकि जब आप कहते हैं, "मैं अच्छा महसूस करना चाहता हूँ।" तो वास्तव में आप कह रहे होते हैं—"मैं सकारात्मक आकर्षण की स्थिति में रहना चाहता हूँ, या मैं ऐसी स्थिति में रहना चाहता हूँ, जहाँ जो विचार मैं सोच रहा हूँ और जो मुझे अच्छे लग रहे हैं, वे मेरी महान् जागरूकता से सामंजस्यपूर्ण हैं।"

अवांछित से वांछित का धुरीकरण

आप में से अधिकांश लोगों के लिए अच्छा महसूस करना इतना मुश्किल नहीं होगा, यदि आप ऐसे परिवेश में हों, जहाँ आपके आसपास अधिक नकारात्मक प्रभाव न हों। (यह बात निश्चित रूप से उस दिन पर खरी उतरती है, जब आपका इस भौतिक शरीर में उद्भव हुआ था।) लेकिन चूँकि आप ऐसे आयाम में रहते हैं, जहाँ ऐसे विचार प्रभाव प्रचुर मात्रा में हैं, इसलिए आपके लिए ऐसी कोई विधि होना जरूरी है, जो आपको जहाँ आप नहीं होना चाहते, उस स्थान से निकालकर उस स्थान पर पहुँचा दे, जहाँ आप होना चाहते हैं। और 'धुरीकरण' विधि वही विधि है।

नकारात्मक भावनाएँ महसूस होने पर आपके लिए यह जानना आसान होता है कि आप क्या चाहते हैं; क्योंकि आप क्या चाहते हैं, इस पर उस समय अधिक स्पष्ट हुआ जा सकता है, जब आप उसे अनुभव कर रहे हों, जो आपको नहीं चाहिए। और तब, यदि आप उस क्षण में ठहरकर कहते हैं, 'इसमें कुछ तो महत्त्वपूर्ण है, अन्यथा मुझे इस नकारात्मक भावना की अनुभूति नहीं होती, मुझे उस पर केंद्रित होना होगा, जो मुझे चाहिए' और इसके बाद अपने ध्यान को उस ओर मोड़ दें, जो आप चाहते हों। अपने ध्यान को मोड़ने के क्षण से ही वह नकारात्मक भावना और नकारात्मक आकर्षण समाप्त हो जाएँगे। जिस क्षण नकारात्मक आकर्षण समाप्त होगा, सकारात्मक आकर्षण आरंभ हो जाएगा। और आपकी अनुभूति अच्छा महसूस न होने से अच्छा महसूस होने में परिवर्तित हो जाएगी। यही 'धुरीकरण' की प्रक्रिया है।

आप ऐसी जगह कभी नहीं पहुँच सकते, जहाँ केवल विशुद्ध सकारात्मक भावनाएँ या विशुद्ध सकारात्मक ऊर्जा हों; क्योंकि यहाँ जिस भी चीज को पाना चाहते हैं, उसमें जो

> ***आप ऐसी जगह कभी नहीं पहुँच सकते, जहाँ केवल विशुद्ध सकारात्मक भावनाएँ या विशुद्ध सकारात्मक ऊर्जा हों; क्योंकि यहाँ जिस भी चीज को पाना चाहते हैं, उसमें जो आप पाना चाहते हैं, उसकी कमी का स्वत: और स्वाभाविक प्रति संतुलन होता है। इससे आपका काम बस, यह व्यक्त करना होता है कि आपकी इच्छा क्या है और तब, बेहद सोद्‌देश्यपूर्वक अपने विचारों को अपनी इच्छा की दिशा में कायम रखें।***

आप पाना चाहते हैं, उसकी कमी का स्वत: और स्वाभाविक प्रति संतुलन होता है। इससे आपका काम बस, यह व्यक्त करना होता है कि आपकी इच्छा क्या है और तब, बेहद सोद्‌देश्यपूर्वक अपने विचारों को अपनी इच्छा की दिशा में कायम रखें। और आपके आंतरिक अस्तित्व से आनेवाला भावात्मक मार्गदर्शन, जिसे आप नकारात्मक या सकारात्मक भावना के तौर पर अनुभूत करते हैं, आपको यह जानने में सहायता देगा कि आप इस समीकरण के किस ओर खड़े हैं—आप आपको जो चाहिए, उसके बारे में सोच रहे हैं या उसकी कमी के बारे में।

एक युवा पिता ने फोन किया और कहा, "अब्राहम, मेरा बेटा बिस्तर गीला कर देता है। उसकी उम्र अब ऐसा करने की नहीं रही है। मैं जो जानता था, सब आजमाकर देख लिया, यहाँ तक कि मेरी सोच खत्म हो गई है। मुझे समझ नहीं आ रहा कि मैं क्या करूँ?" और हम कहते हैं, ''जब सुबह आप कमरे में प्रवेश करते हैं तो क्या होता है?'' उसने कहा, "मैं कमरे में दाखिल होता हूँ और मुझे तुरंत पता चल जाता है कि यह फिर से हो गया है। मैं कमरे की गंध से बता सकता हूँ।" और हम कहते हैं—और उस समय आपको कैसा लगता है? वह कहता है, "मैं निराश हो जाता हूँ, फिर गुस्सा आता है और फिर हताश हो जाता हूँ; क्योंकि यह लगातार हो रहा है और मुझे समझ नहीं आ रहा कि इस बारे में क्या करूँ?"

और हम कहते हैं—''आह, तो बिस्तर गीला होने को आपने ही स्थायी बना रखा है।'' उसने पूछा, "मैं ऐसा क्यों करूँगा?" और हमने कहा, "आप अपने बेटे से क्या कहते हैं?" और उसने कहा, "मैं उससे कहता हूँ कि ये गीले कपड़े उतारो और जाकर बाथटब में बैठ जाओ। मैं उसे बताता हूँ कि अब उसकी ऐसा करने की उम्र नहीं है। हम पहले भी इस बारे में बात कर चुके हैं।" और हम कहते हैं, "कमरे में प्रवेश करने पर जब आप वहाँ की नकारात्मक भावनाओं को पहचानते हैं कि आप जो नहीं चाहते, वह एक बार फिर से हो गया है, तब एक क्षण रुकें और अपने आपसे पूछें कि आप क्या चाहते हैं और तब इस पर केंद्रित हों तथा इसके बाद अपने अनुभव में आगे बढ़ें और तब आपको इस घटना में सुधार दिखाई देगा।"

तो हम इस पिता से पूछते हैं, ''इस अनुभव से उन्हें अपनी इच्छा को जानने में कितनी मदद मिली?'' उसने कहा, "मैं चाहता हूँ कि मेरा बेटा उठते हुए खुश रहे तथा उसे अपने पर गर्व हो, न कि शर्मिंदगी हो।" हम कहते हैं, ''अच्छा है। जब आप इस तरह विचार करते हैं तो आप में से जो चीज बाहर आती है, उसका आपकी इच्छा के साथ सामंजस्य होना चाहिए, न कि सामंजस्यहीन हो। तब आप अपने बेटे को अधिक सकारात्मकता के साथ ही शक्तिशाली ढंग से प्रभावित कर सकेंगे। और तब आपके मुख से ऐसे शब्द निकलेंगे, ''ओह, यह उसके बड़े होने का हिस्सा है। हम सब इससे गुजरे हैं। और तुम बहुत तेजी से बड़े हो रहे हो। अब इन गीले कपड़ों को उतारो और बाथटब में बैठ जाओ।" तत्पश्चात् उस युवा पिता को कुछ दिन बाद फिर बुलाया गया। कुछ ही हफ्तों के भीतर उसने बताया कि उसके बेटे ने बिस्तर गीला करना बंद कर दिया है।

देखिए, यह कितना आसान है! आपको जब भी बुरा महसूस होता है, तब आप किसी ऐसी चीज को आकर्षित कर रहे होते हैं, जो आपको पसंद नहीं है। और हमेशा यही होता है कि आप अपनी किसी इच्छित वस्तु की कमी पर केंद्रित रहते हैं। अतः धुरीकरण विधि वह बोधपूर्ण निर्णय है, जिससे यह पहचाना जा सकता है कि आपको क्या चाहिए! हमारा यह अर्थ नहीं है कि नकारात्मक भावनाओं की अनुभूति बुरी चीज है; क्योंकि बहुधा नकारात्मक भावनाओं की अनुभूतियों में आप इस तथ्य के प्रति सचेत होते हैं कि आप नकारात्मक आकर्षण की प्रक्रिया में हैं। अतः यह एक चेतावनी की घंटी जैसी है। यह आपकी मार्गदर्शन प्रणाली का हिस्सा है।

हम पहले भी इस बारे में बात कर चुके हैं।" और हम कहते हैं, "कमरे में प्रवेश करने पर जब आप वहाँ की नकारात्मक भावनाओं को पहचानते हैं कि आप जो नहीं चाहते, वह एक बार फिर से हो गया है, तब एक क्षण रुकें और अपने आपसे पूछें कि आप क्या चाहते हैं और तब इस पर केंद्रित हों तथा इसके बाद अपने अनुभव में आगे बढ़ें और तब आपको इस घटना में सुधार दिखाई देगा।"

हम आपको प्रोत्साहित करते हैं पूरी प्रबलता के साथ कि उस समय दुःखी न हो, जब आपको यह पता लगे कि आप नकारात्मक भावनाएँ महसूस कर रहे हैं। लेकिन जितनी जल्दी हो सके, रुकें और कहें, "मैं कुछ नकारात्मक भावनाओं को महसूस कर रहा हूँ, जिसका अर्थ है कि मैं किसी ऐसी चीज को आकर्षित करने की प्रक्रिया में हूँ, जो मुझे नहीं चाहिए। तो फिर वह क्या है, जो मुझे चाहिए?"

धुरीकरण की सबसे सरल प्रक्रिया ये कहना है कि "मैं अच्छा महसूस करना चाहता हूँ।" जब कभी आपको बुरा महसूस हो, रुकें और कहें, "मैं बस, अच्छा महसूस करना

चाहता हूँ।" और जब आप इसे प्रस्तावित करते हैं तो आपको ऐसे विचार आने आरंभ हो जाएँगे, जो समीकरण का सकारात्मक पक्ष होंगे। और चूँकि एक विचार दूसरे को और फिर एक और को, फिर एक और को आकर्षित करता रहेगा तो जल्द ही आप उस फ्रीक्वेंसी पर कंपित होने लगेंगे, जो आपके महान् ज्ञान के साथ सामंजस्यपूर्ण होगा। और तब आप वास्तव में सही मायने में सकारात्मक सृजन की शुरुआत कर सकेंगे।

विचार विचारों से जुड़ते हैं, जो विचारों से जुड़ते हैं

हमारे मित्र जेरी ने हमें एक बेहद प्रभावशाली उपमान बताया है कि किस तरह आपके विचार एक-दूसरे से जुड़े होते हैं। वे बताते हैं कि एक विशाल जलयान बंदरगाह पर आता है। उसे एक रस्सी से बाँधना होता है, जो बहुत लंबी, लगभग एक फीट गोलाईवाली, बहुत बड़ी और पानी के फैलाव के पार फेंकने के लिहाज से काफी भारी होती है। इसलिए, उसकी जगह छोटी गेंद से जुड़ी रस्सी को दूसरी ओर फेंका जाता है, जिसे थोड़ी बड़ी रस्सी के साथ जोड़ा जाता है। वह उससे थोड़ी बड़ी रस्सी से जुड़ी होती है, जो उससे भी बड़ी रस्सी से जुड़ी होती है। ऐसा तब तक किया जाता है, जब तक उस बेहद बड़ी रस्सी को पानी के बड़े विस्तार के पार आसानी से खींचा जा सके। इसी तरह आपके विचारों का एक-दूसरे से गठजोड़ होता है, जो उन्हें एक-दूसरे से जोड़ता है।

धुरीकरण की सबसे सरल प्रक्रिया ये कहना है कि "मैं अच्छा महसूस करना चाहता हूँ।" जब कभी आपको बुरा महसूस हो, रुकें और कहें, "मैं बस, अच्छा महसूस करना चाहता हूँ।" और जब आप इसे प्रस्तावित करते हैं तो आपको ऐसे विचार आने आरंभ हो जाएँगे, जो समीकरण का सकारात्मक पक्ष होंगे।

कुछ विषयों पर चूँकि आप नकारात्मक रस्सी को खींचकर लंबा कर रहे होते हैं, इससे आपके लिए नकारात्मक स्पर्श-रेखा को पार करना ज्यादा आसान होता है। इसके लिए कहीं से केवल थोड़ी बातचीत, किसी चीज की स्मृति या स्पष्ट रूप से आपको नकारात्मकता की अनियंत्रित गिरावट में ले जानेवाले सुझावों की दरकार होती है। अतः कई बार आपके लिए इस नकारात्मक रस्सी को छोड़ना कठिन होता है; क्योंकि यह आपके मन में काफी समय से घर किए होता है। लेकिन यदि आपको कभी भी नकारात्मक भावनाओं का एहसास होगा तो आप जान जाएँगे कि आप नकारात्मक रूप से आकर्षित कर रहे हैं और आप अपनी प्रबल इच्छा को अच्छा महसूस करवाना चाहते हैं। तब आप कुछ आसानी के साथ रस्सी को छोड़ सकते हैं।

इसलिए, धुरीकरण विधि और सकारात्मक पहलुओं की पुस्तक विधि—ये दोनों देने

के कारण आपको यह पहचानने में मदद करना है (शुरुआती सूक्ष्म चरण में) कि आप रस्सी की नकारात्मक गाँठ के सिरे को खींच रहे हैं। इससे आप संभवत: उसी समय इसे त्याग देंगे और सकारात्मक सिरे की ओर बढ़ जाएँगे।

जब हम विचारों के विचारों से जुड़ने, विचारों से जुड़ने, विचारों से जुड़ने के ढंग के बारे में बात करते हैं तो हम एक ऐसी बात की ओर इशारा करना चाहते हैं, जिससे आप चूक रहे हैं—*यह काफी आसान होता है कि आपको जो अच्छा लगता है, उसके बारे में थोड़ा विचार करें, जो बढ़ते हुए आपको अच्छे लगनेवाले और अधिक विचार और अच्छे लगनेवाले और अधिक विचार प्राप्त होते जाएँगे। बजाय इसके कि यह ऐसे स्थल पर पहुँच जाए, जहाँ आप बुरा अनुभव करें और ऐसी जगह पहुँच जाएँगे, जहाँ आपको अच्छा महसूस हो।*

दुनिया को बचाने का प्रयास न करें, खुद को बचाएँ

विचार इतने आकर्षक होते हैं (अर्थात् वे अपनी तरफ अत्यधिक आकर्षित करते हैं) कि इससे पहले आप ऐसे विचार पर कार्य करने लगें, जो आपको अच्छा न लगे, आपके लिए विचारों की उस शृंखला पर केंद्रित रहना तब तक आसान होता है, जब तक उसकी अत्यधिक मात्रा की नकारात्मक ऊर्जा उसे धुरीकरण से दूर न कर दे।

और यही कारण है कि हम इस धुरीकरण अभ्यास को अत्यधिक प्रोत्साहित करते हैं। दूसरे शब्दों में, आप क्या चाहते हैं, दिन भर में इससे संबंधित स्पष्ट विचार के बिना आगे बढ़ने और तब तक प्रतीक्षा करते रहें, जब तक कोई ऐसा प्रभाव नहीं छू जाता, जो आपको पसंद न हो कि नकारात्मक प्रतिक्रिया महसूस करने के बाद आप धुरीकरण निर्धारण का फैसला लें, आपके लिए अच्छा यह रहेगा कि आप दिन की शुरुआत सकारात्मक पहलुओं को खोजने के फैसले के साथ करें।

दुनिया को बचाने का प्रयास न करें, खुद को बचाएँ। अर्थात् आपको उस पर केंद्रित रहने की जरूरत है, जो आपको अच्छा महसूस होता हो। 'धुरीकरण विधि' वह साधन है, जिससे आपको यह ज्ञात होता है कि आप क्या चाहते हैं। यह वह विधि है, जिससे आप बोधपूर्वक निर्णय ले पाते हैं कि "हाँ, मैं उसे खोज रहा हूँ, जो मुझे चाहिए और मैं इसकी कमी की दिशा में कतई विचार नहीं करूँगा।"

धुरीकरण एक सतत, घंटा-दर-घंटा, खंड-दर-खंड विधि है, जिसमें आप सकारात्मक को चुनते हैं। यह आपको अच्छा महसूस करवाने का तरीका है—और यह ऐसा तरीका है, जिससे आप वह सबकुछ पा सकते हैं, जो आप चाहते हों।

□

विधि-17

एकाग्रता चक्र विधि

इस विधि का प्रयोग कब करें

- जब आपको लगे कि आपका मौजूदा आकर्षण कांपनिक बिंदु, जहाँ आप चाहते हैं, वहाँ नहीं है।
- जब आप जानते हों कि आप किसी ऐसी चीज के प्रति नकारात्मक भावना को महसूस कर रहे हैं, जो आपके लिए महत्त्वपूर्ण है और आप इसकी बजाय सकारात्मक भावना महसूस करने का तरीका खोज रहे हों।
- जब हाल ही में कुछ ऐसा हुआ हो, जो आपको पसंद नहीं आया और आप इस पर तब तक विचार करना चाहते हों, जब तक यह आपके मन में है और अपने आकर्षण-बिंदु को परिवर्तित करना चाहते हों, ताकि ऐसा फिर से न हो।
- जब आप राहत के एहसास तक पहुँचने वाले हों।

मौजूदा भावात्मक रुझान-बिंदु सीमा

'एकाग्रता चक्र विधि' आपके लिए तब सबसे मूल्यवान् होगी, जब आपका भावात्मक रुझान-बिंदु इन श्रेणियों के बीच हो—

(8) ऊब

और

(17) क्रोध।

(यदि आपको अपना मौजूदा भावात्मक रुझान-बिंदु ज्ञात न हो तो अध्याय-22 पर जाएँ और वहाँ भावात्मक मार्गदर्शन पैमाने की 22 श्रेणियाँ देखें।)

जीवन-अनुभवों के माध्यम से लोग अकसर उस विश्वास तक पहुँच जाते हैं, जो उन्हें उस कांपनिक पैटर्न में रोके रखता है, जो उन्हें उनकी इच्छित वस्तु हासिल करने को अस्वीकार करता हो। और हालाँकि यह विश्वास उनके काम नहीं आ रहा, फिर भी बहुत से लोग बारंबार लौटकर आनेवाले अपने इन अप्रिय तथ्यों का बचाव इस तर्क से करते हैं कि 'आखिरकार ये सच हैं।'

हम आपको याद दिलाना चाहते हैं कि किसी भी वस्तु के वास्तविक, ठोस और निश्चित सत्य के तौर पर तभी प्रत्यक्ष होने का केवल एक कारण होता है कि किसी ने इस पर इतना पर्याप्त ध्यान दिया, जिससे वह ऐसी हो सकी। लेकिन चूँकि कोई दूसरा अपने सत्य का सृजन कर सका है, इसका यह मतलब नहीं है कि इसका आपसे या आप जो सृजित करेंगे, उससे कोई संबंध है।

हम आपको याद दिलाना चाहते हैं कि किसी भी वस्तु के वास्तविक, ठोस और निश्चित सत्य के तौर पर तभी प्रत्यक्ष होने का केवल एक कारण होता है कि किसी ने इस पर इतना पर्याप्त ध्यान दिया, जिससे वह ऐसी हो सकी। लेकिन चूँकि कोई दूसरा अपने सत्य का सृजन कर सका है, इसका यह मतलब नहीं है कि इसका आपसे या आप जो सृजित करेंगे, उससे कोई संबंध है।

आपके समय के तथ्यों व घटनाओं को दर्ज करने के प्रयास में आप अकसर, बिना जाने कि आप यह कर रहे हैं, अपने आपको उन कंपन प्रारूपों में ले जाते हैं, जो यह सुनिश्चित करते हैं कि आप 'सत्य' (या जिन तथ्यों का आप अध्ययन कर रहे हैं) की अपने खुद के जीवन-अनुभवों द्वारा पुष्टि करें। इसलिए नहीं कि इन्हें आपका देखना एक असंदिग्ध सत्य है, बल्कि इसलिए भी कि इस पर ध्यान देते हुए आपने इसके साथ कांपनिक सामंजस्य हासिल कर लिया, जिससे 'आकर्षण का नियम' आपके लिए उसी से मेल खाता अनुभव उत्पन्न कर सके।

कई बार कुछ लोग हमसे कहते हैं, "लेकिन अब्राहम, मैं इसे नजरअंदाज नहीं कर सकता, यह सत्य है।" और हम कहते हैं, "यह केवल इसलिए सत्य है, क्योंकि किसी ने इस पर ध्यान देकर इसे सत्य बनाया है।" तो देखिए, आप यहाँ वास्तव में क्या कह रहे हैं, "क्योंकि किसी दूसरे ने इस पर ध्यान दिया है और इस तरह, 'आकर्षण के नियम' द्वारा इसे अपने अनुभव में आमंत्रित किया है तो मुझे लगता है कि मैं भी ऐसा कर सकता हूँ। दूसरे शब्दों में, भले ही मुझे यह नहीं चाहिए, लेकिन मैं इसे अपनी वास्तविकता में इसलिए सृजित करूँगा, क्योंकि किसी दूसरे ने भी ऐसा किया है।"

ऐसी बहुत सी चीजें हैं, जो सत्य हैं और जिनकी आप इच्छा भी रखते हैं। और ऐसी भी बहुत सी चीजें हैं, जो सत्य हैं, लेकिन आप उनकी इच्छा नहीं रखते। हम आपको प्रोत्साहित करते हैं कि आप अपना ध्यान उन चीजों पर लगाएँ, जिनकी आपको इच्छा हो—और उन शानदार चीजों को अपने जीवन-अनुभव का सत्य बनाएँ।

हालाँकि अधिकांश लोग अपने विचारों को सोद्देश्यपूर्वक उन चीजों की ओर निर्देशित नहीं करते, जो अच्छी महसूस होती हों और इसलिए बिना जाने कि वे ऐसा कर रहे हैं, वे विचारों का ऐसा पैटर्न विकसित कर लेते हैं, जिसे वे निरंतर दोहराते रहते हैं।

निश्चित ही आपके कुछ विचार पैटर्न आपके लिए अत्यंत लाभदायक होते हैं। वहीं कुछ नहीं भी होते। और इसलिए, यह 'एकाग्रता चक्र' विधि आपको अपने उन विशिष्ट विषयों के कांपनिक पैटर्न के बदलाव में सहायता हेतु डिजाइन की गई है, जो आपके लिए फायदेमंद नहीं है। यह एक ऐसी विधि है, जिससे आप अपने विचारों को बेहतर अनुभूति—और तत्पश्चात् एक बेहतर आकर्षण-बिंदु के लिए अभ्यास कर सकते हैं।

हमारी सलाह है कि आपको जब भी कुछ होने पर प्रबल नकारात्मक भावनाओं की अनुभूति हो या आप जब भी अपनी स्पष्टता की अनुभूति में सुधार करना चाहें, इस विधि को 15 से 20 मिनट तक करें।

आपकी उच्चतम नकारात्मक भावनाएँ हमेशा उस अच्छे अवसर की परिचायक हैं, जब आप अपनी ऊर्जा को किसी विषय पर परिवर्तित कर सकते हैं; क्योंकि अभी आपके मौजूदा हालात इसे एक विशिष्ट केंद्रित स्थिति में ले आए हैं। अतः अब, जब आप इस पर 'एकाग्रता चक्र विधि' का प्रयोग करेंगे तो आप एक ऐसी उपलब्धि को अनुभूत कर सकेंगे, जिसे आपने अधिक सुनिश्चित तरीके से हासिल किया है। हमारी सलाह है कि आप इस 'एकाग्रता चक्र विधि' को ऐसे किसी भी क्षण में प्रयोग करें, जब किसी चीज के बारे में आप पूरी तरह जानते हों कि आप उसे नहीं चाहते।

आपकी उच्चतम नकारात्मक भावनाएँ हमेशा उस अच्छे अवसर की परिचायक हैं, जब आप अपनी ऊर्जा को किसी विषय पर परिवर्तित कर सकते हैं; क्योंकि अभी आपके मौजूदा हालात इसे एक विशिष्ट केंद्रित स्थिति में ले आए हैं। अतः अब, जब आप इस पर 'एकाग्रता चक्र विधि' का प्रयोग करेंगे तो आप एक ऐसी उपलब्धि को अनुभूत कर सकेंगे, जिसे आपने अधिक सुनिश्चित तरीके से हासिल किया है। हमारी सलाह है कि आप इस 'एकाग्रता चक्र विधि' को ऐसे किसी भी क्षण में प्रयोग करें, जब किसी चीज के बारे में आप पूरी तरह जानते हों कि आप उसे नहीं चाहते।

इस विधि में आप एक सामान्य बयान देते हैं, जो आपकी इच्छा से मेल खाता है। दूसरे शब्दों में, आपको वही मिलता है। और आपको यह कैसे पता चलता है कि आपको वह मिल गया है? क्योंकि आपको राहत का एहसास होता है। दूसरे शब्दों में, यह बयान आपको शांत करता है। इस बयान से आपको थोड़ा बेहतर महसूस होता है। और एक बार जब यह आपको मिल जाता है, यदि आप इसपर कुछ देर के लिए केंद्रित रहते हैं, बल्कि इसे बढ़ाएँ या अतिरंजित करें, या इससे संबंधित किसी चीज को याद करें, जिसे आप बोल सकें। यदि एक बार आपने उस सहज सांत्वनादायक बयान को

खोज लिया और उसमें कम-से-कम 17 सेकंड तक बने रहे, जिससे कि आप दूसरे विचारों को जोड़ सकें…तो ये आपके नव-निर्धारित विश्वास को आवेग दे सकेंगे।

एकाग्रता चक्र विधि का उदाहरण

'एकाग्रता चक्र विधि' की इस तरह शुरुआत करें। एक कागज पर बड़ा सा वृत्त बनाएँ। उसके बाद उस बड़े वृत्त के मध्य में लगभग दो इंच व्यास का छोटा वृत्त बनाएँ। अब बैठ जाएँ और उस छोटे वृत्त को देखते रहें और अपनी आँखों को उसी पर केंद्रित रखने को महसूस करें।

अब क्षण भर के लिए अपनी आँखें बंद कर लें और उस घटना को याद करें, जिसने आपके भीतर इस नकारात्मक भावना को उत्पन्न किया था। जो आप नहीं चाहते, उसे स्पष्ट रूप से पहचानें।

इस बिंदु पर अपने आपसे कहें, "मैं स्पष्ट रूप से जानता हूँ कि मुझे क्या नहीं चाहिए। और मुझे क्या चाहिए?"

किसी चीज के बारे में आप कैसा महसूस करना चाहते हैं, इस मायने में आप 'क्या नहीं चाहते' के साथ-ही-साथ 'क्या चाहते हैं', यह जानने का प्रयास करना भी सहायक सिद्ध होगा।

उदाहरण के लिए—

- मैं मोटा महसूस करता हूँ और मैं पतला महसूस करना चाहता हूँ।
- मैं गरीब महसूस करता हूँ और मैं समृद्ध महसूस करना चाहता हूँ।
- मैं प्रेम रहित महसूस करता हूँ, मैं प्रेमपात्र होना महसूस करना चाहता हूँ।
- मैं ठगा गया महसूस करता हूँ, मैं सम्मानित महसूस करना चाहता हूँ।
- मैं बीमार महसूस करता हूँ, मैं स्वस्थ महसूस करना चाहता हूँ।
- मैं शक्तिहीन महसूस करता हूँ, मैं अपनी शक्ति को महसूस करना चाहता हूँ।

तत्पश्चात् अपने बड़े वृत्त के बाहरी किनारे पर ऐसा बयान लिखने का प्रयास करें, जो उससे मेल खाता हो, जो आप चाहते हैं। जब आपको इससे मिलता-जुलता बयान मिल जाएगा तो आप जान जाएँगे। दूसरे शब्दों में, आपको महसूस हो जाएगा कि आपका बयान मेल नहीं खाता और एक प्रकार से आपको पटरी से उतार देगा, या आपका यह बयान आपकी इच्छा के काफी निकट है।

'एकाग्रता चक्र विधि' के इतना प्रभावशाली होने का कारण यह है कि आप जो बयान लिख रहे हैं, उसे आपने सोद्देश्यपूर्वक चुना है। यह वो सामान्य बयान है, जिस पर आपको पहले से विश्वास है कि यह आपकी इच्छा से मेल खाता है। और यह इसलिए

काम करता है, क्योंकि 'आकर्षण का नियम' इतना शक्तिशाली है कि जब आप किसी विचार को 17 सेकंड तक के लिए भी कायम रखते हैं। तो वैसा ही एक और आ जाता है और जब ये दो विचार साथ आते हैं, इनमें ऐसा दाह होता है, जो आपके विचार को और भी शक्तिशाली बना देता है।

दूसरे शब्दों में, एक तरह से यह ऐसी ट्रेन पर कूदने जैसा है, जो बहुत तेजी से जा रही हो। इसमें होगा यह कि यह आपको विपरीत दिशा में धकेल देगी। क्या आप ऐसे 'मैरी-गो-राउंड' पर चढ़ने का प्रयास कर सकते हैं, जो बहुत तेजी से चल रहा हो? आप उस पर तब तक नहीं चढ़ सकते, जब तक वह धीमा नहीं हो जाता, आप तब ऐसा कर सकेंगे, जब इसकी गति तेज होगी। इस बार आप इस पर सहज रहेंगे।

भले ही आप सामान्य बयान जारी कर रहे हैं, लेकिन जब भी आप कोई विशिष्ट बयान देते हैं, अपने विचारों में आप शुद्ध हो जाते हैं। इस 'एकाग्रता चक्र' में इतनी शक्ति है कि आप वह सामान्य बयान देते हैं, जिन पर आप पहले से विश्वास करते हैं और जब आप इनमें से प्रत्येक को लगभग 17 सेकंड तक बनाए रखते हैं तो इससे आपको वह अवसर मिल जाता है, जिससे आप ऐसा शुद्ध कंपन प्रस्तावित करते हैं, जो आपकी इच्छा के अधिकाधिक निकट हो।

इसलिए हम कहते हैं कि आप इस विधि को करने की तैयारी में हैं और आप जानते हैं कि अंततः आपकी मंशा इसे लिख लेने की है—'मैं अपने शरीर को लेकर अच्छा महसूस कर रहा हूँ।' या 'मेरा घुटना ठीक है।' लेकिन यदि आप इससे शुरुआत करें, यदि पहली छोटी उक्ति, जो आप लिखते हैं, वो हैं—'मैं अपने शरीर के बारे में अच्छा महसूस कर रहा हूँ।' आप जैसा महसूस करते हैं, उससे बता सकते हैं कि ऊर्जा संरेखित नहीं है, क्योंकि ये जो कुछ भी करेगा, उससे आपको चिड़चिड़ा महसूस होगा और आपकी इस जागरूकता को बढ़ाता है कि आप खुद को मोटा महसूस करते हैं या आपका घुटना दुखता है। इसलिए आपका यह बयान अत्यधिक विशिष्ट है।

दूसरे शब्दों में, एक तरह से यह ऐसी ट्रेन पर कूदने जैसा है, जो बहुत तेजी से जा रही हो। इसमें होगा यह कि यह आपको विपरीत दिशा में धकेल देगी। क्या आप ऐसे 'मैरी-गो-राउंड' पर चढ़ने का प्रयास कर सकते हैं, जो बहुत तेजी से चल रहा हो? आप उस पर तब तक नहीं चढ़ सकते, जब तक वह धीमा नहीं हो जाता, आप तब ऐसा कर सकेंगे, जब इसकी गति तेज होगी। इस बार आप इस पर सहज रहेंगे। आपको करना बस यह है कि 'चक्र' को धीमा कर देना है, विश्वास को धीमा कर देना है, जिससे आप इस पर सवार हो सकें। और तब, जब आप ऐसा कर लेंगे, आप इस कंपन की गति को बढ़ा सकते हैं।

अब, मात्र प्रयासों द्वारा आप एक और बयान चुन लेते हैं। आप कुछ ऐसा कह सकते हैं, "मैं जानता हूँ कि मेरा भौतिक शरीर मेरे विचारों पर प्रतिक्रिया देता है।" यह बेहद नरम बयान है और आप इस पर पहले से ही यकीन करते हैं; लेकिन ये आपको निराश कर देगा। लेकिन वास्तव में, शुरुआत के लिए यह अच्छा नहीं है। आप महसूस कुछ और कर रहे हैं तथा कह कुछ और रहे हैं, "मेरा शरीर अधिकतर ठीक रहना चाहिए।" अब, इस पर आपको विश्वास होगा। यह बयान बिल्कुल सही प्रतीत होता है। अब आप मैरी-गो-राउंड में टिके रह सकते हैं।

जब आप इसे अपने वृत्त के इर्द-गिर्द लिखकर इस पर केंद्रित होंगे तो आपको काफी अच्छा महसूस होगा। और तब आप एक और बयान तैयार करेंगे। आप कुछ ऐसा कह सकते हैं, "मुझे विश्वास है कि ब्रह्मांड हमारे कंपनों को समान बनाएगा।" आपको इस पर पूर्ण विश्वास है, अतः यह बयान स्थिर हो जाएगा। तब आप एक बयान देते हैं, जैसे "भौतिक शरीर मेरे लिए बहुत अच्छा है।" आपको इस पर विश्वास है। यह बयान स्थिर हो जाएगा। आप थोड़ा और अच्छा महसूस करने लगेंगे। आपको कुछ हद तक राहत महसूस होने लगेगी। अब आप अपने आपसे उतने निराश नहीं हैं। आपके कंपन उन्नत हो रहे हैं।

कई बार आपके विचार इतनी तेजी से चल रहे होते हैं कि भले ही आप उनमें बदलाव करना चाहते हों, आपको उनमें शामिल होने की जगह नहीं मिलती। यह 'एकाग्रता चक्र' खेल उस विचार को खोजना है, जो आप जहाँ हैं, उसके पर्याप्त निकट हो, जिससे आप अंततः स्वयं को पटरी से उतरा न महसूस करें; बल्कि ऐसी जगह हों, जहाँ से आप धीरे-धीरे उस दिशा में बढ़ सकें, जिसे आप महसूस करना चाहते हैं। यह एक शानदार कांपनिक पुल-निर्माण साधन है।

और इस तरह 'एकाग्रता चक्र विधि' में शक्ति जोड़ते रहिए, जब तक आपको अच्छे लगनेवाले विचार मिलते रहें, उन्हें अपने बड़े वृत्त की परिधि पर लिखना जारी रखें। शुरुआत वहाँ से करें, जहाँ से घड़ी में 12 बजते हैं। फिर 1 बजे, 2 बजे आदि तक करते रहें, जब तक आप अच्छे महसूस होनेवाले 12 बयान नहीं लिख लेते।

कई बार आपके विचार इतनी तेजी से चल रहे होते हैं कि भले ही आप उनमें बदलाव करना चाहते हों, आपको उनमें शामिल होने की जगह नहीं मिलती। यह 'एकाग्रता चक्र' खेल उस विचार को खोजना है, जो आप जहाँ हैं, उसके पर्याप्त निकट हो, जिससे आप अंततः स्वयं को पटरी से उतरा न महसूस करें; बल्कि ऐसी जगह हों, जहाँ से आप धीरे-धीरे उस दिशा में बढ़ सकें, जिसे आप महसूस करना चाहते हैं। यह एक शानदार कांपनिक पुल-निर्माण साधन है।

उदाहरण के लिए, मान लीजिए, आप स्वयं को मोटा मानते हैं। आपके अनुभव में कोई ऐसी घटना घटी है, जिसने आपके मन में प्रमुख जगह बना ली है। और आप, इस क्षण में, इसके बारे में अत्यधिक नकारात्मक भावना महसूस कर रहे हैं। अतः कागज उठाएँ, कागज के मध्य में वृत्त बनाएँ और उस वृत्त के बीच में आप ये शब्द लिख सकते हैं—'मैं पतला महसूस करना चाहता हूँ।'

अब इस विषय पर केंद्रित रहें और उन विचारों को खोजने का प्रयास करें, जो इसके समान हों कि आप कैसा महसूस करना चाहते हैं। विचार, जिन पर विचार करते हुए आपको खुद अच्छा महसूस हो। ऐसा विचार खोजने का प्रयास करें, जो आपको पटरी से न उतार सके।

'मैं फिर से पतला होना चाहता हूँ।'

(यह विचार उससे काफी दूर है, जिस पर आपको सचमुच विश्वास है और आप इस पर विश्वास करना भी चाहें तो कर नहीं सकते। अब आपको महसूस होगा कि आप ऐसा नहीं कर सकते। और इसलिए, चूँकि यह विचार आपको अच्छा महसूस नहीं हो रहा, यह पटरी से उतारनेवाला बयान है।)

'मेरी बहन पतली और खूबसूरत है।'

(यह विचार भी अच्छा महसूस नहीं होगा। ये उनकी सफलता की ओर इशारा करता है और यह आपको अपने सफल न होने का और भी अधिक एहसास करवाएगा। यह विचार आपको पटरी से उतार सकता है)।

'मैं कुछ ऐसा खोज लूँगी, जो मेरे लिए कामयाब रहे।'

(हालाँकि यह विचार पिछलेवालों से कुछ बेहतर महसूस होगा, लेकिन फिर भी अच्छा महसूस नहीं होगा। आपने बहुत सी चीजें आजमाई होंगी, लेकिन पाया कि उसमें से कोई भी आपके लिए काम नहीं कर सका, अतः यह विचार आपकी बीती हुई असफलताओं की ओर इशारा करता है। यह विचार आपको पटरी से उतार देगा।)

"मुझे पता है कि आज मैं जिस स्थिति में हूँ, उसमें पहले भी कई लोग रह चुके हैं, जिन्होंने ऐसा रास्ता खोजा, जो उनके लिए काम कर

"मुझे पता है कि आज मैं जिस स्थिति में हूँ, उसमें पहले भी कई लोग रह चुके हैं, जिन्होंने ऐसा रास्ता खोजा, जो उनके लिए काम कर गया।" (इस विचार से आपको राहत का एहसास होगा। आपको थोड़ा अच्छा महसूस होगा। याद रखिए, आप यहाँ आखिरी रास्ता नहीं खोज रहे हैं, आप सिर्फ कोई ऐसा विचार खोज रहे हैं, जो इतना अच्छा लगे कि उसे बनाए रखा जा सके और यह विचार आपको पटरी से न उतार दे।)

गया।" (इस विचार से आपको राहत का एहसास होगा। आपको थोड़ा अच्छा महसूस होगा। याद रखिए, आप यहाँ आखिरी रास्ता नहीं खोज रहे हैं, आप सिर्फ कोई ऐसा विचार खोज रहे हैं, जो इतना अच्छा लगे कि उसे बनाए रखा जा सके और यह विचार आपको पटरी से न उतार दे।) तो इसे अपने कागज पर 12 बजे वाले स्थान पर लिखें और अन्य अच्छा महसूस होनेवाले विचारों को खोजें—

मुझे ये सब आज ही नहीं कर लेना है।

(इसे भी कायम किया जा सकता है। इसे 1 बजे की स्थिति में लिख दें)

मैं खाने के लिए कुछ ऐसा खोज लूँगा, जो काम कर सके।

(पटरी से उतार देगा।)

मुझे अपने कपड़ों में अच्छा महसूस नहीं होता।

(पटरी से उतार देगा।)

नए कपड़े खरीदना मजेदार रहेगा। (2:00)

(इसे कायम करें।)

मेरा शरीर अधिक तरोताजा महसूस कर रहा है। (3:00)

(कायम करें।)

मैं अधिक जीवंत महसूस कर रहा हूँ। (4:00)

(कायम करें।)

नए विचार मुझ तक पहुँचेंगे। (5:00)

(अब आप सही दिशा में बढ़ रहे हैं।)

मुझे पहले ही से कुछ ऐसा पता है, जिससे मदद मिलेगी। (6:00)

(हाँ, अच्छा लग रहा है।)

मैं अपने अनुभवों को खुद काबू करना पसंद करूँगा। (7:00)

(कायम करें।)

मैं इस बदलाव की प्रतीक्षा में हूँ। (8.00)

(कायम करें।)

मुझे अच्छा महसूस करना पसंद हैं।

(कायम करें। इसे 9:00 स्थिति पर लिखें।)

मुझे अपने शरीर में अच्छा महसूस करना पसंद है। (10:00)

(कायम करें।)

मुझे अपना शरीर अच्छा महसूस हो रहा है। (11:00)

(हाँ, अब इसे 11:00 स्थिति पर लिखने के बाद स्पष्ट रूप से उन शब्दों पर गोला बनाएँ, जिन्हें आपने मूल रूप से 'एकाग्रता चक्र' के मध्य में लिखा था और इस बात पर

ध्यान दें कि अब आप इस विचार के साथ निकटस्थ कांपनिक तालमेल को महसूस कर रहे हैं, जबकि मात्र एक मिनट पूर्व आप इस कंपन के निकट भी नहीं थे।)

अब्राहम, हमें 'एकाग्रता चक्र विधि' के बारे में और बताएँ

आपने हमें अकसर कहते हुए सुना होगा कि आपकी शक्ति का बिंदु वर्तमान में हैं, फिर भले ही आप अतीत के बारे में सोच रहे हों, या अभी के बारे में, या भविष्य के बारे में सोच रहे हों—आप यह कार्य यहीं वर्तमान में कर रहे हैं। आप अभी कंपित हैं। आप अभी स्पंदित हो रहे हैं। यह कांपनिक प्रस्ताव अभी के हैं। तो हो यह रहा है कि जीवन-शक्ति के आह्वान और उसे अपने भीतर प्रवाहित होने को स्वीकार करने (आह्वान और स्वीकार) के बीच का प्रत्येक रचनात्मक तनाव अभी और यहीं घट रहा है।

यदि आप लिखते हैं—'मुझे लगता है कि ये बहुत शानदार बात है कि सरकार मेरा पैसा लेकर इसे निरर्थक कामों में फूँक दे।' तो आप पटरी से उतर जाएँगे। इसलिए लक्ष्य यह है कि आप किसी ऐसी चीज को ढूँढ़ सकें, जो आपकी अच्छा महसूस होनेवाली इच्छाओं से मेल खाती हों।

तो ये व शब्द हैं, जिन पर हम चाहते हैं कि आप आनेवाले दिनों में केंद्रित रहें। यहाँ आप इस नवीन स्थल पर खड़े हैं। हमें यह ताजगी बहुत प्रिय है, जहाँ आप खड़े हैं। और अब हम आपको दिखाना चाहते हैं कि इस नए स्थल पर खड़े होकर अपनी नई ऊर्जा और नई इच्छाओं के बीच कैसे तालमेल बनाएँ, जिससे आपको नए और सहज परिणाम हासिल हो सकें।

'एकाग्रता चक्र' हमें मिला वह सबसे बेहतर साधन है, जिससे हम आपको विश्वास का वह पुल बनाने में सहायता प्रदान कर सकें, जो आपकी इच्छाओं से मेल खाती हों। अब, हमारा कहने का यह अर्थ है—किसी भी सृजन का सूत्र, जैसे हम कहें तो, आनंदपूर्ण टैक्स तैयारी—'इच्छाओं को पहचानना और उनके साथ कांपनिक तालमेल हासिल करना है।'

एकाग्रता चक्र विधि का एक और उदाहरण

तो शुरुआत ऐसी उक्तियों को खोजने के प्रयास से करें, जिन्हें आप चक्र पर जगह दे सकें। ऐसी उक्तियाँ लिखें, जो उनके पर्याप्त रूप से निकट हों, जिन पर आपको पहले से ही विश्वास है, जिससे ये एक प्रकार से आपको पटरी से न उतार सकें। दूसरे शब्दों में, यदि आप लिखते हैं—'मुझे टैक्स भरना पसंद है,' तो आप पटरी से उतर जाएँगे। यदि आप लिखते हैं—'मुझे लगता है कि ये बहुत शानदार बात है कि सरकार मेरा पैसा लेकर इसे निरर्थक कामों में फूँक दे।' तो आप पटरी से उतर जाएँगे। इसलिए लक्ष्य यह है कि

आप किसी ऐसी चीज को ढूँढ़ सकें, जो आपकी अच्छा महसूस होनेवाली इच्छाओं से मेल खाती हों। तो आप कुछ ऐसा लिख सकते हैं—'मैं जीवन में शीर्ष पर रहना चाहता हूँ। अपनी प्रतिबद्धताओं को पूरा करके अच्छा महसूस होता है। मुझे अच्छा लगता है, जब मैं चीजों को समय पर कर देता हूँ। मुझे अपने अनुभवों में अनुशासित और व्यवस्थित होने का एहसास अच्छा लगता है।'

अब यह संभवतः बयान के तौर पर काफी ठोस है। आप जान जाएँगे। आप इसे महसूस करके बता सकेंगे कि यह रहना चाहिए या नहीं रहना चाहिए। अतः प्रयत्न व त्रुटि के माध्यम से आप प्रयास करना जारी रखें। तब आप कुछ ऐसा कहेंगे, "मैं कल्पना करता हूँ कि ऐसे और भी बहुत से लोग हैं, जो वैसा ही महसूस कर चुके हैं जैसा मैं कर रहा हूँ, जो अब इस चीज को सँभाल चुके हैं।" और तब आपकी गति आरंभ हो जाएगी! "हालाँकि आई.आर.एस. की टैक्स प्रणाली निर्दोष नहीं है, लेकिन यही वह तंत्र है, जिस पर हमारी सरकार चलती है।" अब आप या तो इस पर गाड़ी पटरी से उतार सकते हैं या इसके साथ गति बढ़ा सकते हैं। "हर साल मैं इसमें बेहतर-से-बेहतर होता जा रहा हूँ। मैं चीजों को अधिक आसानी से सँभालने लगा हूँ। मुझे इसे अधिक आरामदेह बनाने के रास्ते मिल गए हैं। मेरा टैक्स वह अच्छी प्रेरणा है, जिससे मुझे व्यवस्थित और चीजों को जानने में मदद मिलती है।"

जितना बेहतर लगेगा, उतना बेहतर होता जाएगा

अब, हम यहाँ आपको एक और बात बताना चाहते हैं—हमने कुछ नहीं सुलझाया है। दूसरे शब्दों में, कुछ नहीं बदला है। आपको अभी भी अपने टैक्स भरने होंगे। लेकिन आपको जो बात सबसे अधिक बताते हैं, वह ये कि फिलहाल आप पहले से अलग स्थान पर खड़े हैं। दूसरे शब्दों में, अब आप को स्पष्टता पहले के मुकाबले अधिक आसानी से प्राप्त हो सकेगी, स्मृति पहले के मुकाबले अधिक आसानी से प्राप्त हो सकेगी, आपने कोई चीज कहाँ पर रखी है, ऐसे विचार पहले के मुकाबले अधिक आसानी से प्राप्त हो सकेंगे। दूसरे शब्दों में, आपके जीवन के ये सभी बिखरे हिस्से, जो पहले ढेर, डिब्बों व फोल्डरों और पर्स के निचले हिस्सों में थे—आपके मन में एक साथ आने लगेंगे। दूसरे शब्दों में, आपका आंतरिक मन आपको नियमित रूप से कुछ इस तरह रिपोर्ट करता रहेगा, जैसा आपकी अपनी ऊर्जा का अपनी इच्छा के साथ तालमेल बनाने से पहले कभी नहीं हुआ होगा।

भले ही यह किला हो या बटन, यदि आप इसे अपने ध्यानार्थ वस्तु के तौर पर उपयोग कर रहे हैं तो यह जीवन-शक्ति को आह्वानित करेगा और यह जीवन-शक्ति की अनुभूति वैसी ही होगी, जैसा जीवन होगा। आपने इसका किस कारण आह्वान किया है,

> ***भले ही यह किला हो या बटन, यदि आप इसे अपने ध्यानार्थ वस्तु के तौर पर उपयोग कर रहे हैं तो यह जीवन-शक्ति को आह्वानित करेगा और यह जीवन-शक्ति की अनुभूति वैसी ही होगी, जैसा जीवन होगा। आपने इसका किस कारण आह्वान किया है, वह प्रासंगिक नहीं होगा। दूसरे शब्दों में, अपना टैक्स भरने की तैयारी करने के प्रत्येक क्षण का आनंद लेना उतना ही संभव है, जितना समुद्री क्रूज यात्रा पर जाने की योजना बनाना।***

वह प्रासंगिक नहीं होगा। दूसरे शब्दों में, अपना टैक्स भरने की तैयारी करने के प्रत्येक क्षण का आनंद लेना उतना ही संभव है, जितना समुद्री क्रूज यात्रा पर जाने की योजना बनाना।

आप शायद विश्वास नहीं कर पाएँगे, लेकिन इसका कारण यह है कि आपने ऊर्जा को अपनी ध्यानार्थ वस्तु से अपनी ओर बिना किसी बाधा के प्रवाहित होना स्वीकार किया है। आपने ऊर्जा का आह्वान किया है, क्योंकि आप वह करना चाहते थे, जो आपको करना है। लेकिन बीच में आपने ऊर्जा को परिवर्तित कर दिया, क्योंकि आपकी वे सभी आदतें थीं या आपने वे बातें सुनी थीं, जो उसे प्रवाहित नहीं होने दे रही थीं। उन्होंने आपको काफी नुकसान पहुँचाया। और अब, क्योंकि 'एकाग्रता चक्र विधि' आपको किसी विशिष्ट विषय पर आम अवधि से अधिक समय तक केंद्रित रख सकी है, जबकि इस दौरान आप सोद्देश्यपूर्वक ऐसे विचारों तक पहुँच बनाते हैं, जो आपको अच्छे लगें तो इससे आपका आकर्षण-बिंदु परिवर्तित हो जाता है।

इस सरल, लेकिन प्रभावशाली 'एकाग्रता चक्र विधि' को अपने जीवन में उदित हुए विभिन्न विषयों पर लागू करके आपके लिए जो कुछ भी महत्त्वपूर्ण है, आप उससे संबंधित अपने आकर्षण-बिंदु में प्रभावी रूप से सुधार कर सकते हैं।

□

विधि-18

अनुभूति-स्थल की खोज

इस विधि का प्रयोग कब करें

- जब आप किसी परिस्थिति में सुधार करना चाहते हों।
- जब आप अधिक धन चाहते हों।
- जब आप अच्छी नौकरी चाहते हों।
- जब आप खुशनुमा रिश्ते चाहते हों।
- जब आप बेहतर महसूस होनेवाला शरीर चाहते हों।

मौजूदा भावात्मक रुझान-बिंदु सीमा

यह 'अनुभूति-स्थल की खोज विधि' आपके लिए तब सबसे मूल्यवान् होगी, जब आपका भावात्मक रुझान-बिंदु इन श्रेणियों के बीच हो—

(9) निराशावाद

और

(17) क्रोध।

(यदि आपको अपना मौजूदा भावात्मक रुझान-बिंदु ज्ञात न हो तो अध्याय-22 पर जाएँ और वहाँ भावात्मक मार्गदर्शन पैमाने की 22 श्रेणियाँ देखें।)

चूँकि आप सामान्य तौर पर अपना ध्यान अपने जीवन के उन पहलुओं पर अधिक रखते हैं, जिन्हें आप अभी जी रहे हैं, इसलिए आप वर्तमान में जो भोग रहे हैं, उसका कांपनिक भार कथित तौर पर आप जिसकी इच्छाओं या कल्पना कर रहे हैं, उससे अधिक होता है। दूसरे शब्दों में, यदि आपकी इच्छा पतला होना है, भले ही इस क्षण में आप काफी मोटे हों तो आपके मौजूदा अनुभवों के पहलू संभवत: आपकी कल्पनाओं के कंपनों से अधिक महत्त्वपूर्ण होंगे।

लोग अकसर कहते हैं, "मैं यहाँ खुश नहीं हूँ। काश, मैं वहाँ पर होता!" लेकिन जब वे जहाँ जाना चाहते हैं, वहाँ क्या है तो आमतौर पर वे आपको यह समझाने लगते हैं

कि 'यहाँ' होने में क्या खराबी है। भले ही वे इन शब्दों का प्रयोग करते हों कि "मैं वहाँ जाना चहता हूँ।" या "मैं वहाँ जो है, उसे पाना चाहता हूँ।" उनके कंपन अधिकांशत: यहाँ होने के बारे में अधिक होते हैं, जहाँ वे खड़े हैं, बजाय इसके जहाँ वे होना चाहते हैं।

अपने पिछले 'गैस गेज' के उदाहरण में कि अपने डैशबोर्ड पर मुसकराते चेहरे का स्टीकर लगाकर तेल टैंक रिक्ति सूचक को छिपाने से कोई मदद नहीं मिलती, की ही तरह, खुशनुमा वाक्यों का उस समय कोई मोल नहीं होता, जब आप खुद को खुश महसूस नहीं कर रहे हैं। 'आकर्षण का नियम' आपको शब्दों पर नहीं, बल्कि आप में से प्रसारित होनेवाले कंपनों पर प्रतिक्रिया देता है। आप ऐसा भी कर सकते हैं कि उचित-प्रतीत होते शब्दों का प्रयोग करते रहें और साथ-ही-साथ अपने कल्याण के प्रबल प्रतिरोध की स्थिति में हों; क्योंकि यहाँ शब्द महत्त्वपूर्ण नहीं हैं; आप कैसा महसूस करते हैं, यह मायने रखता है।

'अनुभूति-स्थल की खोज' सबसे मददगार यह सुनिश्चित करने में होती है कि आप वह कंपन प्रसारित करें, जो आपके काम के हों; क्योंकि यह वो विधि है, जो आपको यह समझने में मदद करती है कि आप वास्तव में किसे आकर्षित कर रहे हैं। यह उनमें से एक है, जहाँ आप कल्पना द्वारा दिखावा करते हैं कि आपकी इच्छा पहले ही पूरी हो चुकी है और अब आप अपनी उस इच्छा को विस्तार सहित जी रहे हैं। जब आप इस पर केंद्रित होंगे कि अपनी इच्छा को जीना कैसा लगता है तो आप उसी दौरान अपनी इच्छा की अनुपस्थिति को महसूस नहीं करेंगे। अत: अभ्यास के साथ आप एक प्रकार से इसके शीर्ष स्तर पर पहुँच जाएँगे। तब भले ही आपकी इच्छा वास्तव में पूरी न हुई हो, लेकिन आप ऐसे कंपन प्रस्तावित करने लगेंगे, जैसे यह हुई हो—और तब इसे मिलना ही होगा।

पुन: ब्रह्मांड यह नहीं जानता कि आप जो कंपन प्रस्तावित कर रहे हैं, उसका कारण उसका सचमुच आपके पास होना है या आप उसके होने की कल्पना कर रहे हैं। दोनों ही मामलों में, वह इन कंपनों का उत्तर देता है, जो बाद में अवश्य प्रत्यक्ष होगा।

पुन: ब्रह्मांड यह नहीं जानता कि आप जो कंपन प्रस्तावित कर रहे हैं, उसका कारण उसका सचमुच आपके पास होना है या आप उसके होने की कल्पना कर रहे हैं। दोनों ही मामलों में, वह इन कंपनों का उत्तर देता है, जो बाद में अवश्य प्रत्यक्ष होगा।

उदाहरण के लिए, मान लेते हैं कि आप अपने लेटर बॉक्स में देखते हैं कि वहाँ बिल भुगतान न करने का दूसरा नोटिस आया है। और जैसे ही आप वह लिफाफा खोलते हैं, आपको असुविधाजनक लगने लगता है; क्योंकि अभी आप नहीं जानते कि इसका भुगतान कैसे करेंगे? बिल के भुगतान की तारीख निकल चुकी है और इसके अलावा,

बिना भुगतान किए और भी कई बिल हैं। अब आप व्यग्र व निराश महसूस करने लगते हैं। "मुझे और पैसे चाहिए।" आप कहते हैं, "मुझे और बहुत सारे पैसे चाहिए।" आप और अधिक जोर देकर कहते हैं। लेकिन ये थोथे, खोखले शब्द हैं, क्योंकि आपके शब्द आपका आकर्षण-बिंदु नहीं होते। आपका आकर्षण-बिंदु आपका अभ्यासित कांपनिक प्रस्ताव है और आप जैसा महसूस करते हैं, वह इस बात का वास्तविक सूचक है कि आपका आकर्षण-बिंदु क्या है। अभी आप ऐसी भावनाओं से स्पंदित हैं, जो आपकी पर्याप्त धन न होने की स्थिति से स्पष्टत: मेल खाती है।

दिखावा कीजिए कि आपके पास एक क्रेडिट कार्ड है, जिसमें असीमित धनराशि है, जिससे आसानी से भुगतान किया जा सकता है। यह ऐसे जादुई कार्ड जैसा है, जिसे आप एक दिन में कई बार इस्तेमाल करते हैं; क्योंकि यह अत्यधिक सक्षम है और तब महीने में एक बार आप यों ही एक चेक लिखें, जो आपके सभी दिए जानेवाले भुगतान कर दे। दिखावा करें कि बैंक में रखी धनराशि और इस माह के क्रेडिट कार्ड शेष का अनुपात इतना अधिक है कि आपके लिए बिल चुकाना कोई मायने नहीं रखता।

इस विधि में आपका लक्ष्य उन तसवीरों को मन में लाना है, जिनसे आप ऐसे कंपन प्रस्तावित कर सकें, जो धन को स्वीकार करें। आपका लक्ष्य ऐसी तसवीरों का निर्माण करना है, जो आपको अच्छी लगें। आपका लक्ष्य उस अनुभूति-स्थल की खोज करना है कि पर्याप्त धन होना कैसा लगता है, बजाय इसके कि उस अनुभूति-स्थल को तलाशना कि पर्याप्त धन न होने पर कैसा लगता है।

अब आप ऐसे समय को याद कर सकते हैं, जब आपके पास अधिक धन था या ऐसे समय को, जब आपके पास ज्यादा धन तो नहीं था, लेकिन कम-से-कम आप बहुत अधिक बिलों का तनाव नहीं झेल रहे थे। और जब आपको यह स्मृति मिल जाती है तो जितने संभावित हों, उतने अधिक विवरण याद करने की कोशिश कीजिए, जिससे आप इसे कुछ अधिक महसूस करने का प्रयास कर सकें।

आप दिखावा कर सकते हैं कि आपके पास पर्याप्त धन है; दिखावा कीजिए कि आपके पास इतना धन है कि आपको यह नहीं समझ आ रहा कि इसे कहाँ रखें और कल्पना कीजिए कि गोदाम में और बिस्तर के नीचे यह प्रचुर मात्रा में मौजूद है। अपने आपको खुले पैसों की बालटी लिये बैंक जाता देखें, जहाँ आपको उन्हें नोटों में परिवर्तित करवाना है। अपने आपको 10, 20 और 50 रुपए के नोट ले जाते और उन्हें 100 रुपए के नोट में परिवर्तित करवाते देखें, ताकि उन्हें रखने में आसानी हो जाए।

दिखावा कीजिए कि आपके पास एक क्रेडिट कार्ड है, जिसमें असीमित धनराशि

है, जिससे आसानी से भुगतान किया जा सकता है। यह ऐसे जादुई कार्ड जैसा है, जिसे आप एक दिन में कई बार इस्तेमाल करते हैं; क्योंकि यह अत्यधिक सक्षम है और तब महीने में एक बार आप यों ही एक चेक लिखें, जो आपके सभी दिए जानेवाले भुगतान कर दे। दिखावा करें कि बैंक में रखी धनराशि और इस माह के क्रेडिट कार्ड शेष का अनुपात इतना अधिक है कि आपके लिए बिल चुकाना कोई मायने नहीं रखता।

आप इस अनुभूति-स्थल की खोज विधि के खेल को जितना अधिक खेलेंगे, उसे खेलने में उतने ही कुशल होते जाएँगे और वह उतना ही मजेदार होता जाएगा। जब आप दिखावा करते हैं या चुनिंदा चीजों को याद करते हैं तो आप नए कंपनों को सक्रिय कर देते हैं—और आपका आकर्षण-बिंदु परिवर्तित हो जाता है। और जब आपका आकर्षण-बिंदु परिवर्तित हो जाता है, आपका जीवन हर उस विषय के संबंध में सुधर जाता है, जिसके लिए आपने इस नए अनुभूति-स्थल को तलाशा है।

□

विधि-19

ऋण-मुक्ति हेतु प्रतिरोध परित्याग

इस विधि का प्रयोग कब करें

- जब आप ऋण-मुक्त होने की राहत को अनुभव करना चाहते हों।
- जब आप जो कमाते हैं और जो खर्च करते हैं, उसके बीच विशाल अंतर बनाना चाहते हों।
- जब आप धन के बारे में अच्छा महसूस करना चाहते हों।
- जब आप अपने अनुभव के द्वारा धन के प्रवाह को बढ़ाना चाहते हों।

मौजूदा भावात्मक रुझान-बिंदु सीमा

'ऋण-मुक्ति हेतु प्रतिरोध परित्याग' विधि आपके लिए तब सबसे मूल्यवान् होगी, जब आपका भावात्मक रुझान-बिंदु इन श्रेणियों के बीच हो—

(10) कुंठा/संताप/अधैर्य

और

(22) भय/दु:ख/अवसाद/आशाहीनता/शक्तिहीनता।

(यदि आपको अपना मौजूदा भावात्मक रुझान-बिंदु ज्ञात न हो तो अध्याय-22 पर जाएँ और वहाँ भावात्मक मार्गदर्शन पैमाने की 22 श्रेणियाँ देखें।)

'ऋण-मुक्ति हेतु प्रतिरोध परित्याग' विधि की शुरुआत हेतु एक कॉलम-युक्त लेखन पैड लें, जिसमें उतने ही कॉलम हों, जितने आपके मासिक खर्च हैं। अब सबसे बाएँ कॉलम से आरंभ करें और उसके शीर्षक में अपने सबसे बड़े मासिक खर्च का नाम लिखें। उदाहरण के लिए, यदि प्रतिमाह आप जो सबसे बड़ा चेक लिखते हैं, वह घर के भुगतान का है तो शीर्षक लिखें—'घर का भुगतान'। तत्पश्चात् शीर्षक के नीचे की पहली रेखा पर घर के लिए की जानेवाली भुगतान राशि को रुपए में लिखें। अब इस राशि पर गोला बना दें, जो आपकी प्रतिमाह देय राशि की प्रतिनिधि है और तब, तीसरी पंक्ति पर इस 'घर का भुगतान' श्रेणी का कुल बकाया ऋण लिख दें।

तत्पश्चात् अपने दूसरे सबसे बड़े भुगतान को दूसरे कॉलम में लिखें तथा तीसरे सबसे बड़े भुगतान को तीसरे कॉलम में लिखें आदि। और अपने कॉलम पैड के शीर्ष पर निम्न स्वीकारोक्ति लिखें—'मेरी इच्छा है कि मैं अपनी इन सभी वित्तीय देयताएँ के लिए किया वादा पूरा करूँ और कुछ मामलों में आवश्यकता से कम-से-कम दोगुना भुगतान भी कर सकूँ।'

जब भी आपको बिल प्राप्त हो, अपना कॉलम-युक्त पैड निकालें और उसे समायोजित करें तथा यदि जरूरत हो तो न्यूनतम अपेक्षित राशि लिखें। यदि यह वही है तो इस राशि को ज्यों-का-त्यों लिख दें।

जब भी आपको पहली बार बिल प्राप्त हो या जब उस श्रेणी के भुगतान की बारी आए, जिसका कॉलम आपके पैड में सबसे दाईं ओर मौजूद हो (दूसरे शब्दों में, आपके द्वारा प्रतिमाह किया जानेवाला न्यूनतम भुगतान) तो अपेक्षित धनराशि से ठीक दोगुना लिखें। और ऐसा करने के बाद उस बकाया शेष की नई राशि दर्ज करें।

यह आपको तब थोड़ा अजीब लग सकता है, जब आप पहली बार खेल को खेलना आरंभ करते हैं। लेकिन भले ही आपके पास सभी कॉलम में लिखी राशि के पूर्ण भुगतान के लिए पर्याप्त धन न हो, फिर भी दाईं ओर सबसे अंतिम कॉलम में लिखी धनराशि को दोगुना कर दें और अपने आपको प्रसन्न अनुभव करें कि आपने अपने आप से किया नया वादा पूरा किया कि आप अपनी देयताओं को चुकाने के लिए सर्वोत्तम प्रयास करेंगे और कुछ मामलों में तो दोगुनी राशि अदा करेंगे।

चूँकि आप अपनी वित्तीय स्थिति को नए नजरिए से देख रहे हैं, इसलिए आपके कंपन उसी क्षण परिवर्तित होना आरंभ हो जाएँगे। यदि अपनी बात रखने के लिए आप में शतांश गौरव भी होगा तो आपके कंपन परिवर्तित हो जाएँगे। चूँकि आपने अपने भुगतान को दोगुना करने का वादा निभाया है, आपके कंपन परिवर्तित हो जाएँगे। और इन परिवर्तनों के साथ ही, भले ही यह थोड़ा ही क्यों न हो, आपकी वित्तीय स्थिति में चीजें परिवर्तित होना आरंभ हो जाएँगी।

आप अपनी वित्तीय स्थिति को नए नजरिए से देख रहे हैं, इसलिए आपके कंपन उसी क्षण परिवर्तित होना आरंभ हो जाएँगे। यदि अपनी बात रखने के लिए आप में शतांश गौरव भी होगा तो आपके कंपन परिवर्तित हो जाएँगे। चूँकि आपने अपने भुगतान को दोगुना करने का वादा निभाया है, आपके कंपन परिवर्तित हो जाएँगे। और इन परिवर्तनों के साथ ही, भले ही यह थोड़ा ही क्यों न हो, आपकी वित्तीय स्थिति में चीजें परिवर्तित होना आरंभ हो जाएँगी।

यदि आप इस कॉलम पैड में जो भी बकाया है, उसे सचमुच दर्ज करने का समय

निकाल सकें, तो आपका यह नव-केंद्रित ध्यान धन के विषय से संबंधित सकारात्मक हालात सक्रिय करने लगेगा। लेटर बॉक्स में एक और बिल मिलना आपको हतोत्साहित करने की जगह उस बिल को अपने कॉलम पैड में दर्ज करने की उत्सुकता उत्पन्न करेगा। और दृष्टिकोण व कंपनों के इस परिवर्तन के साथ ही आपकी वित्तीय तसवीर में चीजें बदलनी आरंभ हो जाएँगी।

ऋण में कोई बुराई नहीं है; लेकिन जब आपका ऋण भारी बोझ लगने लगे, तब धन से संबंधित आपके कंपन प्रतिरोध बन जाते हैं। जब यह बोझ समाप्त हो जाता है, जब आप स्वयं को हलका व मुक्त महसूस करने लगते हैं तो आपका प्रतिरोध भी समाप्त हो जाता है और आप उस स्थिति में आ जाते हैं, जहाँ आप कल्याण को पूर्ण प्रचुरता सहित अपने अनुभव में प्रवाहित होने देते हैं।

जिस धन की आप उम्मीद नहीं कर रहे थे, वह आपको मिल जाएगा। आपके सामने मोल-तोल के ऐसे अवसर आएँगे, जिससे आपके धन का मूल्य आपकी उम्मीद से भी अधिक हो जाएगा। वित्त संबंधी असाधारण चीजें घटने लगेंगी और जब ऐसा होगा, बोधपूर्वक जागरूक रहें कि ये चीजें आपके नए केंद्रित अवधान की प्रतिक्रिया और आपके कंपनों में परिवर्तन के परिणामस्वरूप घट रही हैं।

जब अतिरिक्त धन प्राप्त होगा तो आपको अंतिम दाएँ कॉलम में एक और भुगतान करने की उत्सुकता जागेगी। और जल्दी ही यह बकाया भी चुक जाएगा और आप इस कॉलम को अपने पैड से हटा सकेंगे। एक-एक कर कॉलम समाप्त होते जाएँगे, क्योंकि आपकी कमाई और भुगतान के बीच का अंतर बड़ा होता जाएगा। इस खेल की शुरुआत के पहले ही दिन से आपकी वित्तीय कल्याण की भावना में सुधार होने लगेगा। और यदि आपने इस खेल को गंभीरतापूर्वक लिया तो धन से संबंधित आपके कंपनों में इतना महत्त्वपूर्ण सुधार होगा कि आप थोड़े ही समय में, यदि आपकी इच्छा होगी तो, ऋण-मुक्त हो जाएँगे।

ऋण में कोई बुराई नहीं है; लेकिन जब आपका ऋण भारी बोझ लगने लगे, तब धन से संबंधित आपके कंपन प्रतिरोध बन जाते हैं। जब यह बोझ समाप्त हो जाता है, जब आप स्वयं को हलका व मुक्त महसूस करने लगते हैं तो आपका प्रतिरोध भी समाप्त हो जाता है और आप उस स्थिति में आ जाते हैं, जहाँ आप कल्याण को पूर्ण प्रचुरता सहित अपने अनुभव में प्रवाहित होने देते हैं।

अब्राहम, हमें धन और अर्थव्यवस्था के बारे में और बताएँ

जैसा कि हमने विधि-17 में बताया था, एक किले को बटन जितनी आसानी से

बनाया जा सकता है। फर्क सिर्फ इससे पड़ता है कि आपका ध्यान किले या बटन में से किस पर केंद्रित है? लेकिन एक बटन का सृजन किले जितना ही संतोषजनक हो सकता है। और भले ही यह किला हो या बटन, यदि आप इसे अपने ध्यानार्थ वस्तु के तौर पर उपयोग कर रहे हैं तो ये जीवन-शक्ति को आह्वानित करेगा और जीवन-शक्ति की यह अनुभूति वैसी ही होगी, जैसा जीवन होगा। आपने इसका किस कारण आह्वान किया है, वह प्रासंगिक नहीं होगा।

तो वित्तीय प्रचुरता की अत्यधिक सकारात्मक लहर का सृजन कैसा रहेगा? इतनी अच्छी कल्पना करनी कैसा रहेगा कि धन आपकी ओर आसानी से प्रवाहित हो सके? धन को विस्तार देने तथा लोगों को अधिक अवसर देना कैसा रहेगा? किसी के भी लिए धन खर्च करने का इससे बेहतर तरीका क्या होगा कि उसे फिर अर्थव्यवस्था में डाल दिया जाए, जिससे अधिक लोगों का काम मिल सके? आप जितना अधिक खर्च करते हैं, लोगों को उतना ही अधिक लाभ होता है। और उतने ही अधिक लोग इस खेल में आपके साथ शामिल होते जाते हैं।

आपकी भूमिका ऊर्जा का उपयोग करना है। आप इसीलिए यहाँ हैं। आप ऊर्जा-प्रवाहित प्राणी हैं—केंद्रित होने तथा अनुभव करनेवाले। आप सृजनकर्ता हैं। और इससे खराब बात और कोई नहीं हो सकती कि आप इतने विविधतापूर्ण परिवेश में आएँ, जहाँ इच्छाएँ आसानी से जन्म लेती हैं और आप ऊर्जा को अपनी इच्छा की ओर प्रवाहित होने को स्वीकार न करें। यह जीवन का सचमुच अपव्यय करना है।

जरा सोचिए कि आज से कुछ सौ साल पहले इस देश की अर्थव्यवस्था किस हालत में थी? क्या बदल गया? क्या ये अधिक संसाधन किसी और ग्रह से मँगवाए गए हैं? या अधिक समय बीतने पर ऐसे लोग अधिक हो गए होंगे, जो अपनी इच्छित वस्तुओं को अधिक पहचान सकें और अनंत व असीम अभौतिक ऊर्जा उन्हें वह सब प्रदान करती रही हो?

कोई भी काम छोटा या बड़ा नहीं होता। ये केंद्रित होने के अवसर मात्र हैं। आप किसी भी कार्य को करने पर अपने को परिपूर्ण या संतुष्ट महसूस कर सकते हैं, क्योंकि आप विचारों के अग्रणी पायदान पर हैं और स्रोत आपके माध्यम से प्रवाहित हो रहा है—भले ही आपके प्रयास किसी भी दिशा में हों। आप ऐसे प्रत्येक प्रयास में प्रसन्न रह सकते हैं, जिसमें आपने ऊर्जा के प्रवाह को स्वीकार करने का फैसला किया है। आध्यात्मिक बनाम भौतिक विकल्प नहीं है। इस भौतिक प्रत्यक्षीकरण अनुभव में सबकुछ आध्यात्मिक है। यह सबकुछ मूलतः आत्मा से उत्पन्न है। आपको कुछ साबित नहीं करना है। आध्यात्मिक रहें और किसी भौतिक दीवाने की भाँति सृजन करें।

आपका वित्तीय अवसान गरीबों का उत्थान नहीं

जरा सोचिए कि आज से कुछ सौ साल पहले इस देश की अर्थव्यवस्था किस हालत में थी? क्या बदल गया? क्या ये अधिक संसाधन किसी और ग्रह से मँगवाए गए हैं? या अधिक समय बीतने पर ऐसे लोग अधिक हो गए होंगे, जो अपनी इच्छित वस्तुओं को अधिक पहचान सकें और अनंत व असीम अभौतिक ऊर्जा उन्हें वह सब प्रदान करती रही हो?

हमने आप में से कभी किसी को यह कहते नहीं सुना कि "अच्छा, मैं बहुत सालों से स्वस्थ हूँ, इसलिए मैंने फैसला किया है कि मैं कुछ समय के लिए बीमार पड़ जाऊँ, जिससे कुछ दूसरे लोग स्वस्थ हो सकें।" क्योंकि आप जानते हैं कि आप बीमार हैं या स्वस्थ, इसका दूसरों के स्वस्थ होने या न होने से कोई संबंध नहीं है। ऐसा नहीं है कि आपका स्वस्थ रहना उन्हें इससे वंचित कर रहा है। समृद्धि के साथ भी ऐसा ही है। जिन लोगों ने समृद्धि के साथ कांपनिक सामंजस्य बैठा लिया है, जिससे वह उन तक और उनके माध्यम से प्रवाहित हो सके, वे किसी और को समृद्धि से वंचित नहीं कर रहे हैं। "आप खुद गरीब होकर साधनहीनों को फलने-फूलने में मदद नहीं कर सकते हैं। केवल अपने फलने-फूलने पर ही आप किसी के लिए कुछ कर सकते हैं। यदि आप दूसरों की मदद करना चाहते हैं तो जितना संभव हो, उनसे जुड़ें, लयबद्ध हों और सक्रिय रहें।"

उन लोगों की सराहना करें, जिन्होंने कल्याण का उदाहरण प्रस्तुत किया है। समृद्ध होना संभव है, इस बात का आपको कैसे पता चलता, यदि आपके आसपास ऐसे प्रमाण ही नहीं होते? यह उसी विषमता का हिस्सा है, जो आपको अपनी इच्छा को तीव्र करने में मदद करती है। धन प्रसन्नता का मूल नहीं है; लेकिन यह बुराई का भी मूल नहीं है। धन इसका परिणाम है कि किसी ने अपनी ऊर्जा का कैसे उपयोग किया है। यदि आपको धन नहीं चाहिए तो इसे आकर्षित न करें। लेकिन हम आपसे यह भी कहेंगे कि जिनके पास धन है, उनकी आलोचना करके आप ऐसी जगह पहुँच जाते हैं, जहाँ आप जिन चीजों को चाहते हैं, जैसे—स्वास्थ्य, स्पष्टता और कल्याण, उन्हें भी हासिल नहीं कर पाएँगे।

यदि धन के विषय पर विचार करना आपको असुविधाजनक लगता है तो इसका अर्थ है कि आप में इससे संबंधित प्रबल इच्छा है, जिसका अर्थ है कि यह आपके लिए सचमुच, सचमुच, सचमुच महत्त्व रखता है। अत: इसके बारे में सोचने और अच्छा महसूस करने का तरीका तलाशना आपका काम है। लेकिन ऐसी किसी भी चीज के बारे में सोचना और अच्छा महसूस करना उतना ही प्रभावशाली होता है। आपके लिए धन के बारे में सोचना जरूरी नहीं है, जिससे आपको धन प्राप्त हो सके। आपको बस, धन की कमी के बारे में नहीं सोचना और आपको धन प्राप्त हो जाएगा।

सफलता वह आनंद है, जिसे आप महसूस करते हैं

हमने आपको किसी दूसरे की सफलता पर ताली बजाकर प्रशंसा करते देखा है, क्योंकि जब आप इसे लेकर सचमुच उत्साहित होते हैं, तो इसका अर्थ हुआ कि आप अपने सही मार्ग पर हैं। कई लोगों का सोचना है कि सफलता का अर्थ, जो वे चाहते हों, उसे पाना है। और हम कहते हैं, 'यह मृत्यु के जैसा है' और मृत्यु जैसी कोई चीज नहीं होती। सफलता का अर्थ सिर्फ पाना नहीं है। इसका अर्थ स्वप्न देखते रहना और उसके प्रत्यक्ष होने के प्रति सकारात्मक महसूस करना है। "जीवन में सफलता का मानक धन या संपदा नहीं है; सफलता का मानक पूर्ण रूप से वह आनंद है, जिसे आप अनुभव करते हैं।"

हमने आपको किसी दूसरे की सफलता पर ताली बजाकर प्रशंसा करते देखा है, क्योंकि जब आप इसे लेकर सचमुच उत्साहित होते हैं, तो इसका अर्थ हुआ कि आप अपने सही मार्ग पर हैं। कई लोगों का सोचना है कि सफलता का अर्थ, जो वे चाहते हों, उसे पाना है। और हम कहते हैं, 'यह मृत्यु के जैसा है' और मृत्यु जैसी कोई चीज नहीं होती।

आप ऐसी बातें कह सकते हैं, "मैं जब भी सफल लोगों को देखता हूँ—और इससे मेरा तात्पर्य समृद्ध लोगों से हैं और हाँ, हमारा तात्पर्य प्रसन्न लोगों से है—कई बार ये समृद्ध और खुश दोनों होते हैं। जब मैं सफल लोगों की बात करता हूँ तो मेरा वास्तविक अर्थ सचमुच प्रसन्न लोगों से है—लोग, जो सचमुच आनंदपूर्ण हैं, जो अपने दिन को लेकर उत्साहित होते थे। इनमें से लगभग सभी की निरपवाद रूप से शुरुआत काफी कठिन होती है, जो आरंभिक स्तर पर इन्हें प्रबल विद्रोही बनाता है। तभी उन्हें वह मार्ग मिला, जिससे वे अपने कल्याण के स्वाभाविक जन्मसिद्ध अधिकार की राहत पा सकें।" (सफलता का अर्थ खुशनुमा जीवन है और एक खुशनुमा जीवन मात्र खुशनुमा क्षणों के धागे हैं। लेकिन अधिकांश लोग खुशनुमा क्षणों को स्वीकार नहीं करते, क्योंकि वे खुशनुमा जीवन पाने के प्रयास में व्यस्त रहते हैं।)

समृद्धि के 'उपार्जन' की जगह समृद्धि को 'स्वीकार' करें

आपके कार्यों का आपकी समृद्धि से कोई लेना-देना नहीं है। आपकी समृद्धि आपके कंपन की प्रतिक्रिया है। निश्चित ही आपका विश्वास आपके कंपन का हिस्सा है। इसलिए, यदि आपको विश्वास है कि आपका कार्य आपकी समृद्धि का हिस्सा है तो आपको इसे और स्पष्ट करना होगा। हम चाहते हैं कि आप अपने शब्दकोश और अपने बोध से भी 'उपार्जन' शब्द को निकाल दें। और हम चाहते हैं, आप यह जगह 'स्वीकार' शब्द को दें। आप अपने कल्याण को स्वीकार करना चाहते हैं; यह कोई ऐसी चीज नहीं है, जो

आपको उपार्जित करनी होगा। आपको बस, यह फैसला लेना होगा कि आप क्या अनुभव करना चाहते हैं और इसे पाने के लिए इसे स्वीकार करना होगा। यह कुछ ऐसा नहीं है, जिस पाने के लिए आपको संघर्ष या प्रयास करना होगा। आप समृद्ध प्राणी हैं और इस कल्याण के पात्र हैं।

"आप जिन भी साधनों की हमेशा से इच्छा रखते थे, वे आपको सहज सुलभ हैं। आपको बस यह पहचानना है कि आप इनका क्या करना चाहते हैं और बस, इसका अभ्यास करना है कि जब यह हो जाएगा तो आपको कैसा महसूस होगा?" ऐसा कुछ नहीं है, जो आप बन, कर या पा नहीं सकते। आप सौभाग्यशाली प्राणी हैं और आप इस भौतिक परिवेश में सृजन करने के लिए आए हैं। आपको आपके विरोधाभासी विचारों के अलावा और कोई नहीं रोक सकता। और ऐसे विचार जब भी आएँगे, आपकी भावनाएँ आपको बता देंगी। जीवन आनंदपूर्ण होना चाहिए—यह अच्छा लगना चाहिए। आप शक्तिशाली सृजनकर्ता हैं और आप बिल्कुल सही समय में हैं।

"आप जिन भी साधनों की हमेशा से इच्छा रखते थे, वे आपको सहज सुलभ हैं। आपको बस यह पहचानना है कि आप इनका क्या करना चाहते हैं और बस, इसका अभ्यास करना है कि जब यह हो जाएगा तो आपको कैसा महसूस होगा?" ऐसा कुछ नहीं है, जो आप बन, कर या पा नहीं सकते। आप सौभाग्यशाली प्राणी हैं और आप इस भौतिक परिवेश में सृजन करने के लिए आए हैं। आपको आपके विरोधाभासी विचारों के अलावा और कोई नहीं रोक सकता। और ऐसे विचार जब भी आएँगे, आपकी भावनाएँ आपको बता देंगी।

आनंद अधिक लें, परेशानियाँ कम। हँसें अधिक, रोएँ कम। सकारात्मक प्रत्याशा अधिक रखें, नकारात्मक प्रत्याशा कम। इस बात से अधिक महत्त्वपूर्ण और कुछ नहीं है कि आप कैसा महसूस करते हैं! सिर्फ इसका अभ्यास करें और देखें कि क्या होता है!

□

विधि-20

प्रबंधक पर छोड़ दें

इस विधि का प्रयोग कब करें

- जब आपको लगता हो कि आपको बहुत कुछ करना है।
- जब आपको अपनी पसंद के काम करने के लिए और समय चाहिए हो।
- जब आप वह शक्तिशाली सृजनकर्ता बनना चाहें, जिसके लिए आपने जन्म लिया है।

मौजूदा भावात्मक रुझान-बिंदु सीमा

'प्रबंधक पर छोड़ दें विधि' आपके लिए तब सबसे मूल्यवान् होगी, जब आपका भावात्मक रुझान-बिंदु इन श्रेणियों के बीच हो—

(10) कुंठा/संताप/अधैर्य

और

(17) क्रोध।

(यदि आपको अपना मौजूदा भावात्मक रुझान-बिंदु ज्ञात न हो तो अध्याय-22 पर जाएँ और वहाँ भावात्मक मार्गदर्शन पैमाने की 22 श्रेणियाँ देखें।)

कल्पना कीजिए कि आप एक बड़े संगठन के मालिक हैं और वहाँ हजारों लोग हैं, जो आपके लिए काम करते हैं। कुछ लोग हैं, जो आपके उत्पाद के निर्माण व विपणन में सहयोग करते हैं; कुछ लेखाकार, अकाउंटेंट व सलाहकार भी हैं। इनमें कलाकार, विज्ञान विशेषज्ञ जैसे हजारों लोग हैं, जो सभी आपकी कंपनी को सफल बनाने के लिए काम कर रहे हैं।

अब कल्पना कीजिए कि आप इनमें से किसी भी व्यक्ति के साथ व्यक्तिगत रूप से काम नहीं करते। लेकिन आपका एक प्रबंधक है, जो यह सब कार्य करता है और आपका वह प्रबंधक उन सबको समझता है, उन्हें सलाह देता है और उनका मार्गदर्शन करता है। तो आपको जब भी कोई विचार सूझता है तो आप उसे अपने प्रबंधक को बताते

हैं, जो कहता है, "ठीक है, मैं इसे सँभाल लूँगा।" और वह यही करता है—पूरी कुशलता और प्रभावपूर्णता सहित, निश्चित रूप से। ठीक उसी तरह जैसा आप चाहते थे।

शायद अभी आप स्वयं से कह रहे होंगे, "ऐसा प्रबंधक होना कितना अच्छा है! कोई ऐसा, जिस पर मैं भरोसा कर सकूँ; कोई ऐसा, जो मेरी जगह काम कर सके।"

और हम आपसे कहते हैं कि "आपके पास ऐसा प्रबंधक है, जो इससे भी बढ़कर है। आपके पास ऐसा प्रबंधक है, जो निरंतर आपकी जगह काम करता रहता है। इसे 'आकर्षण का नियम' कहते हैं और आपको इस सार्वभौमिक प्रबंधक को अपने कहे मुताबिक काम करने का आदेश देना होता है।"

और हम आपसे कहते हैं कि "आपके पास ऐसा प्रबंधक है, जो इससे भी बढ़कर है। आपके पास ऐसा प्रबंधक है, जो निरंतर आपकी जगह काम करता रहता है। इसे 'आकर्षण का नियम' कहते हैं और आपको इस सार्वभौमिक प्रबंधक को अपने कहे मुताबिक काम करने का आदेश देना होता है।"

लेकिन आप में से अधिकांश लोग इस प्रबंधक को इस तरह नहीं देखते। अपने पास यह प्रबंधक होने के बाद भी आप सारी जिम्मेदारी अपने पर लिये रहते हैं। दूसरे शब्दों में, आप कहते हैं, "अच्छा, 'आकर्षण का नियम' है; लेकिन मुझे सारे काम खुद ही करने होंगे।" और हम कहते हैं तो फिर 'आकर्षण का नियम' किस काम आएगा? ऐसा प्रबंधक होना कैसा लगेगा, जो आपको सालाना 5,00,000 डॉलर दे और आपसे पूछे कि "क्या आपको मुझसे कुछ और चाहिए?" और आप उत्तर दें, "नहीं-नहीं, मैं बस, तुम्हें यह पदवी देकर ही खुश हूँ।" इस दौरान जल्दबाजी में कंप्यूटर और निर्माण कार्य करते रहते हैं…आपने काम में अपने को भी भुला दिया है और हर समय थके हुए रहते हैं, जबकि आपका प्रबंधक कहीं बीच पर मजे करता रहता है।

आप ऐसा नहीं करना चाहेंगे? आप अपने प्रबंधक को काम पर लगाएँगे। आप उन्हें प्रतिनिधि बनाकर प्राप्ति की आशा के साथ अनुरोध करेंगे। और आपको ऐसा ही व्यवहार 'आकर्षण के नियम' के साथ करना चाहिए—परिणाम पाने की आशा के साथ अनुरोध करना। आपके इस तरह कार्य सौंपने पर आप मात्र वे दो कार्य कर रहे हैं, जो सोद्‌देश्य सृजन के लिए आवश्यक हैं—आप अपनी इच्छित वस्तु को पहचान रहे हैं और आप ब्रह्मांड का इसे आपको देना स्वीकार कर रहे हैं।

अतः लक्ष्य तय करना ब्रह्मांडीय प्रबंधक को कार्य सौंपने के जैसा है। और इसे स्वीकार करने संबंधी कंपन हासिल करने का अर्थ है—अपने प्रबंधक के चीजें सही जगह बैठाते समय पीछे रहना और उस पर विश्वास करना है। इस बात पर विश्वास

रखना कि आपको जब भी कुछ चाहिए होगा, आपका प्रबंधक आपको यह याद दिलाएगा। दूसरे शब्दों में, जब आपको कोई और निर्णय लेना होगा तो आपको स्वत: इसका बोध हो जाएगा।

आप अपने जीवन का प्रतिनिधित्व नहीं करते, आप अपने जीवन का सृजन कर रहे हैं। आप एक विजनरी हैं, जो सृजन मोड में है, न कि क्रिया मोड में। लेकिन इसके बावजूद ऐसी बहुत सी चीजें हैं, जो आप खुद करना चाहेंगे। हम आपको कार्य करने से दूर करना कतई नहीं चाहते। कार्य करने में आनंद है। इस पूरे ब्रह्मांड में इच्छा रखना और उसके साथ कांपनिक तालमेल बनाने से ज्यादा आनंददायक और कुछ नहीं है। और इस तालमेल में आप स्रोत ऊर्जा के साथ संपर्क बना लेते हैं, जिसकी प्रेरणा यही कार्य होते हैं। यह सृजन-प्रक्रिया का विस्तार है—"पूरे ब्रह्मांड में प्रेरणापूर्ण क्रिया से अधिक आनंददायक और कुछ नहीं है।"

□

विधि-21

अपने स्वाभाविक स्वास्थ्य की पुनः प्राप्ति

इस विधि का प्रयोग कब करें

- जब आप अच्छा महसूस न कर रहे हों।
- जब आपका निदान परेशान करनेवाला हो।
- जब आपको दर्द हो रहा हो।
- जब आप और अधिक जीवंत महसूस करना चाहें।
- जब आप अपने शरीर को लेकर किसी अनजाने भय से ग्रस्त हों।

मौजूदा भावात्मक रुझान-बिंदु सीमा

'अपने स्वाभाविक स्वास्थ्य की पुनः प्राप्ति' विधि आपके लिए तब सबसे मूल्यवान् होगी, जब आपका भावात्मक रुझान-बिंदु इन श्रेणियों के बीच हो—

(10) कुंठा/संताप/अधैर्य

और

(22) भय/दुःख/अवसाद/ आशाहीनता/ शक्तिहीनता।

(यदि आपको अपना मौजूदा भावात्मक रुझान-बिंदु ज्ञात न हो तो अध्याय-22 पर जाएँ और वहाँ भावात्मक मार्गदर्शन पैमाने की 22 श्रेणियाँ देखें।)

इस विधि को किसी आरामदेह स्थान पर लेटकर करें। स्थान जितना आरामदेह होगा, उतना ही अच्छा है। ऐसा समय चुनें, जब लगभग 15 मिनट तक आपको कोई परेशान न करे।

अब इस छोटी सी सूची को ऐसी जगह लिखें, जहाँ आप इसे आसानी से पढ़ सकें। आप जैसे ही लेटें, इसे धीरे-धीरे खुद को पढ़कर सुनाएँ।

- मेरे शरीर के लिए स्वस्थ रहना स्वाभाविक है।
- यदि मुझे न पता हो कि ठीक होने के लिए मुझे क्या करना चाहिए तो मेरे शरीर को पता होगा।

- मेरे भीतर व्यक्तिगत चेतनावाली अरबों कोशिकाएँ हैं और वे जानती हैं कि अपना व्यक्तिगत संतुलन कैसे बनाएँ?
- जब हालात ऐसे होने लगे थे, तब मैं वह नहीं जानता था, जो अब जानता हूँ।
- यदि मुझे उस समय वह पता होता, जो आज पता है, तो हालात ऐसे हो ही नहीं सकते थे।
- मेरे लिए इस बीमारी के कारण को समझना जरूरी नहीं है।
- मुझे इस खुलासे की जरूरत नहीं कि मुझे इस बीमारी का सामना कैसे करना पड़ा।
- मुझे अंततोगत्वा धीरे-धीरे इस बीमारी से मुक्त होना है।
- इसका कोई मतलब नहीं कि इसकी शुरुआत कैसे हुई, क्योंकि यह अभी से अपना मार्ग उलट रही है।
- यह स्वाभाविक है कि मेरे शरीर को मेरे कल्याण के बेहतर विचारों के साथ तालमेल बनाने में समय लगेगा।
- इनमें जल्दबाजी की कोई बात नहीं है।
- मेरे शरीर को पता है कि क्या करना है।
- कल्याण मेरे लिए स्वाभाविक है।
- मेरा आंतरिक अस्तित्व मेरे भौतिक शरीर की जटिलता से परिचित है।
- मेरी कोशिकाओं को पनपने के लिए जो चाहिए, वह उसे माँग रही हैं और स्रोत ऊर्जा उनके अनुरोध को हमेशा पूरा करता है।
- मैं सही हाथों में हूँ।
- मैं अब आराम करूँगा, जिससे मेरा शरीर और मेरा स्रोत संवाद कर सके।
- मुझे सिर्फ आराम करना है और श्वास लेना है।
- मैं ऐसा कर सकता हूँ।
- मैं ऐसा आसानी से कर सकता हूँ।

अब बस, वहाँ लेटे रहें और अपने नीचे बिछे गद्दे के आराम का आनंद लें—और अपने श्वास पर ध्यान केंद्रित रखें—अंदर और बाहर, अंदर और बाहर। आपका लक्ष्य जितना संभव हो, उतनी शांत अवस्था में रहना है।

आसानी से जितना संभव हो, उतना गहरा श्वास भरें। बल का प्रयोग न करें। मुसकराएँ और स्वीकार करें कि यह स्रोत ऊर्जा है, जो आपके कोशिकीय अनुरोधों का उत्तर दे रही है। अब आपको चिकित्सा-प्रक्रिया का एहसास होगा। इसकी मदद करने या इसे गहन बनाने के लिए किसी तरह का प्रयास न करें। बस, शांत रहें और श्वास भरें—और इसे स्वीकार करें। यदि आपको लेटने पर कष्ट का अनुभव हो तो इसी प्रक्रिया को

दोहराएँ। हालाँकि यदि आपको दर्द हो तो यह आपके लिए इन शब्दों को अपने लिखी व बोली जानेवाली सूची में शामिल करना सहायक सिद्ध होगा—

- कष्ट की यह अनुभूति इस बात की सूचक है कि स्रोत मेरी ऊर्जा के कोशिकीय अनुरोध पर प्रतिक्रिया दे रहा है।
- कष्ट की यह अनुभूति इस बात का उत्कृष्ट संकेतक है कि मदद आ रही है।
- मैं कष्ट की इस अनुभूति में शांत रहूँगा, क्योंकि मैं जानता हूँ कि यह सुधार की सूचक है।

अब, यदि संभव हो तो सो जाएँ, यह सोचकर मुसकराएँ कि सब ठीक है। श्वास भरें और छोड़ दें, विश्वास बनाए रखें।

आसानी से जितना संभव हो, उतना गहरा श्वास भरें। बल का प्रयोग न करें। मुसकराएँ और स्वीकार करें कि यह स्रोत ऊर्जा है, जो आपके कोशिकीय अनुरोधों का उत्तर दे रही है। अब आपको चिकित्सा-प्रक्रिया का एहसास होगा। इसकी मदद करने या इसे गहन बनाने के लिए किसी तरह का प्रयास न करें। बस, शांत रहें और श्वास भरें—और इसे स्वीकार करें। यदि आपको लेटने पर कष्ट का अनुभव हो तो इसी प्रक्रिया को दोहराएँ।

अब्राहम, हमें 'हमारे भौतिक शरीर' के बारे में और बताएँ

अगली बार जब भी आपको कोई असुविधा महसूस हो, इस दौरान ठहरें और अपने आप से पूछें, "मैं जिस असुविधा को महसूस कर रहा हूँ, यह प्रतिरोध के प्रति मेरी जागरूकता के अतिरिक्त और कुछ नहीं है। यह समय मेरे शांत होने और श्वास लेने, शांत रहने और श्वास लेने, शांत रहने और श्वास लेने का है।" और आप कुछ ही सेकंड में अपने आपको पुनः सुविधाजनक स्थिति में ले आएँगे।

आपके शरीर की हर एक कोशिका का सृजनात्मक जीवन-शक्ति से सीधा संबंध है और प्रत्येक कोशिका स्वतंत्र रूप से प्रतिक्रिया देती है। आपके आनंद अनुभव करने पर सभी सर्किट खुल जाते हैं, जिससे आप जीवन-शक्ति को पूर्ण रूप से प्राप्त कर सकते हैं। जब आप ग्लानि, दोषारोपण, भय या क्रोध महसूस करते हैं तो ये सर्किट बाधित हो जाते हैं और जीवन-शक्ति उतनी प्राभाविकता सहित प्रवाहित नहीं हो पाती। भौतिक अनुभव इन सर्किट्स की निगरानी करना और इन्हें जितना संभव हो, खुला रखना है। आपकी कोशिकाएँ जानती हैं कि क्या करना है; वे ऊर्जा का आह्वान करने लगती हैं।

ऐसी कोई शर्त नहीं है कि आप किसी चीज में संशोधन नहीं कर सकते, जैसे यह

कोई चित्र है, जिसमें आप पुन: रंग नहीं भर सकते। मानवीय परिवेश में सीमित कर देनेवाले विचार बहुत हैं, जो ऐसा प्रकट करते हैं कि इन कथित असाध्य रोगों या अपरिवर्तनशील परिस्थितियों को बदला नहीं जा सकता। लेकिन हमारा कहना है कि ये अपरिवर्तनशील केवल इस कारण होती हैं, क्योंकि आप उनके ऐसा होने पर यकीन करते हैं। अभी किसी ने हाल ही में हमसे पूछा कि "क्या शरीर के ठीक होने की कोई सीमा है?" और हमने कहा, "नहीं, जो आपकी सोच के सर्वथा विपरीत है।" और उसने पूछा, "तो लोग नए अंग क्यों नहीं उगा पाते?" हमने कहा, "क्योंकि कोई नहीं मानता कि वह ऐसा कर सकेगा।"

तो अस्वस्थ शिशुओं का क्या?

यह प्रश्न अकसर उठाया जाता है कि "छोटे बच्चों का क्या? अस्वस्थ शिशुओं का क्या?" और हम कहते हैं कि वे ऐसे कंपन में मौजूद हैं, यहाँ तक कि गर्भ में रहते हुए भी, जो उन्हें कल्याण के अस्वीकार का कारण बनता है, जो अन्यथा उनमें मौजूद होता। लेकिन एक बार जन्म हो जाने के बाद, भले ही उनकी विकलांगता किसी भी प्रकार की हो, यदि उन्हें ऐसे विचारों के लिए प्रेरित किया जाए, जिससे वे कल्याण को स्वीकार कर सकें, तब उनका शरीर पूरा बन चुका होने के बावजूद वह किसी ऐसी चीज में परिवर्तित हो सकता है, जो उनके लिए अच्छा हो।

> ***ऐसी कोई शर्त नहीं है कि आप किसी चीज में संशोधन नहीं कर सकते, जैसे यह कोई चित्र है, जिसमें आप पुन: रंग नहीं भर सकते। मानवीय परिवेश में सीमित कर देनेवाले विचार बहुत हैं, जो ऐसा प्रकट करते हैं कि इन कथित असाध्य रोगों या अपरिवर्तनशील परिस्थितियों को बदला नहीं जा सकता। लेकिन हमारा कहना है कि ये अपरिवर्तनशील केवल इस कारण होती हैं, क्योंकि आप उनके ऐसा होने पर यकीन करते हैं।***

आपके लिए यह स्वाभाविक है कि पूर्णत: स्वस्थ रहें। आपके लिए स्वाभाविक है कि समृद्ध हों। आपके लिए स्वाभाविक है कि आप अच्छा महसूस करें। आपके लिए स्वाभाविक है कि आप स्पष्टता अनुभूत करें। अपने को भ्रमित महसूस करना या पर्याप्त न होना या कमी अथवा दोषी होना महसूस करना स्वाभाविक नहीं है। आपके वास्तविक स्वरूप के लिए यह स्वाभाविक नहीं है। लेकिन अपनी भौतिक लीक पर आपका ऐसे मानवीय पैटर्न चुन लेना एक तरह से स्वाभाविक ही प्रतीत होता है।

जब भी आपको किसी तरह की भौतिक असुविधा हो, भले ही आप इसे अपने शरीर में भावात्मक या शारीरिक कष्ट बताएँ, इसका हमेशा एक ही मतलब होता है—"मेरी एक इच्छा है, जो ऊर्जा को आह्वानित कर रही है। लेकिन मेरा एक

विश्वास है, जो इसे स्वीकार नहीं कर रहा। इससे मेरे शरीर में प्रतिरोध उत्पन्न हो गया है।" इसका समाधान यह है कि असुविधा या कष्ट से मुक्ति पाने के लिए हर बार विश्राम करें और राहत की अनुभूति तक पहुँचें।

हमसे पूछा जाता है, "यदि रोग का कोई स्रोत नहीं है तो इतने अधिक रोगी कैसे हैं?" ऐसा इसलिए है, क्योंकि उनके पास स्वास्थ्य के कांपनिक असामंजस्य में बने रहने के बहुत सारे बहाने हैं। वे उसे भीतर प्रवेश ही नहीं करने देते। और जब वे कल्याण को नहीं आने देंगे तो उसकी अनुपस्थिति रोग के रूप में दिखाई देती है। और जब काफी सारे लोग ऐसा करने लगते हैं तो आप कहते हैं, "ओह, रोग का कोई स्रोत तो अवश्य होना चाहिए; बल्कि हम इसे एक नाम दे देते हैं। हम इसे 'कैंसर' कहेंगे। हम इसे हर तरह की भयानक चीजों का नाम देते हैं और इस तरह इसे लोगों के अनुभव में अचानक शामिल कर देंगे।" और हम कहते हैं कि यह कभी किसी भी अनुभव में अचानक शामिल नहीं होता। होता यह है कि लोग बस, इस कल्याण को स्वीकार न करने के विचार पैटर्न को परीक्षण एवं त्रुटि तथा एक-दूसरे के साथ हाथ आजमाकर सीखते हैं।

> ***जब आप कल्याण को स्वीकार नहीं करते तो ये आपके जीवन में समस्याओं के रूप में सामने आता है, जैसे शारीरिक बीमारियाँ और उन चीजों का न मिलना, जिन्हें आप पाना चाहते हैं। और तब आप ऐसी ढेर सारी जानकारियाँ विकसित कर लेते हैं, जो आपकी उस 'बुरे स्रोत' से रक्षा करें, जिसका कोई अस्तित्व ही नहीं है।***

जब आप कल्याण को स्वीकार नहीं करते तो ये आपके जीवन में समस्याओं के रूप में सामने आता है, जैसे शारीरिक बीमारियाँ और उन चीजों का न मिलना, जिन्हें आप पाना चाहते हैं। और तब आप ऐसी ढेर सारी जानकारियाँ विकसित कर लेते हैं, जो आपकी उस 'बुरे स्रोत' से रक्षा करें, जिसका कोई अस्तित्व ही नहीं है।

यदि कोई डरानेवाला निदान हो जाए

यदि आपका कोई ऐसा रोग निदान होता है, जिसे सुनना आपको अच्छा न लगे तो आमतौर पर यही कहा जाता है, "हे मेरे ईश्वर! मैं किसी ऐसी चीज के साथ इतनी दूर तक कैसे निकल आया, जो मुझे चाहिए ही नहीं थी?" और हम कहते हैं कि यह कोई बड़ी चीज नहीं है—यह छोटी चीजों की श्रृंखला है। यह कुछ ऐसा है, "मैं ऐसे विचार चुन सकता हूँ, जो अच्छे महसूस हों या ऐसे विचार, जो अच्छे महसूस न होते हों; लेकिन मैं, जो मुझे पसंद नहीं, उसका पैटर्न विकसित कर सकता हूँ। इससे यह प्राप्त न करने की दैनिक दवा बन जाएगा, जो मुझे प्राप्ति के मोड से दूर रखेगा।"

और बस, यही है। इसलिए आप जिस भी जगह खड़े हैं, वहाँ भयभीत न हों। यह सबकुछ उसी ऊर्जा तालमेल का उप-उत्पाद है, जो आपको उसके प्रति स्पष्टता देगा, जो आप चाहते हैं और सबसे महत्त्वपूर्ण, इसके प्रति अत्यधिक संवेदनशीलता देगा कि आप प्राप्ति के मोड में हैं या उससे दूर खड़े हैं।

आपने जिस कल्याण को स्वीकार किया है या जिस कल्याण से इनकार किया है, यह सब केवल मानसिकता, मूड, दृष्टि या अभ्यासित विचार की बात है। इसमें मनुष्य हो या पशु—कोई अपवाद नहीं है; क्योंकि आप बार-बार उन्हें रोकते हैं और वे पुनः मन के साथ अपनी स्वाभाविक लय तक वापस लौटने का कोई और मार्ग खोज लेते हैं। "शरीर का उपचार वस्तुतः मन का उपचार करना है। यह पूर्णतः प्रत्येक कण तक मनोदैहिक है और इसका कोई अपवाद नहीं है।"

आपने जिस कल्याण को स्वीकार किया है या जिस कल्याण से इनकार किया है, यह सब केवल मानसिकता, मूड, दृष्टि या अभ्यासित विचार की बात है। इसमें मनुष्य हो या पशु—कोई अपवाद नहीं है; क्योंकि आप बार-बार उन्हें रोकते हैं और वे पुनः मन के साथ अपनी स्वाभाविक लय तक वापस लौटने का कोई और मार्ग खोज लेते हैं। "शरीर का उपचार वस्तुतः मन का उपचार करना है। यह पूर्णतः प्रत्येक कण तक मनोदैहिक है और इसका कोई अपवाद नहीं है।"

ऐसा कुछ नहीं है, जिसे पुनः कल्याण की ओर न मोड़ा जा सके; लेकिन इसके लिए वह दृढ़ता चाहिए होगी, जिससे आप अपने विचारों को ऐसी चीज पर केंद्रित कर सकें, जो आपको अच्छी महसूस हो। तो यहाँ हम एक स्पष्ट बात कहेंगे, "कोई भी रोग कुछ ही दिनों में ठीक हो सकता है—कोई भी रोग, यदि उससे ध्यान हटाया जा सके और कोई और कंपन प्रबल हो जाए। चिकित्सा अवधि इस पर निर्भर है कि ये सब एक-दूसरे में कितने मिश्रित हैं, आपके भौतिक शरीर के किसी भी रोग को जगह बनाने में ज्यादा समय लगता है, बजाय उससे मुक्त होने में।"

रोग : नकारात्मक भावनाओं का विस्तार

शारीरिक कष्ट भावनाओं का विस्तार मात्र हैं। ये सब एक जैसे हैं। भावनाएँ सिर्फ दो हैं—एक अच्छी महसूस होती है और दूसरी बुरी महसूस होती है। इसका अर्थ है कि आप अपने ऊर्जा स्रोत से जुड़ गए हैं या आप अपने ऊर्जा स्रोत को स्वीकार नहीं कर रहे। रोग या कष्ट नकारात्मक भावनाओं का विस्तार मात्र हैं। और जब आप इसके प्रति प्रतिरोध महसूस नहीं करते तो यह समस्या नहीं रह जाता।

क्या आपको अपने शरीर को अपनी मनचाही अवस्था में लाने के लिए विशिष्ट सकारात्मक विचारों पर विचार करना पड़ता है ? नहीं, लेकिन आपके विशिष्ट नकारात्मक विचारों पर विचार नहीं करना है। यदि आपको अपने शरीर के बारे में कभी विचार न करना हो तो बस, सुखद विचारों पर विचार करें, आपका शरीर पुन: अपने स्वाभाविक स्वास्थ्य को हासिल कर सकेगा।

आप तब तक पूरे आराम से, आनंदपूर्वक, लचीले और स्वास्थ्यकर रह सकते हैं, जब तक आपके भीतर आपके माध्यम से जीवन को आह्वानित करनेवाली इच्छाएँ मौजूद रहें। लोग इसलिए नहीं मरते कि उनका समय पूरा हो गया होता है। वे मरते हैं, क्योंकि वे इस परिदृश्य में निर्णय लेने की प्रेरणा को स्वीकार नहीं करते। वे एक कारण, जिससे लोगों की मृत्यु होती है, वह है, या तो वे यहाँ होने संबंधी अपने निर्णय लेने बंद कर देते हैं या वे अशरीरी होने का निर्णय लेते हैं।

आप इस शरीर में अनंत काल तक रह सकते हैं

क्या हम यह कह रहे हैं कि आप वहाँ तक पहुँच सकते हैं, जिसे आप सर्वश्रेष्ठ मानवीय शारीरिक स्थिति समझते हैं और उसे तब तक बनाए रख सकते हैं, जब तक आप भौतिक रूप से इस शरीर पर केंद्रित रहते हैं ? तो इसका उत्तर है—हाँ। और इसका यह अर्थ नहीं कि आप जिस दिन सर्वश्रेष्ठ तक पहुँचें, उसी दिन उस ऊँचाई से छलाँग लगा दें। अर्थात् अपने सर्वश्रेष्ठ तक पहुँचेंगे और उसकी मधुरता का आनंद लेते रहेंगे। तो अब, ऐसा क्यों है कि उसके अतिरिक्त बाकी सभी चीजों का अनुभव अधिक सतत रहता है ? क्योंकि लगभग लोग चारों ओर देख रहे हैं और वे जो कुछ भी देखते हैं, उसकी प्रतिक्रिया में कंपित होते हैं। तो इसका उपाय क्या है ? चारों ओर कम देखें, कल्पना अधिक करें। जब तक आपकी कल्पना आपका सबसे परिचित कंपन नहीं बन जाती।

आप तब तक पूरे आराम से, आनंदपूर्वक, लचीले और स्वास्थ्यकर रह सकते हैं, जब तक आपके भीतर आपके माध्यम से जीवन को आह्वानित करनेवाली इच्छाएँ मौजूद रहें। लोग इसलिए नहीं मरते कि उनका समय पूरा हो गया होता है। वे मरते हैं, क्योंकि वे इस परिदृश्य में निर्णय लेने की प्रेरणा को स्वीकार नहीं करते। वे एक कारण, जिससे लोगों की मृत्यु होती है, वो है, या तो वे यहाँ होने संबंधी अपने निर्णय लेने बंद कर देते हैं या वे अशरीरी होने का निर्णय लेते हैं।

आप इस शरीर में अनंत काल तक रह सकते हैं, यदि आप अपने परिवेश को नया, सतत, जीवन-आह्वान करनेवाली, विशुद्ध, गैर-प्रतिरोधित

प्रत्येक मृत्यु का कारण अस्तित्व के कंपन की समाप्ति है। इसका कोई विकल्प नहीं है। कोई भी, पशु या मनुष्य, अपनी आंतरिक कांपनिक सहमति के बिना अभौतिक परिवर्तन नहीं कर सकता। इस तरह प्रत्येक मृत्यु आत्महत्या है, क्योंकि प्रत्येक मृत्यु आत्म-आरोपित है। आप एक शाश्वत अस्तित्व हैं, जो हमेशा अभौतिक में प्रदर्शन करता है। कई बार यह भौतिक व्यक्तित्व में भी प्रदर्शित होता है। वहीं जब इस बार भौतिक व्यक्तित्व पूर्ण हो जाए तो अवधान वापस लौट जाता है। यह कुछ ऐसा है—आप यहाँ बैठे हैं और कई बार आप फिल्म देखने जाते हैं और कई बार आप फिल्म देखकर लौट रहे होते हैं; लेकिन आप हमेशा वही रहते हैं, जो फिल्म देखने गया था, फिर चाहे फिल्म देख रहे हों या नहीं।

इच्छाएँ उत्पन्न करने को स्वीकार करें। आप उनमें से एक हो सकते हैं, जो निरंतर अपनी भँवर में से नई इच्छित वस्तुएँ तलाशते रहते हैं। और यह इच्छाएँ निरंतर आपके माध्यम से जीवन-शक्ति का आह्वान करते रहते हैं। दूसरे शब्दों में, आप उग्रतापूर्वक जी सकते हैं; आनंदपूर्वक जी सकते हैं; हुल्लड़बाजी सहित जी सकते हैं और आवेशपूर्वक जी सकते है···और तब, इसी खाँचे में, आप परिवर्तन के लिए बोधपूर्ण फैसला ले सकें।

प्रत्येक मृत्यु आत्म-आरोपित है

आपका अशरीर में परिवर्तित होने का सबसे उत्तम कारण शरीर के दुःख नहीं हैं। इसका कारण शरीर में पूर्णता को अनुभव करना है—और आप एक और अनुकूल अवस्थिति को तलाश रहे होते हैं। मृत्यु चेतना को वापस लौटाना है; यह बस, ध्यान को यहाँ से हटाकर वहाँ लगाना है।

प्रत्येक मृत्यु का कारण अस्तित्व के कंपन की समाप्ति है। इसका कोई विकल्प नहीं है। कोई भी, पशु या मनुष्य, अपनी आंतरिक कांपनिक सहमति के बिना अभौतिक परिवर्तन नहीं कर सकता। इस तरह प्रत्येक मृत्यु आत्महत्या है, क्योंकि प्रत्येक मृत्यु आत्म-आरोपित है।

आप एक शाश्वत अस्तित्व हैं, जो हमेशा अभौतिक में प्रदर्शन करता है। कई बार यह भौतिक व्यक्तित्व में भी प्रदर्शित होता है। वहीं जब इस बार भौतिक व्यक्तित्व पूर्ण हो जाए तो अवधान वापस लौट जाता है। यह कुछ ऐसा है—आप यहाँ बैठे हैं और कई बार आप फिल्म देखने जाते हैं और कई बार आप फिल्म देखकर लौट रहे होते हैं; लेकिन आप हमेशा वही रहते हैं, जो फिल्म देखने गया था, फिर चाहे फिल्म देख रहे हों या नहीं।

यहाँ एक सूत्र देता हूँ, जिससे आपको मदद मिलेगी—यदि आप किसी चीज को

अच्छा मानते हैं और वही करते हैं तो इससे आपको फायदा होगा। यदि आप किसी चीज को बुरा मानते हैं और वही करते हैं तो यह अत्यधिक हानिकारक अनुभव है। आप ऐसा कुछ नहीं कर सकते, जो आपके लिए बहुत बुरा हो और जिसे आप अनुचित न मानते हों। इसलिए आपने जो भी चुना है, उस पर स्पष्ट और प्रसन्न रहिए; क्योंकि यह आपका विरोधाभास है, जो अधिकांश विरोधाभासों का कंपन बन जाने का कारण बनता है।

आप जो चाहते हैं, उस पर निर्णय लीजिए। अपना ध्यान इस पर केंद्रित रखें और इसके अनुभूति-स्थल को तलाशिए—और आप तुरंत वहाँ पहुँच जाएँगे। आपको अपने किसी तरीके या किसी चीज के लिए पीड़ित या संघर्षरत होने का कोई कारण नहीं है।

□

विधि-22

भावात्मक पैमाने को ऊपर उठाना

इस विधि का प्रयोग कब करें

- जब आपको बुरा अनुभव हो रहा हो और अच्छा महसूस करने में समस्या आए।
- जब आपके या आपके किसी निकटस्थ व्यक्ति के साथ कुछ ऐसा घट जाए, जो आपको अचानक चौंका दे (जैसे, किसी की मृत्यु होना, आपके किसी प्रिय पात्र का आपको छोड़ जाना, आपके कुत्ते का कुचल जाना आदि)।
- जब आपके लिए किसी समस्या का सामना करना अपरिहार्य हो।
- जब आपको कोई भयानक रोग होने का पता चले।
- जब आपको अपने किसी प्रिय पात्र को भयानक रोग होने का पता चले।
- जब आपकी संतान या आपका कोई निकटस्थ व्यक्ति किसी आघात या संकट से गुजर रहा हो।

मौजूदा भावात्मक रुझान-बिंदु सीमा

'भावात्मक पैमाने को ऊपर उठाना' विधि आपके लिए तब सबसे मूल्यवान् होगी, जब आपका भावात्मक रुझान-बिंदु इन श्रेणियों के बीच हो—

(17) क्रोध

और

(22) भय/दु:ख/अवसाद/आशाहीनता/शक्तिहीनता।

(यदि आपको अपना मौजूदा भावात्मक रुझान-बिंदु ज्ञात न हो तो अध्याय-22 पर जाएँ और वहाँ भावात्मक मार्गदर्शन पैमाने की 22 श्रेणियाँ देखें।)

तो अपने जीवन-अनुभवों की विषमता द्वारा आपको अपनी प्राथमिकताओं और इच्छाओं को पहचानने में मदद मिलेगी। और भले ही आप इसे जोर से बोलें या नहीं, स्रोत आपकी सभी प्राथमिकताओं और इच्छाओं को सुनता है, फिर चाहे ये कितनी भी बड़ी या छोटी प्रतीत होती हों—और इनका उत्तर देता है। 'आकर्षण का नियम' नामक प्रबंधक

हालात, घटनाओं, अन्य लोगों और वह सभी चीजें, जो आपकी इच्छा पूरी करने में सहायक हो सकती हैं, प्रत्यक्ष करने लगता है। दूसरे शब्दों में, आपने माँगा और दिया गया—लेकिन अब आपको इसे आने देना होगा।

याद रखिए, अभौतिक स्रोत में किसी भी तरह का अंधकार, रोग, भ्रम या बुराई नहीं होती। इसमें केवल कल्याण की धारा है, जो निरंतर आपकी ओर बहती रहती है। और जब तक आप किसी तरह का प्रतिरोध प्रस्तावित नहीं करते, आप इसके पूर्ण प्राप्तिकर्ता बने रहेंगे और आपकी भावनाएँ आपको यह जानने में मदद करेंगी कि आप इस धारा को किस हद तक स्वीकार या प्रतिरोध कर रहे हैं। दूसरे शब्दों में, आप जितना बेहतर महसूस करेंगे, प्रतिरोध उतना ही कम है; आप जितना बुरा महसूस करेंगे, आपका प्रतिरोध उतना ही अधिक है।

> ***अभौतिक स्रोत में किसी भी तरह का अंधकार, रोग, भ्रम या बुराई नहीं होती। इसमें केवल कल्याण की धारा है, जो निरंतर आपकी ओर बहती रहती है। और जब तक आप किसी तरह का प्रतिरोध प्रस्तावित नहीं करते, आप इसके पूर्ण प्राप्तिकर्ता बने रहेंगे और आपकी भावनाएँ आपको यह जानने में मदद करेंगी कि आप इस धारा को किस हद तक स्वीकार या प्रतिरोध कर रहे हैं।***

'भावात्मक पैमाने को ऊपर उठाने की विधि' आपकी सहायता करेगी, फिर आप चाहे जहाँ भी खड़े हों, चाहे जो भी सृजित कर रहे हों और चाहे कैसा भी महसूस कर रहे हों, जिससे आप अपने प्रतिरोध का स्तर कम कर सकें और जिससे आपकी स्वीकार्यता की स्थिति में सुधार हो। राहत का हर एहसास आपकी प्रतिरोध-मुक्ति का सूचक है।

हम यह समझने में आपकी मदद करना चाहते हैं कि 'सोद्देश्य सृजन' वस्तुतः 'सोद्देश्यपूर्वक' भावात्मक स्थिति को हासिल करना है। उदाहरण के लिए, जब आपके पास पर्याप्त धन न हो और आप अधिक धन चाहते हों। लेकिन हम आपको यह समझाना चाहते हैं कि आप जिस दूरी को तय करना चाहते हैं, वह अपर्याप्त धन से पर्याप्त धन के बीच की नहीं है, बल्कि इसकी बजाय यह असुरक्षा की भावना से सुरक्षा की भावना के बीच की यात्रा है। "एक बार जब आप उन विचारों का अभ्यास कर लेंगे, जिससे आप सतत सुरक्षित अनुभव कर सकें तो धन अवश्य हासिल होगा।"

जब आप बीमार होते हैं तो स्वस्थ होना चाहते हैं, लेकिन आप जो दूरी तय करना चाहते हैं, वह बीमारी से स्वास्थ्य तक की नहीं है, बल्कि भय से आत्मविश्वास की है। "एक बार जब आप उन विचारों का अभ्यास कर लेंगे, जिससे आप अधिक आत्मविश्वासपूर्ण अनुभव कर सकें तो शारीरिक सुधार अवश्य होगा।"

जब आपका जीवनसाथी न हो और आप उसे तलाशना चाहते हों तो आप वास्तव में जो दूरी तय कर रहे हैं, वह अकेलेपन की अनुभूति से उत्साह या संतुष्टि की अनुभूति तक की है। एक बार जब आप उन विचारों का अभ्यास कर लेंगे, जिससे आप उत्साहित या संभावना अनुभव कर सकें—तो आदर्श जीवन साथी अवश्य मिल जाएगा।

आप कह सकते हैं, 'मैं नई कार चाहता हूँ।' लेकिन ब्रह्मांड सुन रहा है कि—

- मैं अपनी मौजूदा कार से खुश नहीं हूँ।
- मैं अपनी मौजूदा कार को लेकर शर्मिंदा हूँ।
- मैं इस बात से निराश हूँ कि मेरे पास बेहतर कार नहीं है।
- मुझे इस बात से ईर्ष्या है कि मेरे पड़ोसी के पास मुझसे कहीं बेहतर कार है।
- मुझे इस बात पर गुस्सा आता है कि मैं बेहतर कार नहीं खरीद सकता।

आप कह सकते हैं, 'मैं ठीक होना चाहता हूँ।' लेकिन ब्रह्मांड सुन रहा है कि—

- मैं अपने शरीर को लेकर चिंतित हूँ।
- मैं अपने आप से निराश हूँ।
- मैं अपने स्वास्थ्य को लेकर चिंतित हूँ।
- मुझे डर है कि मुझे भी अपनी माँ की तरह बुरे अनुभव होंगे।
- मैं इस बात पर गुस्सा हूँ कि मैं अपनी अच्छी देखभाल नहीं कर पाता।

आप कह सकते हैं, 'मैं नई नौकरी तलाशना चाहता हूँ।' लेकिन ब्रह्मांड सुन रहा है कि—

- मैं इसलिए गुस्सा हूँ कि मेरा नियोक्ता मेरा महत्त्व नहीं देख पा रहा।
- मुझे ऊब महसूस हो रही है।
- मैं अपने मौजूदा वेतन को लेकर नाखुश हूँ।
- मैं निराश हूँ, क्योंकि मैं उन्हें समझा नहीं पा रहा।
- मैं व्यग्र हूँ, क्योंकि इतने सारे काम करने हैं।

ऐसा कुछ नहीं है, जिसे आपने या किसी दूसरे ने चाहा हो और उसके अस्तित्व का कारण इसके सिवाय कोई और हो कि आप इसे हासिल करने में अच्छा महसूस करेंगे। एक बार जब आप बोधपूर्वक अपनी भावात्मक स्थिति को पहचानने लगेंगे तो आपके लिए यह समझना आसान हो जाएगा कि आप ऐसे विचारों को चुन रहे हैं, जो आपको आपके इच्छित गंतव्य के निकट ले जा रहे हैं या इच्छित गंतव्य से दूर ले जा रहे हैं। "यदि आप इस बेहतर अनुभूति या भावना को अपना वास्तविक गंतव्य बना सकें तो वह प्रत्येक या कोई भी वस्तु आप तक तुरंत पहुँच सकेगी।"

नीचे सभी मूल भावनाओं की सूची दी गई है (अध्याय-22 में भी मौजूद), जिसकी शुरुआत सबसे कम प्रतिरोध वाले से होकर नीचे और अधिक प्रतिरोध होने की है। जिन

भी भावनाओं के कंपन काफी कुछ एक जैसे हैं, हमने उन्हें एक ही पंक्ति में दरशाया है। इन भावनाओं का वर्ग आपकी स्रोत ऊर्जा को दृढ़तापूर्वक स्वीकार के चरम से लेकर आपको अपनी स्रोत ऊर्जा को दृढ़तापूर्वक अस्वीकार करना है। और इनकी शुरुआत पैमाने के एक सिरे पर 'आनंद' या 'सशक्तीकरण' की सूचक है तो बिल्कुल नीचे दूसरे सिरे पर 'अवसाद' और 'शक्तिहीनता' की सूचक है।

इन भावनाओं को जो नाम या शीर्षक दिए गए हैं, वे कतई सटीक नहीं हैं; क्योंकि भिन्न लोग इन भावनाओं के लिए भिन्न महसूस कर सकते हैं, भले ही उनके लिए एक जैसे नाम क्यों न प्रयोग किए गए हों। इसके बावजूद ब्रह्मांड आपके शब्दों पर प्रतिक्रिया नहीं देता है। यह आपके कांपनिक प्रस्तावों पर प्रतिक्रिया देता है, जो यथार्थ रूप में और हमेशा आपकी भावनाओं के साथ रहते हैं।

इन भावनाओं को जो नाम या शीर्षक दिए गए हैं, वे कतई सटीक नहीं हैं; क्योंकि भिन्न लोग इन भावनाओं के लिए भिन्न महसूस कर सकते हैं, भले ही उनके लिए एक जैसे नाम क्यों न प्रयोग किए गए हों। इसके बावजूद ब्रह्मांड आपके शब्दों पर प्रतिक्रिया नहीं देता है। यह आपके कांपनिक प्रस्तावों पर प्रतिक्रिया देता है, जो यथार्थ रूप में और हमेशा आपकी भावनाओं के साथ रहते हैं।

अत: आप जैसा महसूस कर रहे हैं, उसके लिए निर्दोष सटीक शब्द मिलना इस विधि के लिए आवश्यक नहीं है। लेकिन भावनाओं को महसूस करना महत्त्वपूर्ण है—और इन अनुभूतियों में सुधार के तरीके खोजना उससे भी ज्यादा महत्त्वपूर्ण है। दूसरे शब्दों में, ये खेल केवल ऐसे विचारों को तलाशने का है, जिससे आपको राहत महसूस होती हो।

आपकी भावनाओं का पैमाना कुछ इस तरह का दिखाई देगा—

1. आनंद/ज्ञान/सशक्तीकरण/स्वतंत्रता/प्रेम/सराहना
2. जोश
3. उत्साह/आतुरता/ खुशी
4. सकारात्मक प्रत्याशा/ विश्वास
5. आशावाद
6. आशाप्रदता
7. संतोष
8. ऊब
9. निराशावाद
10. कुंठा/संताप/अधैर्य

11. व्यग्रता
12. मायूसी
13. संदेह
14. चिंता
15. दोषारोपण
16. निराशा
17. क्रोध
18. प्रतिशोध
19. घृणा/रोष
20. ईर्ष्या
21. असुरक्षा/ग्लानि/अनुपयुक्तता
22. भय/दु:ख/अवसाद/आशाहीनता/शक्तिहीनता।

हम इस प्रभावशाली विधि का इस तरह प्रयोग करते हैं—

जब आपको पता हो कि आप अत्यंत प्रबल नकारात्मक भावनाएँ महसूस कर रहे हैं तो इन भावनाओं को पहचानने का प्रयास करें। जो भी चीज आपको परेशान कर रही है, उसके बारे में पूरे बोधपूर्वक विचार करते रहें। ऐसा तब तक करें, जब तक आप उन अनुभूत होनेवाली भावनाओं को भलीभाँति पहचान न लें।

इस भावात्मक पैमाने के दो अंतिम छोर पर ध्यान दें तो आप अपने आपसे पूछ सकते हैं, "मैं अपने को शक्तिशाली समझता हूँ या शक्तिहीन?" हालाँकि यह भी संभव है कि आप वस्तुत: इनमें से किसी भी भावना को विशेष रूप से महसूस न कर रहे हों, लेकिन आप यह बताने में सक्षम होंगे कि आपकी भावात्मक अवस्थिति का झुकाव किस ओर है। तो इस उदाहरण में आपको उत्तर 'शक्तिहीन' मिले तो आप जिस पर विचार कर रहे हैं, उसकी मात्रा घटा दें और अपने आपसे पूछें, "यह शक्तिहीनता अधिक प्रतीत होती है या कुंठा?" शक्तिहीनता अधिक लगे तो इसकी मात्रा और घटा दें। "अब यह शक्तिहीनता अधिक प्रतीत होती है या चिंता?" इस तरह जारी रखने पर (इसे करने का कोई सही या गलत तरीका नहीं है) अंतत: आप पूरी शुद्धता सहित समझ सकेंगे कि वस्तुत: आप मौजूदा स्थिति के प्रति कैसा महसूस कर रहे हैं!

एक बार भावात्मक पैमाने पर अपनी जगह मिल जाने के बाद आपका काम ऐसे विचारों को तलाशने का प्रयास करना है, जो आपकी अनुभूत भावनाओं से थोड़ी राहत पहुँचा सकें। जोर से बोलने या अपने विचारों को लिखने की विधि आप जैसा महसूस कर रहे हैं, उसे पढ़ने का सबसे अच्छा तरीका है। चूँकि ये सभी आपकी सोद्देश्यपूर्ण मंशा से किसी भावना द्वारा प्रदत्त विवरण होते हैं, इसलिए आप प्रतिरोध को मुक्त करना

आरंभ कर देते हैं और आप कंपन पैमाने पर ऊपर उठकर ऐसे स्थान पर पहुँचने में सक्षम हो जाते हैं, जो अधिक बेहतर महसूस होता है। याद रखिए, एक बेहतर अनुभूति का अर्थ प्रतिरोध का त्याग करना है और प्रतिरोध का त्याग 'स्वीकार्यता' की वह महान् स्थिति है, जिसकी आपको सचमुच जरूरत है।

एक बार जब आप क्रोध और दोषारोपण द्वारा शक्तिहीनता और शोक की घुटन भरी भावनाओं से राहत पा जाते हैं तो आप कांपनिक पैमाने पर और अधिक तेजी से ऊपर चढ़ने लगते हैं। और जहाँ मात्र एक कांपनिक स्तर आगे बढ़ने में एक से दो दिन लग जाते हैं, जैसे—(22) शोक से, (21) ग्लानि से, (18) प्रतिशोध से, (17) क्रोध से, (15) दोषारोपण तक; तो इस दौरान आपका अपने स्रोत के साथ पुनः संबंध बन जाता है और आप इतने कम समय में सशक्तीकरण को महसूस करने लगते हैं, जैसा कोई भी व्यक्ति कर सकता है।

तो इस भावात्मक पैमाने का उपयोग करके और आप जहाँ हैं, वहीं से शुरुआत करते हुए उस भावना की तलाश करें, जो वहाँ पर है, जहाँ आप होना चाहते हैं तथा कुछ ऐसे वाक्य रचने का प्रयास करें, जो आपको कुछ कम प्रतिरोधी भावात्मक स्थिति की ओर ले जा सकें।

उदाहरण के लिए, एक महिला अपने पिता की मृत्यु हो जाने के कारण अपने आपको अत्यधिक प्रतिरोध और कष्ट की स्थिति में पाती है। हालाँकि वह बहुत बीमार थे और उनकी मृत्यु की आशा थी, फिर भी, जब ऐसा हुआ तो वह महिला गहन अवसाद में चली गई। वह अपने आपको 'शक्तिहीन' और 'शोक संतप्त' महसूस करने लगी, क्योंकि उसका ध्यान पूरी तरह अपने पिता की अनियंत्रित मृत्यु पर केंद्रित था।

अपने पिता की मृत्यु के कुछ दिनों पूर्व से वह महिला शायद ही कभी उनके सिरहाने से हटी होगी; लेकिन उसके पिता उस एक क्षण में अचेतावस्था में चले गए, जब वह पल भर को वहाँ मौजूद नहीं थी। और उसके बाद मृत्यु होने तक वे कभी सचेत नहीं हुए। अंतिम बातचीत के लिए वहाँ न होने का अत्यधिक ग्लानिपूर्ण विचार हमेशा उसके मन में रहता। चूँकि वह बोधपूर्वक अपने ग्लानिपूर्ण विचार में मामूली सुधार भी नहीं पहचान सकी, यह उसके लिए बेहद अहम कांपनिक परिवर्तन बन गया। और तब उसके विचार प्रबल क्रोध में बदलने लगे। वह उस महिला पर ध्यान केंद्रित करने लगी, जो उस समय वहाँ मौजूद थी, जब उसके पिता अचेतावस्था में गए।

और वह उस महिला के प्रति रोष महसूस करने लगी, जिसने उसके पिता को इतनी अधिक मात्रा में दवा दी (जिससे वे अधिक शांत हो सकें) और फिर वह उस महिला को पिता के साथ अपनी अंतिम बातचीत से वंचित किए जाने के लिए दोषी ठहराने लगी।

"वह उस समय ये महसूस नहीं कर सकी; लेकिन ग्लानि, रोष, क्रोध और दोषारोपण की अनुभूतियों में से प्रत्येक उसकी शोकपूर्ण कंपन अवस्थित प्रतिरोध में सुधार को सुनिश्चित करती जा रही थीं।" इस दोषारोपण के बाद वह अच्छा, बल्कि काफी बेहतर, महसूस कर रही थी। अब कम-से-कम वह साँस तो ले पा रही थी, सो तो सकती थी।

निश्चित ही, यह हमेशा अच्छा रहता है, यदि आप भावनाओं की बेहतर स्थिति को सोद्देश्यपूर्वक पा सकें। लेकिन इस मामले में भी जहाँ बेहतर भावना सहजतः व अनायास प्राप्त हुई, "अब प्रत्येक सुधार द्वारा आप किसी और बेहतर चीज तक पहुँच सकेंगे।"

एक बार जब आप क्रोध और दोषारोपण द्वारा शक्तिहीनता और शोक की घुटन भरी भावनाओं से राहत पा जाते हैं तो आप कांपनिक पैमाने पर और अधिक तेजी से ऊपर चढ़ने लगते हैं। और जहाँ मात्र एक कांपनिक स्तर आगे बढ़ने में एक से दो दिन लग जाते हैं, जैसे—(22) शोक से, (21) ग्लानि से, (18) प्रतिशोध से, (17) क्रोध से, (15) दोषारोपण तक; तो इस दौरान आपका अपने स्रोत के साथ पुनः संबंध बन जाता है और आप इतने कम समय में सशक्तीकरण को महसूस करने लगते हैं, जैसा कोई भी व्यक्ति कर सकता है।

ये कुछ उदाहरण हैं, जिन्हें यह महिला बोधपूर्ण कथनों द्वारा वह जैसा महसूस कर रही है, उसमें सुधार के लिए प्रस्तावित कर सकते हैं—

- मैंने वह सबकुछ किया, जो मैं अपने पिता की मदद करने के लिए सोच सकती थी; लेकिन यह पर्याप्त नहीं रहा। (शोक)
- मुझे उनकी कमी बहुत खलती है। मुझसे उनका जाना सहा नहीं जा रहा। (शोक)
- मैं अपनी माँ की पीड़ा को कैसे कम कर सकती हूँ ? (निराशा)
- हर सुबह जागने पर मुझे जो पहली बात सूझती है, वह ये कि पिताजी नहीं रहे। (शोक)
- मुझे नहाने के लिए घर नहीं जाना चाहिए था। (शोक)
- मुझे यहीं रुकना चाहिए था, जिससे मैं उन्हें कम-से-कम अलविदा तो कह पाती। (शोक)
- मुझे समझना चाहिए था कि वे मृत्यु के कितना निकट थे। (शोक)
- मैं दिन-रात वहीं रही, इसके बावजूद मैं उन्हें अलविदा नहीं कह सकी। (रोष)
- उनके साथ जो महिला थी, वह भलीभाँति जानती थी कि क्या हो रहा है! (रोष)

- अगर स्थिति उलट होती और मैं उसके पिता को कोमा में पहुँचा देती तो उसे कैसा लगता? (प्रतिशोध)
- उसने बहुत से लोगों को मरते देखा है, उसे मुझे चेता देना चाहिए था कि बस, ऐसा होने ही वाला है। (क्रोध)
- मुझे लगता है कि उसे यह पता था और वह नहीं चाहती थी कि मैं वहाँ रहूँ। (क्रोध)
- उसने उन्हें जरूरत से ज्यादा दवा दे दी, सिर्फ इसलिए, जिससे उसे आसानी हो सके। (दोषारोपण)
- काश! मैं उन्हें अलविदा कह पाती! (मायूसी)
- वहाँ बहुत कुछ देखना था और मुझे कुछ करने का मन नहीं कर रहा था। (व्यग्रता)
- मैंने जीवन में बहुत सी चीजों को नजरअंदाज किया है; मुझे सब चीजों को फिर से समेटना और व्यवस्थित करना होगा। (व्यग्रता)
- स्वास्थ्य सुविधाएँ देनेवाले पेशेवर, बीमार और मरते लोगों के परिवारों के प्रति असंवेदनशील होते हैं। (कुंठा)
- उन्हें ऑक्सीजन टैंक उठा ले जाने की अधिक परवाह थी, बजाय इसके कि मैं कैसा महसूस कर रही हूँ। (संताप)
- मेरे लिए अपने परिवार के साथ और अधिक समय बिताना अधिक बेहतर रहेगा। (आशाप्रदता)
- अपने काम पर फिर से वापस लौटना अच्छा महसूस होगा। (सकारात्मक प्रत्याशा)
- मैं जानती हूँ कि कुछ ही समय में मैं बेहतर महसूस करने लगूँगी। (सकारात्मक प्रत्याशा)
- मुझे नहीं पता कि मैंने पहले कभी ऐसा महसूस किया हो, लेकिन मैं यह जानती हूँ कि कुछ ही समय में मैं बेहतर महसूस करने लगूँगी। (सकारात्मक प्रत्याशा)
- करने के लिए बहुत से काम बाकी हैं और मैं बहुत कुछ करना चाहती हूँ। (सकारात्मक प्रत्याशा)
- मैं वस्तुतः सार्थक रूप से मुसकराने और हँसने की अनुभूति चाहती हूँ। (सकारात्मक प्रत्याशा)
- मैं अपने पति की अत्यधिक सराहना करती हूँ। उन्होंने हर तरह से मेरी काफी सहायता की। (सराहना)

- मैं उन सभी लोगों की सराहना करती हूँ, जिन्होंने मेरे पिता और माँ की देख-रेख की। (सराहना)
- मैं अपनी बहनों की सराहना करती हूँ। हम सब अपने माता-पिता से प्यार करते हैं और हम एक-दूसरे से भी प्यार करते हैं। (सराहना) (प्रेम)
- कुल मिलाकर देखें तो हम जिए, जी रहे हैं और बहुत शानदार जीवन जी रहे हैं। (सराहना) (प्रेम)
- मृत्यु जीवन का एक भाग है। (ज्ञान)
- चूँकि वास्तव में हम सब शाश्वत अस्तित्व हैं, इसलिए 'मृत्यु' जैसी कोई चीज नहीं है। (ज्ञान)
- पिताजी कहीं नहीं गए, क्योंकि मृत्यु जैसी कोई चीज नहीं है। (ज्ञान)
- वे ऐसे स्थान पर हैं, जहाँ उदासी का कोई अस्तित्व नहीं है। (ज्ञान)
- वह सचमुच बेहद शानदार जगह हैं। (आनंद)
- मुझे यह जानकर अच्छा लगा कि वह पूर्ण आनंद और बोध के स्थल पर हैं। (आनंद)
- मुझे यह शानदार पृथ्वीगत अनुभव बहुत पसंद आया। (आनंद)
- मुझे यह जानकर अच्छा लगा कि कैसे सबकुछ आपस में जुड़ा हुआ है! (आनंद)
- मुझे उस शानदार व्यक्ति को पिता के रूप में पाना अच्छा लगा। (आनंद)
- सब बहुत अच्छा रहा। (आनंद)
- सब बहुत अच्छा है। (आनंद)

याद रखिए, आप ऐसी भावनाओं तक नहीं पहुँच सकते, जो आपके मौजूदा कंपनों से दूर हों। आप चाहे जहाँ पर भी हों, अपनी भावनाओं का ढोल सारा दिन क्यों न पीटते रहें, अगले दिन एक अलग रुझान-बिंदु स्थापित करने का प्रयास करें, फिर चाहे वह मामूली सुधार ही क्यों न हो।

यदि आपको महसूस होनेवाली नकारात्मक भावना छोटी होगी तो भावात्मक पैमाने पर आप तेजी से ऊपर उठेंगे। यदि आपको महसूस होनेवाली नकारात्मक भावना हाल ही में शुरू हुई हो तो आप भावात्मक पैमाने पर तेजी से ऊपर उठेंगे। यदि आप कुछ ऐसा महसूस कर रहे हैं, जो काफी गंभीर हो, या यह कुछ ऐसा है, जिसके साथ आप कई वर्षों से जी रहे हैं तो माना जा सकता है कि आपको इसे ऊपर बढ़ाने के लिए 22 दिन व्यतीत करने होंगे। प्रतिदिन सोद्देश्यपूर्वक एक बेहतर भावना को चुनना होगा, जो आपकी मौजूदा अनुभूति से ठीक ऊपर हो। लेकिन शक्तिहीनता से सशक्तीकरण के ये 22 दिन अधिक समय नहीं है, खासकर तब, जब आप इसकी तुलना उन लोगों के साथ करते

हैं, जो कई वर्षों से ग्लानि, असुरक्षा या शक्तिहीनता की स्थिति में हैं।

अब, जैसा कि आप समझ ही चुके हैं कि आपका लक्ष्य बेहतर महसूस होनेवाली भावना तक पहुँचना है। हमें उम्मीद है कि यह विधि आपको परेशान करनेवाली नकारात्मक भावनाओं से मुक्त करेगी, जिन्हें आप कई वर्षों से अनुभव कर रहे हैं। और जब आप धीरे-धीरे प्रतिरोध को छोड़ते जाएँगे, जिसे आपने अनजाने में एकत्रित कर लिया था, तो आप अपने जीवन-अनुभव में, जीवन के सभी चिंताजनक स्थलों में सुधार अनुभव करेंगे।

□

अंतिम बात

इन सबको लेकर अधिक परेशान न हों। ऐसा लगता है कि आप जीवन को बहुत गंभीरता से ले रहे हैं। ज्ञात हो कि जीवन मजेदार होना चाहिए।

जब हम आपको अपने जीवन का सृजन करते देखते हैं तो हमें आप पर प्यार आता है और हम आपकी हर चीज की सराहना करते हैं। आप अग्रणी सृजनकर्ता हैं, जो इस अग्रणी परिवेश की शानदार विषमताओं की छानबीन करता है और नए निष्कर्षों पर पहुँचता है, जो जीवन–शक्ति को आगे आह्वानित करते हैं। आप क्या हैं, इसके महत्त्व की व्याख्या करने के लिए पर्याप्त शब्द नहीं हैं।

यह हमारी प्रबल इच्छा है कि आप अपनी आत्म–सराहना की अवस्था में पुन: लौट सकें। हम चाहते हैं कि आप अपने जीवन के प्रति, अपने जगत् के लोगों के प्रति और सबसे बढ़कर अपने प्रति प्रेम महसूस करें।

यहाँ आपके लिए अत्यधिक प्रेम मौजूद है।

और ··· फिलहाल के लिए ··· हम समाप्त करते हैं।

□

शब्दकोश

All is well (सब ठीक है) : सर्व-कल्याण स्रोत का आधार कल्याण है। कल्याण के अलावा किसी चीज का और कोई स्रोत नहीं है। यदि आपको लगे कि आप कल्याण के अतिरिक्त और किसी चीज को महसूस कर रहे हैं तो इसका कारण केवल यह है कि आपने किसी प्रकार से ऐसे दृष्टिकोण को चुन लिया है, जो आपको अस्थायी रूप से आपके कल्याण के स्वाभाविक प्रवाह से दूर कर रहा है।

Allowing (स्वीकार्यता) : स्रोत से प्रवाहित होनेवाले कल्याण के साथ तालमेल की अवस्था। अपने ध्यान को उन चीजों पर केंद्रित करना, जिससे आप अपने कल्याण के स्वाभाविक स्रोत की ओर 'स्वीकृति' के कंपन प्रस्तावित कर सकें। बरदाश्त करने और स्वीकार करने में काफी अंतर है। बरदाश्त करने का मतलब किसी अवांछित वस्तु को देखना और उस दृष्टिकोण के कांपनिक प्रमाणों को महसूस करना है, लेकिन सोद्‌देश्यपूर्वक काररवाई न करना। वहीं स्वीकार्यता में सोद्‌देश्यपूर्वक अपना ध्यान सिर्फ उस पर बनाए रखा जाता है, जो स्रोत के साथ तालमेल के कंपनों को उत्पन्न कर सके। जब आप स्वीकार्यता की अवस्था में होते हैं, तब हमेशा अच्छा महसूस होता है।

All-that-is (सर्व-कल्याण स्रोत) : स्रोत, जहाँ से सब चीजें प्रवाहित होती हैं; और वे सभी चीजें, जो स्रोत से प्रवाहित हुई हों।

Art of Allowing (स्वीकार्यता की कला) : अपने ध्यान के विषय को वह दृष्टिकोण आपको कैसा महसूस होगा, इस सूक्ष्म बोध के साथ सोद्‌देश्यपूर्वक चयन करनेवाली अभ्यास विधि। अच्छे महसूस होनेवाले विचारों के सोद्‌देश्यपूर्ण चयन से आपका अपने कल्याण के स्रोत के साथ कांपनिक तालमेल बन जाता है।

Being (Noun) (अस्तित्व) : एक सुनिश्चित दृष्टिकोण पर केंद्रित स्रोत ऊर्जा। अभौतिक अस्तित्व निरंतर बोधपूर्वक अभौतिक दृष्टिकोण से समझता है। भौतिक अस्तित्व या मनुष्य अभौतिक ऊर्जा है अथवा भौतिक दृष्टिकोण के माध्यम से समझता है।

Collective Consciousness (सामूहिक चेतना) : कभी किसी समय

विचारे गए सभी विचार आज भी मौजूद हैं। इन्हें समझनेवाले उस सर्व–कल्याण स्रोत तक पहुँच जाते हैं या पहुँच जाएँगे। यह विचार समूह सामूहिक चेतना के रूप में अस्तित्वगत रहता है।

Connection (संबंध) : अपने स्रोत के साथ कांपनिक तालमेल में रहना।

Consciousness चेतना : जागृति।

Creative Energy (सृजनात्मक ऊर्जा) : विद्युत् धारा, जो सभी मौजूदा चीजों का आधार है।

Creative life force (सृजनात्मक जीवन-शक्ति) : विद्युत् धारा, जो सभी मौजूदा चीजों का आधार है।

Creative Process (सृजनात्मक प्रक्रिया) : विद्युत् धारा, जो सभी मौजूदा चीजों का आधार है, जो विशेष रूप से विषयों और विचारों की ओर प्रवाहित होती है।

Creator (सृजनकर्ता) : जो सृजनात्मक ऊर्जा पर केंद्रित रहे।

Deliberate Creation (सोद्देश्य सृजन) : अपनी इच्छा पर केंद्रित रहते हुए अपनी कांपनिक अवस्था तथा अपने स्रोत के साथ संबंधों के प्रति बोधपूर्वक जागरूक रहना।

Desire (इच्छा) : विषमतापूर्ण परिवेश में रहने का स्वाभाविक परिणाम। (इसमें सभी परिवेश शामिल हैं।)

Emotion (भाव) : आप जिस भी वस्तु पर ध्यान केंद्रित किए हैं, उससे उत्पन्न कांपनिक अवस्था पर शरीर की भौतिक अंतरंगी प्रतिक्रिया।

Emotional Guidance (भावात्मक मार्गदर्शन) : अपनी आकर्षण अवस्था के प्रति जागरूक होना, क्योंकि तब आप महसूस करते हैं कि आपका ध्यान बहुत सी चीजों पर केंद्रित है।

Emotional Set-point (भावात्मक रुझान-बिंदु) : अकसर अभ्यास होनेवाले भाव।

Energy (Non-Physical) (ऊर्जा [अभौतिक]) : विद्युत् धारा, जो सभी मौजूदा चीजों का आधार है।

Energy Stream (ऊर्जा धारा) : विद्युत् धारा का प्रवाह, जो सभी मौजूदा चीजों का आधार है।

Essence (सार) : एक समान कांपनिक गुण होना।

Guidance System (मार्गदर्शन प्रणाली) : अपने स्रोत के साथ तालमेल बनने पर या अपने स्रोत के साथ तालमेल न होने पर ऊर्जावान् अवस्था की तुलनात्मक अनुभूति।

Inner Being (आंतरिक अस्तित्व) : आपका वह शाश्वत भाग, जो आप क्या रहे थे और वर्तमान में क्या हैं, इन सबको जानता है। एक दृष्टिकोण, जो आपको सदा उपलब्ध रहता है, यदि आप इसे 'स्वीकार' करें।

Law of Attraction (आकर्षण का नियम) : आपकी दुनिया, आपके ब्रह्मांड और सर्व-कल्याण स्रोत का आधार। एक जैसे कंपन एक-दूसरे की ओर आकर्षित होते हैं।

Law of Deliberate Creation (सोद्देश्य सृजन का नियम) : व्यक्ति का अपनी इच्छा के साथ तालमेल महसूस करने के लिए विचारों का सोद्देश्यपूर्ण केंद्रण करना।

Life Force (जीवन-शक्ति) : विशेष रूप से केंद्रित शाश्वत चेतना।

Mass Consciousness (जन चेतना) : बड़ी मात्रा में प्राप्तिकर्ताओं की संयुक्त चेतना। प्रायः भौतिक पृथ्वी के मनुष्यों की चेतना के लिए संदर्भित।

Meditation (ध्यान) : अपने मन को मौन करने की अवस्था और इससे ऐसा प्रत्येक प्रतिरोधी विचार रुक जाता है, जो व्यक्ति के उसके कांपनिक तालमेल को अस्वीकार करता हो।

Non-Physical (अभौतिक) : शाश्वत चेतना, जो प्रत्येक भौतिक और प्रत्येक अभौतिक का आधार है।

Overwhelment (दुर्दमनीयता) : वह अवस्था, जिसमें व्यक्ति को जो चाहिए, उस पर केंद्रित रहने के साथ ही वह उसी समय इसे पाने में अपनी अक्षमता पर भी केंद्रित रहता है।

Receiving Mode (प्राप्ति मोड) : एक कांपनिक अवस्था, जिसमें प्रतिरोध न होने के कारण स्रोत के साथ पूर्णतः तालमेल बना रहे।

Self (आत्म) : जागरूकता का कोई भी बिंदु। वह बिंदु, जहाँ से प्रत्येक अवधारणा प्रवाहित होती है।

Source (Noun) (स्रोत) : कल्याण की निरंतर विस्तृत होती कांपनिक धारा, जिससे सर्व-कल्याण स्रोत प्रवाहित होता है।

Source Energy (स्रोत ऊर्जा) : कल्याण की निरंतर विस्तृत होती कांपनिक धारा, जिससे सर्व-कल्याण स्रोत प्रवाहित होता है।

Stream of Consciousness (चेतना धारा) : कल्याण की निरंतर विस्तृत होती कांपनिक धारा, जिससे सर्व-कल्याण स्रोत प्रवाहित होता है।

Total you (पूर्णतः आप) : आप अपने मानवीय स्वरूप में, जिसमें आप अच्छा महसूस करते हैं और इस तरह ऐसा प्रतिरोध प्रस्तावित नहीं करते, जो आपको

उससे अलग होने का कारण बने, जो आपका वास्तविक स्वरूप है।

Universe (ब्रह्मांड) : कुछ हद तक मात्रात्मक स्थानिक अनुभव।

Vibration (कंपन) : प्रत्येक वस्तु की प्रत्येक वस्तु के प्रति सामंजस्यपूर्ण या असामंजस्यपूर्ण प्रतिक्रिया।

Vibrational Alignment (कांपनिक तालमेल) : दृष्टिकोण में सामंजस्य।

Vibrational Frequency (कांपनिक आवृत्ति) : कांपनिक अवस्था।

Vibrational Harmony (कांपनिक तालमेल) : दृष्टिकोण में सामंजस्य।

Vibrational Match (कांपनिक तालमेल) : दृष्टिकोण में सामंजस्य।

Wanting (चाहना) : किसी भी तुलनात्मक अनुभव से उत्पन्न स्वाभाविक इच्छा।

Well-Being (कल्याण) : अच्छा महसूस करने की सार्वभौमिक स्वाभाविक अवस्था।

You (आप) : एक शाश्वत चेतना, जिसे आपके व्यापक अभौतिक दृष्टिकोण, आपके भौतिक दृष्टिकोण और यहाँ तक कि आपके कोशिकीय दृष्टिकोण से भी समझा जा सकता है।

□□□

* 9 7 8 9 3 8 9 9 8 2 4 2 8 *

FCW - #0184 - 061026 - C0 - 216/140/18 - PB - 9789389982428 - Matt Lamination